湖南省贺家山原种场志

（1991—2017）

《湖南省贺家山原种场志》编纂委员会　编

方志出版社
Publishing House of Local Records

图书在版编目（CIP）数据

湖南省贺家山原种场志：1991—2017 /《湖南省贺家山原种场志》编纂委员会编 .-- 北京：方志出版社，2020.12
ISBN 978-7-5144-4558-9

Ⅰ . ①湖… Ⅱ . ①湖… Ⅲ . ① 国营农场 - 概况 - 常德 -1991-2017 Ⅳ . ① F324.1

中国版本图书馆 CIP 数据核字（2020）第 264782 号

湖南省贺家山原种场志（1991—2017）

编　　者：《湖南省贺家山原种场志》编纂委员会
责任编辑：齐　笑

出 版 者：方志出版社
地址　北京市朝阳区潘家园东里 9 号（国家方志馆 4 层）
邮编　100021
网址　http://www.zgfzcb.cn
发　　行：方志出版社图书经销中心
电话（010）67110500
经　　销：各地新华书店
印　　刷：长沙市雅捷印务有限公司

开　　本：787mm × 1092mm　　1/16
印　　张：23.125
字　　数：464 千字
版　　次：2020 年 12 月第 1 版　　2020 年 12 月第 1 次印刷
印　　数：0001 ~ 1000 册

ISBN 978-7-5144-4558-9　　**定价：**120.00 元

《湖南省贺家山原种场志》编撰委员会

主　任　宋　武

副主任　邵泽毅　姚金华　龚林初　谭旭生

委　员　（以姓氏笔画为序）

丁成秀　万　玲　刘　勇　刘小满　刘贵初

李　勇　李业玉　李建彬　杨　明　张建华

姜守全　聂安北　郭文高　彭正孝　彭正和

彭亦文　曾凡友　熊远鑫　黎小平

湖南省贺家山原种场场域示意图

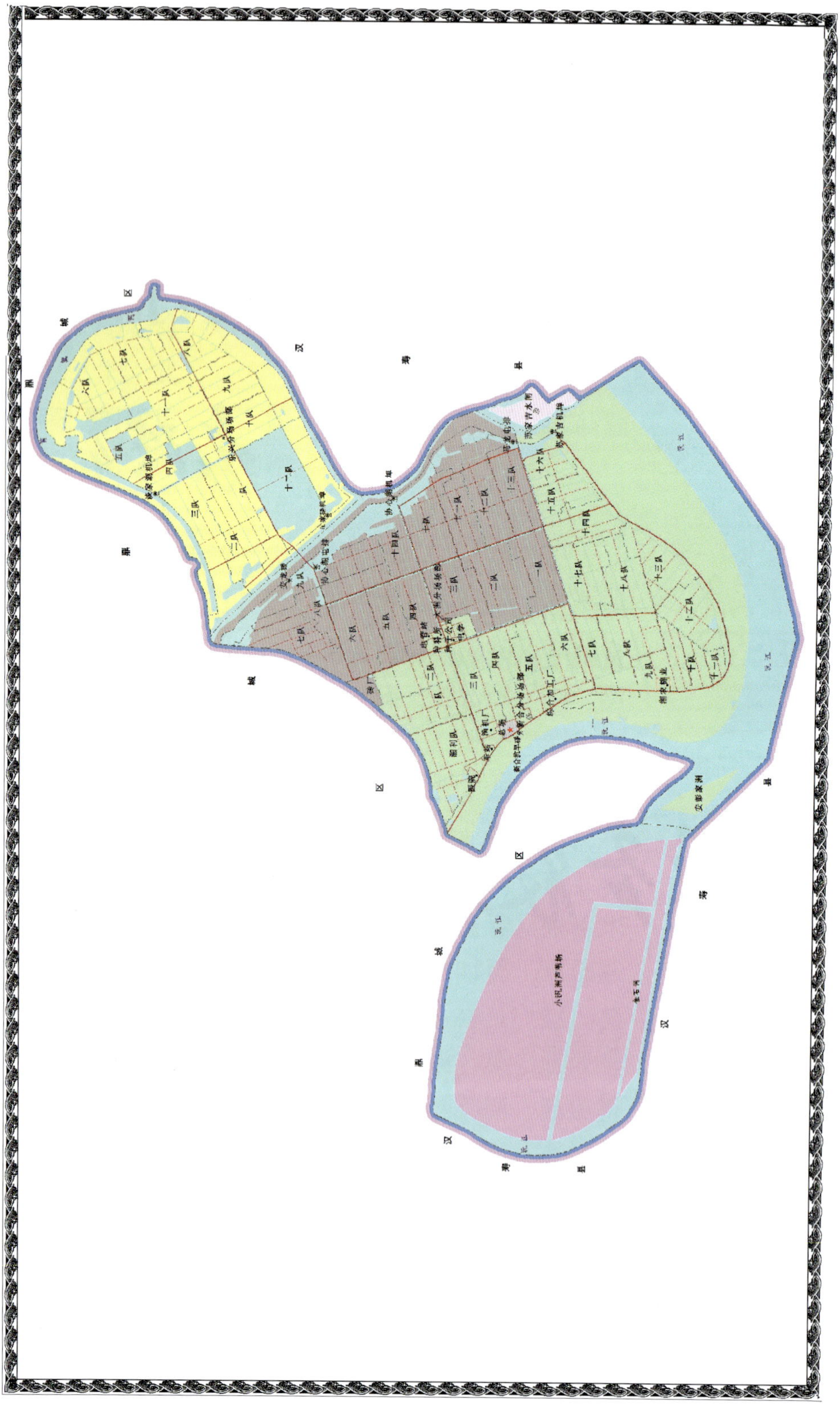

湖南省贺家山原种场机关大门（摄于2018年7月，摄影者：刘勇）

湖南省贺家山原种场（摄于2018年7月，摄影者：刘勇，余林俊）

场机关办公楼（摄于2018年7月，摄影者：刘勇，余林俊）

场机关大院（摄于2015年8月，摄影者：刘勇）

老干活动中心（摄于2018年7月，摄影者：刘勇）

贺家山会堂（摄于2019年7月，摄影者：刘勇）

贺家山集镇（摄于2018年7月，摄影者：刘勇，余林俊）

集镇公租房（摄于2020年6月，摄影者：刘勇）

食品厂公租房（摄于2020年6月，摄影者：刘勇）

贺家山第一个商品房住宅小区——银信花苑（摄于2020年6月，摄影者：刘勇）

危改后的渔机厂居民小区（摄于2020年6月，摄影者：刘勇）

贺家山居民新房（摄于2020年6月，摄影者：刘勇）

小凡洲平垸行洪后建成的安居小区（摄于2020年6月，摄影者：刘勇）

贺家山第一个综合生活超市（摄于2020年6月，摄影者：刘勇）

驻场单位——贺家山邮政银行（摄于2020年6月，摄影者：刘勇）

驻场单位——贺家山派出所（摄于2020年6月，摄影者：刘勇）

驻场单位——贺家山法庭（摄于2020年6月，摄影者：刘勇）

农村客运站——贺家山车站（摄于2020年6月，摄影者：刘勇）

场职工医院（摄于2020年6月，摄影者：刘勇）

常德市五星级农村敬老院——贺家山敬老院（摄于2020年6月，摄影者：刘勇）

场中心幼儿园（摄于2020年6月，摄影者：刘勇）

场子弟学校教学楼（摄于2018年6月，摄影者：刘勇，余林俊）

马龙桥机埠（摄于2020年6月，摄影者：刘勇）

贺家山大道（摄于2020年6月，摄影者：刘勇）

贺家山通村公路（摄于2013年7月，摄影者：张群星）

乐兴大桥（摄于1993年3月，摄影者：档案室存档照片扫描）

贺家山电力管理站高配室（摄于2020年6月，摄影者：刘勇）

湖南省贺家山原种场农村饮水安全集中供水工程（摄于2020年6月，摄影者：刘勇）

湖南省美丽乡村示范村——东文生态村（摄于2015年6月，摄影者：刘勇）

湖南省美丽乡村示范村——贺家山新合一队（摄于2020年6月，摄影者：刘勇）

贺家山新合分场居民小区（摄于2018年6月，摄影者：刘勇，余林俊）

1995年10月28日，湖南省贺家山国家级原种场挂牌仪式（来源：存档照片扫描）

1995年10月28日，湖南省贺家山国家级原种场授牌仪式（来源：存档照片扫描）

种子专用基地（摄于2020年6月，摄影者：刘勇）

种子试验基地（摄于2015年6月，摄影者：李勇）

良种引育综合楼（摄于2020年6月，摄影者：刘勇）

场水稻种业科技园奠基（摄于2004年3月10日，摄影者：档案室存档照片扫描）

园田化建设（摄于2018年6月，摄影者：刘勇，余林俊）

2011年9月2日，湖南省贺家山原种场现代农业示范园总体规划评审会召开（摄影者：李勇，刘珊珊）

湖南省贺家山原种场总体规划图（摄于2011年9月2日，来源：规划设计图）

农业技术培训基地（摄于2019年8月，摄影者：刘勇）

“稻田+龙虾”养殖基地（摄于2019年6月，摄影者：刘勇）

新合蔬菜特色产业园鸟瞰（摄于2018年6月，摄影者：刘勇，余林俊）

原良种种子和优质富硒稻米

黑斑蛙驯养基地（摄于2017年6月，摄影者：刘勇）

2015年9月8—9日，湖南省人民政府副省长戴道晋（左二）到场调研（摄影者：李勇，刘珊珊）

1995年10月28日，农业部委派农业司种子处处长张延秋（右一）到场授国家级原种场铜牌（来源：存档照片扫描）

2010年11月25日，省农业厅厅长田家贵（左四）到场调研（摄影者：李勇）

2017年7月4日，省农委主任刘宗林（右三）到场督查指导防汛工作（摄影者：刘勇）

2013年7月8日，省畜牧水产局局长袁延文（前排左一）到场调研（摄影者：李勇，刘珊珊）

职工代表大会
（2013年1月，摄影者：李勇，刘珊珊）

党员冬季培训班
（2012年1月，摄影者：李勇，刘珊珊）

2016年11月18日，工会会员代表大会
（摄影者：刘勇）

2017年3月6日，妇女代表大会
（摄影者：刘勇）

1995年11月28日，举行建场四十周年庆典活动
（来源：存档照片扫描）

2015年11月16日，纪念建场60周年“话改革、谋发展、创辉煌”座谈会（摄影：刘勇）

2015年12月16日，纪念建场60周年职工文艺晚会
（摄影：刘勇）

2010年4月，非物质文化遗产成果宣传展览
（摄影：李勇）

2012年11月27日，参加湖南省农业厅“湖南农业之歌”比赛 （摄影：刘珊珊）

2013年5月，原种场第一届广场舞大赛顺利举办
（摄影：李勇）

2012年12月，冬季越野长跑（摄影：刘珊珊）

湖南省贺家山原种场历任主要领导

雷长清
（1955年3月—1958年7月）

欧阳忠福
（1958年8月—1959年10月）

方厚基
（1959年10月—1960年12月）

刘向学
（1961年10月—1962年4月）

景月达
（1962年5月—1965年4月）

尹文华
（1965年4月—1967年2月）

原步吉
（1969年3月—1971年7月）

李才鑑
（1972年3月—1979年4月）

卢祖贵
（1979年5月—1983年11月）

艾秋保
（1983年12月—1990年3月）

胡前毅
（1990年4月—1993年9月）

郭诚
（1993年9月—2001年8月）

杨孚初
（2001年8月—2008年10月）

雷平
（2008年10月—2012年11月）

陈新登
（2012年11月—2016年1月）

宋武
（2016年1月—）

原种场第十二届党委领导班子（摄于2017年12月22日，摄影者：刘勇）

原种场领导与中层骨干合影（摄于2018年6月，摄影者：刘勇，余林俊）

凡　例

一、本志是1993年12月出版的《湖南省贺家山原种场志》的续编志书。本志的主体内容的时间断限为1991年至2017年，为了保持事物的连续性，部分内容适当上溯或下延。

二、本志坚持以马克思列宁主义、毛泽东思想、邓小平理论、“三个代表”重要思想、科学发展观、习近平新时代中国特色社会主义思想为指导，坚持辩证唯物主义和历史唯物主义的立场、观点和方法，实事求是，秉笔直书，力求反映改革开放以来湖南省贺家山原种场的地方特征和时代特征。

三、本志设七章，章下设节、目、子目；采用述、记、志、图、表、录诸体，以志为主。

四、本志对1993年12月出版的《湖南省贺家山原种场志》查漏补缺、纠错正讹，对经济发展、种子科研和种业发展的有关事实进行了补正和说明，还原历史的本来面貌。

五、本志坚持对人物“生不立传”的原则，对在世重要人物只作简单介绍，其他人物则采用因事系人手法以记之。为方便读者通览本志断限期间科研成果及成就，本志列表著录。

六、本志采用公元纪年，机关单位、会议及相关事物名称，首次使用全称，后则用简称；机构设置的名称变化，部分加注说明。

七、本志采用的计量单位，为了尊重历史事实和专业需要，个别之处使用旧制，如“亩”“寸”等，不作换算。

八、本志资料主要来源为本场档案室、机要室现存相关资料，少数资料为志稿撰写人员所收集；所有资料均不注明出处。

序

盛世修志，存史以资政。

本志为 1993 年 12 月出版的《湖南省贺家山原种场志》续修本，时间断限为 1991—2017 年。续修场志，不仅是湖南省贺家山原种场一万人民的期盼，更是原种场政治经济社会发展中的一件大事。

湖南省贺家山原种场作为“三系”杂交水稻发源地之一，经过几代干部、职工特别是农业科技工作者的不懈努力，原种场已建成为国家杂交水稻课题主要攻关单位，湖南省水稻、优质棉原（良）种子科研重要基地。一直以来，原种场主要承担着南方稻区水稻区域试验及湖南省水稻区域试验（预备试验）、水稻品种（组合）生产安全性鉴定、两用不育系生态鉴定、水稻新品种引进筛选展示推广、杂交水稻亲本种子提纯繁殖等科研生产任务。此外，原种场还承担了场域内民政、教育、医卫、国土、水利、建设规划、交通电力、社会治安综合治理等各项社会事务的管理工作，不仅履行着事业单位基础公益性职能，还履行着行政管理区的社会管理职能。

1991 年以来，全场经济社会事业得到快速发展。2017 年地区生产总值达 3.342 亿元，农业人口人均纯收入达到 14294 元。27 年共完成科研课题研究 400 多个，取得各项科研成果 138 项，其中获得省级以上科研成果奖 28 项。共向社会提供水稻原（良）种和优质棉种 1 亿余公斤，创造社会效益 500 多亿元，对国家种子和粮食生产安全起到了极其重要的保障作用，为湖南乃至全国农业经济的发展做出了巨大贡献。

为展示前人卓越成就，激励后辈奋发图强，2012 年 2 月，成立《湖南省贺家山原种场志》编纂机构，组织了 73 人的场志编纂及撰写班子，历时六年又八个月，收集各类资料近 100 万字，成稿 46 万余言。

志书续编中，编撰人员锲而不舍、勤恳笔耕，付出了辛劳；各位老同志悉心指导、全力支持，付出了心血，在此一并深表谢意！

辉煌的过去，必将预示着美好的未来！我坚信，步入新时代的贺家山人民一定会继承和发扬前辈们的优良传统，再现昔日的荣光！

湖南省贺家山原种场党委书记、场长　宋　武

2019 年 1 月 8 日

目 录

概　述

湖南省贺家山原种场（下称原种场），地处沅水下游的常德市鼎城区边缘，与汉寿县为邻。离常德市城东25千米。总面积30.41平方千米，属湖积平原区，最高海拔34.7米。域内土壤肥沃，资源丰富，气候宜人。1955年2月始建农场，1965年1月转办省原种场。1995年11月，经国家农业部批准，为全国首批国家级原种场。

2017年末，原种场有耕地面积1.7万亩，养殖水面2000余亩，芦苇面积6000亩。总人口1.1万人，其中：在职工作人员2600余人，离退休人员2727人。下辖3个农业分场，1个芦苇场以及其他管理服务单位、部门34个。

场域古为龙阳（今汉寿）县治下的大围堤和小泛洲垸。清宣统元年（1908年），大围堤大水溃口废弃，称围堤湖。随着地貌变迁，围堤湖北隅淤积成洲，遍生芦荻。时有贺、陈等姓人氏，“插杆为标”“指手为界”，占为己有。因本地人称芦洲为“柴山”，贺姓人氏占有的芦洲（今场部机关周围），时人称之为“贺家山”；又因该洲大于彼岸的“小洲”，故又有“大洲”之称。毗邻的江中沙洲，因沅水泛滥冲积而成，故名“泛洲”，后受沅水冲刷一分为二，根据面积大小，分别称之为“大、小泛洲”；原小泛洲垸居民多以种田捕鱼为业，庭院兼种柑橘。相传由东汉丹阳太守李衡遣人引种，闻名遐迩的“泛洲南桔”即出产于此。深秋之际，沅江碧水如镜，南橘叶绿果红，夕阳西下，如彩虹横亘，形成古常德八景之一的“橘洲晚霁”景致。

历朝以来，由于场域内的大洲及小泛洲垸底系卵石冲积层，终年浸水不干；加之无力抗拒水患，三年两灾，农田水利设施水毁失修，水稻等粮食作物连年歉收。

中华民国期间，在帝、官、封“三座大山”的残酷压榨下，两垸居民生活苦不堪言。早在大革命时期，中共汉寿地下党组织，在小泛洲就组织了农民协会，居民推举陈兴阶（江西九江中学学生）、姚靖国、陈刚、陈松廷等为该农会执行委员；在地下党负责人詹乐贫等人的领导下，组织贫苦农民闹革命、打土豪、分田地，开展了轰轰烈烈的斗争。1927年，蒋介石叛变革命，对农民运动进行了血腥镇压。农协会员遭到土豪劣绅反动武装“团防局”的反攻倒算和搜捕。上述五名执行委员先后有四名被捕，其中三人在汉寿县就义，陈兴阶烈士就义于常德城东门外，并陈尸3天。

在国民党反动派的统治下，劣绅豪夺，洲霸横行。土豪劣绅经常出没于安彭家和毛杨家渡口，拦船抢劫时有发生。加之血吸虫病常年流行，洲上居民十有七八遭受“瘟神”的严重摧残。田园荒芜，家破人亡，民不聊生。呈现“千村薜荔人遗矢，万户萧疏鬼唱歌”

的凄凉景象。民国末年，大洲和小泛洲分属汉寿县大同乡、望桔乡管辖。

1949年8月，湖南常德解放。从此，这块古老的大地上，广大劳动人民真正成了新中国的主人。

新中国成立后，大洲垸南半部划归汉寿县第三区上林乡，北半部划归第五区南赶乡管辖；小泛洲垸单独设为该县第三区太湖乡建置。1954年沅江洪水泛滥后，小泛洲垸被废弃；是年冬，湖南省治湖总指挥部派宁乡县民工总队修复大洲垸。小泛洲移民至该垸，组建汉寿县新合乡。

1955年2月，汉寿县人民政府决定，汉寿县农场（良种繁殖场）从城关西竺山迁至贺家山（大洲垸）续办，即为贺家山原种场建场之始。当时，场域规模为2700亩，人口为132人，其中职工127人。1956年3月，经常德专员公署批准，大洲垸和小泛洲垸划归常德县。同年秋，常德县财政科、县委农村部渔鸭科分别在小泛洲涂家嘴建立果园，种橘184亩，在小泛洲汤家河建立渔业捕捞队。1957年12月，农场移交常德县以后，常德县人民委员会于1958年8月、1959年10月和1960年12月三次将两垸全部划入场内，转为全民所有制农垦企业。

建场伊始，农场坚持“边开荒、边生产、边建设、边扩大、边积累”的“五边”方针。在芦荻满地、菱蚌遍野的洲滩沼泽地上，第一代农垦人栉风沐雨，披荆斩棘，开展了艰难的围湖造田、治水治土和垦殖工作。农业生产以种植水稻、棉花为主。并办起粮、油、棉、蔬菜、食品和农具等手工业加工作坊，初步形成种、养、加“一条龙”的生产格局。在管理上，开始学习苏联国营农场办场模式，实行统一经营，统一核算；后又仿照人民公社办法，实行“三包一奖”和“五定一奖”经营管理办法，较好地调动了广大干部职工的积极性，垦殖生产得到很大的发展。到1963年，共垦荒造田1.9万余亩，连续9年生产丰收，连年盈利。但由于田多劳少，生产力水平低，复种指数低，生产粗放，稻谷亩产仅200多千克，皮棉亩产20千克左右。1964年4月，农场移交常德专区直辖，更名为常德专区贺家山农场。是年洪涝灾害严重，出现建场以来第一次农业减产。工副业年产值只28.54万元，仅占工农业总产值的18.41%。

1965年1月，经省人委农水办批准，农场转办为湖南省贺家山原种场，成为省属事业单位，全省稻棉种子生产重要基地，由常德专员公署代管。1996年5月2日，经常德市人民政府批准，常德市水稻原种场由常德市农业局管辖划为省贺家山原种场管辖，更名为湘利经济作物区。

1966年“文化大革命”，给建场不久的原种场带来重重困难。干部、科技人员、职工顶着逆流育种，继续进行农田水利基本建设。特别是1968年，全场“远学大寨，近学安乡铁路湾”，掀起园田化建设高潮。奋战一冬春，全场65%的耕地实现园田化。到20世纪70年代初，育成常规早稻品种湘贺1号~8号8个，提纯复壮并推广了晚粳农垦

58，扩大了种子生产面积。但种子质量用户反映有“三多”：“稗子多、秕壳多、泥土多”。1972年组建新的党委会以后，种子科研和生产有了新的进展。籼型杂交水稻“三系”配套成功，育成71–72A和V20A两个不育系和保持系，并配组成威优6号等组合；采取“四圃法”生产常规稻原种，到1975年，常规稻原种产量增加到5.79万千克，此后，原种产量一直占全省的50%以上。从1976年开始，进行株系（原原）种生产。是年末，全场15805亩耕地实现园田化，占耕地总面积的94.21%。共开挖沟渠185条，总长1222.65千米，建硆闸25座。结合消灭垸内钉螺面积1400亩，血吸虫病疫情得到有效地控制。

“文化大革命”中，行之有效的管理办法，被视为资产阶级的“管、卡、压”而遭批判，贯彻“一业为主，多种经营”的方针受阻。十年“文化大革命”，八年亏损，亏损总额273.44万元。从1977年起，场党委采取“五定一奖”和“四定一包”等经营管理办法，扭转严重亏损局面。1978年，场变电站建成，保证了生产、生活用电。在“以粮为纲”思想指导下，发展工副业生产仍举步维艰。到1978年末，工副业固定资产和销售额仅占全场总数的22.36%和35.89%；场办商业至此还是空白。由于“单打一”追求粮食产量，小泛洲毁芦种粮，四年中间两围两溃，80多户职工“一迁一返”，造成直接经济损失70多万元。

中共十一届三中全会后，场党委审时度势，通过拨乱反正，从“左”的束缚中解放出来，紧紧抓住经济工作这个中心，迎来原种场发展史上的春天。1980年2月和1982年1月，湖南省人民政府决定，原种场改为以省农业厅管理为主的体制；并进一步明确“为农业厅属农业事业单位（县团级）”。场内从1981年冬季起，农业实行家庭联产承包责任制；工商企业实行“风险抵押，定额提留，盈亏自负，联产计酬”的经济承包责任制；各类管理和专业技术人员也建立起适合不同行业特点的岗位（经济）责任制；在财务管理体制上，将分场和场属企业作为一级经济实体，实行财务包干和税费利后分配；场内管理机制和双层经济体系日趋完善。20世纪90年代以后，除分场和少数企业作为独立的事业及企业法人外，其他场属单位均取消独立核算，统一采用报账制，集中财力搞建设，集中力量办大事，推动了基础建设事业的发展。

1995年以后，通过国家级原种场、移民建镇、通乡通村公路、新农村、现代农业示范园等建设，场域内园田棋布、阡陌纵横，白墙红瓦、绿树掩映；春天菜花流金，盛夏稻花飞扬，金秋果实累累，隆冬大棚一片生机。一个卫生整洁、空气清新的滨湖小镇和多个规划有序的社会主义新农村呈现在干部职工面前；如今的贺家山，一片姹紫嫣红，湖光水色，使人目不暇接、流连忘返。

60多年的发展，原种场的农业生产和种子科研成绩斐然。2017年与1978年比较：杂交水稻繁殖、制种，亩单产由22.3千克、11.6千克，提高到130千克和120千克，种子质量每年均达到或超过国家分级标准；棉花皮棉亩单产由50千克提高到110多千克；油菜籽单亩产由40余千克提高到100千克以上。此外，鲜鱼、生猪、柑橘等生产量均得到成倍增长。1989年11月，原种场被农业部定为全国杂交水稻种子生产基地，1995年11月被农业部批准为全国首批国家级原种场。

湖南省贺家山原种场作为“三系”杂交水稻发源地之一，经过几代农业科研工作者和全场干部、职工的不懈努力，原种场已建设成为国家杂交水稻课题主要攻关单位、湖南省水稻、优质棉原（良）种子科研重要基地；成为湖南省农作物新品种选育、农业新技术推广的前沿阵地，也是目前全国最大的国家级原种场和南方唯有的两个国家级原种场之一。目前，原种场主要承担了南方稻区水稻区域试验及湖南省水稻区域试验（预备试验）、水稻品种（组合）生产安全性鉴定、两用不育系生态鉴定、水稻新品种引进筛选展示推广、杂交水稻亲本种子提纯繁殖等科研生产任务。此外，原种场还要承担场域内民政、教育、医卫、国土、水利、建设规划、交通电力、综治等各项社会事务的管理服务工作，不仅履行着事业单位基础公益性职能，而且还履行着行政管理区的社会管理职能。既是一个农业事业单位，又是一个相当于行政管理区的“小社会”。

截至2017年底，原种场的地区生产总值（GDP）达3.342亿元，较1999年5681.5万元增长5.88倍，年均增长6.78%，农业人口人均纯收入达到14294元，较1990年1209元增长11.82倍，年均增长9.58%。共鉴定水稻品种（系）11000多个（次），完成科研课题研究400多个，取得各项科研成果138项，其中获得省级以上科研成果奖30项，《籼型杂交水稻三系配套》获得国家特等发明奖。共向社会提供水稻原（良）种和优质棉种近1亿公斤，创造社会效益500多亿元。特别是对湖南省及中国南方稻区种子和粮食生产安全、湖南省粮食增产和经济增长起到了极其重要的支撑和保障作用，对湖南农业的发展做出了不可磨灭的贡献。

改革勃行，中兴在望。屹立在沅水河畔的湖南省贺家山原种场，将发挥自己得天独厚的优势，始终沿着中国特色社会主义道路，着力建设更加美好的明天，为实现“中国梦”的“贺家山篇章”而努力奋斗！

大事记

1991 年

1 月 20 日，湖南省贺家山原种场第一届一次职工代表大会召开。大会审议通过了工作报告和原种场经营管理办法及有关规章制度。此后，每年召开职工代表大会形成制度。

3 月 6 日，原种场党委书记、场长胡前毅被聘为湖南省农作物品种审定委员会第二届委员会委员。

4 月 5 日，省农业厅党组副书记、副厅长谭载阳来原种场检查指导工作。

5 月 28 日，原种场制定颁发“工业管理奖”“农业丰收奖”“科研成果奖”“学校教育奖”的实施办法。

6 月上旬，原种场党委委员、副场长袁振兴、史本迪带领场属有关单位负责人共 18 人，赴岳阳市君山、黄盖湖和钱粮湖三农场参观学习。

7 月上旬，场域内普降大暴雨，总降雨量达到 500 毫米。沅水芷湾水位达到 38.62 米，高水水位达到 36.12 米。小凡洲垸漫溃，造成直接经济损失 200 多万元。原种场干部职工在蚕桑垸 2557 米长堤上垒起了一道麻袋堤，保住了堤垸；省农业厅副厅长刘丁山专程到原种场慰问抗洪一线干部职工。

9 月 26 日，中共贺家山原种场委员会第七次代表大会召开，出席会议的代表 106 人，大会选举产生第七届党委会和纪委会。胡前毅当选为党委书记、曹正杰当选为党委副书记、郭诚当选为纪委书记。

10 月 21 日，原种场开展“社会主义思想教育”活动，历时八个月，翌年 5 月出台机关社教整改方案，将 17 个科室整改为“党务部、财经部、群工部和后勤部”四大部，同时开发“粮油、棉花、水产”三线，随后场属各单位相应地制定整改方案。

1992 年

1 月 1 日，原种场有线电视台建成开播。先后开通 45 套节目。

1 月 15 至 17 日，原种场举办第一次共产党员冬季培训班，开展集中培训和民主评议。此后，每年进行冬季党员培训成为惯例。

3 月 10 日，乐兴大桥破土动工，历时一年，桥长 161.5 米、桥面宽 7 米的载重大桥建成通车。

3月13日，原种场党委副书记、第一副场长曹正杰调任省农业物资仪器公司经理。

4月10日，湖南省贺家山原种场社会治安综合治理委员会成立，下设办公室，负责日常工作。

5月1日，湖南省贺家山原种场优质棉加工厂在原蚕桑站建成投产。

6月8日，经省农业厅、中共常德市委批准，谈再红任省贺家山原种场副场长，帅永朝任纪委书记。

8月6日，原种场在常德桥南兴建“湖南省良种培育实验大楼”，当年10月动工修建，翌年3月竣工启用。

9月中旬，原种场职工医院门诊大楼开工建设，翌年12月28日竣工验收，交付使用。

11月3日，新合分场党总支书记、场长彭新华当选为常德市鼎城区第十二届人民代表大会代表。

1993年

1月13日，经原种场第二届一次职工代表大会通过，对所属单位实施“一个法人代表、一个经济合同、一个产品利费上交”管理。

2月1日，小凡洲芦苇场成为湖南省科委“胖节荻”“突节荻”配套栽培技术项目实施单位。项目历时三年，投入资金110万元。后因1995年沅水特大洪灾毁于一旦。

4月初，湖南省原种场种子公司和苏家吉分场在外地开辟种子生产基地2477亩，因种子质量无法保证，两年后被迫放弃。

5月5日，常德市工商行政管理局贺家山工商管理所成立；该所后于2001年4月被常德市工商行政管理局收编，划归常德市鼎城区工商行政管理局管理。

6月10日，成立湖南省贺家山原种场农业开发总公司，党委委员、副场长史本迪兼任总经理。

6月至7月，原种场先后在广西东兴市、广东广州市、湖南常德市设立经营窗口和兴办企业（生产机制砖、精米、桥架等），推动场办工商企业全面走向市场。

7月份，场域内普降大到暴雨，连续三次遭受洪水围困，全场内涝受灾面积达6810亩，造成直接经济损失215万元，间接经济损失逾400万元。

8月2日，原种场党委组织五个工作组，进驻场属单位深入开展“密切联系群众活动月”活动。

8月16日，原种场党委书记、场长胡前毅调任湖南省种子公司经理。

9月10日，省农业厅党组、中共常德市委批准：郭诚任原种场党委书记、场长，袁振兴任党委副书记、第一副场长，孟凡利任党委委员、副场长。

9月19日，全国政协委员、社会活动家、慈善家侯希贵回原种场省亲。

11月3日，苏家吉分场少数农工因籽棉产品上交与场派工作人员发生冲突，引发群体事件，致一名公安干警受伤；常德市鼎城区公安局及时依法处置，平息了事态。

1994年

2月1日，经原种场党委研究，原种场职工代表大会通过，实行四项改革。即“田土承包制度的改革，干部、企业职工住房制度的改革，农业职工退休制度的改革和医疗卫生制度的改革”。

3月中旬，原种场大曲酒厂更名为“湖南省贺家山原种场食品加工厂”，同时引种“牛蒡、藠头”等高效农作物，引进优质棉种进行繁育。

4月5日，原种场党委研究同意教育科从1994年下学期开始，撤销子弟中学高中部。

4月至7月，原种场先后向农业部、省农业厅申报《湖南省贺家山原种场棉花良种繁育基地建设项目可行性论证报告》《湖南省贺家山原种场优质稻种子繁育基地的论证报告》《湖南省贺家山原种场杂交水稻“三系”亲本提纯繁育基地和电力更新基础设施建设项目可行性论证报告》《国家级原种场建设项目建议书》，全面启动国家级原种场项目申报工作。

4月28日，成立湖南省贺家山原种场修建商贸一条街领导小组，制定《修建商贸一条街规划和分期筹资修建方案》，当年10月第一期商贸街工程竣工。

5月1日，颁发实施《湖南省贺家山原种场1991—2000年土地利用总体规划》。

5月14日，成立湖南省贺家山原种场发展个体私营经济领导小组。

5月28日，省农业厅党组、中共常德市委批准，杨孚初任原种场党委委员、副场长。

8月12日，颁发实施《湖南省贺家山原种场关于普及九年义务教育的实施细则》。

12月初，大洲分场三队女职工陈金桂因家庭矛盾将亲生女儿活活掐死后，浇汽油烧毁住房和尸体，以毁尸灭迹，构成震惊全市的恶性案件。

1995年

2月23日，颁发实施《湖南省贺家山原种场在职工作 人员培训〈含脱产、半脱产、业余〉的管理办法》。

3月初，原种场广泛开展“严守规则、加强管理、增强意识、保障质量”为主题的“种子质量年”活动，强化“原种场分管场长、分场场长、生产队长”三长负责制。

6月3日，颁发实施《湖南省贺家山原种场特大汛期紧急避险预案》。

6月16日，原种场程控电话工程开工建设，装机容量为512门的程控电话于9月底开通。

7月2日8时55分，新合分场蚕桑垸因沅江暴发特大洪水而漫溃。

10月中旬，原种场举行第三届职工运动会，开展篮球、乒乓球、象棋、跳棋等项目的比赛。

10月下旬，原种场贺—牛公路1100米集镇水泥路面铺设工程竣工通车。

10月28日，国家农业部委派农业司种子处处长张延秋专程来原种场，授予“湖南省贺家山国家级原种场”的铜牌。

11月12日，成立湖南省贺家山国家级原种场项目建设工作领导小组。

11月28日，原种场举行建场40周年庆典活动。参加活动的领导、专家、学者和老同志共400多人。湖南省人民政府副省长庞道沐、中国工程院院士袁隆平等30多个单位和个人发来贺信或贺电，省人大常委会委员、省农业厅原厅长周新安，常德市委常委、秘书长莫道宏莅临大会并讲话。

12月1日，《湖南省贺家山原种场“八五”森林资源二类调查资料》经常德市林业局验收合格。

12月10日，原种场个体集资近80万元兴建的第二期商贸街工程竣工。

12月15日，原种场投资270万元，在大洲分场和乐兴分场建设高标准规范化“亲本种子生产专用田”3000亩工程启动，翌年11月竣工交付使用。

12月24日，中共贺家山原种场委员会第八次代表大会召开。出席会议代表105人，大会选举产生第八届党委会，郭诚当选为党委书记，袁振兴当选为党委副书记。

1996年

1月10日，原种场投资35万元，购入2台75千瓦电动机、4块配电屏，用于乐兴分场排灌站排灌机埠改造。

1月16日，原种场党委决定“湖南省贺家山原种场职工代表大会从本届起将两年届期改为四年届期”。

2月1日，《湖南省贺家山原种场第九个五年经济和社会发展计划》颁布实施。

3月10日，颁发实施《湖南省贺家山国家级原种场“种子工程”建设项目实施方案》和《湖南省贺家山国家级原种场建设项目分期实施计划》，全面启动国家级原种场建设。

3月28日，省农业厅党组、中共常德市委批准：帅永朝任原种场党委委员、副场长，梁粹征任党委委员、纪委书记，肖立一任党委委员、总农艺师。

4月20日，原种场投资165万元进行变电站工程改造，改扩建35千伏变电站一座，主变容量增为2500千伏安，更新配电设备27台套，新建548平方米机房一栋，当年11月竣工交付启用。

5月2日，经常德市人民政府批准，常德市水稻原种场由常德市农业局管辖划为原种场管辖，更名为湘利经济作物区。

5月22日，成立湖南省贺家山原种场特种水产开发领导小组。

6月10日，原种场投资20万元，对农科中心320平方米的综合实验室进行维修改造，当年8月竣工交付使用。

7月4日，经原种场党委研究同意，原种场运输公司与私营企业贺家山沙砾场整合，成立常德市贺家山建材贸易有限责任公司。

7月10日至24日，沅水流域连降暴雨，遭受百年未遇的特大洪涝灾害。芷湾水位高达40.57米，超危险水位3.07米，小凡洲芦苇场、新合分场蚕桑垸再次漫溃，造成直接经济损失156万元。

8月12日，成立湖南省贺家山原种场第一次农业普查领导小组。

8月30日，经常德市政府和上级金融主管部门批准，在原种场设立中国农业银行常德市中心支行贺家山办事处。

10月2日，颁发实施《湖南省贺家山原种场场办企业目标管理考核、评比、奖励办法》。

11月，大洲分场党总支书记、场长刘瑞林当选为常德市鼎城区第十三届人民代表大会代表。

1997年

1月21日，省农业厅党组、中共常德市委批准：杨孚初任原种场党委副书记、第一副场长，帅永朝任场党委副书记。袁振兴调任省棉花科学研究所副所长。

2月28日，原种场投资30万元，对种子公司原有仓储设施进行维修，完成仓库改造3915.5平方米，6月竣工交付使用。

3月10日，成立湖南省贺家山原种场企业改革领导小组，制定了《湖南省贺家山原种场工商企业实行股份合作制改革的实施细则》，先后对全场工商企业进行“转机建制”。

4月10日，原种场子弟学校“双基”达标的科教楼建成。

5月15日，制定《湖南省贺家山原种场种子工作规则》，对种子工作各环节的操作行为和责任作出规定。

6月2日，中央电视台农业频道来原种场拍摄《贺家山——种子国里的一颗明珠》纪录片，在中央电视台第二套、第七套节目中先后两次播放。

6月15日，制定实施《湖南省贺家山原种场“种子质量月”活动实施方案》，在全场范围内广泛开展“种子质量月”活动。

6月，原种场党委副书记帅永朝参加湖南省商务厅组织的考察团，赴美国进行商务考察，历时28天。

10月19日，经湖南省“两基”评估验收团常德分团评估验收，原种场“基本普及九年义务教育、基本扫除青壮年文盲”工作达到国家和省定标准。

10月20日，原种场建材贸易有限责任公司自筹资金40万元修建的贺家山汽车客运站竣工验收。

11 月 6 日，原种场建筑公司与省农业工程设计所、省农业厅三达安装工程公司三个单位联合组建成立湖南省农业建筑公司。

11 月 28 日，原种场与湖南省种子管理站签订《三系杂交水稻不育系新香 A 提纯协议》。

12 月 18 日，原种场投资 150 万元，在场部机关院内新建科技培训楼，建筑面积 1592 平方米，翌年 10 月 8 日竣工验收并启用。

12 月 29 日，原种场种子公司与常德市鼎城区韩公渡镇走马岗村因杂交水稻制种赔偿纠纷一案，经常德市中级人民法院二审调解结案。

1998 年

2 月 5 日，原种场优质棉加工厂改制为湖南省常德市银宇供销合作股份公司。

3 月 1 日，颁发实施《湖南省贺家山原种场农业结构调整的补贴政策》，每搭建一个 0.3 亩地的塑料大棚，补贴现金 700 元，全场共建蔬菜大棚 62 个。

4 月 30 日，成立湖南省贺家山原种场公路建设领导小组。

5 月 20 日，成立湖南省贺家山原种场下岗职工再就业工作领导小组。

6 月 22 日至 24 日，场域内连降大到暴雨，降雨量达 262 毫米，原种场大部分农作物被淹，造成直接经济损失 252 万元。

6 月 23 日，省农业厅副厅长文约纯到原种场慰问抗洪抢险的干部群众。

8 月 12 日，原种场优质粮油开发中心改制为湖南省贺家山星火粮油公司。

8 月 21 日，原种场建筑公司改制为湖南省贺家山金穗建筑有限责任公司。

9 月 8 日，成立湖南省贺家山原种场移民建镇领导小组，制定《灾后重建、移民建镇实施方案》。翌年 4 月，对小凡洲垸和新合分场蚕桑垸的居民进行分散移民安置和集中移民建镇，“小凡洲芦苇场移民新村”于年底建成。

9 月 10 日，新合分场党总支书记、场长彭正华参加常德市农业专家考察团，赴新疆维吾尔自治区及新疆生产建设兵团进行为期一个月的考察。

9 月 24 日，原种场从美国进口一台加工量 1.0 吨 / 小时的橄榄牌（Olive）比重式种子精选机。

10 月 1 日，原种场第四期商贸街工程和集镇重点区域的公路建设及排水工程竣工。

11 月 1 日，原种场被农业部列为全国第二批种子质量认证试点单位。

1999 年

3 月 1 日，原种场投资 40 万元，对种子公司种子加工车间进行改造，新建厂房 364 平方米，当年 6 月竣工验收交付使用。

3 月 23 日，原种场占股 32%、常德市棉麻公司占股 68% 的常德市贺家山银丰优质棉加工有限责任公司工商注册成立。

4 月 20 日，由省农业厅纪检组长莫胜元带队，厅机关离（退）休老干部一行 33 人到原种场考察，原厅长王守仁、周新安一同到场。

4 月 21 日，原种场投资 94.99 万元，修建由集镇十字街至银丰公司长 2200 米、宽 6 米的水泥硬化公路，当年 7 月竣工验收通车。

4 月 28 日，以“庆国庆、迎回归”为主题，举行了以篮球、乒乓球、象棋、拔河为主要项目的第六届运动会。

5 月 17 日，颁发实施《湖南省贺家山原种场工作规则》，实行制度化、规范化、科学化管理，促进干部勤政廉政建设。

5 月 24 日至 8 月 31 日，原种场暴发耕牛“五号”病疫情，共扑杀染病耕牛 22 头，直接经济损失 5 万多元。

6 月 13 日，原种场农业职工陈帮荣、肖富贵、刘家顺在常德市武陵区东郊乡唐家溶村黄氏食品厂清理酸菜腌制池时因硫化氢中毒，经抢救无效死亡。

9 月初，省审计厅驻农业厅审计处对湖南省贺家山国家级原种场项目建设资金终结审计。审计结论是：按照批准的项目实施方案于 1999 年 6 月全面施工完成，实际完成投资 1218.20 万元，为计划投资 1200 万元的 101.5%。

9 月 21 日，原种场举行国庆五十周年联欢活动。

9 月 28 日，原种场机关干部全额集资 156 万元，在机关院内开工修建 2 栋共 24 套干部住宅楼。

10 月 8 日，下发《湖南省贺家山原种场农业结构调整指导意见》，以推动农业结构调整，增加农业职工收入。

12 月 6 日，原种场投资 27 万元、社会筹资 13 万元的乐兴分场自来水饮水工程竣工验收交付使用，全场自来水用户覆盖率达 100%。

12 月 8 日，原种场派出所由常德市公安局收编，划归常德市鼎城区公安局管理，更名为常德市鼎城区公安局贺家山派出所。

12 月 29 日，自原种场建筑公司至牛鼻滩进原种场牌坊，长 902 米、宽 6 米的水泥公路竣工验收通车。

12 月 30 日，由 16 户场内职工筹资 144.95 万元，建筑面积为 3420 平方米的商贸街第五期工程竣工验收。该工程的完成，使原种场集镇“十”字街构架基本建成。

2000 年

1 月 3 日，向农业部、湖南省农业厅上报《湖南省贺家山原种场续建项目建议书》，开始启动国家级原种场续建项目的申报工作。

3月7日，“贺家山”种子品牌商标，在国家工商行政管理总局商标局注册成功。

4月18日，成立湖南省贺家山原种场第五次人口普查办公室；11月1日普查工作结束，全场总人口9532人，其中，男性4844人，女性4688人。

5月30日，位于原种场机关院内西南侧的中国移动通信基站建成启用。

8月22日，颁发实行《湖南省贺家山原种场关于加强干部思想作风建设的若干规定》。

9月28日，原种场投资200万元，动工修建贺家山文化宫；2002年6月29日集会议、文化娱乐等功能于一体的文化宫竣工并投入使用，建筑面积为1323平方米，可容纳1200人。

10月，原种场专题片《绿色之源》由湖南卫视拍摄制作，先后在湖南卫视、中央七台播出。

11月13日，农业部下文，同意湖南省贺家山国家级原种场项目进行扩建，项目固定资产总投资792万元。至此，贺家山国家级原种场续建项目开始启动。

2001年

1月5日，制定颁发《湖南省贺家山原种场经济和社会发展“十五”计划》。

2月10日，湘利经作区撤销，划归新合分场管理，为新合分场湘利队。

2月28日，原种场与台商代表纪天凤女士联营在食品加工厂兴办“贺家山织衣厂”，招青年女工30多名，先后织衣三万多件。后因市场原因，于2003年停办。

4月18日至30日，为庆祝建党80周年，原种场举办了职工篮球、拔河比赛。

7月5日至6日，场域内遭受年内四号台风“尤特”的袭击，造成直接经济损失120多万元。

8月8日至9日，中共贺家山原种场第九次代表大会在场部培训楼举行，与会代表101人，选举产生第九届党委会和纪委会。杨孚初、孟凡利分别当选为党委书记、副书记，雷平当选为纪委书记。

8月16日，原种场党委书记、场长郭诚调任湖南省农垦局党组副书记、副局长。

8月16日，省农业厅党组、中共常德市委批准：杨孚初任省贺家山原种场党委书记、场长，孟凡利任党委副书记、第一副场长，肖立一、姚金华任党委委员、副场长，雷平任党委委员、纪委书记。

8月至11月，原种场党委以“务实、创新、发展”为主题，开展新世纪经济和社会事业发展思路与对策研讨活动。

9月5日，苏家吉分场撤销，划归新合分场管理，其下辖七个生产队编为新合分场十二至十八队。

10月15日，原种场启动“社会养老保险、医疗保险、失业保险”的申请诉求工作。

11月8日至9日，原种场举办“21世纪贺家山经济和社会发展论坛”。参加的领导、专家共计 57 人，省农业厅党组成员、纪检组组长莫胜元，副厅长吴新民，常德市人大常委会副主任孙维忠等领导莅临论坛，共收到论文、论著 175 篇。

11 月 9 日，原种场举行水稻育种、制种技术顾问聘请仪式，聘请周坤炉、许世觉研究员为原种场水稻育种、制种技术顾问。

11 月 10 日，《常德新闻联播》以《专家齐聚、共谋发展》为题，报道了湖南省贺家山原种场开展专家论坛的实况。

11 月 12 日，《常德日报》以《良田万顷、绿树成荫——贺家山建成国家一流原种场》为题在头版头条作了报道。

11 月 13 日，《湖南科技报》以《请专家献策、靠种业兴场——贺家山打造种业龙头》为题，头版刊登。

11 月 30 日，省农业厅系统老干部座谈会在原种场召开。

2002 年

1 月 10 日，《21 世纪贺家山社会与经济发展论文集》专刊成集。

2 月 28 日，省农业厅党组副书记、副厅长何铁林，副厅长甘霖来原种场检查指导工作。

3 月上旬，原种场党委书记、场长杨孚初一行 16 人赴江苏、浙江、上海等地考察学习，撰写《江苏、浙江、上海现代农业发展情况考察报告》。

3 月 19 日，原种场党委副书记、第一副场长孟凡利调任省蚕桑科学研究所所长。

4 月 10 日，省农业厅任命宋武为原种场场长助理。

4 月 22 日至 5 月 14 日，场域内连续降雨，总降雨量超过 600 毫米。原种场受灾面积 1800 多亩，直接经济损失 345 万元。

5 月，原种场内 12 名干部职工全额集资在机关院内建设 4 号宿舍楼，建筑占地面积为 585 平方米，年底竣工交付使用。

5 月 22 日，省农业厅副厅长吴新民来原种场指导防汛抢险、抗灾减灾等工作。

5 月 30 日，成立湖南省贺家山原种场教育体制改革领导小组，场党委委员、纪委书记雷平任组长。

6 月 18 日，省农业厅党组、常德市委任命宋武为原种场党委委员。

6 月 19 日，全国农技推广中心确定湖南省贺家山原种场为 2002 年度全国农作物种子质量认证试点单位。

6 月 20 日，省农业厅副厅长文约纯来原种场检查督导防汛抢险工作。

7 月 8 日，制定实施《湖南省贺家山原种场科技发展计划纲要（2001—2010 年）》。

8 月 22 日，省农业厅党组成员、副厅长李志纯来原种场指导抗灾救灾工作。

9 月 30 日，原种场获常德市直属机关工作委员会、常德市文化局、常德市广播电视局“直属机关单位庆国庆、迎十六大文艺调演”二等奖。

11月，原种场经贸科科长彭新华当选为常德市鼎城区第十四届人民代表大会代表。

11月，原种场投资60万元，对全场有线电视进行了光纤网络设施设备系统改造。收视节目由原来20套增加到32套。

12月，原种场党委书记、场长杨乎初获农业技术推广研究员任职资格证书。

2003年

3月上旬，原种场投资350万元，用于电力管理站35千伏变电设备改造、10千伏配网建设改造及380/220伏低压干线和分支线建设改造，当年10月竣工验收启用。

4月16日，撤销原种场建筑公司、食品厂、彩印厂、水产公司、农业开发总公司等建制，合并成立湖南省贺家山原种场企业服务管理站。

4月22日，成立湖南省贺家山原种场传染性非典型肺炎防治工作指挥部，制定《湖南省贺家山原种场传染性非典型肺炎防治工作预案》。全场动员、多管齐下，展开两个多月的防治“非典”阻击战，未发生一起“非典”病例。

5月12日，省农业厅任命宋武为原种场副场长。

6月10日，省农业厅党组、常德市委任命邵泽毅为原种场党委委员。

7月2日，袁隆平农业高科技股份有限公司国际培训中心来原种场举办发展中国家国际杂交水稻技术培训班。此后，每年主办3期~6期，培训外国学员100余人。2010年，原种场被湖南国家教育培训学院正式定点为教学实习基地。

7月10日至9月1日，受副热带高压影响，出现了历史罕见的高温少雨干旱天气，导致原种场域内农作物普遍遭受旱灾，造成直接经济损失200万元。

7月18日至20日，原种场举办“三个代表”重要思想理论学习班，全体党委成员、机关科室和场属单位负责人参加学习班。同时启动全场“三个代表”重要思想教育活动。

7月23日，原种场与湖南东文实业有限公司签订《大洲分场十四队蓄水湖租赁协议》，开始建设湖南东文（贺家山）垂钓休闲中心。

7月24日，省农业厅党组、中共常德市委任命雷平为原种场党委副书记。

9月9日，颁发实施《湖南省贺家山原种场干部教育培训规划（2003—2005）》和《湖南省贺家山原种场2003年度干部教育培训计划》。

10月16日，原种场计财科金库被盗现金11.5万余元。案犯系江西萍乡市盗窃团伙，后于2004年4月再次异地作案时被重庆市公安局抓获而案件告破。

11月7日，原种场机关食堂改扩建工程竣工验收，建筑面积为858平方米，砖混二层框架，工程于当年3月20日开工建设。

12月23日，“湖南省贺家山原种场水稻种业科技园”列入农业部投资计划。翌年，实施水稻种业科技园建设。

2004年

1月8日，颁发实施《湖南省贺家山原种场奖惩办法（试行）》。

2月2日，成立湖南省贺家山原种场重大动物疫病防制指挥部，制定《湖南省贺家山原种场控制重大动物疫病应急工作预案》。

3月10日，原种场在大洲分场三队、四队建设水稻新品种推广示范基地、杂交稻亲本原种繁殖基地和新组合及亲本引种筛选鉴定基地，当年8月竣工验收。

4月15日，原种场修建种科所良种引育综合楼，并购置仪器、设备122台套。当年11月竣工验收交付使用。

5月30日，成立湖南省贺家山原种场基本农田保护检查工作领导小组。

6月29日，成立湖南省贺家山原种场职业病防治工作领导小组。

7月30日，成立湖南省贺家山原种场通乡公路建设领导小组，启动全场通乡公路项目建设，到2006年底全场“二纵、二横、一环”的公路网络格局基本形成。

9月8日，成立湖南省贺家山原种场第一次经济普查工作领导小组，制定了经济普查清查摸底方案。全场分为“三场一镇”四个普查小区，普查工作于当年10月底结束。

10月份，常德市国土资源局在原种场举办全市国土局局长、耕保科科长参加的开发整理项目业务培训班。

11月16日，原种场党委委员、副场长姚金华参加省农机协会组织的考察团，赴西欧11国考察，历时15天。

2005年

2月17日，省农业厅任命邵泽毅为原种场副场长。

2月至6月，原种场开展“保持共产党员先进性教育”活动，完成“宣传发动、分析评议、整改提高”三个阶段的工作任务，达到提高党员素质，加强基层组织，服务人民群众，促进各项工作的目标要求。

3月10日，原种场争取“2005洞庭湖区排涝设施更新改造以工代赈项目”，对马龙桥机埠和乐兴310机埠更新改造，当年6月竣工验收启用。

5月10日，原种场法庭由常德市鼎城区人民法院收编，更名为常德市鼎城区人民法院贺家山人民法庭。

6月8日，原种场党委书记、场长杨乎初被省农作物品种审定委员会聘为第五届湖南省农作物品种审定委员会委员。

6月10日，新合分场十二队至十六队沿堤5000米防汛路面硬化工程竣工通车。

9 月 8 日至 9 日，中共贺家山原种场第十次代表大会召开，参加大会代表 105 人，大会选举产生第十届党委会和纪委会，杨孚初当选为党委书记、雷平当选为党委副书记兼纪委书记。

11 月 23 日，成立湖南省贺家山原种场新型农村合作医疗管理办公室。从 2006 年起，全场正式启动新型农村合作医疗保险工作，当年参保人数达到 8621 人。

12 月 30 日，制定实施《湖南省贺家山原种场种业科学研究所体制改革实施方案》和《场种业科学研究所所长考评方案》。

2006 年

1 月 1 日，根据《国务院办公厅关于深化国有农场税费改革的意见》和省委、省政府关于实行农业税全额免征的惠农政策，从 2006 年起原种场对农工承包的土地实行零负担。

2 月 28 日，成立湖南省贺家山原种场省级乡村清洁工程实施工作领导小组，以推动乡村清洁工程实施，促进社会主义新农村建设。

3 月 3 日，原种场种业科学研究所选育的早籼三系不育系贺 50A，通过湖南省农作物品种审定委员会审定。

3 月至 6 月，根据中纪委第六次全会、省纪委第八次全会、省农业厅、常德市委党的建设和反腐败工作会议精神，原种场党委在基层党组织中开展“思想、作风、纪律”整顿活动。

4 月 4 日，制定实施《湖南省贺家山原种场项目管理试行办法》，下发《争取“十一五”期间国家项目计划责任单位的通知》，以推动全场项目争取工作。

4 月，聘用农业科科长、高级农艺师谭旭生为原种场农业技术总负责人。

8 月 30 日，原种场党委下发《认真贯彻〈中共中央关于学习《江泽民文选》的决定〉的通知》，号召全场干部职工认真通读学习《江泽民文选》。

9 月 20 日，引资兴办原种场内第一家民营企业——常德市湘农棉业有限责任公司，该公司收购场办企业——银丰优质棉加工有限公司。

9 月 27 日，由司机曾庆宏驾驶的原种场建材公司客运汽车在常德市武陵区芦山乡新坡桥地段发生一起较大交通责任事故，造成乘客 3 死 7 伤。

11 月 13 日，制定颁发《湖南省贺家山原种场土地总体规划修编工作方案》。

12 月 5 日，2006 年度湖南省贺家山原种场通村公路第一批畅通项目通过验收。

2007 年

1 月 1 日，原种场农业人口户籍实施“农转非”，全部转为非农业户口。

1 月 22 日，省农业厅副厅长欧代明率省农业厅、农垦局、劳动保障厅和财政厅有关处室负责人一行 8 人到原种场，就农林牧场农工基本养老保险试点有关问题进行调研。

3 月 20 日，原种场种科所选育的两系杂交早稻新组合株两优 15 通过湖南省农作物品种审定委员会审定。

4 月 28 日，水稻新品种“株两优 15”使用权独家转让给湖南丰源种业有限责任公司，获转让费 60 万元。

5 月 25 日，聘用种科所副所长、农艺师唐海燕为湖南省贺家山原种场首席育种专家。

7 月 25 日至 29 日，原种场部分老职工赴长沙集体上访，诉求解决农业职工基本养老保险问题。

10 月 1 日，原种场启动农业职工基本养老保险工作，参保农业职工 4925 人，其中办理退休手续的农工 2050 人，当月开始领取退休养老金。

10 月 30 日，原种场农业科科长谭旭生当选为常德市鼎城区第十五届人民代表大会代表。

12 月，原种场党委书记、场长杨孚初当选为常德市第五届人民代表大会代表。

2008 年

1 月 1 日，原种场干部职工及其他居民统一纳入常德市鼎城区基本医疗保险实施范围，启动“职工医疗保险”和“城镇居民医疗保险”工作。

1 月 9 日，制定颁发《湖南省贺家山原种场农业职工基本养老保险实施办法》。

1 月 10 日至 28 日，场域内遭受 50 年一遇的严重雨雪冰冻灾害，造成直接经济损失 378 万元。

1 月 16 日，成立湖南省贺家山原种场农业污染源普查工作领导小组。

2 月 1 日，原种场争取国家农村饮水安全工程资金 285 万元，动工兴建“农村饮水安全工程”，当年 10 月竣工受益。

4 月 1 日，制定实施《湖南省贺家山原种场重大传染病疫情预防和控制工作预案》，确保“一争四无”目标实现，保障人民群众的身体健康和生命安全。

5 月 14 日，原种场正式纳入常德市涉农补贴范畴并予以单列，从 2008 年起享受国家先后出台的水稻（棉花、油菜）良种补贴、粮食直补和农资综合补贴等强农惠农政策。

5 月 15 日，制定《湖南省贺家山原种场测土配方施肥专项实施方案》，开展省级测土配方施肥专项实施项目。

5 月 16 日，成立湖南省贺家山原种场第三产业领导小组。

7 月 14 日，隶属原种场管理的湖南省渔业机械厂招商引资成功。湖南省银信置业投资有限公司首次投资 1500 万元，将渔业机械厂区改建为“银信花苑”。当年破土动工，翌年 12 月建成第一期商居综合小区。

9月至10月，原种场党委组织干部职工广泛开展“坚持科学发展、加快富民强场”解放思想大讨论活动。

10月13日，省农业厅任命雷平任原种场场长。杨孚初调任省种子管理局党支部书记。

11月7日至9日，沅水流域上游持续降雨，五强溪水库最大泄洪流量达18000立方米/秒，芷湾水位超过38.0米，原种场防汛抗旱指挥部及时组织开展防汛工作，这是建场来首次冬季防汛。

12月8日，成立湖南省贺家山原种场残疾人联合会，召开第一次残疾人代表大会。大会选举孟祥月为理事长。

2009年

1月22日，省农业厅党组、中共常德市委任命：雷平任原种场党委书记，姚金华任党委副书记，丁世勇任纪委书记。

2月8日，场党委提出“三个三”战略发展思路。即强化“忧患、公仆、节俭”三种意识；做好“科技创新、靠大靠强、弘扬种业文化”三篇文章；达到“管理水平、基础设施建设品位、干部职工生活质量”三个提升。

3月6日，原种场种科所选育的蔬菜豇豆“贺育早丰”和“贺育特早熟”新品种，通过湖南省农作物品种审定委员会认定。

3月10日，经湖南省建筑科学院系统规划，原种场精品集镇建设正式全面启动。

3月18日，中国杂交水稻之父、工程院院士袁隆平为贺家山文化宫题写“贺家山会堂”。

3月至9月，原种场党委组织深入开展“学习实践科学发展观”活动，认真完成“学习调研、分析检查、整改落实”三个阶段的任务。

4月16日，成立湖南省贺家山原种场非物质文化遗产普查工作领导小组，经过一个月的普查，撰写成《湖南省贺家山原种场非物质文化遗产普查成果汇编》。

4月21日，原种场种科所选育的常规水稻新品种湘早籼46号通过湖南省农作物品种审定委员会审定。

4月28日，原种场水稻新品种“湘早籼46号”使用权独家转让给湖南湘穗种业有限责任公司，转让费10万元。

5月18日，成立湖南省贺家山原种场农业补贴工作领导小组。

6月7日至8日，原种场党委书记、场长雷平带领场属各单位负责人赴长沙参观中华人民共和国成立60周年“湖南成就展”和韶山毛泽东故居。

6月25日，成立湖南省贺家山原种场湿地农业综合利用示范区建设工作领导小组。

6月至10月，原种场承办湖南省农业集团国际旱地经济油料作物培训班、隆平高科国际培训中心发展中国家国际杂交水稻技术培训班，来自30多个国家的120余名学员参训。

《常德日报》、常德电视台等多家媒体进行了报道。

8月15日，颁发实施《湖南省贺家山原种场关于进一步推进农业科技创新的实施意见》《湖南省贺家山原种场关于加快推进“走出去”战略的实施意见》《湖南省贺家山原种场关于弘扬种业文化建设精品集镇的实施意见》。

9月8日，原种场中心幼儿园在原新合分场小学校舍的基础上改扩建竣工，当年有110名幼儿入园。

9月30日，常德新闻频道《常德纪实》栏目以《贺家山田野里的非洲人》报道了国际杂交水稻技术培训班。

10月29日，原种场有线电视台投资95万元，启动数字电视整体平移工程，当年开通启用。

10月至11月，原种场组织开展新中国成立60周年系列庆祝活动。先后举行了庆祝大会和“爱国歌曲齐声唱”文艺会演，“爱国影片大家看”活动，“祖国山河同声赞”征文活动，“革命前辈人人敬”慰问活动以及“健康、信心、拼搏”冬季越野长跑活动。

11月15日，成立湖南省贺家山原种场“三湘读书月”活动领导小组；决定从2009年起，每年11月为原种场“三湘读书月”，广泛开展“强素质、共建文明贺家山”为主题的全民阅读活动。

11月20日，原种场投资210万元，更新自来水管网3560米，完成农村安全饮水第二期工程，解决了大洲分场和小凡洲芦苇场职工群众的饮水安全问题。

12月28日，湖南省贺家山原种场与湖南省文理学院签订“产、学、研”合作协议，建立技术创新与研究开发合作同盟、人才培养与技术培训基地、产业化应用与推广基地。

2010年

3月5日，修订颁发《湖南省贺家山原种场工作规则》。

3月18日，颁发实施《湖南省贺家山原种场干部选拔任免规定》。

4月24日，成立湖南省贺家山原种场第六次全国人口普查工作领导小组。

4月下旬，原种场党委书记、场长雷平带领场属部分单位负责人赴山东寿光现代农业示范区考察学习。

5月7日，成立湖南省贺家山原种场“十二五”规划编制工作领导小组。

5月至6月，原种场开展“文明我先行”形象展示赛活动，举行“文明礼仪知识竞赛”。全场12个代表队参赛，其中机关代表队队员刘勇被市直机关工委选拔参加常德市“文明礼仪”知识竞赛。

5月至12月，原种场党委开展“讲党性、重品行、作表率”活动和“创先争优”活动，制定了活动实施方案，完成“集中学习、公开承诺、领导点评、群众评议、评选表彰”五个阶段的工作。

8 月 12 日至 13 日，中共贺家山原种场第十一次代表大会在场培训楼举行，大会选举产生第十一届党委会和纪委会。雷平当选场党委书记、姚金华为党委副书记、丁世勇为纪委书记。

9 月 1 日，三系水稻不育系“贺 50A”获“植物新品种权证书”，品种权人为“湖南省贺家山原种场”，唐海燕、杨孚初、宋武、姜守全、黎小平为品种培育人。

9月6日,原种场党委书记、场长雷平参加省农业厅组织的考察团,赴英国、俄罗斯考察,历时 12 天。

9 月 15 日，省农业厅任命龚林初任省贺家山原种场副处级干部。

9 月 25 日，颁发实施《湖南省贺家山原种场国有建设用地管理办法》。

9月下旬,原种场党委副书记、副场长姚金华带领场属有关单位负责人赴上海市参观“世博园”。

10 月 22 日，成立湖南省贺家山原种场水利普查工作领导小组。

11 月 25 日，省农业厅党组书记、厅长田家贵率厅人事处处长唐建初、厅政策法规处处长严德荣等来原种场，进行为期两天的调研，就原种场现代农业建设作了重要指示。

12 月 2 日，成立湖南省贺家山原种场创建优质农产品基地工作领导小组，下设 5 个工作组。即：农庄休闲组、畜牧组、粮油组、水产蛋禽组、蔬菜组。

2011 年

1 月 11 日，省农业厅副厅长兰定国率厅相关处室负责人到原种场调研现代农业建设。

1 月 25 日，颁发实施《湖南省贺家山原种场国民经济和社会发展第十二个五年规划纲要》。

1 月 26 日，成立湖南省贺家山原种场有机蔬菜示范片建设指挥部，在新合分场十七、十八队流转土地 100 亩，建设有机蔬菜基地。

3 月 10 日至 14 日，原种场党委副书记、副场长姚金华带队一行 6 人赴湖北、河南、陕西实地考察，重点考察了河南牧原食品股份有限公司养猪场粪污处理项目。

4 月 1 日，原种场与怀化市农业科学研究所联合选育的三系杂交迟熟中稻品种“贺优一号”，通过湖南省农作物品种审定委员会审定。

4 月 6 日，原种场与省农林工业勘察设计研究总院签订《湖南省贺家山原种场现代农业示范区及新农村建设总体规划设计合同》，开展《湖南省贺家山现代农业示范园总体规划（2011—2020 年）》设计。

4 月 18 日，中国工程院院士、杂交水稻之父袁隆平题写场名“湖南省贺家山国家级原种场”。

5月12日，原种场启动血防综合治理项目建设，该项目总投资137.74万元，6月28日竣工验收。

6月10日，经省财政厅、省农业厅批准，原种场正式纳入常德市财政局家电下乡政策实施范围，全场居民开始享受国家家电下乡政策补贴。

6月15日，成立湖南省贺家山原种场资产清查工作领导小组，下设资产清查工作办公室，与场计财科合署办公。

6月16日，成立湖南省贺家山原种场公务用车问题专项治理工作领导小组，以强化规范公务用车管理。

6月下旬，原种场举行建党90周年系列庆祝活动：一是组队参加省农业厅“红歌”比赛，荣获厅系统二等奖；二是召开庆祝大会及举行“颂歌献给党”大型歌咏文艺会演；三是开展“党和人民不会忘记您”的慰问活动；四是开展“我为党的生日献份礼”的创先争优活动。

7月11日，成立中共贺家山原种场委员会党务公开工作领导小组，制定颁发《中共贺家山原种场委员会党务公开工作方案》。

7月22日，经省民政厅和市民政局同意，原种场危房改造纳入全省农村住房改造建设范围，当年有100户居民享受农村住房（危房）改造优惠政策。

8月17日，制定实施《关于开展〈中国共产党党员领导干部廉洁从政若干准则〉贯彻执行情况专项检查的实施方案》。

8月20日，颁发《湖南省贺家山原种场子弟学校绩效工资实施办法（暂行）》和《湖南省贺家山原种场子弟学校绩效工资考核分配方案》。

8月29日，湖南省贺家山原种场与湖南文理学院签订“联合培养农业推广硕士专业学位种业领域合作协议”，以促进原种场农业实用技术带头人的培养。

8月底，总投资120万元、建筑面积1200平方米的原种场“校安工程”项目——子弟学校教学楼竣工验收，交付使用。

9月2日，“湖南省贺家山原种场现代农业示范园总体规划”评审会在省农林工业勘察设计研究总院举行，省农业厅党组书记、厅长田家贵等领导、专家共46人参加，袁隆平院士主持评审会，通过《湖南省贺家山原种场现代农业示范园总体规划评审意见》等四个评审意见。

11月9日，省农业厅下发《湖南省农业厅关于加快推进贺家山现代农业示范区建设的意见》。这是建场以来，省农业厅第一次就原种场社会经济发展专项下发文件。

2012年

1月5日，原种场基层党组织开始进行换届选举，至2月底，18个基层党组织全部完成换届选举。

1月6日，经原种场第七届一次职工代表大会审议通过，对场内5条主要道路分别命名，贺家山西入口（油库、牌坊）至东入口（乐兴分场八队堤坝）命名为“贺家山大道”；决定每年12月的第一个星期五为“湖南省贺家山原种场全民健身活动日”。

1月11日，原种场党委书记、场长雷平一行16人前往袁隆平高科技股份有限公司考察。

2月22日，成立湖南省贺家山原种场志编纂委员会，制定《湖南省贺家山原种场志修纂工作方案》，全场组成73人的场志编纂及撰写班子。

2月23日，成立湖南省贺家山原种场拆违工作领导小组，场集镇管理办公室、国土管理办公室、建设规划办公室联合下发《集镇区主干道两侧违章建筑、临时建筑和私搭滥建的建筑拆除通知》，至3月10日集镇公路沿线66户居民彻底完成拆违工作任务。

2月29日，原种场投资386万元，采用“广西南宁发酵床模式”在乐兴分场动工兴建生态养猪场，当年9月中旬竣工验收。

3月13日，省农业厅党组成员、副厅长谢国华在厅办公室副主任彭向阳、省植保植检站副站长谭小平的陪同下，到原种场视察指导工作。

3月20日至26日，原种场党委委员、副场长邵泽毅一行12人前往安徽、江苏等地考察丰乐种业生态园、芜湖大浦乡村世界、江阴华西村等地的现代农业发展情况。

4月上旬，原种场机关从新合分场三、四队征用土地17.5亩，机关大院面积由42.5亩扩大到60亩。

5月8日至10日，原种场党委举行第二季度中心组（扩大）学习，由党委书记、场长雷平带队，机关科室、场属单位负责人参加，赴长沙湖南省委党校听党课、并到湖南省果茶良种场考察现代农业。

5月12日，原种场党委委员、副场长宋武一行6人赴西欧六国考察，历时12天。

5月15日至18日，场党委副书记、副场长姚金华一行12人赴望城、茶陵等地考察现代农业和新农村建设。

5月29日，成立湖南省贺家山原种场“廉洁贺家山”建设工作领导小组。

6月30日，“贺家山大道”（集镇段）改扩建工程竣工。工程总投资350万元，路面由10米扩宽至16米，道路两边铺设有下水管道，硬化了居民屋后的排水渠道。

7月2日至3日，省农业厅党组中心组（扩大）2012年第二季度集中学习班在原种场“东文生态村”举行，全体厅领导、各处室及厅属各单位主要负责人共51人参加学习。

8月上旬，原种场部分职工子弟到省农业厅集访，要求纳入职工养老保险范围，保持贺家山农工养老保险政策的连续性，原种场党委及时组织工作人员开展劝访、息访等工作。

10月19日，原种场党委书记、场长雷平一行9人赴广西北海南繁基地考察，历时6天。

11月23日，原种场党委召开学习贯彻落实党的十八大精神大会，场属各单位党政主要负责人47人参加了会议。随后，原种场掀起学习、贯彻、落实党的十八大精神的热潮。

11 月 27 日，大洲分场老职工活动中心在大洲分场七队挂牌成立。翌年 4 月对活动中心进行升级改造，成为老职工休闲、娱乐的重要活动场所。

11 月 28 日，省农业厅副巡视员、人事处处长唐建初到场考察选拔干部。

11 月，原种场农业科、林业科科长姜守全当选为常德市鼎城区第十六届人大代表。

12 月 10 日，省农业厅副厅长谢国华来原种场宣布人事任免决定：陈新登任原种场党委书记、场长，宋武任场党委副书记，雷平调任省农业厅信息中心主任，姚金华调任省农业厅政策法规处副处长。

2013 年

1 月 29 日，省农业厅人事处副处长彭义春等到场宣布人事任免决定：李建彬任原种场总农艺师。

3 月 3 日，调整湖南省贺家山原种场关心下一代工作委员会成员，宋武兼任主任。

3 月 7 日，颁发实施《湖南省贺家山原种场 2013 年项目工作计划》，该计划共分三章，建设项目分为 10 大类、65 个，总投资需 7800 万元。

3 月 13 日，调整湖南省贺家山原种场重大动物疫病防制指挥部成员，李建彬任指挥长。

3 月 26 日，成立湖南省贺家山原种场督查领导小组，陈新登兼任组长。

4 月 7 日，省农业厅党组成员、省农机局局长王罗方一行到原种场调研农机化工作。

4 月 26 日，省农业厅党组书记、厅长刘宗林率厅办公室主任谢卫国、厅粮油处处长许靖波、厅农产品质监处处长孙建国、厅农情分析研究中心副主任曾梦龙到原种场调研。

4 月 26 日，调整湖南省贺家山原种场农村危房改造工作领导小组，组长为陈新登。

5 月 13 日，原种场与湖南恒德种业科技有限公司联合选育的三系杂交迟熟晚稻品种“贺优 328”，通过湖南省农作物品种审定委员会审定。

6 月 4 日，在贺家山会堂举办“践行党的十八大舞动青春贺家山”第一届广场舞比赛，省农业厅团委、厅人事处、厅直属机关党委相关负责人莅临指导。

7 月份，受持续高温影响，原种场内农作物受灾面积近 70%，尤其是蔬菜瓜果、棉花、柑橘等大面积受灾超过 6000 亩。

7 月 2 日，省农业厅党组成员、副厅长谢国华在厅市场信息处处长顾大勇的陪同下来原种场视察指导工作。

7 月 8 日，省农业厅党组成员、省畜牧水产局局长袁延文一行到原种场视察指导工作。

7 月 16 日，成立中共贺家山原种场党的群众路线教育实践活动领导小组，陈新登兼任组长。

7 月 25 日，省农业厅党组成员、总农艺师刘年喜率厅科教处党支部党员到原种场调研种业科研情况，并向敬老院送慰问金 1 万元。

8月29日，原种场在“六五”普法中推广使用无纸化学习考试系统。

9月10日至11日，省农业厅机关党委专职副书记何德佳、妇委主任陆丽湘等专程到场，与原种场党务、组织、人事、纪检监察等部门负责人进行座谈，征求意见和建议。

9月12日，省残联就业中心主任阳庆云一行到原种场调研指导残疾人就业工作。

9月13日，省农业厅督导组第四组组长、省种子管理局书记邹吉良一行到原种场督查群众路线教育实践活动，现场查看了群众路线教育活动确定的为民办八件实事。

9月30日，成立湖南省贺家山原种场第三次全国经济普查工作领导小组，宋武兼任组长。

10月12日，由全国农技推广中心组织，中国水稻所副所长、研究员李西明等9名专家组成的考察组，到原种场检查指导国家区试晚稻品种试验工作。

10月14日，在原种场培训楼召开第三次全国经济普查工作会议，会议学习了关于第三次全国经济普查的文件精神，对经济普查工作进行了布置、对普查员进行了培训。

10月16日下午，省农业厅党组成员、农机局局长王罗方，省农业厅副巡视员文培正一行到原种场检查农机工作。

10月16日，当年到原种场上山下乡的100多名知青，回到“第二故乡”贺家山，开展上山下乡50周年联谊活动，感受“第二故乡”的发展和变化。

10月24日，召开原种场领导班子党的群众路线教育实践活动专题民主生活会，省农业厅党组成员、副厅长谢国华、省农业厅教育实践活动第四督导组组长邹吉良、督导组成员谭新跃参加并指导了专题民主生活会。

2014年

1月17日，湖南省贺家山原种场与湖南生物机电职业技术学院“产学研”合作签约仪式在长沙市望城区百果园宾馆举行。

1月23日，原种场副处级干部龚林初受党委委派深入桃源县沙坪镇竹山村开展访贫问苦、慰问特困户送温暖活动。

1月24日，常德市人民政府朱晓平副市长率市农村工作部李百艳部长、市民政局龚美爱局长一行，对原种场敬老院的老人、城乡低保、农村“五保”等特困户进行走访慰问。

1月27日，省农业厅党组成员、驻厅纪检组组长丁友平率厅机关党委专职副书记何德佳一行到原种场开展访贫问苦、慰问困难职工送温暖活动。

2月26日，原种场与常德市环境卫生管理处达成协议，每年出资27万元，所有生活垃圾由市环卫处指派企业收集运往德山火电厂焚烧发电。

3月17日，成立湖南省贺家山原种场交通项目建设指挥部，陈新登任指挥长。

3月19日，成立湖南省贺家山原种场省道S222贺家山段公路建设领导小组，宋武任组长。

3月20日，省农业厅党组成员、副厅长谢国华在省农垦局局长傅方世、党组书记郭诚、副局长彭菊泉陪同下到场检查工作。

3月21日，省农业厅领导王宇率省绿色食品办公室、湖南农业杂志社负责人到原种场调研指导工作。

4月10日，成立湖南省贺家山原种场保障性安居工程领导小组，陈新登任组长。

4月11日，成立湖南省贺家山原种场第一次地理国情普查领导小组，邵泽毅任组长。

4月18日，省农业厅党组成员、省乡镇企业局局长肖彬率局班子成员、干部职工到场调研指导工作。

4月24日，原种场党委书记、场长陈新登带队共21人赴常德市反腐倡廉警示教育基地——湖南省津市监狱，集体接受警示教育。

4月25日，成立湖南省贺家山原种场农村贫困户建档立卡工作领导小组，丁世勇任组长。

5月4日，省农业厅纪念“五四”运动95周年暨“农情万里”志愿服务队启动仪式在原种场举行，厅党组成员、纪检组组长丁友平出席，并深入到分场农户开展调研。

5月28日，原省农业厅巡视员青先国、原省农开办主任罗志宏一行到原种场调研指导工作。

6月13日，应省农业厅党组成员、副厅长谢国华之约，常德市政府副市长朱晓平、市政协副主席兼发改委副主任杨新辉率市委农村工作部、市农业局、市财政局、市人社局、市电业局、鼎城区委区政府等有关负责人来原种场考察指导工作。

6月16日，原种场与湖南湾朵生物科技有限责任公司签订农业示范合作协议，将位于新合分场蔬菜基地的智能温室大棚作为湾朵公司蝴蝶兰种植及品牌形象展示基地。

7月18日，省农业厅党组成员、副厅长谢国华在省农业信息中心雷平主任陪同下，到原种场指导防汛抗洪工作。

7月，原种场启动食品厂公共租赁住房建设项目，翌年8月28日竣工。

9月，原种场投资1532万元实施贺家山大道项目，主要对贺家山大道扩宽及生态沟建设。

9月27日凌晨1时许，湘JF2693小轿车由汉寿县罐头嘴至贺家山原种场方向行驶，在乐兴大桥东侧驶出路面翻入左侧鱼塘，造成车辆受损和夏某某、罗某两人当场死亡的道路交通事故。

10月24日，原种场主持召开湖南师范大学、衡阳市、常德市、益阳市、湘西州、怀化市农科所等7院所场水稻联合品比试验会议。

11月18日凌晨3时，湘农棉业机包仓库发生火灾，造成直接经济损失240余万元。

11月24日，原种场机关后勤服务部职工何应初因交通事故死亡，其家属未能与肇事方达成赔偿协议，采取非法手段（抬尸）堵塞场机关及办公楼大门，在场机关院内打砸闹事，经鼎城区公安局出警100余人处置平息。

12月2日，原种场启动马龙桥排灌机埠改造工程。工程在原址基础上拆除重建，翌年4月28日完工，7月16日投入使用。

12月，启动原种场办公楼改造工程，总投资130万元，改造工程于翌年1月29日竣工。

2015年

1月6日，原种场与湖南湘穗种业有限责任公司达成协议，种子公司与湖南湘穗种业有限责任公司合作经营，公司员工12人由湘穗种业公司管理。

1月15日，鼎城区人民法院采取案件执行行动，原种场相关单位协助，对乐兴分场场部对面一违章建筑依法强制拆除。

1月29日至30日，省农业委巡视员谢国华在委市场信息处处长顾大勇、省农垦局局长傅芳世、省农业信息中心主任雷平陪同下到原种场指导工作。

2月11日，省纪委派驻省农业委纪检组组长、省农业委党组成员丁友平在委机关党委专职副书记何德佳的陪同下，深入原种场开展访贫问苦、慰问困难职工送温暖活动。

4月22日，省农机局党组成员、纪检书记涂文波及省农机局有关部门负责人一行在常德市农机局局长钟建国的陪同下，到原种场调研督查农机化工作及春耕生产情况。

6月2日，原种场选育的杂交水稻新品种“贺优50”与“D两优71”通过湖南省农作物品种审定委员会的审定。

6月17日，省农业委党组成员、副主任余雄，巡视员谢国华一行到场指导工作。

9月7日，成立湖南省贺家山原种场现代农业综合产业园建设项目领导小组，组长为陈新登。

9月8日至9日，省人民政府副省长戴道晋在省政府副秘书长曹英华、省农业委主任刘宗林等陪同下，深入省贺家山原种场，调研转方式、调结构和现代农业发展。

9月11日，在贺家山会堂对2014年建设的公租房进行首次摇号选房分配，解决了一批无房户、低保户、困难户住房问题。

9月20日，省农业技术推广总站刘登魁副站长，浙江省宁波市农业科学院院长马荣荣，湖北省农业技术推广总站副站长张似松等领导、专家到原种场考察指导粳稻生产示范。

9月25日，省直机关工委委员杨勇权、余卫星，机关党委书记王力明在省农业委机关党委专职副书记傅芳世等的陪同下到原种场调研党建工作。

11月3日至5日，原种场党委书记、场长陈新登一行10人，先后到湘西自治州农科院、怀化市农科所、邵阳市农科所、湘潭市农科所考察科研工作。

11月9日，省农业委办公室、省畜牧局、省农机局、省水产局等单位部门组成联合检查组，到原种场检查指导社会管理综合治理与安全生产工作。

11月，原种场主办经济发展座谈会、文化娱乐活动、书画摄影展览、征文演讲比赛、冬季越野长跑、广场健身舞蹈比赛、篮球邀请赛等一系列活动，纪念建场60周年。

12月16日，省农业委在原种场组织召开“话改革、谋发展、创辉煌”座谈会。省农业委党组成员、副主任余雄，巡视员谢国华，常德市人民政府副市长朱晓平等40余名领导、专家、知名人士、离退休干部、在职干部参加。

12月16日，原种场在贺家山会堂举办建场60周年职工文艺晚会，800余名干部职工欢聚一堂，共同庆祝建场60周年。

2016年

1月27日，省农业委任命宋武为原种场场长。

3月24日，省农业委党组、中共常德市委任命宋武为原种场党委书记；陈新登调任省农业委后勤中心主任。

3月30日，中央投资315万元、原种场配套部分资金实施的国家级农作物品种区域试验站项目建设的各项土建工程、田间工程和试验仪器设备购置全面完成。

4月27日，隆平高科副总裁、隆平高科国际培训学院院长周丹女士一行6人到原种场考察交流，向姜守全、谭旭生等10人颁发“援外培训师”证书。

6月17日，省农业委防汛抢险应急演练在原种场沅水堤段展开。省农业委党组成员、副主任余雄任总指挥，原种场干部职工100余人参加演练，委办公室组织了委机关相关处室、委直各单位安全生产联络员等30余人现场观摩。

6月24日，原种场种科所选育的家60A、家优111、贺优691三个杂交水稻新品种（系）通过湖南省农作物品种审定委员会审定。

7月6日，省农业委巡视员谢国华在省农业委财务处处长龙志刚等陪同下到原种场视察灾情，指导防汛抗灾工作。

8月2日，在原种场种业科学研究所举行“湖南文理学院——湖南省贺家山原种场校企合作人才培养示范基地”揭牌仪式。

8月26日，省农业委任命李建彬、刘小满、聂安北为原种场副场长。

10月18日，乐兴分场党总支书记、场长郭文高当选为常德市鼎城区第十七届人民代表大会代表。

10月25日，省农业委党组书记、主任刘宗林率省农业委经济作物处、省畜牧水产局相关负责人来原种场检查指导工作。

11月18日，召开湖南省贺家山原种场第一届工会代表大会。选举聂安北、刘贵初、熊远鑫、张建华、程姝为第一届工会委员会委员，聂安北为工会主席；选举黄国军、李业玉、万玲为工会经费审查委员会委员，黄国军为经审委主任。

12月8日，原种场党委书记、场长宋武当选为常德市第七届人民代表大会代表。

12月11日，经全国农业技术推广研究员任职资格评审委员会审定，并经人社部、农业部批准，李建彬获农业技术推广研究员任职资格证书。

2017年

3月6日，召开湖南省贺家山原种场第六届妇女代表大会，会议选举产生原种场妇联第六届执委会，姚英为执委主席。

3月8日，原种场种科所选育的水稻新品种贺优50、D两优311品种权独家转让给湖南湘穗种业有限责任公司，转让金额分别为人民币60万元和40万元。

3月15日，常德市政协文史学习委一行17人在市政协副主席陈位明的带领下来原种场视察乡村文化建设工作。

3月16日至17日，江西省邓家埠水稻原种场党委书记万自成一行9人到原种场考察交流工作。

4月20日，省农业委党组成员、副主任黄其萍率省农技推广总站站长邓辉平、副站长谢仲桂到原种场考察指导工作。

5月13日，原种场种科所选育的两系杂交水稻新品种D两优311通过湖南省农作物品种审定委员会审定。

6月10日，原种场办公室组织贺家山派出所、综治办、交通科、集镇办、种子公司、种科所、分场等相关单位人员取缔种子公司十字路口违规“赶场”。

6月26日，原种场投资60万元对幼儿园教学楼进行拆除重建，建筑面积480平方米，9月竣工并交付使用。

7月7日，印发《湖南省贺家山原种场关于全面推行河长制的实施意见》；成立场河长制工作委员会，场党委书记、场长宋武担任第一河长，场党委委员、副场长邵泽毅担任总河长，场党委委员、副场长刘小满担任副河长。

7月18日至20日，受省农业委党组安排，财务处副处长彭小宁，人事处副处长周红玲，原种场党委书记、场长宋武等11人赴江西省农业厅、江西省邓家埠水稻原种场考察事业单位分类改革工作。

7月25日，原种场与省微生物研究院在贺家山举行科研试验与示范基地建设合作签字仪式。

8月24日，原种场党委委员、纪委书记丁世勇调任省棉花科学研究所工作。

9月7日，聘请场种科所副所长、高级农艺师李智谋为湖南省贺家山原种场首席育种专家，聘期从2017年7月1日至2022年6月30日。

9月，成立湖南省贺家山原种场禁毒工作领导小组，聂安北任组长。

10月12日，伊朗农业部种子改良中心处长拉兹·马利基女士、斯坦省农业国家资源研究中心农业专家哈桑·莫克塔伯博士等国际专家到原种场考察。

12月5日，杨明由省棉花科学研究所调原种场工作，为原种场十二届党委委员、纪委书记候选人。

12月22日，召开中国共产党贺家山原种场第十二次代表大会，参会代表106名，大会选举宋武、邵泽毅、李建彬、杨明、刘小满、聂安北、谭旭生为中共贺家山原种场第十二届委员会委员，宋武为党委书记，邵泽毅为党委副书记，杨明为纪委书记。

12月31日，大洲分场党总支书记、场长、高级农艺师姜守全获湖南省自然科学类研究员任职资格证书。

第一章 基本建设

第一节 概 况

湖南省贺家山原种场始建于1955年，是湖南省农业厅（湖南省农业委员会）直属农业事业单位，1995年经国家农业部批准成为国家级原种场，是“三系”杂交水稻发源地之一，系湖南省杂交水稻、优质棉原（良）种子生产的重要基地。历年来，主要承担了国家水稻南方区域试验和湖南省水稻区域试验及预备试验、湖南省两用不育系生态鉴定、湖南省水稻品种（组合）生产安全性鉴定、湖南省及南方稻区杂交水稻亲本种子提纯繁殖、湖南省及南方稻区水稻新品种引进筛选展示推广、杂交水稻和优质棉原（良）种子生产等六大职责。由于特定的社会事务管理体系，原种场既是一个事业单位，又是一个社会管理事务齐全的“小社会”，承担着文化、教育、卫计、民政、社保、国土、水利、建设规划、交通电力、武装、综治、安全生产等各项社会事务的管理。

原种场由新合、大洲、乐兴分场、小凡洲芦苇场共46个生产队和一个集镇区组成，下辖种业科研、农业生产及工商企业、管理服务、文教卫生等独立核算单位27个，场域内居住人口主要为本场职工，属于非农业人口。

建场至今，从隶属关系上可以概括为六个历史发展阶段。第一个历史发展阶段：从1955年建场到1957年，为汉寿县农场；第二个历史发展阶段：1957—1964年为常德县农场；第三个历史发展阶段：1964年移交给常德专区管辖，成为常德专区贺家山农场；第四个历史发展阶段：1965年经省人委农水办批准，农场转办为湖南省贺家山原种场，成为省属农业事业单位；第五个历史发展阶段：1995年11月，经农业部批准，成为全国第一批国家级原种场，并开始全面进行标准化国家级原种场建设；第六个历史发展阶段：2011年9月2日，省农业厅邀请以袁隆平院士为首的有关专家，在长沙主持通过了“湖南省贺家山现代农业示范区总体规划”。11月9日，湖南省农业厅印发《关于加快推进贺家山现代农业示范区建设的意见》，原种场开始进行现代农业示范区建设。2015年9月8日，省人民政府副省长戴道晋一行深入原种场，利用两天时间调研转方式、调结构和现代农业发展情况，提出把原种场建设成为现代农业技术创新、高效农业示范、现代种业繁育和种源保护、现代农民培训、新农村建设示范基地。原种场的现代农业示范区建设有了新的内涵和内容，并在主管部门的领导下开展事业单位分类改革，开启历史新篇章。

第二节　场域与人口

一　场　域

原种场场域于20世纪70年代基本定型，由大洲垸、乐兴垸、小凡洲和安彭家洲四部分组成。根据2013年第二次全国土地调查主要数据成果显示，原种场总面积为30.41平方千米，即45615亩。

（一）地理位置　原种场属洞庭湖西汉腹地，位于沅水下游的常德市鼎城区境内，离常德市区城东25千米，地理坐标为北纬28° 58′ 08″ ~29° 02′ 31″，东经114° 50′ 55″ ~114° 56′ 36″。沅水横贯境内绕场半周而过，冲柳撇洪河破境流经苏家吉水闸注入沅水，上接乐兴哑河，下抵苏家吉水闸；大洲垸三面环水，一面坐陆；乐兴垸四面环水，小凡洲和安彭家洲在沅水主、支河道的环抱之中。大洲和乐兴两垸，东临汉寿县罐头嘴镇苏家吉村，南濒沅水和汉寿沧港镇相望，西界鼎城区牛鼻滩镇同春垸村，北连鼎城区韩公渡镇丁家口村、流花口村。海拔27~34.7米，地势由西南向东北倾斜，为典型的洞庭湖冲积平原，土地平坦、肥沃。

（二）地理变迁

根据嘉靖《常德府志·地理志》和清雍正《大清一统志·常德府·堤堰》篇记载：场域在明清时，属龙阳县（今汉寿县）治。大洲、乐兴地域为该县大围堤垸内陲隅，属龙阳县汉寿上林村管辖；小泛洲和大泛洲（今桔林垸）统称泛洲，为龙阳县沧浪乡泛洲村。小泛洲是三国东吴建兴年间（252—253年）丹阳太守李衡遣人置宅种橘之地，故泛洲又有“桔洲”之称。明末清初，将‘橘洲晚霁’景观与桃花源‘桃洞春风’、河洑山的‘崔婆仙井’，以及善卷古坛、伏波遗庙、沅阳书院、秀水斗门、莱公甘泉同列为‘武陵八景’。历代官宦名士，文人墨客为‘橘洲晚霁’景致写下了不少赞美诗篇。

清宣统元年（1908），大围堤溃口废弃，沦为湖泊，称为围堤湖。后经洪水冲刷，沅水自然改道，将大洲（含乐兴）地域分割成安彭家洲、小洲（今八一洲）和大洲三块不规则的洲滩。废垸后，开始只有安彭家洲、永乐和永兴两个小垸（今乐兴分场九队、十队）、毛杨家（今乐兴分场三队）等高地居住近400户人家1300余人口。耕地由原有的3000多亩减少到500余亩。

民国10年（1921）以后，围堤湖大片湖泊，经连年河沙泥土淤积成洲（今新合分场和大洲分场一部分），这里又开始有了人烟。临沅水一带冲击埂遍布，地势较高，大片洲滩芦苇丛生，并有小块地垦种。中间乔地，耆草茂盛、遍地荒野。土匪出没在毛杨家口和安彭家一带，时有拦船抢劫案件发生。沿上林丁头至大洲尾洲滩上，散居着陈、贺、邓、张等姓人。人们以茅草结庐，以渔樵兼种为生，大片芦苇被少数洲霸占有。洲霸所占有的芦苇柴山，被称为“陈家山”“贺家山”“张家山”“邓家山”。因“贺家山”较之出名，被作为此处地名沿用下来，又因这片河洲大于彼岸的“小洲”，故又称为“大洲”。

原小泛洲垸，垸内以一间堤为界，间堤以北称“下四号”、以南称“上四号”。场地域为“下四号”，东、西、北三面环水，南面座陆，与“上四号”仅一堤之隔。垸内居民多以种田、捕鱼为业，庭院兼种柑橘，曾闻名遐迩的“泛洲南橘”即产于此地。在国民党反动派的统治下，农田水利长期失修，加之自然条件差，垸底系卵石层，终年浸水不干，粮食等农作物连年歉收，这里的广大劳动人民过着食不饱腹，衣不遮身的苦难生活。当时，流传“养女莫嫁小泛洲，粟米饭，油菜蔸，饿得眼睛珠往上瞅……”的歌谣，是对当时苦难情景的真实写照。

到民国中期，地处围堤湖大洲北面的永乐、永兴和毛杨家之间的筲箕洼地带，逐渐形成湖汉型洲滩，滋生了大片钉螺，造成了血吸虫病在这一带（今乐兴垸）的大流行。到新中国成立前夕，被瘟神夺出生命的达60多人，有百分之五六十的人流离失所，背井离乡。这里曾流行过一首民谣：“黄肿大肚寡妈多，筲箕洼里鬼打锣……”，剩下的100多户人家，近500口人，仍以捕鱼为生，绝大多数患有血吸虫病。

1949年8月以前，大洲和小泛洲的全部地域，均属汉寿县治。大洲（含乐兴、安彭家洲）共有人口1300余人，属大同乡（今汉寿丁家口）管辖；小泛洲“下四号”共有人口2600余人属望桔乡（今汉寿沧港镇）管辖。

1949年10月，中华人民共和国成立后，大洲和小泛洲全部地域仍属汉寿县管辖。大洲南半部属三区上林乡，北半部为五区南赶乡乐兴村；小泛洲留“下四号”为三区太湖乡。该乡辖民生、砂塘、文昌、合幸、佛镇、埃湖6个村。1954年冬，经湖南省人民政府批准，修复大洲垸；废弃小泛洲垸太湖乡地域。次年春，太湖乡（除埃湖村）的5个村和沅水洪道中的安彭村共530户2600余人移民大洲垸南半部地域定居。加上此处祖居居民，共620户、2600余人，组建为汉寿县三区新合乡。该县农场从西竺山亦迁至大洲垸。1956年3月，为解决常汉两县“插花地”的矛盾，经常德地区专员公署决定，除县农场外，将大洲垸、小泛洲和安彭家洲等地域划归常德县牛鼻滩区管辖，是年冬，撤区并乡和农业合作化时，常德县牛鼻滩在大洲垸组建民生、大洲和乐兴3个高级农业生产合作社。同时，常德县人民委员会财政科在小泛洲涂家嘴一带办起果园，种植柑橘150余亩，常德县委农村部渔鸭科亦在小泛洲汤家河组建“新建渔业社捕捞队”，1957年12月汉寿县农场也交给常德县管辖。

（三）场域形成

大洲垸。1957年12月汉寿县农场移交给常德县以后，常德县于1958年8月和1959年10月分两次将大洲垸（含彭家洲）全部扩入场域。1973年冬，常德县整治冲柳撇洪河水系，在场内原安龙分场五、六队处，开挖一条长2000米、宽160米的新河道，即乐兴人工河，使得大洲垸变成了大洲和乐兴两个垸。1996年5月2日，常德市水稻原种场由常德市农业局管辖划为原种场管辖，更名为湘利经济作物区，现为新合分场湘利队。大洲垸为场域主垸，现有大洲、新合两个分场，该垸面积 17.489 平方千米，即 26233.5 亩，其中耕地 11900.3 亩。

乐兴垸。1973 年冬开河后，大洲垸北半部形成了一个四面环水的独立垸，因该垸系乐兴分场地域，故名乐兴垸。原长 7.25 千米的老河道，两段堵坝后成为哑河。新老河道均属乐兴垸。该垸面积 6.34 平方千米，即 9504.8 亩，其中耕地 4799.8 亩。

小泛洲垸。在扩入本场前，常德县（今鼎城区）、汉寿县的群众经常为在该洲捕鱼、垦荒等问题发生纠纷，有关领导对县界做了进一步明确。1957 年 3 月 29 日，时任中共汉寿县委副书记詹顺初、沧港乡党委书记童德海和常德县副县长黄朝登、牛鼻滩乡秘书龚婉玉等 7 人签订的“合约”中明确：“小泛洲废堤，上以刘家塘堰，下以沙塘硚口，障中成直线为两县县界，北部属常德县，南部属汉寿县”。常德县分别于 1958 年 8 月和 1960 年 12 月分两次将该洲全部划入本场域。1970 年冬，常德、汉寿两县开挖金石河，横贯小泛洲，使得该洲由三面环水变成四面环水，减少陆地面积近千亩，原“障中成直线为两县县界”变成了以金石河南岸为场县界。1999 年底，对小泛洲垸和新合分场蚕桑垸 80 户 231 人实现分散移民安置和集中移民建镇，小泛洲垸已无人居住；2001 年 5 月起，分三期工程进行了平垸，2006 年 9 月，完成了全部平垸行洪任务，小泛洲陆地面积在原来基础上增加 1，400 多亩。该垸面积 6.498 平方千米，即 9742.8 亩，其中陆地面积约 6400 余亩。

安彭家洲。原有面积 0.458 平方千米，即 687 亩，解放初期人口密集，以捕鱼为业，后移民大洲垦荒，现已无人居住。由于该洲地处沅水主洪道，长期受洪水冲蚀，现仅存陆地 0.083 平方千米，即 123.9 亩。

二 人 口

由于人口迁入和外来流动人口的增长，原种场人口总量呈集聚和不断扩大趋势。2010 年末，第六次全国人口普查结果为：全场总人口为 10568 人，共 2954 户。比 1990 年末增长 588 人，增幅为 5.89%；其中男性 5212 人，占 49.32%；女性 5356 人，占 50.68%。有非农业户口 10272 人，占总人口的 97.2%；农业人口 296 人，占总人口的 2.80%。汉族占总人口的 99.62%，少数民族有 40 人，其中回族 25 人、维吾尔族 5 人、壮族 3 人、侗族 5 人、土家族 2 人。18 岁以下 1791 人，占总人口 16.95%；18~35 周岁 3471 人，占总人口 32.84%；36~60 周岁 3597 人，占总人口 34.04%；60 周岁以上 1709 人，占总人口 16.17%。一年内出生 58 人，死亡 83 人。2010 年全场人口自然增长率为 –2.36‰。

据全国第五次、六次人口普查数据显示：2000 年第五次人口普查全场总人口为 10650 人，比 1990 年增长 6.71%。2010 年第六次人口普查全场总人口为 10568 人，比 2000 年增长 –0.76%。每平方千米人口密度 2000 年为 350 人，2010 年为 347 人。

2017 年末，原种场总人口为 10578 人，具有大专及以上文化程度的人口为 1079 人，占总人口的 10.2%，与 1990 年第四次人口普查相比提高 9.45 个百分点；高中文化程度人口 7149 人，占人口的 74.9%，提高 63 个百分点；初中及小学文化程度人口 2350 人，占总人口的 14.9 %，比重下降 45 个百分点。2017 年，原种场九年义务教育入学率保持 100%。

三　计划生育

国家实施计划生育政策以来，原种场党委对计划生育工作非常重视。1994 年，根据《湖南省计划生育条例》和常德市委、市政府有关规定精神，制发《湖南省贺家山原种场关于进一步加强计划生育工作的决定》，提倡一对夫妇只生一个孩子。之后，在全场范围内开展婚姻法宣传，控制早婚早育，并结合户口管理，规定婴儿上户凭结婚证、出生证、生育证和计生办的入户通知单上户，计划生育工作平稳发展。

2001 年，原种场调整计划生育领导小组，场党委书记、场长和分管副场长任正副组长，派出所、卫生科（医院）、武装部、教育科（子弟学校）、监察室、计生办等单位（部门）主要负责人为成员。当年起，原种场计生办组织计生服务小组，认真开展"三查一治"工作。2002 年 11 月 29 日，修改后的《湖南省人口与计划生育条例》经湖南省第九届人民代表大会常务委员会第三十二次会议审议通过，对常德市生育政策进行了微调。2003 年 1 月 1 日—2007 年 12 月 31 日，原种场执行常德市 5 年过渡期生育政策。2004 年 12 月 10 日，温家宝总理签署第 428 号国务院令《国务院关于修改〈计划生育技术服务管理条例〉的决定》，并于公布之日起施行。原种场严格按照国家的法律法规和有关政策，加强计划生育技术服务机构设施、装备设施和队伍建设，以精良的技术和优质服务切实维护群众的合法权益。2007 年，原种场农村居民实施农转非，实行三年过渡期计生政策（农村居民生育政策）。2009 年是二孩生育的最高年份，累计二孩出生 16 人，二孩率达 24.62%。从 2010 年起，原种场执行城镇居民生育政策。

2007 年，原种场计生办争取到市计生委配发的红外线乳透仪和电子阴道镜。之后，坚持做到每半年为已婚育龄妇女进行查环、查孕、查病一次。到 2010 年年末，累计查治 7683 人次，为育龄妇女的身心健康提供有力保障。

同年，根据国家、省、市有关实行农村部分计划生育家庭奖励扶助和计划生育家庭特别扶助的相关规定，原种场开展了奖励扶助工作。有 14 人享受农村部分计划生育家庭奖励扶助，每人每年 600 元扶助金；由于当年全场农村居民户口进行农转非，此项工作就此终止。是年，有 4 人享受计划生育家庭特别扶助；2008 年，增加 4 人；2009 年，因 1 人再婚退出；最终 7 人享受计划生育家庭特别扶助。2010 年，根据《中共常德市委、常德市政府关于推行计划生育特别家庭关爱行动的意见》，对计划生育家庭特别扶助对象，每人每年增发生活补贴 600 元，独生子女死亡扶助金由每人每年 1200 元增加到每人每年 1800 元，独生子女伤残扶助金每人每年 960 元增加到每人每年 1560 元。

2014年3月28日，湖南省十二届人大常委会第八次会议表决通过了《湖南省人民代表大会常务委员会关于调整完善生育政策的决议》，决定在本省行政区域内实施一方是独生子女的夫妇可生育两个孩子的政策。原种场执行常德市两年过渡期生育政策。根据《全国人大常委会关于修改〈中华人民共和国人口与计划生育法〉的决定》，自2016年1月1日起，湖南省全面实施一对夫妇可生育两个孩子政策，夫妻第一胎生育双胞胎或者多胞胎，一般情况下就不能再生育子女，只有符合《条例修正案》规定的再生育一个子女的条件，才可以再生育一个子女。

1991—2017年，原种场共生育2191人，死亡1557人，出生率7.97‰，自然增长率2.30‰，政策外出生30人，符合政策率98.65%。其间原种场计划生育工作得到上级组织多次表彰，原种场多次被常德市委、市政府评为全市人口和计划生育工作“先进单位”“红旗单位”；计划生育专干郑运贵、刘志、姚英、贺苹、陈华、赵美等被评为省、市计划生育协会先进个人荣誉称号。

表1　　1991—2017年贺家山原种场人口与出生情况表

单位：人

年度	总人口	已婚育龄妇女人数	出生人数	死亡人数	出生率（‰）	符合政策生育率（%）	自然增长率（‰）
1991	9809	2162	143	53	14.58	95.80	9.18
1992	9823	2112	129	70	13.13	100	6.01
1993	10361	2368	132	50	12.70	100	7.91
1994	10458	2424	136	63	13.00	100	6.98
1995	10588	2532	116	76	10.96	100	3.78
1996	10508	2599	134	63	12.66	100	6.72
1997	10849	2642	112	64	10.42	99.16	4.42
1998	10827	2518	83	76	7.57	100	0.65
1999	10818	2479	103	64	9.52	100	3.61
2000	10817	2547	81	55	7.49	100	2.40
2001	10843	2383	59	50	5.44	100	0.83
2002	10614	2346	54	64	5.09	100	−0.94
2003	10563	2360	48	45	4.54	100	0.28
2004	10492	2352	51	50	4.86	100	0.10

续表 1

年度	总人口	已婚育龄妇女人数	出生人数	死亡人数	出生率‰	符合政策生育率 %	自然增长率‰
2005	10481	2221	50	43	4.77	100	0.67
2006	10467	2164	54	41	5.16	100	1.24
2007	10595	2235	55	65	5.19	96.36	− 0.94
2008	10706	2246	67	57	6.26	100	0.93
2009	10681	2284	68	61	6.37	95.59	0.66
2010	10676	2354	66	72	6.18	98.48	−0.56
2012	10639	2531	57	38	5.36	90.47	2.43
2013	10609	2463	71	65	6.69	92.20	1.20
2014	10656	2326	76	54	7.13	91.56	0.90
2015	10627	2245	81	73	7.62	97.59	1.79
2016	10633	2785	75	73	7.05	100	0.15
2017	10633	2709	90	72	8.46	100	1.69

第三节　国家级原种场建设

20 世纪 90 年代中期，国家实施种子工程。原种场于 1994 年 7 月向湖南省农业厅和农牧渔业部申请国家级原种场建设。1995 年 9 月，农业部下发《关于下达 1995 年农业基本建设投资计划（第五批）的通知》，原种场被批准为建设单位之一。总投资 1200 万元，其中国家投资 500 万元、省配套 500 万元、地方筹资 200 万元，建设时间为 1995—1997 年。1995 年 11 月，经农业部批准，贺家山原种场成为全国首批国家级原种场。

根据项目建设计划和原种场实际情况，经过充分论证和研究，1996 年 7 月，编写出项目建议书和国家级原种场建设项目整体实施方案，并报湖南省农业厅审核批准。国家级原种场建设项目包括高标准规范化亲本种子专用田、亲本种子生产配套设施、亲本种子检验仪器和包装设备、基础设施建设等四个部分，共 15 个子项目。1995 年 10 月至 1997 年 10 月，累计投资 804.08 万元，完成国家级原种场建设项目投资计划安排的大部分建设内容，共计 11 个子项目。受湖南省 1996 年特大洪涝灾害的影响，是年有 250 万元省配套资金未下拨，影响余下部分项目建设的进度。1997 年 9 月省配套资金到位，1998 年 6 月建设项目全部完成，并交付使用。

1996 年，原种场杂交水稻种子生产亩平产量提高 12%，并引进了南方棉区第一个通过省级审定的杂交棉（湘杂棉 1 号）种子进行加繁生产。共种植杂交水稻亲本 1197 亩，制种 2142 亩，平均每亩比往年增产 11.5 千克，增产 12%，共增产亲本种子 13765.5 千克，子一代种子 24633 千克。按当时市场价亲本种子 12 元 / 千克，子一代种子 8 元 / 千克计算，共增加收入 36.2 万元；共生产湘杂棉 1 号 F2 代包衣种子 25 万千克，除掉生产成本费用每千克增加收入 1 元，共增加收入 25 万元。两项直接增加经济效益 61.2 万元。原种场 1996 年比往年增产的亲本原种 13765.5 千克，可制种 3933 亩，增产子一代种子 45229.5 千克；增产的子一代种子 24633 千克，可播种 15395 亩，增产粮食 769.7 万千克，共增产粮食 2，182.7 万千克。生产湘杂棉 1 号 F2 代包衣种子 25 万千克，可播种 50 万亩，按每亩比常规棉花增产 10% 计算，可增产皮棉 600 万千克。按当时粮价每千克 1.5 元、皮棉每千克 14 元计算，年创经济效益 1.16 亿元。国家级原种场建设项目的完成，使原种场的种子科研、生产、加工跃上新的台阶，经济和社会效益显著。

由于国家级原种场建设是一项系统工程，原种场党委向湖南省农业厅、农业部提出了续建申请。2000 年 11 月，农业部以农计函〔2000〕186 号文件批复，2001 年湖南省农业厅以湘农业计字〔2001〕7 号和 279 号文件下达投资计划，国家级原种场续建项目被批准。续建项目总投资 792 万元，其中国家投资 396 万元，省配套 396 万元；建设杂交水稻亲本原种繁殖基地 1500 亩，渠系混凝土护坡 7312 米，排灌涵闸 23 座，简易载重桥 7 座；新组合及亲本引种筛选鉴定基地 30 亩，田埂护坡 400 米，渠系护坡 676 米，护坡栅栏 622 米；购置精选、鉴定、育种仪器设备 34 台（套），农用运输车 1 辆，种子烘干机 4 台；修建良种引育综合楼 520 平方米，小品种晒场 1296 平方米；建设种子烘干车间及仓库 769 平方米。2003 年 6 月底全部完成并交付使用。该续建项目的完成，使原种场基本实现了种子科研队伍专业化、种子生产规范化、加工设备现代化、检验手段科学化的建设目标，加速了种子产业化进程。原种场生产的种子质量年年达到国家标准，年均亩产提高 20%，年均增产亲本种子 8 万千克，子一代种子 10 万千克，年新增经济效益 90 多万元，社会和经济效益十分明显。

一 种子专用田工程

（一）亲本提纯基地　工程总规模 75 亩，分别在苏家吉、乐兴和大洲分场各建 25 亩，总投资 49.2 万元。砼护坡田埂、灌渠 2800 米，田间单株、株行、株系严格隔离，并修建了隔离带与大田隔离，满足了亲本种子提纯的要求。

（二）亲本种子生产专用田　工程由湖南省农业工程设计所按照种子专用田要求进行设计，1995 年 12 月由原种场建筑公司承建，总投资 264.8 万元，工程建设规模 2000 亩，建设进出水涵管道 34 处，截水闸 85 座，水泥预制块护坡灌水渠 4480 米，排水渠 2440 米，砼护坡毛渠 24 条 4510 米，砼护坡田埂 4880 米，沙砾硬基道路 4830 米，水泥道路 128 米，载重桥 3 座。1996 年 11 月竣工验收并交付使用。

（三）国家级农作物品种审定区域试验站建设项目

项目总投资380万元，其中中央投资315万元、地方财政配套投资65万元，项目建设期限为2年。工程于2015年9月16日动工，11月16日全面完成。项目实际到位资金328.88万元，其中：中央投资315万元，原种场本级配套资金13.88万元。项目建设工程主要内容为：

1. 土建工程 新建考种室等区试用房500平方米，改造种子仓库146平方米，改造生产资料库146平方米，改造农机具库97平方米，新建晒场1000平方米。

2. 田间工程 土地均匀度整理110亩，新建机耕路750米，新建生产道905米，田埂水泥硬化2658米，新建机埠1座，新建灌水渠2670米，新建排水渠2658米，频振式杀虫灯4台，新建防鼠墙1650米。

3. 仪器设备购置 添置中型拖拉机1台，小型拖拉机1台，中耕施肥机1台，小型旋耕机1台，区域试验车1辆，播种机1台，小型收割机1台，插秧机1台，低温冰箱1台，电子天平1台，电子秤1台，分样器1套，容量测定仪1台，土壤养分速测仪1台，土壤水分测定仪1台，台式电脑及外设2台。

二 亲本种子生产配套设施工程

（一）仓储设施改造工程 1996年底开工建设，建设规模3915.5平方米，总投资29.09万元。其中翻修屋面3411.7平方米，加固粉刷墙体2551平方米，更新库门35平方米，1997年5月竣工并交付使用。工程的建设解决了原种场种子贮藏条件差的问题。

（二）种子加工车间建设工程 共投入30万元，增加国产种子加工生产线一条，在原种子公司种子加工车间基础上改建而成。工程于1996年6月竣工并投入使用。

（三）综合实验室建设工程 工程总投资9.15万元，在原有基础上进行改建，建筑面积320平方米，包括挂藏室、考种室、标本室、资料室等。工程于1996年8月竣工并投入使用。

（四）种子检验室改造工程 工程投入11.47万元，购入种子检验资料贮存需要的日产586型号电脑、电热恒温培养箱、显微镜、种子发芽试验箱、电热干燥箱等仪器设备，为原种场进行种子检验创造了良好条件。

（五）高标准温室建设工程 工程由湖南省农业工程设计所设计，原种场建筑公司承建，工程总投资30.47万元。温室采用管道供热，屋面为夹丝玻璃，室内温度可以调控。工程于1996年8月竣工并交付使用，解决了原种场春繁、春制催芽种子发芽率低的问题。

三 基础设施建设

（一）排灌机埠改造工程 乐兴50机埠于1996年1月改建，由湖南省农业工程设计所设计，原种场建筑公司和电力管理站承建，4月竣工投入使用，总投资35万元。工程将原来的120匹马力柴油机 ×2，配1 BV-50型 ×2台水泵，改为2×75千瓦电动机配

1BV-50 型水泵，200 千伏安变压器 1 台，4 块配电屏，架设 10 千伏线路 0.7 千米，机房操作自动化，提高了水稻种子生产区域的排灌能力。

（二）变电站改造工程　工程于 1996 年 4 月兴改建，11 月竣工并交付使用，总投资 158.6 万元，其中土建部分 48.6 万元，设备及安装 110 万元。工程土建部分由湖南省农业工程设计所设计，原种场建筑公司承建，电器部分由鼎城区电力局设计并负责安装。工程在原有 35 千伏变电站基础上改扩建为较为先进的 35 千伏变电站。其主变容量为 2500 千伏安。设备选用较为先进的 9 块 GG-1A（F）系列开关柜，有 5 块出线柜并留有 3 个出线间隔，控制方式为室内监控，设有防误操作装置，具有防雷、防洪、主变及 10 千伏线路保护功能，以确保正常供电。

（三）项目区道路改造及扩建工程　项目区道路改扩建于 1995 年 10 月动工，1996 年 5 月竣工，总投资 131 万元。公路的建成，使场域公路贯通了毗邻县乡，直达省道 205 线与国道相连接，改变了场域交通闭塞状况，对场域经济的快速发展起到了积极作用。

（四）通信设施更新改造工程　工程由常德市鼎城区邮电局设计并承建，工程总投资 70 万元，1996 年 2 月竣工并交付使用。工程采用国内先进的 512 门程控交换机，共架设电缆 6000 余米，安装程控电话 280 门。

四　种业科技园与现代农业示范区建设

（一）种业科技园建设

2003 年 12 月，原种场颁发实施《湖南省贺家山原种场关于种业做大做强的工作意见》，筹备原种场水稻种业科技园建设。经项目申报，湖南省农业厅以湘农业计〔2003〕324 号下达了湖南省贺家山原种场水稻种业科技园建设项目。建设内容为：建设杂交稻新品种引进筛选鉴定圃 5 亩，育种专用田 20 亩，亲本繁殖专用田 1000 亩，纯度鉴定检测基地 10 亩，低温低湿保存库 200 平方米，新品种展示中心 700 平方米，并购置质量检控仪器设备及农机具。建设时限为 2003—2004 年，总投资 300 万元。同年，“湖南省贺家山原种场水稻种业科技园”列入国家农业部投资计划，获得中央投资资金 200 万元。完成项目建设后，2004 年 4—11 月，原种场投资 80 万元，修建场种科所良种引育综合楼（今场种子公司和种科所办公楼），并购置仪器、设备 122 台套供场种科所科研使用。

2011 年 11 月，投资 4.5 万元对种科所区试基地 4120 米网室进行除锈刷漆。

2012 年 7 月，投资 14.3 万元对建筑面积为 520.75 平方米的农机具管理综合楼进行屋面更换、扣板吊顶、成门更换、墙面仿瓷涂料粉刷等维修。9 月，投资 33 万元对建筑面积为 1310.79 平方米科技干部宿舍楼进行维修。主要进行屋面更换、外墙水刷石、外墙木窗更换成铝合金窗、重新修建 120 米排水暗沟、384 平方米道路等维修。10 月，投资 15 万元修建了科技园道路 425 平方米、晒坪 1061 平方米、浴室 2 间并配备电热水器。

2013 年 3 月，投资 6 万元对种业科技园进行绿化建设。主要种植香樟 10 株、栀子花球 8 株、红叶石楠球 8 株、红叶石楠柱 12 株、丰花月季 50 平方米、金叶女贞 25 平方米、四季桂 25 平方米、台湾青草皮 900 平方米。

（二）现代农业示范区建设

2011 年 9 月 2 日，湖南省贺家山原种场现代农业示范园总体规划评审会在省农林工业勘察设计研究总院举行，中国工程院院士、省政协副主席、国家杂交水稻工程技术研究中心研究员袁隆平主持专家评审会。评审通过《湖南省贺家山原种场现代农业示范园总体规划评审意见》《湖南省贺家山原种场现代种业示范工程项目评审意见》《湖南省贺家山原种场高效农业示范工程项目评审意见》《湖南省贺家山原种场现代健康养殖业示范工程项目评审意见》等 4 个评审意见。

11 月 2 日，湖南省农业厅下发《关于加快推进贺家山现代农业示范区建设的意见》，要求坚持以科学发展观为指导，以经济社会协调发展为目标，依托现有资源、人才、技术等基础条件，重点发展现代种业、高效设施农业及现代健康养殖等三大产业，着力打造湖南现代农业发展的标杆和典范。力争通过五年努力，把原种场初步建设成“现代农业的展示区、社会主义新农村建设的样板区、职工群众的幸福家园”。

按照《湖南省贺家山原种场现代农业示范园总体规划》要求，以打造现代农业技术创新基地、现代农业技术培训基地、现代种业、高效设施农业示范基地和生态农业休闲基地为目标，原种场从 2011 年起通过争取整合项目资金、引进投资商、拉动场内居民投资等多种方式进行示范区建设。

1. 投入资金与基础建设情况

省农业厅专项支持。2011—2017 年连续七年实施一化四体系建设项目和 2015 年农业产业化配套项目、做优做强湘米工程，总投资 1953 万元。建成新合蔬菜基地、乐兴生态猪场，修建机耕路 24187 米，硬化路面 2796 米，硬化修缮沟渠 28299.8 米；2015 年利用其中 100 万元建设现代农业特色（蔬菜）产业园，完成 75 亩防虫网、75 亩喷滴灌设施、集约化育苗配套设施、大棚维修等建设；2016 年利用其中的 200 万元对现代农业发展引导——农产品生产基地 2300 米沟渠护坡。

整合资金进行基础建设。2012—2016 年，连续五年实施血吸虫病农业综合治理和科技干部宿舍楼维修项目，总投资 817 万元。完成水改旱 1241 亩，挖鱼池 406 亩。2013 年生产救灾及产业发展和农业技术示范推广项目，利用其中 180 万元进行现浇排灌沟、农沟、道路铺砾。2015 年农业标准化基地建设和渔业生产发展——池塘标准化改造项目，利用其中 150.1 万元，对 760 米排水渠进行硬化、300 亩鱼池进行清淤、1300 米进水渠道进行硬化、1900 米排水沟进行清淤。2016 年，利用其中 140 万元进行小型农田水利建设，对主沟渠清淤、泵站和进水闸更新改造，新建防汛指挥用房，新建农业面源污染工程——垃圾池、沟渠、道路。

引进商业资本建设。2003 年，引进湖南东文实业有限公司以位于大洲分场十四队的荒芜土地为核心园区进行东文生态园建设。到 2017 年，已累计投入资金 3000 多万元，初步建成具有欧洲风情，集文化、渔业、休闲和餐饮为一体的生态园。2017 年大洲十四队东文生态园获得“湖南省美丽乡村建设示范村”的称号。东文生态园内基本实现集农夫乐园、餐饮接待中心、生态农庄、荷塘月色，配套瓜果采摘园为一体的观光旅游的景点。从 2014 年起，按照规划逐步打造新农村示范点，2016 年新合一队获得全省美丽乡村新农村示范点的称号。

引导居民投资建设。2011—2017 年共进行农村危房改造 1259 户，争取上级投入资金 1021.1 万元；2014—2017 年共进行垦区危房改造 2698 户，争取上级投入资金 3021.76 万元；共计获得国家投入资金 4042.86 元，改造危房 3957 户；拉动居民投资 4 亿元以上，原种场干部职工居住条件得到显著改善。2015 年建成食品厂公租房和集镇公租房 350 套，总投资 1938.6 万元，有效改善了两个区域的面貌。

2. 示范园区和基地建设

种子创新示范基地建设。2011—2017 年，共选育杂交水稻、常规稻新品种 8 个，品种均完成成果转化或转让；通过实施国家区试站项目、长江中下游“1+N”作物区试站项目和种子试验田、生产田的提质建设，种业基地和基础设施等现代种业体系建设初步完成，初步具备了成为育繁推、产加销一体化的国内一流的现代种业基地的条件。

高效设施农业示范基地建设。以新合分场蔬菜基地为基础，建成现代农业特色（蔬菜）产业园，核心面积 100 亩，辐射带动面积 3000 亩以上；建成智能化育苗温室大棚一座，普通大棚 10 座，占地面积 30 亩。核心基地主要进行新品种引进筛选示范推广，蔬菜产业园主要生产无公害蔬菜，部分蔬菜采取绿色、有机蔬菜标准生产。

2013 年，投资 210 万元进行现代农业示范区建设，建设规模为 1000 亩。主要修建机耕路 3966 米、进排水渠 1166 米等配套设施。2014 年“一化四体系”建设项目，投资 220 万元，硬化道路 1340 米，卵石路面 4000 米，主进水渠 1350 米、支进水渠 6000 米、排水渠维修 3000 米。2015 年“一化四体系”建设项目，投资 200 万元。修建砼路面 1456 米、泥结石路面 4000 米、主进水渠 1400 米、支进水渠 4000 米、排水渠维修 2000 米。当年农业产业化配套项目，投资 105 万元。修建 780 米砾石道路、800 米排灌沟渠硬化、240 亩网室除锈刷漆、108 平方米畜禽水产品安全监管实验室、育苗大棚 1 个、农技推广服务用房 314 平方米。是年做优做强湘米工程，投资 168 万元，修建混凝土道路 3880 米、硬化排灌沟渠 892 米。2016 年现代农业生产发展项目，投资 300 万元。对 1356.4 米沟渠进行护坡、768 米空心板护坡、1320.4 米主进水渠硬化、4589 米支进水渠硬化、2639 米混凝土道路、78 个下田坡道等。2017 年“一化四体系”建设项目，投资 150 万元，主要修建砼道路 1515 米、砾石道路 4017 米、硬化进排水渠 1226 米。

水产健康养殖园建设。以乐兴分场十二队精养鱼池（乐兴渔场）、乐兴哑河、东文生态园鱼池等传统水面为主体，打造水产健康养殖场。2011 年乐兴渔场获得了“四大家鱼”无公害产地、产品认证，被评为第五批农业部水产健康养殖示范场，示范场面积为 580 多亩，占原种场精养鱼池面积的 90% 以上。东文生态园的渔业养殖由以养为主向以钓为主的休闲农业养殖模式转变。2013 年 6 月，乐兴渔场通过了省畜牧水产局和常德市畜牧水产局的复查验收。

2011 年起，部分职工在高水贺家山段进行网箱养鱼，效益很好；2017 年 12 月，因环保问题，退出养殖。2013 年起，乐兴哑河渔业养殖杜绝投肥饲养，逐步向人放天养的模式改变。2014 年开始，原种场的产业发展重心向“稻田 + 生态种养”转移。2016 年，乐兴分场陈亮等人发展黑斑蛙驯养。郎咸平等人在大洲分场开始进行“稻田 + 龙虾养殖”，起步规模 200 亩，2017 年增加到 500 多亩。

新农村建设与农技服务体系建设。由于危房改造和垦区危改的拉动和公租房的建设，原种场 90% 以上的房屋进行了拆除重建或加固修缮。原种场规划从 2014—2017 年进行基础设施配套同步推进建设，建成通村入户水泥公路 30 千米，实现了全场入户公路全覆盖。2013 年起，耗资 100 多万元，对贺家山大道进行了绿化。在全场倡导绿化美化，连续五年每年投入近 10 万元对庭院绿化进行资助。从 2014 年开始，原种场生活垃圾集中清运出场，进行无害化处理。2017 年在贺家山客运站修建公共厕所一个。

2011—2017 年在集镇、生产队安装路灯 273 盏。建成垃圾池 225 个，投放垃圾桶 1290 个，购置了一辆垃圾清运车；场内垃圾全部清运集中后，由专业清运公司运至德山发电。

2012 年建成乐兴生态猪场，采用发酵床技术，由场内养殖户李元璋承包养殖。2014 年由于发酵床技术不过关，养殖户关闭停养。2016 年 8 月，养殖户程金南等人租赁进行养殖，2017 年 5 月，因环境问题被群众举报到中央环保督察组，后被关闭。

利用科技培训楼、文化宫及科研基地，进行田间学校、高校实习、国际杂交水稻技术等培训。从 2011 年开始，为亚非拉等发展中国家培训农业技术学员 1000 多人次。2013 年与湖南文理学院、湖南生物机电学院等高校合作，共培训实习师生 300 多人次。2015 年开始进行新型职业农民培训，三年共培育新型职业农民近 320 人。

第四节　水利建设

一　堤　防

原种场境内临江大堤的建设和防汛工作，1956 年以来属当时常德县八官垸修防会管理。1956 年 8 月 2 日，常德专员公署以署农函字 145 号文明确“原种场临江大堤，归常德县八官障修防会统一管理，大堤岁修与防汛所需劳力、经费，应与八官障所属乡镇一样按政策负担。”原种场境内临江大堤及冲柳撇洪河大堤仍由八官垸水管会管理，防汛期间由八官垸水管会统一指挥，韩公渡镇与原种场组织劳力实施。

（一）沅水防洪大堤　原种场沅水防洪堤防守责任段自新合分场十二队蚕桑垸丁头28千米处起，至汉寿县南赶丁头处止，全长3094米。该段堤顶高程41米，堤底宽45米，面宽8米，达到50年一遇的抗洪标准。防汛时，沅水防洪堤警戒水位37米，保证水位38.55米。自1990年以来，该段大堤定期“打针”灌泥浆，堵塞坼缝和洞穴，防汛时散浸减少，效果甚佳。

（二）冲柳撇洪河大堤（又称高水间堤）　场域内冲柳撇洪河大堤分两段，总长14205米。一段在大洲垸，自苏家吉大堤丁头至同村垸渍堤丁头止，全长4655米。一段在乐兴垸，环抱整个乐兴垸，全长9550米，含乐兴哑河堤7250米。场域内的冲柳撇洪河大堤顶高38米，堤底宽45米，面宽5米，具有抵御20年一遇洪水的抗渍能力。防汛时，冲柳撇洪河大堤警戒水位35米、保证水位35.5米。自1988年以来，该段大堤（不含乐兴哑河7250米），亦采取定期“打针”灌泥浆，堵塞坼缝和洞穴。

（三）防汛机构

原种场设防汛指挥部，组成人员如下：指挥长1人，由分管水利的副场长担任；副指挥长2~3人，由副场长担任；政委1人，由原种场党委书记、场长担任；副政委1人，由原种场党委副书记担任。指挥部下设政工组、办公室、工程组、卫生组、后勤组、保卫组、运输组、照明组、巡逻组、伐锤组、余水组、抢险组。并抽调劳动力组建防汛抢险突击队。

分场设防汛连部，组织结构为：连长1人，由分场副场长担任；副连长1人，由分场行管人员担任；指导员1人，由分场总支书记、场长担任；副指导员1人，由分场总支委员或副场长担任。防汛连部下设政工组、办公室、工程组、后勤组、保卫组、运输组、照明组、巡逻组、伐锤组、余水组、抢险组。并抽调劳动力组建防汛抢险突击队。

二　排灌工程

1990年前，原种场内先后建成排灌机埠13处，水泵24台，装机容量2835千瓦；1990年时可运行机埠8处，水泵16台，装机容量1818.44千瓦；经过拆除和重建，2017年时，可运行机埠5处，水泵电机11台，装机容量1825千瓦。马龙桥机埠（俗称620机埠）、协心湖机埠（俗称240机埠）和新电排机埠属场排灌站统一管理，负责大洲和新合垸内的排灌任务；谈家湖机埠和乐兴310机埠由乐兴分场统一管理，负责乐兴垸内的排灌任务。

（一）马龙桥机埠

马龙桥机埠于1987年5月建成，投产多年以后由于配电屏元器件老化，在汛期打高扬程水位水泵机组满负荷运行时，经常出现接触器温度过高，触头烧坏而停机检修，影响及时排渍。2003年原种场自筹资金18万多元，对配电屏进行改造，改为GGD－CHNT万能式断路器开关配电屏共六块，其中DW-1000A主屏两块，DW15-630A四块，解决了设备的安全运行。2005年，原种场又通过以工代赈项目对马龙桥机埠进行改造，在原有的土建工程上进行电机和水泵的整改，把原有的四台 155 千瓦电机更换成 185 千瓦电机，装机总容量由 620 千瓦增加到 740 千瓦。并将 2 台 SLT-400/10/0.4 的变压器换成 S91/XB/710/918/500 型的节能变压器。

2014 年 12 月 2 日，利用中央投资 283 万元，再次在马龙桥机埠原址基础上拆除重建。工程由湖南省水利水电勘测设计研究总院设计，湖南省德江监理有限公司监理，湖南欣盛建设有限公司施工。工程量为：土方开挖 5802 立方米，土方回填 4855 立方米，建筑物砼 913 立方米，钢筋 81.8 吨。进工程施工场所的公路 85 平方米，机组检修闸门制安 1.8 吨，门槽埋件制安 4.8 吨，出口防洪闸门制安 2.4 吨，出口防洪闸门螺杆启闭机 1 台，机组检修闸门启闭机 1 台，700ZLB-7.5 立式调节轴流泵 4 台，JSL136-8 电动机 4 台，单机容量 185 千瓦，装机总功率 740 千瓦。工程 2015 年 4 月 28 日试机，7 月 16 日完工交付使用。

（二）240 机埠　1998 年，为解决大洲分场雨季内涝问题，原种场及时增加排灌能力，自筹资金 15 万多元，在原有的土建工程上进行重新整改，恢复 240 机埠，当年 12 月竣工。安装 2822B-10 型水泵一台，流量为 4428 立方米 / 时 ~5580 立方米 / 时，扬程 4.53~8.72 米，配套 JRL-12-8 型 /155 千瓦电机一台，S27-200/10/0.4 变压器一台，配电屏两块，5 吨手动启闭机一座。

（三）乐兴桥机埠　乐兴桥机埠从 1978 年建成后，未进行过大的整改。

（四）乐兴 310 机埠　乐兴 310 机埠未有大的设备更换和改造，运行正常。

（五）谈家湖机埠　谈家湖机埠（又名 50 机埠）原配置 2 台 55 千瓦的水泵机组。由于该机埠排水能力不足，2002 年投资 38 万元对该机埠进行改造。将原有的 55 千瓦的 2 台水泵机组更换成 155 千瓦水泵机组 2 台，设计扬程提高到 7.3 米，流量增加到 4428 立方米 / 时 ~5580 立方米 / 时，出水管道直径增加到 70 厘米。此后，乐兴分场农田长时间上水被淹的情况减少，促进了职工群众增产增收。

（六）新合抗旱闸　新合抗旱闸坐落在新合分场四队沅水大堤左岸，兴建于 1979 年 7 月，建成后未产生良好效益，并多次在汛期出现险情。2003 年，鼎城区水利部门负责拆除重建，孔为方形，管边长 1.7 米，管壁厚 40 厘米，孔长 48 米，涵底高程海拔 34.1 米。建筑材料为钢筋混凝土捣制而成，启闭采用机械手动。建成后，由于干旱季节沅水水位过低，河水无法从闸孔流入渠道灌溉，未能发挥正常抗旱效益。

三　排灌能力

1991—2017 年，经过拆除和改建以后，原种场现有排灌机埠 5 处，水泵机组 11 台，总装机容量 1825 千瓦，共耗资 1987.93 万元。其中只排不灌的机埠有 2 处（240 机埠和 310 机埠）既排又灌的机埠有 3 处（马龙桥和乐兴桥及谈家湖机埠），平均每千瓦负担耕地面积 7.73 亩。原种场各个机埠所有水泵全部开机，每小时能排出 49.76 万立方米积水。大洲垸面积 17.489 平方千米，乐兴垸面积 6.34 平方千米，日降雨量 100 毫米的情况下，不算土地含水和沟港囤水，大洲垸3个机埠7台水泵机组共1，185千瓦，全部开机只需57小时排出积水。乐兴垸两个机埠，4台水泵机组共620千瓦，全部开机只需48小时全部排出积水。

排灌机埠管理：1987年设“620”机埠以后，大洲分场不再负责机埠管理。到2017年原种场排灌站在职人员10人，其中书记兼站长1人，副站长1人，报账员1人，机手7人。乐兴垸从1974年起建立排灌站，负责乐兴垸的抗洪排涝工作；行政和经费开支属乐兴分场管理，工作人员4人，其中站长1人，机手3人。

四 防汛纪实

（一）1991年防汛 7月1—11日，连降暴雨，场域内的沅水、高水、乐兴亚河三水顶托，齐头压境，水位上涨迅猛，境内降雨量超过300毫米。由于高洪时间长、大堤浸泡时间久，大堤渗透翻砂等险情不断发生。蚕桑垸堤面与水持平，多处堤段发生滑坡、漫水，随时有漫溃的危险。高水水位高达36.12米，多处渗水，险情严重。小凡洲因洪水来势太猛，无力抗衡，于7月11日凌晨5点15分被洪水吞噬。其间，原种场防汛抗旱指挥部抽调干部60名分赴各分场指挥部，组织3030名劳动大军（民兵1599人，青年团员883人，560名抢险突击队员），调配大批抢险物质（块石200吨、砾石200吨、麻袋7800条、土方1000多立方米），投入抗洪抢险。经过9个日夜奋力抢险，于7月16日取得了抗洪抢险的全面胜利。经测算，外洪内涝造成经济财产损失达240万元。

（二）1995年防汛 6月上旬以来，沅水流域普降大到暴雨，7月1日，牛鼻滩段沅江洪水以每小时20厘米的速度上涨。7月2日1时至7时零5分，原种场防汛指挥部相继接到常德市防汛指挥部及时任副市长洪明祥的二道命令，命令省贺家山原种场必须于7月2日12时前，对大洲尾蚕桑垸实施破口泄洪。7月2日8时55分蚕桑垸围堤自然溃口，决口宽度160余米，造成直接经济损失102.98万元。是年秋冬，由一名场级领导牵头负责，组织原种场两个分场的劳动力，修复了水毁工程。

（三）1996年防汛 7月中旬，沅水流域连降暴雨，场域内遭受了百年难遇的特大洪水袭击。芷湾水位高达40.57米，超危险水位3.07米。在原种场干部职工的努力下，历经13个日夜的紧张抢险，终因沅水水势太猛，蚕桑巴耳垸漫溃（此后废弃），但保住了沅水大堤，无一人伤亡，取得了抗洪抢险的全面胜利。这次特大洪灾，给原种场造成直接经济损失156万元，防汛消耗物资折款24.93万元，总计损失达180.93万元，421人成为灾民。灾后原种场党委组织职工群众积极开展生产自救和捐款捐物，全场共捐款14万元、大米1万千克、衣物1685件；并制订救灾补损措施和方案，把有限的救灾款和物资及时发送到灾民手中。

（四）1998年防汛 7月中旬，因沅水流域连降暴雨，出现了历史罕见的高洪。场境内遭受沅水、高水夹击，出现外洪内涝。面对险恶局势，在省农业厅副厅长文约纯现场督导和常德市委市政府的正确指挥下，原种场党委紧急动员、精心组织，将200多名干部、3000多名职工布防在3936米的沅水大堤和7017米的高水间堤上。广大干部职工发扬了“一不怕苦，二不怕死”的精神，先后奋战66个日夜，查处管涌、跌窝、翻砂鼓水等重大险情35处，确保了沅水大堤和高水间堤的安全，把灾害损失减少到了最低限度，取得了抗洪抢险的全面胜利。大灾之后，按照上级卫生防疫部门的部署，开展了爱国卫生运动，防止了灾后恶性肠道传染病等疫病的发生。为支援重灾区的人民群众重建家园，原种场开展了募捐活动，共捐款38700多元，衣物1882件。

（五）2002年防汛　3月下旬开始，连降大到暴雨，常德地区沅水、高水、低水三水齐发，较早进入汛期。从5月5日上午开始，至8月30日晚上结束，春汛、夏汛、秋汛相继而至，原种场干部职工先后4次上堤防汛，累计防汛时间长达71天。沅水（芷湾）、高水、乐兴哑河最高水位分别达到37.49米、36.71米、34.47米。持续洪涝造成原种场杂交水稻繁殖制种、棉花、油菜、柑橘、瓜果、蔬菜等农作物普遍受灾，烂秧、烂种、死苗现象严重，直接经济损失达500万元。

（六）2014年防汛　7月4日下午3时，冲柳撇洪河大洲垸堤段乐兴桥往南300米处，发生一起外垮坡险情，垮坡长度约100米。7月5日零时成功处置险情。

第五节　电力建设

一　电网建设

1991—2017年，原种场电网建设共投入资金738.34万元，改造农电网35千伏线路5千米，35千伏变电站1座，主变2台、容量6500千伏安、其中1台2500千伏安1台4000千伏安，10千伏出线5条，10千伏线路26.83千米，0.4/0.22千伏线路52.17千米，配变37台、容量7070千伏安、其中公变28台3330千伏安、专变9台3740千伏安。总用电用户3200户。

1991年3月，原种场投资21万元，从新合分场十队过沅江汉河经小洲，再过沅水主航道至小凡洲芦苇场场部，架设10千伏线路，安装配电变压器3台，总容量130千伏安，240名职工群众直接受益；结束了原种场唯一的分场级单位不通电的历史。

1996年4月，原种场投资165万元，在原址上实施35千伏变电站改扩建工程。该工程是国家级原种场建设及省计委立项投资建设项目，其中：综合楼51.2万元，变电设施设备113.8万元。改扩建后，35千伏变电站主变容量由原来的1800千伏安增加为2500千伏安，供电能力得到提高，供电可靠性及安全性得到加强。

1998年3月，投资12.3万元，从牛龙线T接架设35千伏线路0.71千米至原种场35千伏变电站。此后，原种场35千伏变电站有两路电源，即断谈线和断龙线，供电可靠性进一步加强。

2003年年初，原种场争取省电力公司投资350.34万元，其中：35千伏变电站投资70.01万元，10千伏及以下配网投资280.33万元。3月，原种场全面实施农电网改造工程。建设项目有：35千伏变电站新增4000千伏安主变一台，新建和改造10千伏线路26.83千米，新建0.4/0.22千伏线路52.17千米，新增配电变压器20台，容量达2785千伏安，改造1户1表2829户。10月工程全部完成，受益职工群众1万余人。此次农村电网改造完成，实现了城乡生活用电同网同价。

2009年4月，原种场投资36.7万元，先后对东文生态村、敬老院、新合一队、法官镇、渔机厂等地实施局部改造，新增配变5台，总容量945千伏安，解决了用户反映电压低的问题。

2013年4月，原种场投资5万元，解决乐兴养猪场的用电需求，新建一个供电台区，变压器容量为160千伏安，新架设10千伏线路380米。

2014年5月，原种场投资28万元，对新合九队、食品厂、集镇、大洲五队、八队共五个供电台区进行了补点增容改造，新建一个供电台区，新增变压器容量480千伏安，新架设10千伏线路710米，改造低压供电线路5.5千米。同年，为方便职工群众出行，新合四、五、六、九、十、十一、十三、十七队；乐兴十队，自筹资金14.93万元，共安装节能路灯109盏。

2015年1月，大洲十队、十一队、十三队自筹资金6.1万元，安装节能路灯37盏；3月，原种场利用项目资金2.5万元，对原种场排灌站配电设施进行改造；4月，原种场投资23万元，对乐兴六队、大洲十一队、新合五队、休闲中心四个供电台区进行升级改造，新建一个供电台区，新增变压器容量615千伏安，新架设10千伏线路980米，改造低压线路1324米。7月，原种场投资13.3万元，对乐兴、食品厂公租房进行电力配套入户工程；11月，原种场投资13.5万元，对集镇和法官镇93盏路灯进行节能改造，减少功率14千瓦。

2016年5月，原种场投资22万元，对乐兴二队、大洲二队、集镇及法官镇70个配电箱进行改造，新增变压器容量315千伏安，改造低压线路2650米。11月，原种场投资19万元，对综合厂续建公租房和供销社公租房进行电力入户工程，此工程2017年完成。

2017年1月，原种场共投资9万元，对大洲十四队和新合一队两个供电台区进行升级改造，新增变压器容量70千伏安，改造低压供电线路1850米。同年6月和11月，新合一队和大洲一队，自筹资金5.85万元，安装节能路灯34盏。

二 自办电力

原种场机关原有一台26千瓦的自备电源，电网停电后不能满足机关大院办公、生活及自来水用电的需求。2010年5月，原种场投资14万元，购置安装一台200千瓦柴油发电机组，由机关后勤服务部负责管理。电网停电后，由发电机组补充供电，保障机关大院、水厂临时用电需要。

第六节　交通建设

一　公路

1992 年，原种场争取上级投资 110 万元，开工修建乐兴大桥。1993 年建成通车，桥总长 160 延米、宽 7 米；载荷标准为 15 吨。乐兴大桥贯通了大洲、乐兴两垸的交通，打通原种场的东大门。2009 年汉寿沅水大桥建成通车，乐兴大桥成为原种场前往汉寿县城和长沙的主要通道。

1995 年，原种场投资 45 万元，改建了罐六线小河口下堤处至牛鼻滩粮店段，改建里程 1.05 千米，路面宽度为 6 米，该段公路的改建确定原种场前往常德方向出口罐六线经过牛鼻滩镇段的线路位置。

1999 年，原种场投资 210 万元对场内公路提质改造。改建贺家山原种场西入场口油库至交管所路段里程 1.5 千米，其中油库至贺家山巨林码头上堤处里程为 1 千米，路面宽度为 6 米，贺家山巨林码头上堤处至交管所里程为 0.5 千米，路面宽度 10 米。商贸街十字路口至轧花厂路段里程为 2 千米，其中十字路口至新合抗旱渠里程为 0.43 千米，路面宽度为 8 米，抗旱渠至轧花厂里程为 1.57 千米，路面宽度为 6 米。至此原种场主要街道路面改造完成。

2004 年，原种场争取上级交通主管部门项目资金 532 万元，自筹资金 532 万元，共计 1064 万元。改建牛鼻滩镇小河口下堤处至油库路段里程 2 千米、路面宽度 6 米；交管所至乐兴八队坝堤路段里程 6.39 千米，其中交管所至国土办路段里程 0.65 千米、路面宽度 10 米，国土办至乐兴八队坝堤路段路面宽度为 6 米（2013 年通过提质改造，将其路面扩宽为 10 米）；轧花厂至苏家吉下堤处路段里程 3.88 千米、路面宽度 3.5 米；法官桥至 240 机埠路段里程 1.58 千米、路面宽度 3.5 米。

2006 年，原种场争取上级交通主管部门项目资金 18 万元，新建新合一队矮堤至牛鼻滩上林村村道一条，里程为 0.31 千米，路面宽度为 3.5 米，路面类型为砂石路面，2011 年 11 月提质改造为混凝土结构路面。该路段的建成沟通原种场新合一队和牛鼻滩上林村的交通。

2007 年，原种场争取上级交通主管部门项目资金 318 万元，改建苏家吉下堤处至新合六队里程 3.28 千米、240 机埠至马龙桥里程 1.53 千米、乐兴桥头至乐兴一队里程 0.87 千米、乐兴桥头至乐兴三队里程 0.81 千米、种子公司至大洲一队里程 1.36 千米、苏家吉小桥至苏家吉三队里程 0.73 千米、乐兴桥头至大洲九队队屋里程 0.61 千米七段公路。其中，除苏家吉下堤处至新合六队路段路面宽度为 6 米外，其余路段路面宽度均为 3.5 米。

原种场有省道 10.912 千米。由原六罐 X038 公路升格而来，道路编号为 S222，国家路网优化后的道路编号为 S513。2016 年 10 月 31 日，从乐兴八队坝堤牌坊至加油站牌坊 7.827

千米拟建为二级油混结构公路获得湖南省交通厅的行业许可。2017 年 11 月 24 日，该路段获得湖南省发展和改革委员会的立项许可。项目投资估算为 6957 万元。

截至 2017 年，原种场共有公路 74.399 千米。按行政等级分：省道 10.912 千米，县道 1.205 千米，乡道 26.743 千米，村道 14.784 千米，专用车道 20.755 千米；按技术等级分：三级公路 12.48 千米，四级公路 61.919 千米。桥梁有大桥 1 座，小桥 9 座，共计 266 延米。

二　水运码头

（一）水运码头　原种场共有三个水运码头，分别为冲柳高水大洲十四队客运码头、沅水大洲尾客运码头、巨林货运码头。

（二）客货运输　1991 年，原种场有从贺家山至常德沅水一桥、贺家山至长沙火车站两条客运班线，营运客车六辆；罐头嘴经贺家山至常德桥南个体客运班线一条。货运汽车 8 辆及手扶拖拉机 98 台。1997 年新建简易客运站，2006 年对其提质改造。2006 年及以后相继有湖南省龙运交通运输集团有限公司贺家山分公司、安达运输有限公司、迅达运输有限公司、驰鑫运输有限公司和万昌物流有限公司贺家山分公司、华运物流有限公司贺家山公司、三友物流有限公司、泰和祥物流有限公司、嵘盛物流有限公司落户贺家山。2007 年原种场开通车站至乐兴八队坝堤班线。

第七节　自来水工程建设

原种场内自来水建设始于 1986 年，由原种场的工程技术人员设计自来水厂建设方案。主要包括一座 32 米高，容积 100 立方米的混凝土结构水塔，日处理 500 吨能力的循环池一座，石英砂过滤池一座，250 立方米清水池一座，用于从沅江取水的抽水船一艘，总装机 90 千瓦。当年建成并投入使用，管网建设使用铸铁管，直径 150 毫米 1050 米，直径 100 毫米 3500 米，用户钢管管道近 20000 米，供水区域覆盖新合分场、大洲分场及集镇，供水人口 5000 左右。乐兴分场离自来水厂的距离比较远，自来水厂供水能力不够，该分场自建一座水厂，1995 年完成供水管道铺设供水。原种场自来水厂的设备处理原水的能力有限，处理后的自来水水质达不到国家生活饮用水标准。乐兴分场水厂直接从冲柳河取水，水源污染较重，水源经水厂未经任何处理，完全达不到生活饮用水要求。2007 年以前，原种场的自来水基本上是直接抽取沅江水和冲柳河水后供给用户使用，实际为“免挑水”，安全饮水问题没有得到解决。

2006 年，原种场党委研究决定改造自来水厂，要求水质必须达到国家生活饮用水标准，解决职工群众安全饮水问题。由原种场建设办负责设计自来水厂建设方案，建筑公司与机关后勤部组织实施。因沅江水源有污染，决定采用深层地下水为水源。经过测算、研究和查资料，设计标准为日供水能力达到 1500 吨以上，水处理工艺为常规暴气法，过滤材料使用锰砂处理地下水中的铁和锰。2006 年 11 月，水厂动工兴建，打深井一口，井深 60 米，井口直径400毫米，经抽水实测，日出水可达2000吨以上，水质经常德市疾控中心检测34项，只有铁和锰超标。建设600吨清水池1座，二级泵房安装水泵2台，供水使用原有100立方米水塔。水处理设备采用江苏宜兴蓝天水处理有限公司生产的日处理1500吨的锰砂过滤罐，清毒工艺采用二氧化氯。设备于2007年3月开始安装调试，水质达不到国家生活饮用水标准，锰砂处理地下水的工艺方案决定放弃，水厂建设暂停。

2007年5月，原种场的安全饮水工程纳入常德市农村安全饮水工程建设。分三期获得国家安全饮水工程资金300万元。第一期工程解决7390人的安全饮水。同时原种场还争取到省农业厅的支持工程资金100万元。

在充分论证多项水处理技术后，决定采用获得国家专利的离子交换工艺，该技术和工艺已在多个省的农村安全饮水工程应用。为验证该技术是否适应洞庭湖区的水质处理，原种场机关后勤部技术人员采用辽宁省锦州市维康净水材料有限责任公司提供的WK3过滤材料，处理深井抽取的水样，经常德市疾控中心检测，水质达到国家生活饮水标准。经技术人员反复验证，水处理的工艺采用二级处理：第一级采用型号为WK12的水处理材料处理地下水的铁离子，并初步处理大部分锰离子；第二级采用型号为WK3离子交换材料，处理锰离子。设备于2008年1月3日到达施工现场，历时8天完成设备安装，试运行三天，提取水样经常德市疾控中心检测，34项所检指标均优于国家生活饮水标准，1月15日向管网正式供水。

原种场自来水主管网改造工程使用国家农村安全饮用的专项资金和原种场筹资建设。依据市农村安全饮水的有关文件精神，入户的用水户出资350元，解决用户管网所需的材料及人工费用，由原种场供水站统一设计施工。

2008年3月，启动安全饮水工程第二期建设，即供水站至乐兴分场主管道工程建设，工程造价79万元，管网全长6500米，采用PVC管材，其中直径250毫米1050米，直径200毫米3350米，直径160毫米2100米。经过2个多月的精心施工，6月15日向乐兴分场管网并网供水，基本解决乐兴分场职工群众饮水不安全的问题。

2008年9月，投入资金57万元，改造大洲分场主管网，铺设主管道4500米，用户管道20055米，14个生产队用户管道改造入户645户。

2010年启动安全饮水第三期工程建设，即新合分场乐兴分场入户改造工程，新合分场铺设主管道6500米，用户管道27000米，改造生产队18个，改造入户846户。乐兴分场铺设主管道5600米，用户管道15800米，改造入户456户。是年，原种场自来水厂被评为全市农村安全饮水工程示范性水厂。

2011年5月，原种场再次投资30万元，建设第三级WK12过滤池，工程由原种场建筑公司与后勤部承建。9月25日建成投入使用。经实测，水质及感观有明显的改进。

2012年12月，后勤服务部投资5万元，改水塔供水为变频恒压供水。供水站安装变频控制柜 1 台，增加 18.5 千瓦增压泵 2 台、5.5 千瓦增压泵 1 台。改造后消除水塔漏水可能造成倒塌的安全隐患，提高了供水压力，解决了远端用户水压不足的问题。

2013 年 3 月，原种场后勤服务部投资 3 万元，改化学法二氧化氯消毒为电解法二氧化氯消毒，购置 YL-100 型二氧化氯发生器 1 台，用工业食盐水进行电解产生二氧化氯气体进行消毒，经检测自来水二氧化氯余量合格。9 月，原种场投资 17 万元，对法官镇主管网进行改造，其中直径 160 毫米 1400 米，直径 110 毫米 810 米。用户管道 3300 米，入户改造 475 户。

2016 年 3 月，原种场投资 6 万元，添置 1 台英国百灵达有限公司生产的水质检测设备，能够对铁、锰、余氯、pH 值、浊度、色度、耗氧量、细菌等指标进行检测。

第八节 信息建设

一 信息网络

建场至 20 世纪 70 年代，信息收集和传递手段以邮件为主。1980 年以后，电话普及率逐步提高，与省农业厅及常德市各部门联系主要是通过电话来完成，邮件成为辅助手段。进入 20 世纪 90 年代，原种场各单机可直拨全国各地。1992 年，全场拥有电话单机近 200 部，2008 年达到最高峰，拥有单机 2400 部。随着社会的发展，经济市场化，人与人之间的交流活动日益频繁、密切，无线移动电话逐渐兴起，信息传递更为便捷。1993 年渔业机械厂购买第一部移动电话，主要是用于业务联系。进入 2000 年，随着无线移动电话的普及，逐渐进入职工群众的工作与生活。当年下半年，经原种场同意，中国移动常德市鼎城区分公司在场机关办公楼西南处建设移动通信基站一座，占地面积 0.45 亩，土地使用转让费 0.4 万元，使用年限 50 年。2001 年，经原种场同意，中国联通常德市鼎城区分公司在乐兴分场建设基站一座，占地 0.4 亩，土地使用费每年 0.3 万元，使用年限 50 年。2009 年，又在场机关东南老干办公楼处增建基站一座（联通和电信共用）。无线移动电话用户群体逐步扩大，固定电话用户逐渐萎缩。到 2003 年，邮件和电话一直是信息传递的重要手段。2006 年，中国移动常德市鼎城区分公司在原种场开展信息惠农工程，建立移动手机用户内部短号网络，并定制对外形象彩铃广告语：“播我原良种，圆您丰收梦，欢迎您致电湖南省贺家山国家级原种场”。2012 年起，中国电信常德市鼎城区分公司、中国移动常德市鼎城区分公司在场内建设 4G 网络，铺设光纤网络。2016 年原种场机关后勤部与常德市移动公司合作发展宽带业务，投入资金 46.2 万元，在场域内全面启动无源光网络工程建设。将宽带、有线电视、天网光纤一并敷设，架设钢绞线 29 千米，敷设光缆 48 千米。同年，原种场投入资金 43 万元建成全场天网系统。随着光纤和 4G 网络的建成，三网合一推进较快，到 2017 年底，家庭宽带用户超过 1200 户，网络带宽普遍在 20 兆以上。手机用户超过 6000 户，固话用户下降明显，已不足 300 户。

电报是电话系统的一个补充，弥补邮件和电话的不足，但因费用较高，技术复杂而使用较少。原种场没有建立自己的电报系统，基本上由电信部门编码投递。1980 年，曾使用电报网络，进入 2000 年后，基本在原种场退出历史舞台。

随着电话传真系统的发展，1989 年，湖南省农业厅以湘农业函〔1989〕办字第 30 号文《关于集资购买电话传真机的通知》，原种场安排专项资金，购置一台电话传真机。到 2000 年，原种场与省农业厅建立了电话传真系统，信息的收集、传递在省地市之间由传真机完成。

计算机网络与办公自动化建设始于 2000 年。首先由开设网吧的个体户向鼎城区电信公司申请一条 163 电话专线，直接可与 163 国际互联网相连接，其上网费用计入电话费用。从此，了解、收集外界信息改变了只能依靠邮件和电话的历史。为适应发展趋势，更好的推介贺家山，决定建设湖南省贺家山原种场信息网站，由办公室负责建设与管理。2002 年 12 月，与常德市政府信息中心达成协议，原种场出资 1 万元，由市政府信息中心设计制作贺家山原种场信息网站（www.hjsosf.com），2003 年 1 月正式开通。同年，在网易还申请了免费邮箱 hjs266@163.com，至今仍在使用。从 2003 年开始，信息收集、传递，计算机网络成为最主要方式之一。因网站缺少专业人员维护，网页内容更新不及时，2008 年，正值北京奥运会召开之际，贺家山原种场信息网站被有关部门屏蔽。域名 www.hjsosf.com 因未续费，被停用。2011 年，按照省农业厅信息中心要求，纳入省农业厅信息网子站群建设，网站由省农业信息中心负责按照统一模块设计、制作，各单位进入后台上传信息。同年在中国万维网重新申请域名 www.hnhjs.com，网站正式开通。2012 年 1 月，成立湖南省贺家山原种场信息中心，明确专人负责网站管理与维护，归口办公室管理。9 月，经国家信息产业部审核，网站通过备案。2013 年 6 月，根据原种场的工作需要，由省农业厅信息中心对原种场信息网进行改造升级，更名为“湖南省贺家山原种场信息网”。2017 年省农业委启用政务网站“湖南省三农网”，湖南省贺家山原种场信息网作为该站下面的子网址为 http://www.hnagri.gov.cn/web/hjsyzc/index.html 与域名 www.hnhjs.com 并存。

局域网建设主要集中在原种场机关大院。2005 年，原种场机关后勤服务部开通中国电信 10MB 的宽带，将机关办公楼、培训楼、机关大院住宅楼组成局域网，对机关大院 40 多个用户提供宽带网有偿服务。2016 年，引进移动光纤网络后，机关大院住户局域网用户逐步减少。2018 年场机关后勤服务部对场机关办公楼的网络进行了升级，租赁了电信 3 条 100MB 光纤线路，机要室和计财科分别使用常德市电子公文传输系统专网和省财政专网。

二　信息收集

20 世纪 90 年代，信息收集被列入重要议事日程。每年定期或不定期向省农业厅、常德市委和市政府及有关部门提供场农业生产、农业管理、农业科技、项目建设、土地资源管理、经济数据等信息，内容主要是取得的科研成果、种植业和养殖业生产、管理情况和生产结果、灾害性天气及其带来的影响。信息收集主要集中在办公室、农业科、项目办、国土办、统计科等单位（部门）。农业、科研信息主要由农业科负责，项目信息主要由项目办负责，土地资源信息主要由国土办负责，统计信息主要由统计科负责。2003年，贺家山信息网站开通后，办公室及时收集有关信息，整理后按照有关要求能公开的及时公开。2002年，与常德市气象局合作，定时提供各类气象信息，为全场水稻科研和杂交水稻种子生产提供了气象参考资料。2008年原种场接入常德市电子公文传输系统，由机要室具体负责日常工作，从此与常德市党政机关的公文信息来往主要依靠此系统。2017年省农业委系统办公系统（OA）开始试运行，原种场与其的信息往来逐步实行无纸化。

三 农业信息化

20世纪90年代末期，计算机逐步进入农业领域。1999年，原种场种子公司、种科所购置计算机各一台，在农业单位先行一步。2003年以后，信息基础设施逐步完善，信息服务站基本覆盖全场。2006年，新合分场、大洲分场、乐兴分场场部先后接入互联网宽带，互联网网络基本覆盖全场。2008—2010年开展了全场测土配方施肥，实现了全场田土各项指标数字化、信息化。2011年，原种场纳入国家家电下乡补贴范围，农业职工普遍享受到了先进实用、质优价廉的信息服务；同年，建成工厂化育苗大棚1个1360.8平方米，微喷灌设施52624平方米。2015年在场种子公司仓库建成一个352立方米的智能化冷库。当年11月，湖南省贺家山原种场国家级农作物品种审定区域试验站建成，总投资380万元，添置了土壤养分速测仪、土壤水分测定仪、区域试验车、计算机等设备17台套。2016年，原种场加入长江中下游环洞庭湖流域农作物品种区域综合试验站，建成了前段监测数据采集系统、前端视频采集系统和分站网络传输及应用管理部分，并添置收割设备、测产系统、称重设备和田间信息采集设备，实现了农作物品种区域试验站物联网化，并率先在全国启用了“金种子区试管理系统”。

四 政务公开

20世纪80年代末期，按照上级规定，原种场开始推行“两公开一监督”制度，即办事制度公开、办事结果公开、监督行政机关及办事人员，政务公开制度逐步推广开来。2001年，全面推行政务公开。对外公开的内容有：正常法规、重要规定，各部门职责权限、办事依据、办事程序、办事结果、收费规定、服务承诺等事项，部门年度工作目标，上级下拨的涉及公众利益的专项经费及使用情况，为民办实事的项目及执行情况、社会公益事业建设情况，涉及公民、法人或其他组织权益的有关事项（重点是行政审批、项目确定、项目建设、征地补偿标准、职称评定等事项），其他需要公开的事项。对内公开内容有：领导干部廉洁自律情况，工作人员考核、奖惩、任免及职称晋升、工资调整，财务方面主要经费收支、预算外资金管理情况等。2008年6月，根据常德市委市政府要求，开通电子政务网，主要接收常德市委市政府各种非密级文件、明传电报、会议通知、工作简报，以及转发的部分中央、省委省政府的有关非密级文件。2012年，国家开始进行事业单位分类改革，改革要求实行“按照政事分开、事企分开和管办分离”的原则，原种场作为事业单位，主要履行相关公益职能，政务公开（实质为信息公开）。主要通过公告、湖南省贺家山信息网、湖南省贺家山电视台等方式公开，其中主要方式是通过湖南省贺家山信息网公开场内工作动态、刊发通知公告、党建工作、人事信息、种业科研和交流情况等。

第九节　居民区建设

一　集镇建设

20世纪70年代，原种场集镇建设已初具雏形，但设施简陋。从20世纪80年代开始，场办企业、私营企业蓬勃发展，经济快速增长，集镇建设方兴未艾。随着城镇化建设进程的进一步加快，原种场党委审时度势，高度重视集镇建设。90年代初，加大了建设力度，以点带面、示范带动，改善集镇设施。1994年4月至1999年12月，采取土地使用拍卖、个人集资的形式，共投入1046万元，进行了商贸一条街二期至五期工程改造兴建，新建改建楼房，建筑面积达到10558.81平方米。集镇主干道路建设与改造主要分三个阶段进行，总投资463.47万元，总长1152米，宽10米。第一阶段是1998年，从贺家山码头至交管站，硬化路面558米，总投资24.97万元；第二阶段是2004年，从交管站到法官桥，改造硬化道路700米，总投资38.5万元；第三阶段是2012年，投入400万元，集中整治人行道，规范搭建行为，拓宽道路至16米，铺设涵管2500米，种植玉兰观赏树木200多株，发放有盖垃圾桶300个。2005年，原种场利用电网改造之机，投资15万元，在集镇主干道两侧安装路灯93盏，改变了贺家山集镇无路灯的历史。

从1999年开始，加强机关大院建设，采取一系列优惠措施，由个人集资，修建职工宿舍楼。到2005年，共集资288万元，修建集资楼4幢，每幢三层共12户，建筑总面积5800平方米。

2009年，湖南省建筑科学研究所编制了《湖南省贺家山原种场法官镇总体规划（2009—2030年）》并逐步开始实施。同年，引进湖南省银信置业有限公司对渔机厂进行居民小区开发，这是原种场建场以来场内首宗土地出让。湖南省银信置业有限公司拟计划投资3000万元，分三期建设，总建筑面积25531平方米，商品房188套，2009年5月正式动工建设第一期工程，第一期工程投入1000万元，建设商品房71套，建筑面积10100平方米。因开发商资金运转困难，工程进度受到影响，到2011年上半年才全部完工。2012年银信花苑居民小区建设第二期工程实施，引进投资1000多万元，同时开工建设4栋商品房；因建设资金短缺，至2017年底，尚未完成主体工程。

1991—2010年，集镇区新建改建楼房195幢，两层楼房141幢，三层楼房54幢，集镇区居民673户，常住人口2069人。基本形成以场机关大院为主体，商贸一条街为中心的居住新格局。

2011年9月投资50万元对渔机厂小区宿舍和小区基础设施进行整治。主要对2栋宿舍楼进行屋面更换、走道和楼梯间不锈钢栏杆更换、外墙水刷石、走道扣板吊顶和修建室外砼道路1084平方米、排水暗沟133米、3个雨水集水井、不锈钢围墙42米。

2013年，投资4.8万元对派出所办公楼、围墙和大门进行了维修。主要是墙面和顶棚刷墙漆、木门油漆，68米围墙水刷石、大门除锈并刷银粉漆。

2014年，投资1604.5万元。进行贺家山大道扩宽和生态沟、集镇街道违章建筑拆除清理两个项目建设。贺家山大道扩宽和生态沟项目建设，耗资1532万元，整体工程于次年完工。集镇街道违章建筑拆除清理工程难度大，原种场还补贴44万元，对167户遮阳棚进行了统一搭建（户主自筹部分资金）。运管所外墙真石漆186.4平方米、钢窗67.9平方米除锈并刷银粉漆；集镇（湘利段）10米宽72米长道路、5个砖砌检查井、直径800涵管58米、直径500涵管174米；大洲卫生所屋面更换。

2017年，投资7万元修建原种场汽车客运站厕所工程。

二　机关院落建设

原种场机关院落南北长200米，东短西长，占地面积约为4公顷， 2012年原种场机关从新合分场三、四队征用土地17.5亩，机关大院面积由42.5亩扩大到60亩，包括办公区域与生活区域两部分。1962—1963年，从大洲一队与粮作站七队交界处搬迁至此。建办公平房一栋，干部员工住房3栋，木瓦结构的食堂。1968年，向南扩建了职工医院住院楼一栋，门诊平房一栋。1969年增建礼堂一栋，招待所楼房一栋。20世纪70年代初，向东扩建了棉花试验站办公楼一栋和棉库一栋。

1979年，修建东南两主方的砖砌围墙，修建传达室2间，1994年进行改扩建，就是目前的原种场机关大门。

1999年，由干部职工集资修建了第二、三栋宿舍楼，总建筑面积为2765平方米。2001年又集资修建第四栋，建筑面积为1380平方米。2002年修建食堂、车库及后勤办公楼，2003年完工。2004年集资修建第五栋宿舍楼。

2012年4月，投资26万元修建围墙332米和排水沟210米。同年8月投资9万元对院内5栋宿舍的天沟进行SBS防水处理，总面积为920平方米。同时，投资36万元更换了处级楼屋面、进行了室外装修，修建排水暗沟121米、452平方米室外地坪，修建杂屋12间，建筑面积为92.16平方米。

2013年11月，投资13万元对科技培训楼大厅和楼梯间刷墙漆，二楼7间客房换地毯，一、二楼客房衣柜油漆并修补墙纸，走道和教室吊顶修补，热水管道安装等维修。

2014年11月，投资23.5万元，启动机关办公楼中央空调工程建设。主要设备包括：模块化冷热水机组2台、风机盘管31台、循环水泵4台。当年12月24日竣工。

12 月 1 日，投资 108 万元，对建筑面积 1686.44 平方米的机关综合办公楼进行装饰维修。主要项目是增加坡屋顶瓦屋面、贴外墙面砖、更换外墙窗及室内外门窗、墙面及天棚墙漆王、一楼地面和二楼走道地面油漆、二楼办公室复合地板、照明线路及灯具更换，2015 年 1 月 29 日竣工。同时，投资 34 万元新建了 22 间车库及配套道路等。

2015 年，投资 15.89 万元完成了 89 米砖地沟、32 米砼涵管、路灯 10 盏及配管配线 800 米、给水管 65 米及水咀 6 个的场机关大院附属工程。同年投资 5.67 万元修建中央空调供水、配电工程。

2017 年，投资 26.4 万元，增设科技培训楼轻钢屋面并对小会议室装修和传达室维修。

三　小凡洲移民安置

1998 年 9 月，成立湖南省贺家山原种场移民建镇领导小组，制定了《湖南省贺家山原种场灾后重建、移民建镇实施方案》。1999 年 4 月开始对小凡洲垸和新合分场蚕桑垸的灾民进行分散移民安置和集中移民建镇，当年底移民工作全部完成，小凡洲芦苇场移民新村建成。实际完成移民 80 户、移民总人口 231 人，在移民新村新建房屋落户的 27 户、分散到场属其他单位及附近乡村买现房居住的 48 户，未建新房而租房居住的 5 户。

对落户到移民新村（场老机砖厂）的小凡洲芦苇场移民户，原种场委托小凡洲芦苇场统一规划安排建房宅基地，负责三通：路通、水通、电通，并按照国家政策落实移民安置补偿。

四　新农村清洁工程建设

原种场 2006 年开始运作对居住集中区实行清洁工程建设事宜。首个清洁工程建设点为新合分场湘利经作队。该工程 2006 年 9 月开工，10 月完工验收。总投资 76.65 万元，其中国家投资 20.64 万元，场内投资 16.22 万元，职工投工投劳 39.79 万元。建设面积占地 15 公顷，示范户 40 户，覆盖住户 125 户，人口 400 多人。建设项目主要有：农业生产清洁工程，包括架设频振式杀虫灯新杆线路 500 米、利用已有线杆 300 米、杀虫灯 8 盏、废弃物收集池 10 个（每个 2 立方米）；生活环境净化工程，包括垃圾分类收集池 15 个（每个 4 立方米）、小型机动垃圾清运车 1 辆、污水集中处理系统双户 15 套（每个 2 立方米）、单户 10 套（每个 1 立方米）、公共朝天口排水沟 300 米、花坛 40 平方米、道路硬化 240 米、沟渠 650 米；生态文明意识提升工程，包括设立清洁文明管理委员会，培训职工三期 200 人次，组织参观考察 30 人次，张贴标语（横幅）50 条（幅），制作 2.6 × 5.2 米标志牌 1 个、1.2 × 3 米不锈钢宣传栏 1 个。

2009 年 9 月，投资 85.6 万元，对小凡洲芦苇场四十户示范点的厨、厕、水、院进行改造，其中国家投资 25 万元，集体筹资和农户投工投劳 60.6 万元。当年 11 月完工验收。

工程有两个项目：1. 清洁生活：生活污水净化池 40 套、有机废弃物收集池、发酵池 60 个、垃圾池 10 个、垃圾桶 120 个、沼气池 20 个、公共道路 400 米。2. 清洁庭院：两整（前坪后院硬化）943平方米、一连通1024米（盖板排污沟500米）、改水40户、改厨480平方米、改厕120平方米、改栏160平方米、改院1080平方米。

2011年，投资95.92万元，对新合一队农村清洁工程示范点进行建设。

2012年3月，投资52.66万元，修建巨林码头至油库道路2572.5平方米，小凡洲住宅区垃圾池、砖地沟、砖砌化粪池、道路68平方米。是年5月，投资22万元，对新合分场一队农村清洁工程进行建设。主要修建砖砌化粪池20个、发酵池5个、收集池6个、垃圾池6个、排水沟450米、标志牌1个、小标志8个、上墙牌10个。2017年通过了美丽乡村省级示范村考核验收。

同年，投资20万元，对新合十八队新农村实施清洁工程。修建收集池和发酵池共10个、垃圾池4个、化粪池16个、排污沟300米、改厨改厕改水改院20户、标志牌1块、小标志牌8个等。

2013年，投资20万元，实施新合二队农村清洁工程示范点建设。修建砖砌化粪池20个、发酵池4个、收集池7个、垃圾池6个、排水沟450米、标志牌1个、小标志10个、上墙牌10个。

2015年8月，投资40万元（国家投资40万元），实施新合分场四队农村清洁工程示范点建设。对40个示范户的厨房、厕所、水道 、庭院及其他进行改造，10月完工验收。

该工程除上述改造外还完成以下四项内容：1.道路：主道路长546米、宽3.5米、厚0.2米；次道路长601.6米、宽2米、厚0.2米；2.排水沟：砖砌排水暗沟652米；3.垃圾池：砖砌垃圾池9个；4.标示牌：标志牌1个、小标示6个、上墙牌10个。

2016年，投资50万元，实施东文生态村新农村建设美丽乡村示范工程。修建沥青道路2371.97平方米、混凝土板护坡175米、照明灯79盏、摇椅4个、石桌石凳1个、绿化地整理1000平方米。

2017年，投资30万元，对乐兴一、二队实施新农村建设工程。主要项目是平整场地5760平方米、混凝土明沟655米、配套涵管25处、盖板6块、挖运回填黄土638立方米等。

五　职工住房建设

1991年初，原种场职工住宅建筑总面积达到19.4万平方米，人平19.07平方米。

1994年开始，对集镇商贸街进行建设。4月，实施商贸街一期工程建设，10月竣工，建筑面积1819.44平方米，投资约180万元；6月28日，商贸街二期工程建设开工，次年12月10日竣工，建筑面积1323.76平方米，投资约150万元；1997年7月18日，实施商贸街三期工程建设，12月18日竣工，建筑面积1793.63平方米，投资180万元；1998年6月28日，商贸街四期工程动工建设，12月20日竣工，建筑面积2011.58平方米，投资216万元； 1999年6月21日，实施商贸街五期工程建设，12月31日竣工，建筑面积3610.4平方米，投资320万元。

从1996年开始，原种场国土办对集镇商贸街土地进行拍卖，有26宗土地进行建设，建筑面积约5793.32平方米，投资约520万元。1998年移民建镇，上级投资及原种场资金配套共156.65万元。用于移民建房补贴资金111.6万元，建房23栋（平房10栋、楼房13栋）；基础设施配套建设45.05万元，铺设沙砾路面2964平方米、自来水管道1185米、下水道1320米、有线线路1720米、护坡312平方米、供电线路500米。1998—2010年间共修建房屋29栋，建筑面积达5013.75平方米，投资总额为522万元左右。

自2002年起进行湘利住宅新区建设，到2014年为止共建设房屋48栋，建筑占地面积约为8487.2平方米，投资约1130万元。

2002—2012年底，东文公司相继投资3000余万元进行生态园建设。修建10栋高标准房屋，建筑面积2682.18平方米；修建混凝土道路1600米、健身道500米、鱼池护坡900米；修建综合用房（含酒窖）和9个车库，建筑面积为405.27平方米。

2014年7月20日，实施贺家山第一批公租房建设，食品厂建设1~3号楼，乐兴敬老院建4号楼。工程投资921.6万元，其中中央和省投入资金307.2万元，原种场配套资金614.4万元。总建筑面积为7901.7平方米。其中1号楼建筑面积1151.68平方米、2号楼建筑面积2213.02平方米、3号楼建筑面积2213.02平方米、4号楼建筑面积2323.98平方米。1~3号楼地上5层，建筑高度14米，砖混结构；4号楼地上4层，建筑高度13.2米，底框结构。耐火等级2级，设防烈度7度。2015年8月28日竣工。

2015年，根据相关法律法规规定，结合本场实际，制定了《湖南省贺家山原种场投资建设工程造价管理办法》。12月7日，实施贺家山第二批公租房建设，供销社院内建设1号楼~3号楼，食品厂建设4号楼。工程总投资1017万元，其中中央和省投入资金570万元（中央458万元、省112万元），原种场配套资金447万元，总建筑面积为8237.07平方米。其中供销社院内1号楼建筑面积981.07平方米、2号楼建筑面积3050平方米、3号楼建筑面积1530平方米，1~3号楼为框架结构，建筑高度14米，砖混结构；食品厂4号楼建筑面积2676平方米，框基础，地上4层，建筑高度13.2米，砖混结构。耐火等级2级，设防烈度7度。2016年10月竣工。

2011—2017年农村危房改造1259户，争取上级投入资金1021.1万元，其中国家投入中央资金951.1万元，省投入70万元。

表2　　2011—2017年贺家山原种场农村危房改造情况统计表

年份	项目户数（户）	项目资金（万元）		
		合计	国投	省投
2011	100	75	75	
2012	350	263	263	

续表 2

年　份	项目户数（户）	项目资金（万元）		
		合计	国投	省投
2013	350	2623	263	
2014	350	332.5	262.5	70
2015	50	37.5	37.5	
2016	50	37.5	37.5	
2017	9	12.6	12.6	
合计	1259	1021.1	951.1	70

2014—2017 年共改造垦区危房 2698 户，争取上级投入资金 3021.76 万元，其中中央预算内投资 2347.26 万元（到户投资 2023.5 万元、配套基础建设投资 323.76 万元）、省级配套 674.5 万元。

表 3　　2014—2017 年贺家山原种场全场垦区危房改造情况统计表

年 份	项目户数（户）	中央拨资金（万元）			省配套资金（万元）
		到户资金	配套基础投资	合 计	
2014	1000	750	120	870	250
2015	962	721.5	115.44	836.94	240.5
2016	440	330	52.8	382.8	110
2017	296	222	35.52	257.52	74
合计	2698	2023.5	323.76	2347.26	674.5

六　居民区分布

（一）农村居民点用地现状　原种场 1997 年农村居民点用地详查面积为 2335.5 亩、2004 年土地利用现状建库 2247.12 亩、2007 年开展全国土地二次调查面积为 2597.85 亩。

（二）新增农村居民点用地

1991—2017 年，农村居民点增加 36276.57 平方米。

1. 商贸街一至五期工程，3090.1 平方米。

2. 1996 年第一次进行土地拍卖，有 26 宗土地进行建设，建筑占地 5154 平方米。

3. 1998 年移民建镇及后续建房修建房屋 29 栋，建房占地面积 4980 平方米。

4. 场机关集资楼建设占地面积 2382 平方米。

5. 从 2002 年起，东文公司相继投资东文生态园建设，建筑占地面积 2205.27 平方米。

6. 湘利住宅新区建设，到 2014 年共建设房屋 48 栋，建筑占地面积 8487.2 平方米。

7.2014 年公租房建设用地面积 3978 平方米。

8.2015 年公租房建设用地面积 6000 平方米。

9.2015 年组织了一次职工住房清查，共计 2752 户，其中新合 1057 户、乐兴 557 户、大洲 675 户、企管站 99 户、集镇 277 户、小凡洲 31 户、建材 56 户。

10.2017 年 4—6 月对全场存量宅基地进行了清理，全场共计 67 宗，其中新合 18 宗、大洲 28 宗、乐兴 16 宗、企管站 3 宗、集镇 2 宗。

（三）居民区分布

全场居民区按四个区域分布，共 3348 户、2194 栋房屋，宅基地面积为 67.32 万平方米、房屋占地 29.17 万平方米。

1. 场直单位。小凡洲芦苇场、医院、建筑建材公司、商贸街一至五期、机关大院、科技楼、学校、中学前港上、食品厂、渔机厂、供销社、集镇南、集镇北。

2. 新合分场 19 个生产队。

3. 大洲分场 14 个生产队。

4. 乐兴分场 12 个生产队。

表 4　　湖南省贺家山原种场宅基地面积汇总表

序号	权属单位	家庭人口（人）	宅基地面积（平方米）	房屋占地面积（平方米）	栋数（栋）	户数（户）
一	场直单位	1937	73119.08	49352.58	340	724
1	小凡洲	192	8453.23	5787.35	47	55
2	医院	28	1748.50	936.60	10	10
3	建筑建材	168	9627.09	6913.40	39	70
4	集镇 1—5 期工程	233	4449.15	4281.74	12	97
5	机关 1—5 号工程	179	2930.44	2876.44	6	62
6	科技楼、学校	65	1130.59	1130.59	3	29
7	中学前港上	45	1798.26	1795.15	32	32
8	食品厂	164	5395.25	5218.85	22	56
9	渔机厂	105	1044.00	1044.00	2	52
10	供销社	148	3912.37	3126.14	34	91
11	集镇	610	32630.20	16242.32	133	170

续表 4

序号	权属单位	家庭人口（人）	宅基地面积（平方米）	房屋占地面积（平方米）	栋数（栋）	户数（户）
二	新合分场	3877	146242.16	98710.16	688	1457
1	1 队	231	15867.00	8499.53	58	58
2	2 队	132	10780.42	3941.28	35	35
3	3 队	196	16531.55	7605.72	52	52
4	4 队	285	16606.68	7605.72	66	72
5	5 队	249	15025.10	8312.90	62	65
6	6 队	200	13457.64	6304.28	48	55
7	7 队	145	13499.09	5807.18	44	44
8	8 队	169	14301.60	6139.84	44	46
9	9 队	162	12312.86	6209.12	45	45
10	10 队	142	12543.32	5879.01	41	41
11	11 队	231	17599.70	7638.36	54	56
12	12 队	172	15664.90	6016.38	46	46
13	13 队	187	14003.80	6078.10	49	51
14	14 队	173	12496.97	5970.45	48	48
15	15 队	150	10811.40	5260.36	42	42
16	16 队	212	20914.00	8153.83	55	57
17	17 队	205	14050.12	6113.95	54	54
18	18 队	188	14897.72	4844.82	44	44
19	湘利队	192	12592.28	7852.60	63	94
三	大洲分场	2389	310653.61	78810.85	626	626
1	1 队	161	15326.40	5297.25	45	45
2	2 队	214	23904.00	7145.50	64	64
3	3 队	177	18042.20	6007.00	51	51
4	4 队	156	13500.60	5320.00	38	38
5	5 队	140	13998.00	5477.00	38	38
6	6 队	181	14892.60	6297.00	45	45

续表 4

序号	权属单位	家庭人口（人）	宅基地面积（平方米）	房屋占地面积（平方米）	栋数（栋）	户数（户）
7	7 队	229	15145.80	6668.25	55	55
8	8 队	174	12606.00	5021.70	46	46
9	9 队	147	10332.40	4146.80	40	40
10	10 队	199	16993.00	6960.33	48	48
11	11 队	198	12696.56	5823.39	42	42
12	12 队	158	13455.55	5846.71	43	43
13	13 队	166	14284.10	5831.32	46	46
14	14 队	89	6476.40	2968.60	25	25
四	乐兴分场	1994	143137.55	64856.28	540	541
1	1 队	220	9473.00	6778.00	60	60
2	2 队	155	10191.00	4328.70	47	47
3	3 队	128	3360.70	3360.70	36	37
4	4 队	89	7019.90	2259.20	25	25
5	5 队	98	9073.25	3227.00	23	23
6	6 队	169	17001.00	6023.90	42	42
7	7 队	124	8728.70	4514.00	31	31
8	8 队	206	10600.00	6573.68	53	53
9	9 队	132	13480.00	5725.00	36	36
10	10 队	170	1294.00	6279.40	52	52
11	11 队	240	21114.00	7410.20	62	62
12	12 队	263	20156.00	8376.50	73	73
五	全场合计	10197	673152.40	291729.87	2194	3348

第十节　农业机械

一　农业机械装备

（一）耕种机械　耕整地机械是农业种植地区普遍使用的耕整地作业机械，一般配套犁、耙、蒲滚等农具可进行全过程的耕种地作业。原种场早在 20 世纪 70 年代就已推广耕整机械，特别是 2008 年，原种场享受国家实行农机购置补贴政策后，农业职工购机积极性空前提高。2011 年底，原种场已拥有大中型耕整机 13 台，小型耕整机 144 台。其中轮式耕整机 44 台，机耕船 31 台，机引犁 18 台，旋耕机 33 台，机引耙 18 台。耕整地机械总动力 1087 千瓦。2010 年以后，原种场全部实行了机械化耕整土地，结束了牛耕田的历史。到 2017 年全场拥有大中型耕整机 25 台，小型耕整机 150 台。

（二）插秧机械与设备　原种场具有特定的杂交水稻繁殖制种栽插密度和父母本间插栽种的模式，普通插秧机无法满足生产的需要，2010 年之前没有推广机插秧。2011 年曾引进一台，在晚稻超级稻示范田进行过示范，但因性能不好、效果不明显而放弃。

（三）收获机械　20 世纪 90 年代之前，原种场农作物收获完全是人工收割、脱粒机和打谷机脱粒的半机械时代。2000 年之后水稻收获机的投入使用，结束了人工收获的历史。2008 年开始用改装的水稻收获机进行油菜收获。2010 年投入使用专用油菜收获机，直接到田间收获，但目前技术不太成熟，菜籽产量损耗较多。原种场拥有水稻收获机 15 台，实现水稻收获机械化。2013 年以来，农业机械生产厂家完善了收获机技术，即水稻、油菜兼用。每年新购收获机 4 台 ~5 台（水稻、油菜兼用）。至 2017 年底，通过报废与更新，全场拥有水稻、油菜收割机 27 台。目前常规水稻与油菜的机收率在 90% 以上，大大减轻了农户收获时的劳动强度。

（四）农用运输机械　2014 年原种场有农用运输机械 52 台，其中大中型拖拉机 11 台，小型盘式拖拉机 41 台，均完成上牌办证，年审合格率在 75% 以上。2013 年以后，受上户政策影响，运输拖拉机增长量不大，除小型盘式拖拉机新上户 5 台外，其他没有变动。至 2017 年底，小型盘式拖拉机拥有量 46 台。

二　农机安全监理

原种场农机安全监理站成立于 1984 年，行使农机推广和农机安全监管两大职能。监理站设立业务受理、技术检验、技术考试、牌证管理、业务审批、档案管理等岗位。依法实施农机登记，农机转籍登记、农机驾驶员考核发证，农机牌照核发，农机档案管理，农机年审，农机封存，农机报废与更新管理，农机生产与安全作业管理，农机安全检查及农机驾驶员证照资格审查，协助交通管理部门做好农机安全事故处理及农机违章处理。2017 年，监理站有在职人员 7 人，退休人员 4 名。监理站登记上户的拖拉机 89 台、登记收割机 25 台，核发农机驾驶员证 100 个。农业机械年审牌证率在 75% 以上，每年培训农机操作员 150 人次左右。

第二章　种子科研与生产

第一节　种子科研

一　品种选育

（一）水稻育种

原种场自1979年中止水稻育种后，时隔20余年后于2000年重新启动水稻育种工作。采用的育种方法有常规系统育种法、杂种优势利用育种法、辐射育种法、人工生态环境压迫育种法。

2000年，经原种场党委研究决定，以“公司支持育种，育种回报公司”的科研+经营的模式启动水稻育种项目，由农业科技中心开展具体育种工作。当年3—4月份选派技术人员到海南三亚跟随湖南农业大学严钦泉教授学习水稻育种技术。通过海南的学习实践，初步熟悉了水稻育种的基本程序与技术，确定育种方向为以不育系选育为主、兼顾组合的选育。

2001年，湖南省贺家山原种场农业科技中心更名为湖南省贺家山原种场种业科学研究所，种科所内设三个课题组：杂交水稻亲本提纯组、水稻区域试验组、水稻育种组。在原种场聘请湖南农业大学教授康春林、陈立云、严钦泉、湖南省杂优中心研究员周坤炉、湖南省种子管理站研究员许世觉、亚华种业科学院研究员杨远柱等专家顾问的悉心指导下，水稻育种组高起点、高标准开展水稻育种。2003年冬，为增强育种力量，形成竞争机制，将水稻育种组分为两个课题组，课题I组育种方向为选育新的水稻不育系和早稻组合；课题II组育种方向为选育新的水稻恢复系和中晚稻组合。2011年，因育种人员异动，水稻育种组及时补充技术人员，并对育种人员重新组合，仍为两个课题组。课题I组育种目标是选育高抗优质水稻两用不育系和高产高抗优质中晚稻组合；课题II组育种目标为三系不育系和早稻组合。2012年9月，两个水稻育种课题组合并为一个水稻育种课题组，以三系、两系不育系和中晚稻组合为育种目标。至2017年底，水稻育种组有技术人员4名。

2000—2017年共选育8个新品种（组合）。分别为三系不育系贺50A（B）、家60A（B），常规早稻品种湘早籼46号，三系杂交晚稻贺优50和家优111，两系杂交早稻株两优15，两系杂交晚稻D两优71和D两优311。

1. 常规水稻育种

从2000年开始，进行早稻和优质常规稻的选育，主要育种方式为杂交育种，选育目标以高产、优质、适应性较强、抗倒伏能力强的籼稻新品种为主。2002 年春，原种场种科所唐海燕等以嘉早 324 为母本，早 50 为父本进行杂交改造，在原种场、广西农科院等试验田开展研究，经过 7 年的攻关，于 2008 年选育出一个早籼常规稻新品种“湘早籼 46 号”并通过审定。

湘早籼 46 号品种简介　2009 年 4 月，该品种通过湖南省农作物品种审定委员会审定，审定证书编号：湘审稻 2009002。该品种属常规迟熟早籼，在湖南省作双季早稻栽培，全生育期 110 天左右。株高 87 厘米左右，叶片挺直而厚，剑叶较长，株型前期较散，后期紧凑，落色好。每亩有效穗 18~23 万穗，每穗总粒数 143 粒左右，结实率 78.8%~85.5%，千粒重 27.3 克。稻瘟病抗性综合指数 6.0，白叶枯病抗性 5 级，中感白叶枯病。两年区试平均亩产 546.59 千克，比对照增产 4.02%。

2. 三系杂交水稻育种

2000 年开始三系不育系及其组合的选育，三系不育系选育目标是不育率达到 100%，自交结实率为 0%，异交结实率高，株叶形态好，一般配合力强，柱头外露率高，米质较好、抗性较好。

原种场种科所育种组进行大量的材料收集与改造，采取对全国水稻材料的分类及优缺点的认真分析，有针对性地对具有优势性状的材料进行杂交改造，使优势基因集中到一起，育成新的不育系和恢复系，再用新的不育系和恢复系与优势亲本进行杂交配组，筛选出优势组合。利用这种方法选育出了贺 50A（B）、贺优 50、家 60A（B）和家优 111。

利用这种方法于 2005 年申请了不育系 662A（B）的现场鉴定，并于 2006 年通过审定，命名为贺 50A（B）。怀化市农业科学研究所 2007 年开始引入贺 50A 进行新品种选育，合作选育的贺优 1 号（贺 50A × 怀恢 210）2012 年通过湖南省品种审定。与湖南恒德种业有限公司合作选育的贺优 328（贺 50A × R328）2014 年通过湖南省品种审定。具有完全知识产权的贺优 50（贺 50A × R50）于 2015 年通过湖南省品种审定。与湖南六三种业合作选育的贺优 691（贺 50A × R691）2016 年通过湖南省品种审定。

2007 年申请香妃 A（B），T411A（B）的现场鉴定，由于两个不育系育性镜检结果不符合不育系审定标准要求，未通过专家现场鉴定。

2014 年申请不育系贺 11A（B）的现场鉴定，并于 2016 年通过审定，命名为家 60A（B）。同时具有完全知识产权的家优 111（家 60A × R111）通过湖南省品种审定。

贺 50A 品种简介　2006 年 3 月，原种场种科所唐海燕等利用中 9B//161-5B/ 金 23B 选育的优质早籼三系不育系贺 50A，通过湖南省农作物品种审定委员会审定，审定证书编号为湘审稻 2006052。该品种属籼型三系不育系，播始历期 66~72 天，株高 60~70 厘米，株型松紧适中，主茎叶片数 13~15 叶，分蘖力强，每穗总颖花数约 157 粒，千粒重 26.5 克，不育株率 100%，不育度 99.99%，花粉败育以典败花粉为主，配合力强，叶瘟 9 级，穗瘟 9 级，高感稻瘟病；白叶枯病 5 级。繁殖制种喷施“九二〇”指标以 10%~15% 为宜，每亩用量 13 克左右。

贺优 50 品种简介　2003 年，原种场种科所李智谋等以蜀恢 527 为母本，中间材料 R416（岳恢 9113×R644 的品系）为父本进行杂交改造选育出 R50。2005 年，用 R50 与自选三系不育系贺 50A 进行配组表现优秀，2015 年通过湖南省农作物品种审定委员会审定，审定编号为湘审稻 2015038。该品种属籼型三系杂交迟熟晚稻，在湖南省作晚稻栽培，全生育期 122.0 天，株高 104.7 厘米，株型适中，每穗总粒数 141.0 粒，结实率 82.7%，千粒重 30.6 克，叶瘟 5.0 级，穗颈瘟 6.7 级，稻瘟病抗性综合指数 4.7，白叶枯病 5 级，稻曲病 4.3 级，耐低温能力中等，两年区试平均亩产 551.12 千克，比对照增产 3.50%。

家 60A 品种简介　2001 年，原种场种科所李智谋等以中浙 B 为母本与 78B 为父本杂交后，再以 161–5B 为母本与中浙 B/78B 的 F1 为父本杂交，然后与中浙 A 杂交经 8 代回交定型稳定，培育而成的籼型三系不育系。2014 年 9 月通过现场评议，2016 年 6 月通过湖南省农作物品种审定，审定编号为湘审稻 2016027。该品种属籼型三系不育系。湘北地区夏繁，播始历期 72~75 天，株高 86.6 厘米，株型紧凑，分蘖力中等，主茎叶片 14.5 叶左右，每穗总颖花数 158.0 粒，千粒重 21.4 克，花粉败育以典败为主，不育株率 100%，不育度 99.99%，自交结实率为 0，柱头总外露率 56.9 %，繁殖结实率 58.2%，制种结实率 51.9%，叶瘟 5 级，穗颈瘟 5 级，白叶枯病 7 级，一般每亩繁殖产量 200 千克。

家优 111 品种简介　2006 年，原种场种科所李智谋等以蜀恢 527（选育）为母本，中间材料 R121（岳恢 9113× 粤香占的品系）为父本进行杂交改造选育出 R111，2009 年与自选三系不育系家60A进行配组表现优秀，2016年通过湖南省农作物品种审定委员会审定，审定编号为湘审稻 2016015。该品种属籼型三系杂交中熟晚稻，在湖南作晚稻栽培，全生育期 117 天，株高 111.1 厘米，株型适中，生长势强，后期落色好，每穗总粒数 135 粒，结实率 86.5%，千粒重 28.1 克，叶瘟 4.3 级，穗颈瘟 6.3 级，稻瘟病综合抗性指数 4.5，白叶枯病 6 级，稻曲病 4 级，两年区试平均亩产 643.4 千克，比对照增产 5.3%。

3. 两系杂交水稻育种

2001 年，原种场种科所开始两系不育系（S）的选育。以株 1S、徐选 S、Y58S、隆科 638S 和 33S 等生产上用得较多的两用不育系与常规稻品种进行杂交改造，2003 年采取 S×S 的方式进行改造，从后代中筛选株叶形态好，起点温度低于 23.5℃，转换温度稳定的单株，再通过测交配组、繁殖制种、品比试验筛选出配合力强，异交结实率高，花时早，开花较集中，易繁殖制种的优良株系。

2008 年，开始在场外建立两系杂交水稻育种基地。2008—2010 年在慈利县三官寺乡进行两系选育，2011—2012 年在石门县蒙泉镇进行两系选育。育性转换敏感期采取串灌冷水进行处理，一般在幼穗分化Ⅲ期 ~ Ⅶ期灌进冷水，进水口水温在 19℃以下，出水口水温低于 23℃，水深齐苞口，保持深水 15~20 天，水温通过进水口水量的大小及灌区的大小来调节。抽穗时将当选单株套袋，当选株系采取人工围栏 2~3 米高膜布的方式进行隔离，防止外来花粉传入串粉造成生物学混杂。2013—2015 年，在常德市农业科学研究所进行两系选育。采取在抽穗扬花期进行镜检，根据镜检结果，结合前期调查及亲本来源对当选单株进行割蔸，留桩高度为 10 厘米左右，并把未当选植株割除干净；当再生苗达到幼穗分化Ⅲ期～Ⅳ期时，将再生株带土挖出，套上标签，注明材料代码，再生株基部和根部套上塑料袋，集中移到冷水处理池进行低温处理，水深以浸没生长点为准，一般池水温度控制在 19℃左右，处理时间为 15 天左右。2016—2017 年，在云南省保山市施甸县水长乡进行两系选育。利用当地自然低温进行转育，以当前应用比较多的两系不育系作对照，筛选出起点温度适宜，易繁殖制种的新两用不育系。

2010 年，原种场种科所唐海燕等自选育成的两用核不育系海 S 参加湖南省两用核不育系生态鉴定初试，表现较好；2011 年因无种子停试一年，2012 年参加湖南省两用核不育系生态鉴定续试，完成试验，因起点温度较高原因未审定。

2002 年开始两系组合的选育，用株 1S、Y58S、C815S、HD9802S、712S 等两用不育系与自选恢复系进行了大量配组，筛选表现好的组合申请参加湖南省水稻新品种区域试验。2007 年，两系早籼迟熟新品种株两优 15（株 1S×R98-15）通过湖南省农作物品种审定委员会审定；2015 年，两系杂交晚稻 D 两优 71（HD9802S×R71）通过湖南省农作物品种审定委员会审定；2017 年，两系杂交晚稻 D 两优 311（HD9802S×R311）通过湖南省农作物品种审定委员会审定。

株两优 15 品种简介　2000 年，原种场种科所唐海燕等用嘉早 935 为母本、中鉴 26 为父本杂交育成新品系 98-15，用株 1S 与 98-15 测交选育而成的两系早籼迟熟组合株 1S/98-15，2003 年基本定型。2007 年 3 月，用株 1S 与自选优质恢复系 H9815 配组选育的两系杂交早稻新组合株两优 15 被湖南省农作物品种审定委员会审定通过，审定证书编号：湘审稻 2007015。该组合属两系杂交迟熟早籼，在湖南省作双季早稻栽培，全生育期 110 天左右，株高 87 厘米左右，茎秆较粗，耐肥抗倒力强，株型适宜，生长势强，成熟落色好，每穗总粒数 121.5 粒，结实率 82%，千粒重 26.7 克，叶瘟 5 级，穗瘟 9 级，稻瘟病综合评级 7 级，白叶枯病 7 级，两年区试平均亩产 521.13 千克，比对照增产 5.84%。

D 两优 71 品种简介　2003 年，原种场种科所李智谋等以蜀恢 527 为母本，中间材料 R416（岳恢 9113×R644 的品系）为父本进行杂交改造选育出 R71，2006 年与湖北大学生科院选育的 HD9802S 配组育成的两系中熟杂交晚籼组合。2015 年 6 月通过湖南省农作物品种审定委员会审定，审定编号为湘审稻 2015024。该品种属籼型两系杂交中熟晚稻，在湖南省作晚稻栽培，全生育期 114.0 天，株高 106.4 厘米，株型紧凑，生长势强，后期落色好，每穗总粒数 113.2 粒，结实率 84.8%，千粒重 29.5 克，叶瘟 4.5 级，穗颈瘟 6.3 级，稻瘟病综合抗性指数 4.2，白叶枯病 7 级，稻曲病 2.5 级，耐低温能力强，两年区试平均亩产 548.75 千克，比对照增产 7.03%。

D 两优 311 品种简介　原种场种科所李智谋等以蜀恢 527、R121 为亲本，通过杂交制恢，使优势基因互补，选育出高产、高配合力的恢复系 R311；利用新恢复系 R311 与两用不育系 HD9802S 测交配组，选育出优良的两系杂交新组合 D 两优 311。2017 年 5 月通过湖南省农作物品种审定委员会审定，审定编号为湘审稻 2017022。该品种为籼型两系杂交晚稻中熟品种，在湖南省作中熟晚稻栽培，全生育期 116.2 天，株高 111.7 厘米，每穗总粒数 135.3 粒，结实率 87.9%，千粒重 27.8 克，叶瘟 4.0 级，穗瘟 6.0 级，稻瘟病综合抗性指数 3.9，白叶枯病 6.0 级，稻曲病 3.8 级，两年区域试验平均亩产 639.1 千克，比对照增产 4.6%

4. 抗性育种　2003 年开始进行水稻抗稻瘟病育种。以高抗稻瘟病材料古 154、IR36、多系 1 号、华 37B、炳 1B、华占等亲本为抗原与优势亲本进行了大量的杂交改造，筛选了一大批含有抗原基因的中间材料。2005 年正式在益阳桃江建立稻瘟病育种基地，对含有抗原基因的中间材料采用接种与自然诱发相结合的方式，严格筛选出稻瘟病中抗以上新质源。对于高抗稻瘟病质源进行多次导入高产优质基因，选育出高抗稻瘟病优势材料，再与优势亲本进行配组。到 2017 年已筛选出性状优良的高抗稻瘟病材料 11 份，分别为贵恢 456、抗 289、269B、抗 343-2、抗 343-3、炳 1B、华占、15 繁 1、15 繁 78、贺恢 108、贺恢 128。

5. 南繁育种

杂交水稻南繁育种工作先后在海南省陵水县（2000—2001 年）、海南省三亚市滕桥镇（2001—2010 年）、海南三亚警备区农场（2003—2009 年）、三亚市田独镇（2009—2017 年）进行。利用海南岛 12 月底至 1 月初低于育性转换温度的低温天气，进行两用不育系的加代与繁殖，抽穗时将当选单株套袋，当选株系采取人工围膜、布的方式进行隔离，防止生物学混杂。利用海南岛冬季较高气温条件，进行三系不育系材料及恢复系材料的加代与繁殖、组合的优势与纯度鉴定、组合的制种。海南岛冬季南繁单位相当集中，可以加强交流，方便育种材料的收集。

2001—2005 年在广西农业学校进行秋繁，主要是进行早籼型三系亲本和常规早稻材料的加代与繁殖、杂交早稻组合的制种。

（二）棉花育种

原种场棉花育种分两个时段。第一时段育种工作始于 1965 年，终于 1977 年。主要采用棉花系统选择、棉花杂交选育、棉花杂种优势利用研究、棉花辐射育种和棉花单倍体育种等方法开展棉花育种工作，共选育出了湘原 1 号（1034-5）、湘原 2 号（乙 15）、1034-7 三个品种和 78-1、79-1、79-2 三个品系。第二时段从 20 世纪 90 年代开始，湖南省棉科所湘杂棉系列和湖南农业大学农杂棉杂交棉花品种的成功选育和推广，取得了较好的经济效益，杂交棉具有广阔的应用前景。湖南省贺家山原种场继水稻育种取得成果后，便着手为启动棉花育种做前期准备工作。2006—2007 年，场种科所技术人员在水稻南繁育种期间，利用各种渠道从海南岛收集到一批棉花育种材料回场，2007 年 5 月采取棉种直播的方式栽种在种科所试验田，收获棉花种子材料。

2008 年，场种科所成立棉花育种课题组，按照高产、优质、高抗、广适的育种目标开展棉花育种工作。

1. 常规棉育种　主要从当地主推品种湘杂棉、鄂杂棉和中棉所系列品种大田中，寻找优良变异类型或从杂交后代尚未稳定的品系中系统选择优良品种。至 2017 年还没有选育定型的棉花品种。

2. 杂交棉育种　主要进行棉花亲本材料的选育、基础材料的改造、杂交制种和 F1 代材料优势鉴定筛选。同时进行棉花杂种优势利用方面的研究，已经找到了一批棉花不育株，正在进行不育系的培育。根据需要选择具有早熟丰产、铃大、壳薄、衣分高、绒长、抗性好等不同遗传特性的棉花品种作为父、母本。采取人工去雄杂交的方法配制组合。通过种植，筛选出 H118 × H123、H235 × H88、湘 1/H12894 等一批有增产潜力的杂交组合。根据棉花品种区域试验的需要，2013 年 11 月，原种场李建彬等申请了 2 个棉花转基因生物安全证书，其中贺杂棉 11 号（H118 × H123）的证书审批编号为“农基安证字（2013）第 050 号”，贺杂棉 12 号（H235 × H88）的证书审批编号为“农基安证字（2013）第 051 号”。由于这 2 个棉花杂交组合的纤维长度较短，没有通过湖南省棉花品种预备试验。

3. 机采棉育种　2013 年，根据棉花生产轻简化、机械化发展的要求，开展了机采棉的选育。并着手育种资源的收集和材料的改造。育种材料主要来源于新陆早系列、中棉所系列和湘棉系列，以湘棉为骨干系列进行杂交改造与系统选育，到 2017 年还没有选育出定型的机采棉品种。

4. 南繁育种　从 2008 年起，冬季在海南岛进行棉花南繁育种工作，一般从 10 月开始至翌年 5 月结束。主要进行杂交组合制种、F1 代材料优势观察筛选、基本材料改造筛选、亲本材料繁殖和种质资源收集。

（三）园艺蔬菜育种

2003 年 1 月，召开“种业做大做强”场长办公会，明确提出开展蔬菜育种工作。2 月，原种场种科所成立园艺育种组，设蔬菜和花卉两个育种小组，蔬菜育种以长豇豆、榨菜为主攻目标。

1. 花卉育种　共开展了两年半时间，先后引种红继木、八月桂、月月桂、大棚花卉等品种，在场内花卉种植示范效果好。

2. 榨菜育种　收集四川、浙江、洞庭湖 3 个生态区种质资源 65 份，榨菜不育源 2 个，进行了资源观察与整理工作；将收集的资源划分为3个类型、7个主体系，同时开展榨菜资源的提纯和杂交改造工作；提纯材料320份，改造材料800余份。通过本场—青海西宁农科院（夏繁）一年两代的选育工作，2007年转育定型榨菜不育系8个，选配3个不育系进行了组合筛选工作，其中贺榨春喜A×川早05号F1代杂交优势明显，早熟性与涪杂2号同步，耐抽薹率低于5%，大田种植表现优秀，达到国内榨菜育种三系配套同一水平。

3. 豇豆育种 长豇豆共收集到国内资源200余份，国外资源2份，进行了资源观察与整理、杂交育种工作。2008年，选育出贺育特早熟、贺育早丰两个新品种进行专家现场评议，并通过了当年湖南省农作物品种审定委员会认定。

2009年，原种场调整种业科研工作，蔬菜育种工作终止。

4. 品种简介

贺育早丰 2009年3月，原种场种科所杨连勇等以全能豆角为母本，丰产二号为父本杂交，经系统选育而成的蔬菜长豇豆“贺育早丰”通过湖南省农作物品种审定委员会认定登记，编号为XPD012-2008。该品种植株蔓生，主蔓长约3米，叶深绿色，第一花序节位5节左右，主蔓结荚为主，侧蔓可开花结荚，花淡紫色，豆荚淡绿色，荚长54~59厘米，荚横0.84~0.86厘米，单荚重24.5克左右，单荚种子数约20粒，千粒重149克左右。早熟，春季栽培，全生育期90~100天，夏季栽培全生育期70~80天。适宜作春季、越夏延秋栽培。播种期：本品种春夏秋三季均适宜栽培，亦可作保护地栽培，播期可从2月中下持续到8月中旬，亩用种量2千克左右，春季栽培产量2300~2600千克/亩。

贺育特早熟 2009年3月，原种场种科所杨连勇等以农家资源（常德一点红）群体分离中的变异株，系统选育而成的蔬菜长豇豆新品系“贺育早丰”，通过湖南省农作物品种审定委员会认定登记，编号为XPD013-2008。该品种植株蔓生，主蔓长约3米，叶深绿色，第一花序节位3~5节，每一花序可结荚4~6根，主蔓结荚为主，豆荚淡绿色，荚长约71厘米，荚横径0.88~0.93厘米，单荚重25.8~27.4克，单荚种子数约19粒，千粒重约163克。极早熟，春季栽培，全生育期80~90天。夏季栽培，全生育期70~80天。适合作春季早熟抢早上市栽培，亦可夏秋栽培。播种期：因本品种春夏秋三季均可栽培，最适于春提早栽培，故可从3月底持续到7月下旬播种，保护地栽培播期可适当提早或推迟，亩用种量1.5千克左右。春季栽培产量2200~2400千克/亩。

（四）种质资源引进筛选与利用

1. 水稻 2000年，原种场种科所水稻育种从零开始，所有基础种质资源都是引进来的。当年引进嘉早324、早50、中鉴99-18等材料600余份，以后每年引进材料在100份以上，通过筛选保留了具有优质、高抗、株叶形态较好、配合力较强的材料220份。利用这些资源进行了基因重组、辐射处理，先后育成了三系不育系贺50A（B）、家60A（B）；三系恢复系 R50、R111；两系恢复系 H98-15、R71 和 R311；常规早稻湘早籼 46 号；三系杂交组合贺优 50、家优 111；两系杂交组合株两优 15、D 两优 71 和 D 两优 311。

2. 棉花　原种场种科所棉花育种项目组通过各种渠道收集棉花材料 300 余份，其中海岛棉 8 份，野生棉 1 份，棉花亲本 10 份，不育材料 6 份，陆地棉 283 份。

3. 蔬菜

2000 年 7 月，由原种场农业科主持进行蔬菜新品种引种及新技术推广工作。先后引进西、甜瓜品种 15 个，密本南瓜品种 3 个，冬瓜品种 2 个，包菜品种 4 个，大白菜品种 5 个进行试种；成功推广品种 8 个，同时开展了高效栽培新模式探索。

在豇豆育种方面，主要是与省内豇豆育种专家联系及交流。2004 年从湖南文理学院引进 1 份银豇品种，其特性是粗条、口感好、纤维少、色白，抗病性好。2005 年，从湖南农业大学引进抗病绿豇材料 12 份；省外引入当时市场最畅销豇豆品种资源 6 份，选株后留种。2006 年底在海南岛进行了分离株选。

榨菜育种方面，主要是从重庆市涪陵区农科所榨菜研究室引进永安小叶、涪丰 14、涪杂 1 号、涪杂 2 号 4 个品种，并学习榨菜三系育种技术，了解到永安小叶是涪杂 2 号主要亲本的信息，为此以涪杂 2 号不育源为转育不育系的重点，开展了 4 年正季—北繁加代工作。从浙江省慈溪市农科所引进冬性强、耐抽薹材料 15 份，筛选出 3 份适于洞庭湖区材料。

（五）成果转化

为加速农业科技成果转化，根据相关法律法规，本着平等、自愿、诚实信用原则，经原种场与相关种业公司协商达成以下合作项目。

2007 年 4 月，原种场将株两优 15 转让给湖南丰源种业有限公司，获品种转让费人民币 60 万元。株两优 15 在 2007—2017 年累计制种面积近 6 万余亩，共生产子一代种子 1200 万千克，累计推广面积 523.55 万亩。

2009 年 4 月，原种场将自主选育的常规水稻新品种湘早籼 46 号品种权独家转让给湖南湘穗种业有限责任公司（下称湘穗种业公司），转让金额为人民币 10 万元。至 2017 年，湘穗种业公司累计销售种子 500 万余千克，推广面积 200 余万亩。

2017 年 3 月，原种场将自主选育杂交水稻新品种贺优 50 品种权独家转让给湘穗种业公司，转让金额为人民币 60 万元。至 2017 年湘穗种业公司累计销售种子 300 余万千克，推广面积 200 余万亩。

同年，原种场将自主选育两系杂交水稻新品种 D 两优 311 品种权独家转让给湘穗种业公司，转让金额为人民币 40 万元。至 2017 年湘穗种业公司累计销售种子 3 万千克，推广面积 2 万余亩。

二 区域试验

1965年以来，原种场一直从事农作物新品种区域试验工作。20世纪90年代后，农作物新品种区域试验由原来的作物种类较多、试验面积小、试验人员专业技术水平较低向试验作物专一（水稻）、试验规模不断扩大、试验程序逐步规范、试验项目合理化、试验方法科学化、试验人员高素质、高学历方向发展。原种场加强基础设施建设的投入，共建设改造水稻区试专用基地70亩，分别于1996年、2002年完成了田间道路硬化、栅栏防护安全工程。2004年3月，投资50万元，在大洲分场三队、四队建设水稻新品种推广示范基地、杂交稻亲本原种繁殖基地和新组合及亲本引种筛选鉴定基地。其中道路硬化3824米，栅栏1220米。投入资金46.56万元，配套了独立的排灌系统。2015年，"湖南省常德市（贺家山）国家级农作物品种审定区域试验站"项目建设投入资金328万元。对所办公大楼一楼进行改造，设置了实验室、分样室、仪器室、考种室、挂种室、资料室；基地田间机耕路、沟渠、栅栏进行了改扩建、维护，硬化机耕路210米、油漆栅栏1425米；添置广西开元4LZB-100型号半喂入式小型收割机2台、小型三轮车1辆等机械设备及水分自动测定仪、田间温度自动测定仪、自动光学数粒仪、电子天平、数码相机、彩色打印机、手提电脑等仪器设备。2016年4月，原种场参与长江中下游环洞庭湖流域农作物品种综合区试站（岳阳）1+N项目建设，项目配套了久保田PR0488收割机、美国LRX测产系统、田间监控系统、田间小气候站，并探索运用金种子区试管理系统，区域试验农事操作机械化、技术管理信息化、数据处理智能化水平大幅提升。

随着水稻温度敏感性鉴定试验等水稻区试任务的增加，原种场加强了区试专业技术人才队伍的建设，注重知识学历与实践经验，在年龄上实行老、中、青相结合，至2017年末，水稻区试组有专职技术人员6名。

1991—2017年，原种场水稻品种试验工作主要包括湖南省水稻新品种预备试验、区域试验、生产试验、高低温鉴定试验以及两系生态适应性鉴定试验；南方稻区长江中下游水稻新品种筛选试验、区域试验、生产试验、低温鉴定试验、米质筛选试验；湘种、潇湘、其他国家科企联合体及绿色通道等试验任务；原种场水稻新品种筛选比较试验。其间共鉴定水稻新品种7722个，其中早稻1787个、中稻195个、一季晚稻1477个、晚稻3975个、两用不育系288个；按试验类别分：预备（筛选）试验2834个、区域试验1533个、生产试验184个、高低温鉴定721个、两系生态适应性鉴定288个、米质分析24个、品比试验2138个，年均鉴定新品种320个。

原种场区试工作水平一直处于全省前列，得到了上级主管部门的高度肯定。多次被省种子协会评为"水稻区试工作先进单位"；被省农业厅授予"全省水稻区试工作先进单位"；被全国农作物品种审定委员会授予"九五"期间、"十五"期间"国家级农作物品种区域试验先进单位"。区试技术人员张桂芳、姚贵保、曾跃华、管恩相先后被省农作物品种审定委员会评为“湖南省水稻区试工作先进个人（工作者）”；姚贵保、黎小平先后被全国农作物品种审定委员会评为“九五”“十五”期间“国家农作物品种区域试验先进个人”。

（一）水稻品种试验　水稻品种试验主要包括：湖南省水稻品种区域试验，省种子协会组织的省联合品比试验与湘种、潇湘联合体试验，国家水稻新品种区域试验、生产试验。1991—2017 年，共鉴定新品种（组合）省内为 5925 个，国家 1626 个。1991—2001 年，主要是早稻、晚稻区域试验，初期组别分为早稻中熟组、迟熟组、杂优组，晚稻晚籼组、杂优组、晚粳组，20 世纪 90 年代后期组别调整为早稻中熟组、迟熟组，晚稻中熟组、迟熟组，一季晚稻组。2002 年后，承担湖南省水稻预备试验和水稻新品种抗寒性试验。2003 年后，主要承担湖南省预备试验及少量省一季晚稻区域试验。2004 年后，承担了水稻新品种耐高温试验。2008 年后，承担国家晚稻抗寒性试验。2013 年初，原种场种科所曾跃华等起草的《湖南省水稻新品种高低温抗性鉴定试验实施方案》通过省种子管理局专家讨论并实施。2016 年后，承担湖南省晚稻区域试验及省联合品比试验。2017 年，曾跃华等起草《水稻品种田间抽穗期高温、低温适应性鉴定技术规程》，通过省农业委专家评审，发布实施。1991—2017 年，高、低温适应性鉴定试验共鉴定新品种 1110 个。

（二）水稻新品种筛选比较试验　原种场自 1979 年中止水稻育种后，品比试验也由此中断。2000 年，原种场重新启动水稻育种工作，2002 年开始对苗头组合进行品比试验筛选工作。至 2017 年末，共筛选鉴定水稻新组合 2651 个，其中早稻 410 个、中稻 868 个、晚稻 1383 个。通过对场内自选水稻新组合的丰产性、稳定性、抗逆性及其他重要生物学特性比较试验，每年筛选出 5~8 个强优新组合参加省预（区）试。2003 年，通过品比筛选的自选株两优 15 在场内早稻品比试验中，平均亩产 516.7 千克，比对照湘早籼 13 号增产 15.7%；参加省预试、区试，2007 年通过湖南省农作物品种审定委员会审定。2005 年，通过品比筛选的自选常规早稻湘早籼 46 号在场内早稻品比试验中，平均亩产 524.7 千克，比对照金优 402 增产 7.4%；参加省预试、区试，2009 年 3 月通过湖南省农作物品种审定委员会审定。2010 年通过品比筛选的自选贺 50A × R50 组合，参加省预试、区试，2015 年通过湖南省农作物品种审定委员会审定。2013—2017 年，先后通过品比试验筛选出 HD9802S × R71、家 60A × R111、HD9802S × R311 等 3 个苗头组合，参加省预试、区试，分别于 2015 年、2016 年、2017 年通过湖南省农作物品种审定委员会审定。

（三）水稻两用核不育系生态适应性鉴定试验

1991 年以来，原种场一直为全省水稻两用核不育系生态适应性鉴定试验四个单位之一，主要承担湘北试验点的任务。从事该项试验的技术人员变动较频繁，影响试验的连续性，对完成鉴定试验、达到预期试验目的有一定影响。

按照杂交水稻从三系到两系发展演变的趋势，水稻两用核不育系生态适应性鉴定试验所选用的对照材料，经历了由三系到两系的演变过程，由起初选用的三系亲本 V20A，1998 年后改为两系亲本培矮 64S，2000 年后改为两系亲本陆 18S。试验主要是对各育种单位新育成的两用温敏核不育系在不同生态点分期播种，让其在自然条件下充分表现，以筛选出起点温度低、育性稳定、综合农艺性状较好、易繁殖制种的新两用核不育系，并为省级技术鉴定及两用不育系的繁殖制种提供技术参数和科学依据。2012 年后，试验取消育性转换起点温度的田间鉴定内容。因省种子管理处调整试验方案，2017 年起贺家山试验点终止该项试验。1991—2017 年共鉴定水稻两用核不育系材料 343 份，主要有安农 S、衡农 S、培矮 64S、Y58S、株 1S、香 68S、陆 18S、徐选 S、P88S、H836S、龙 S、长光 S 等。

三　科研合作

（一）育种

2006年后，原种场将新不育系贺 50A 作育种材料提供给一些科研院所用于新品种选育。怀化市农业科学研究所用自选恢复系怀恢 210 与贺 50A 成功配组，获得优势三系杂交新组合贺 50A × 怀恢 210；2011 年通过湖南省农作物品种审定委员会审定，审定编号：湘审稻 2011018，并命名为贺优一号。湖南恒德种业科技有限公司用自选恢复系 R328 与贺 50A 成功配组，获得优势三系杂交晚稻新组合贺优 328；2013 年，通过湖南省农作物品种审定委员会审定，审定编号：湘审稻 2013020。湖南六三种业有限公司用自选恢复系 R691 与贺 50A 成功配组，获得优势三系杂交新组合贺优 691；2016 年通过湖南省农作物品种审定委员会审定，审定编号：湘审稻 2016001。

贺优一号简介　该品种属三系杂交迟熟中稻，在湖南省作中稻栽培，全生长期 142.3 天，株高 117.6 厘米，株型适中，叶下禾，后期落色好，每穗总粒数 157.7 粒，结实率 82.5%，千粒重 31.9 克，平均叶瘟 3.6 级，穗瘟 8.6 级，稻瘟病综合抗性指数 5.7，高感稻瘟病，耐高温能力中等，耐低温能力一般，两年区试平均亩产 598.6 千克，比对照增产 7.1%。该品种适宜在湖南省海拔 300~500 米稻瘟病轻发的山丘区作中稻种植。

贺优 328 简介　该品种属三系杂交迟熟晚稻。省区试结果：在湖南省作晚稻栽培，全生育期 118.2 天，株高 105.0 厘米，株型紧凑，分蘖力中等，熟期落色好，每穗总粒数 151.4 粒，结实率 81.0%，千粒重 30.0 克，叶瘟 4.84 级，穗瘟 6.02 级，稻瘟病综合抗性指数 4.45 级，白叶枯病 5 级，稻曲病 5 级，耐低温能力较强。两年区试平均亩产 540.76 千克，比对照增产 3.44%。

贺优 691 简介　该品种属籼型三系杂交中熟中稻，在湖南作中稻栽培，全生育期 136 天，株高 107.8 厘米，株型适中，生长势强，后期落色好，每穗总粒数 193 粒，结实率 80.8%，千粒重 27.8 克，叶瘟 2.8 级，穗颈瘟 4.7 级，稻瘟病综合抗性指数 2.7，白叶枯病 5 级，稻曲病4级。两年区试平均亩产623.9千克，比对照增产6.1%。

（二）杂交水稻三系亲本提纯

1. 湖南金健种业有限责任公司委托提纯

2011年4月，湖南金健种业有限责任公司与原种场签订不育系提纯协议，委托进行健645A（B）、中2A（B）两个不育系组合的提纯。2013年，金健种业公司委托原种场进行健645A（B）不育系组合的提纯。2016年3月，金健种业公司委托原种场进行桃农1A（B）不育系组合提纯和繁殖。

健645A（B） 2011年种植面积0.8亩，收获健645A单株150个，健645B单株80个；健645A株行4个、3.0千克种子，B株行5个、5.0千克种子。2012年种植健645A、B面积7.6亩，收获A单株110个，B单株70个；A株行42个、产20千克种子，B株行21个、产10千克种子，A混优系种子260千克，B混优系种子360千克。2013年，种植健645A、B面积35亩；收获健645A单株124个，健645B单株72个；健645A株行45个、产17.5千克种子，健645B株行23个、产17千克种子，健645A混优系种子109千克，健645B混优系种子77千克，A原种1947千克。

中2A（B） 2011年种植面积1.5亩，分二批播种、移栽、收获。其中A选种圃、株行、株系0.5、0.2、0.2亩；B选种圃、株行、株系0.3、0.2、0.1亩。收获当选A单株150个，A株行21个、产7.5千克种子，A株系2个、产21千克种子，B单株80个，B株行17个、产10.0千克种子。

桃农1A（B） 2016年，桃农1A、B提纯面积2.5亩。其中A选种区0.1亩，A单本繁殖1.9亩；B选种区0.05亩，B单本繁殖0.45亩；大面积繁殖54.3亩。收获桃农1A单株121个，桃农1B单株88个；桃农1A单本繁殖种子106千克，桃农1B单本繁殖种子105千克，大面积繁殖种子2378千克。2017年，桃农1A、B提纯面积7亩，大面积繁殖55亩。收获桃农1A单株139个，桃农1B单株80个，A株行26个、产10千克种子，B株行18个、产18千克种子，A单本繁殖种子83千克，A株系种子452千克，桃农1B单本繁殖种子126千克，大面积繁殖种子4086千克。

2. 湖南中郎种业有限责任公司委托提纯 2017年，湖南中郎种业委托原种场进行潭原A（B）不育系组合提纯和繁殖及恢复系代繁，并签订种子生产合同。场种子公司安排潭原A、B提纯面积2.5亩，繁殖面积44.55亩，生产不育系种子2463千克；恢复系品种4个，面积8.8亩，生产种子3045千克。

（三）水稻区域试验

1. 承接科研院所品种试验 2011—2017年，原种场种科所为袁隆平农业高科技股份有限公司、湖南金健种业有限责任公司、北京金色农华种业科技有限公司、宁波市农科院、湖南师范大学等种业公司和科研院所承担了一定数量的绿色通道区域试验、生态测试、品种比较、科企联合体、高低温适应性鉴定试验及生产试验，共计鉴定试验品种2357个。

2. 七院场所水稻品种比较试验 2012年12月，常德市农科所、益阳市农科所、湘西自治州农科院、衡阳市农科所、怀化市农科所、湖南省贺家山原种场在常德市农科所签订了《联合品比试验协议书》。2013年起，全面实施六院所场多点水稻联合品比试验。2014年，湖南师范大学加入水稻品种比较试验。试验由七院场所轮流主持，原种场主持了2015年七院场所水稻联合品比试验工作。每点每年测试品种80个左右，鉴定了参试品种不同地区的生态适应性，为七院所场水稻新品种参试申报提供了数据资料。

3. 制定《水稻品种田间抽穗期高温、低温适应性鉴定技术规程》 2017年12月10日，湖南省农业委质安监管处在长沙主持了农业技术规程《水稻品种田间抽穗期高温、低温适应性鉴定技术规程》评审会议，经评审专家组对规程送审稿进行逐条讨论和会审，专家组一致认为：规程符合湖南省农业技术规程编写规定，技术资料完整；规范了水稻品种田间抽穗期高温、低温适应性鉴定方法和评价定级等技术要求，可操作性和实用性强；该规程是我国水稻高温、低温适应性鉴定的第一个技术规程，该规程的制定对科学评价水稻新品种高温、低温适应性，规避生产风险，确保水稻生产安全具有重要意义。湖南省农业技术规程HNZ162—2017《水稻品种田间抽穗期高温、低温适应性鉴定技术规程》（Technical Regulation For High Temperature And Low Temperature Adaptability Of Rice Cultivars In Heading Period）由湖南省农业委员会制定，2017年12月发布实施，湖南省贺家山原种场、湖南省农作物良种引进示范中心共同编写。

（四）国际农业技术培训

1. 国际杂交水稻技术培训 2003年7月2日，受袁隆平农业高科技股份有限公司国际杂交水稻技术培训中心（现为国际培训学院）的委托，在原种场科技培训楼开办发展中国家国际杂交水稻技术培训班。此后，每年从6月至9月主办3~6期，累计47个发展中国家参训，主要是东南亚、非洲、南美洲等地的发展中国家学员；主要培训班有法语班、葡萄牙语班、非洲英语班、亚洲英语班、印尼班、泰国班等，年培训外国学员100人以上。进行杂交水稻遗传育种、杂交水稻种子生产和杂交水稻综合栽培技术三个方面的实习培训。原种场先后派出谭旭生、姜守全、郭文高等17位农业专业技术人员参与培训授课。2016年4月，隆平高科国际培训学院聘请谭旭生、姜守全、郭文高等9人为援外培训师。谭旭生、姜守全分别于2015年、2016年获隆平高科国际培训学院"优秀援外培训师"荣誉称号。通过培训展现了中国湖南杂交水稻技术和农业专业技术人员素质，深受外国学员和隆平高科国际培训学院好评。被常德日报、常德晚报、常德电视台、国际广播电台葡萄牙语频道等多家媒体多次公开报道，提升了原种场对外形象。2010年，原种场被湖南省国家教育培训学院正式定点为教学实习基地。

2. 国际旱地经济油料作物培训 2009年5—6月，原种场承办了湖南省农业集团组织的国家援外项目“国际旱地经济油料作物培训班”。参训学员来自印度尼西亚、尼日利亚、巴基斯坦等18个国家。场内派出谭旭生、姜守全、郭文高、杨连勇、刘磊珍五位农业技术人员分别对他们进行油菜、玉米、花生、棉花、大豆的栽培实习培训，并观摩了油菜机械化收割、压榨法取油工序。

（五）超级杂交水稻高产示范

1. 2010年湖南杂交水稻研究中心超级稻示范 在袁隆平院士的高度重视和大力支持下，2010年在原种场安排超级晚稻百亩示范片，示范品种为湖南杂交水稻研究中心邓应德研究员选育的新组合P64S/R292。根据湖南杂交水稻研究中心超级稻示范推广项目的任务要求，为使超级稻高产示范工作顺利进行，原种场成立超级稻示范项目领导小组和技术领导小组。超级晚稻百亩示范片具体工作由乐兴分场承担，示范片有15个职工参加。示范片面积100.4亩，实测平均亩产676.4千克，比相邻非示范区亩产523.2千克，亩增153.2千克，增幅达29.3%；示范片四丘攻关田亩产超750千克，最高亩产达到757.9千克，达到了预期产量攻关目标。

2. 2011年金健种业超级杂交水稻高产示范

湖南金健种业有限责任公司和湖南省贺家山原种场于2011年4月就有关事项签订超级稻示范协议。原种场成立超级稻示范项目领导小组和技术领导小组。超级稻百亩示范片由乐兴分场承担，面积100亩。示范产量结果为：

P64S/R292：该品种于6月19日播种，7月12日移栽，亩用种量1.5千克，秧龄控制在25天以内。软盘旱育秧机插，移栽密度30×16.7厘米，每穴插2~3粒谷的秧。9月8日始穗，9月15日齐穗，10月22—24日成熟，全生育期126天。由于抽穗扬花期遭遇9月18—23日连续6天日平均气温低于21℃的强寒露风阴雨天气，导致结实率低、籽粒充实度不够，产量水平偏低。因低温阴雨天气影响，稻曲病发生严重，影响稻谷产量和外观品质。该品种具有两段灌浆特性，成熟期易遭遇寒露风，结实率下降，千粒重降低不能保证高产稳产，不适宜在湘北地区作双季晚稻种植。

Y58S/R292：该品种在贺家山于6月15日播种，7月6日移栽，亩用种量1.5千克，秧龄控制在25天以内。软盘旱育秧机插，移栽密度30×16.7厘米，每穴插2~3粒谷的秧。8月31日始穗，9月6日齐穗，10月13日成熟，全生育期120天。由于乳熟期遭遇9月18—23日连续6天日平均气温低于21℃的强寒露风阴雨天气，导致籽粒充实度不够、空秕率高，产量水平偏低。因低温阴雨天气影响，稻曲病发生严重，部分影响产量，也影响稻谷外观品质。该品种具有两段灌浆特性，成熟期易遭遇寒露风，结实率降低，不能保证高产稳产，不适宜在湘北作双季晚稻种植。

（六）高等院校教学实习

1. 湖南文理学院农学教学实习

2005 年，原种场种科所与湖南文理学院生命科学学院达成合作意向，湖南文理学院生命科学学院将原种场定为教学实习单位，聘请原种场技术人员为教学实习指导老师。此后每年在 6—8 月份有 8~20 名湖南文理学院生命科学学院农学专业的大三学生来原种场进行为期一个月左右的生产实习。实习内容包含水稻和棉花的育种、亲本提纯、繁殖制种及高产栽培技术。2008 年 2 月，原种场被湖南省教育厅评为湖南省普通高等学校优秀实习教学基地。同年 3 月，湖南文理学院聘请原种场高级农艺师谭旭生、姜守全、郭文高等六同志为该学院兼职教授，聘期为 2008 年 3 月至 2013 年 3 月；2013 年 12 月，湖南文理学院生命科学学院对部分专家进行了续聘。2008 年 6 月，湖南文理学院在湖南省贺家山原种场摄制成专题片《湖南文理学院生命科学学院农学专业教学实习基地——湖南省贺家山原种场》。

2009 年 12 月 28 日，原种场与湖南文理学院在贺家山签订了“产、学、研”合作协议，建立校企合作关系、技术创新与研究开发合作同盟和人才培养与技术培训、产业化应用与推广基地。

2016 年 5 月，湖南文理学院投资 12 万余元对原种场水产公司用房进行实习生用房改造，改造后可满足 20 名实习生使用需要。8 月 2 日，在原种场种科所举行湖南文理学院—湖南省贺家山原种场校企合作人才培养示范基地揭牌仪式。湖南文理学院副校长郭国强、湖南文理学院生命科学学院院长杨品红，原种场党委书记、场长宋武，总农艺师李建彬，有关部门负责人，湖南文理学院生命科学学院实习生参加了揭牌仪式。

2. 湖南生物机电职业技术学院教学实习 2014 年 1 月 17 日，原种场与湖南生物机电职业技术学院在长沙市望城区百果园宾馆签订产学研合作协议，原种场 5 位农业专家被湖南生物机电职业技术学院聘请为客座教授。5 月，湖南生物机电职业技术学院投资 9.6 万元对原种场大洲小学进行了维修，完成教师宿舍、男女生宿舍、男女生浴室、男女生卫生间、操场、厨房及餐厅的改造，添置了相应的生活办公设施，改造后可同时容纳带班老师和 40 名实习生。2014—2017 年，每年有 30 余名农学、种子生产与经营专业的师生来原种场进行生产实习，原种场农业技术人员担任实习指导老师，主要进行杂交水稻遗传育种、杂交水稻种子生产、杂交水稻综合栽培技术、棉花育种与栽培技术四个方面的实习培训。

（七）《水稻种子生产技术》课程教学资源库建设

2015 年 12 月至 2017 年 11 月，原种场谭旭生、李智谋、刘洪等 8 人参与湖南生物机电职业技术学院主持的全国职业教育种子生产与经营专业《水稻种子生产技术》课程教学资源库建设项目，承担了水稻种子生产技术基础、常规水稻种子生产技术、三系杂交水稻生产技术部分的资源库建设，完成包括图片、演示文档、PDF 文档、视频在内的资源 409 个。

该课程已在智慧职教网（http://www.icve.com.cn/）注册应用。

（八）其他合作

1. 1993 年常规棉引种试验 新合分场 1993 年从省棉科所引进 90–G3、182 系、湘棉 15 号等 3 个抗病品系，与原种场主栽品种湘棉 10 号进行品种比较试验。供试材料为湘棉 10 号株行混收种（对照）、湘棉 15 号株系种、90–G3 株系种、182 系株系种四个品系。试验过程中开展生育期、抗性、田间经济性状、室内考种和产量等项目的观察记载和考查。试验结果表明 182 系、90–G3、湘棉 15 号在病区栽培，表现为高抗，经济性状优于湘棉 10 号，衣分也较高；从籽棉产量和皮棉产量看，182 系、90–G3、湘棉 15 号和湘棉 10 号相比，均表现为显著性增产；适宜于病区栽培，可大面积推广。

2. 2001 年湖南省棉花品种展示试验 在省种子管理站和省棉科所统一组织安排下，原种场 2001 年承担了全省棉花新品种展示试验。供试品种有：湘 K–5、湘 Y–6、湘 I2087、北 668、泗棉 3 号、湘 I2084、落抗 3 号、赣棉 11 号、陕农大展示棉、湘杂棉 2 号。试验结果表明湘 K–5、湘 I2084、湘 I2087 表现较好，湘 K– 5 产量高于对照湘杂棉 2 号，可通过进一步示范，掌握其生长规律后推广。陕农大展示棉、北 668、落抗 3 号均存在长势不旺、分枝较细、产量低的缺点，不适宜在本地栽培；泗棉 3 号、赣棉 11 号不适宜重肥水栽培方式，产量不理想；湘 Y–6 处于中等水平，籽花色泽不好，不宜于本地推广。

3. 2011 年优质富硒稻米生产技术研究 2011 年，在湖南省老科协农业分会支持下，原种场开展了优质富硒稻米生产技术研究。主要进行早、中、晚稻富硒品比试验和品种示范试验，试验品种主要为星 2 号、盛泰优 9712、黄华占、农香 18 等，通过“不同品种、同剂量、同方法喷施”“同品种、同剂量、喷施次数不同”“同品种、不同剂量、同方法喷施”等试验，基本摸清了硒肥的施用时期、剂量、方法和选用的最优水稻品种。

4. 优质富硒大米生产 2011—2017 年，常年实施了 50~80 亩优质富硒大米生产。硒肥施用剂量及方法为：湖南桃源产富硒增甜素（有效含量 26.3%）粉剂 104 克 / 亩、湖南大学产富硒营养调理液（有效含量 0.52%）水剂 500 克 / 亩、湖南省老科技协农业分会提供的硒阳康富硒调理剂（有效含量 2.0%）水剂 400 克 / 亩，分二次喷施，即于水稻破口期与乳熟期各施用总剂量的 1/2。实际收购稻谷加工后，生产的优质富硒大米出米率 52%~60%，测得精米含硒量在 1.0 毫克 / 千克以上。订单富硒稻谷收购价每千克 3.4~4.0 元，同品种比市场收购价高 15%~20%，加上增产部分，农民每亩增收 350 元以上。

5. VIP 稻田重金属污染控制技术的研究与应用 2015—2016 年连续两年，原种场被省农业委列为稻田重金属污染 VIP 技术修复治理试点之一。原种场种科所承担项目并按照项目的试验方法和要求，进行样品采集、产量测定和数据分析，完成了项目的各项工作。

6. 湖南省做优做强湘米产业工程项目 2016 年原种场承担湖南省做优做强湘米产业工程项目，开展了对农香 24、桃优香占及湘晚籼 17 号产量及稻米品质试验的研究，探求

3个优质水稻品种作双晚栽培且兼顾稻米品质的高产栽培技术措施。试验主要研究内容为三个方面：不同施氮量和栽插密度对优质稻产量和稻米品质的影响，不同播期和育秧栽插方式对优质稻产量和稻米品质的影响，不同水分管理模式对优质稻产量和稻米品质的影响。综合试验结果分析表明，桃优香占、农香24、湘晚籼17号三个优质稻品种在洞庭湖双季稻区做晚稻种植具有高产潜力的栽培方式为：在确保安全齐穗期的前提下，最佳适宜播种期为6月20日至25日，采用湿润水育秧方式，插植规格20×20厘米，纯氮用量105千克/公顷，水分管理为前期湿润灌溉、孕穗期浅水灌溉、抽穗至成熟期干湿交替灌溉。

四　科研机构

（一）农业科学技术推广站　成立于1985年1月，属原种场农业办公室领导，有大洲种子提纯基地20亩，配备技术干部7人、技术工人8人，实行站长负责制。1992年底撤销后并入场种子公司统一管理。

（二）农业科技中心　1996年3月，成立“湖南省贺家山原种场农业科技中心”，配备技术干部8人、技术工人10人，主要从事农作物新品种引进、常规稻提纯复壮、三系杂交水稻亲本提纯、水稻区域试验等科研试验工作。4月，原种场投资70万元，先后在苏家吉分场、乐兴分场和大洲分场动工建设亲本提纯区试基地100亩工程，10月竣工交付使用。是年6月，原种场投资20万元，对农业科技中心320平方米的综合实验室（挂种室、考种室、标准室、资料室）进行维修改建。

（三）种业科学研究所　2001年12月，“湖南省贺家山原种场农业科技中心”更名为“湖南省贺家山原种场种业科学研究所”，配备技术干部10人、技术工人7人，主要从事农作物新品种引进、三系杂交水稻亲本提纯、水稻区域试验等科研试验工作。2000年底启动水稻育种科研工作。

（四）其他机构

1. 新合分场棉科队　1977年，省棉花科学研究所迁往德山茅湾后，原种场棉花科研工作由新合分场主持。1990年以后，主要采用“统保分繁法”进行常规棉湘棉10号的提纯复壮和原良种繁殖。配备技术干部3人、农业职工3人，新合分场五队提纯基地10亩。由于省棉花科学研究所杂交棉湘杂棉1号、湘杂棉2号的成功选育和推广，常规棉湘棉10号退出市场，常规棉的提纯复壮于1996年终止。

2. 乐兴分场提纯队　珍汕97A自1987年从江苏引进，一直在乐兴分场进行提纯原种生产。由于该引进种源性状分离严重，1990年，原种场农办从江西省邓家埠原种场引进少量珍汕97A、B株系种子替换江苏种源。乐兴分场配备技术干部和农业职工共3人，乐兴十队建提纯基地5亩。提纯产当选株系种子交场种子公司进行原良种生产。1996年初，整合提纯技术力量并入农业科技中心。

3. 苏家吉分场提纯队　1991年，原种场农业科学技术推广站从湖南省杂优中心引进三系不育系优 I A 进行种性鉴定观察，1993 年开始在苏家吉分场进行提纯及原种生产，苏家吉分场配备技术干部 3 人，农业职工 3 人，网室提纯基地 12.8 亩。提纯产当选株系种子交场种子公司进行原良种生产。1996 年初，整合并入农业科技中心。

第二节 常规水稻原良种生产

1955 年建场至 1965 年，原种场逐步发展为综合性生产与科研一体化的省级原种场，步入了水稻原良种正规生产轨道。1980 年，湖南省标准局颁布由省贺家山原种场和省种子公司联合制定的《湖南省贺家山原种场生产操作规程》，正式将“三圃法”改为“四圃法”（选种圃、株行圃、株系圃、原种圃）生产原种。种子质量按照国家标准局颁布的《农作物种子分级标准》执行，栽培实现了模式化，提纯复壮的品种质量高、速度快。20 世纪 90 年代以前，每年生产常规水稻原良种子 10~400 万千克，累计生产 6116 万千克。由于杂交水稻的快速推广，常规稻原良种生产失去了主导地位，生产数量逐年减少，1990 年，常规水稻原良种总产量仅 105 万千克。

常规稻种子质量要求较高，常规稻（籼）种子质量标准为：水分不超过 13.0%，净度不低于 98.0%，发芽率不低于 85%，原种纯度不低于 99.9%、良种纯度不低于 98.0%。常规水稻收购价格较低，20 世纪 90 年代国家物价政策按粮种比为 1 ∶ 1.1~1.2，生产常规水稻种子效益比较低。1990 年后，生产的常规水稻种子主要为满足原种场内生产自用，由单一的生产籼稻变为籼稻和粳稻同时生产。1991—2017 年，累计生产销售常规水稻原良种子 52.51 万千克，其中 1991 年总产量达 30 万余千克，其余各年生产经营数量均较少。

一 籼 稻

1991 年对迟熟早籼 86–70、晚籼 84–17、晚 35、金龙稻、晚粳稻 1916 等 5 个常规水稻品种进行了“四圃法”提纯。生产常规晚稻 86–70 良种 866 亩，产种子 189131 千克；84–17 良种 242.5 亩，产种子 58200 千克；晚 35 良种 97.2 亩，产种子 23328 千克。此后，常规稻品种主要采用简易提纯方法生产原良种。1993 年，生产常规稻圭巴抗良种 10 余亩，产种子 2659 千克。1994 年，生产常规早稻 4077–2 良种 5 亩，产种子 1188 千克。1995 年，引进常规早稻浙农大 40 生产。1997 年，场农业科技中心引进湘辐 93–1、5–34、湘辐 96–2、湘 3 选早、湘辐 96–15、中优早 81、湘早籼 2 号、瑰宝 5 号等 22 个常规早稻品种进行试种，没有筛选出适宜本场推广的品种。1998 年，原种场农业科技中心引进湘晚糯 1 号试种。2001 年，湘晚糯 1 号在乐兴分场三队繁殖良种 7.5 亩，产种 3817 千克。当年，乐兴六队湘晚籼 11 号繁殖良种 20 余亩，产种子 6000 余千克。2003 年，乐兴分场湘晚糯 1 号繁殖良种 10 亩，产种近 5000 千克。2004 年，乐兴分场四队繁殖湘晚糯 1 号良种 26 亩，产种子 11234 千克；秀水 63 良种 10.5 亩，产种子 4442 千克；在韩公渡镇杨柳村繁殖常规早稻 87 早、中 98–19、湘早籼 32 号，面积分别为 8.4 亩、6.1 亩、7.6 亩，分别产种子

1536 千克、1427 千克、2688 千克。2005 年，在汉寿县洲口镇龙打吉村繁殖常规早稻湘早籼 6 号良种 12 亩，产种子 4423 千克。

20 世纪 90 年代以后，原种场基本停止了常规水稻品种的提纯复壮工作。所产常规水稻良种采用简易繁殖方法生产，每年生产数量不大，种性一般，主要为场内自用，个别品种如湘晚糯 1 号在个别年份有少量外销。20 世纪 80 年代确定的大洲分场常规水稻提纯基地逐渐转变为水稻区域试验基地。

广东省农业科学院选育的常规稻品种黄华占进入原种场后，因其高产、稳产、适应性好、米质较优，得到迅速推广，场内主要作一晚种植，生产自用种子需求量大，主要由农户生产后留种次年种植。2015—2017 年，大洲分场一、二队为湖南金色农丰种业有限公司分别代繁黄华占 400 亩、150 亩、200 亩，分别生产种子 25 万千克、7.5 万千克、10 万千克。2017 年，为湘穗种业公司代繁优质常规稻农香 24 约 150 亩，生产种子 4.5 万余千克。

二 粳 稻

原种场为三系不育系原种生产重要基地，常年不育系生产面积 1000~2000 亩。为提高不育系种子质量，不育系后作晚稻统一安排粳稻生产，成片种植。场内粳稻生产一直未曾间断，1995—2000 年，粳稻年生产面积 2000 亩左右，年需种子 10000 千克左右，由场种子公司简易繁殖生产。种源用上年收割前由场种子公司组织技术人员进行田间除杂后精选加工的良种。大面积普通栽培，抽穗期选择栽培管理水平较高的生产农户且田间水稻整齐一致、杂株较少的丘块作种子繁殖田，在抽穗期和成熟期分别进行田间除杂，成熟后及时收获，精选加工后收购入库备用。

20 世纪 80 年代后期至 20 世纪 90 年代前期，以种植矮粳 23 为主，矮粳 23 经连续多年种植后，由于没有进行“四圃法”系统提纯，种性分离退化，抗性降低，种子含杂率高，高产、稳产性受到影响。1997 年，原种场农业科技中心引进春江 13、丙 95-229、丙 93-63、秀水 63、蓬莱仙 10 号、台 9136 等晚粳稻品种试种，筛选出高产、优质的品种秀水 63 进行品种更换在场内推广种植。1998 年以后，春繁连作晚稻以种植秀水 63 为主，原种场种子公司每年简易繁殖秀水 63 生产面积 10 亩左右、产良种 4000~6000 千克。2009 年，从湖北引进浙江粳稻新品种秀水 09 和嘉 991 在场内试种成功，秀水 63 逐渐被秀水 09 所替代。秀水 09 在 6 月 20 日左右播种，9 月 10 日左右始穗，10 月中下旬收割；亩用种量 5~6 千克，软盘育秧抛栽，秧龄弹性大，抗低温能力强，结实率高，一般亩产量 400~500 千克。常年总产优质粳稻谷 50~80 万千克，稻谷出米率 80% 左右；2000 年以前，为旺旺集团优质粳稻大米原料生产基地，主要由原种场粮油加工中心收购经营，对农户收购价一般在同期籼稻收购价基础上加价 15% 左右。粮油加工中心停产后，粳稻谷由农户自行销售。

第三节　杂交水稻种子生产

湖南省贺家山原种场种子公司自 1986 年成立以后，主要生产经营三系杂交水稻亲本原良种及子一代种子。原种场种子生产环节主要分为：杂交水稻三系亲本提纯、杂交水稻三系亲本原良种繁殖、杂交水稻子一代制种。

1997 年 1 月，制定《湖南省贺家山原种场种子工作规则》。该规则对杂交水稻亲本提纯、种子生产、种子检验、加工贮藏、种子经营等种子工作各环节的操作行为和责任做出了明确的规定，使原种场种子工作步入了规范化管理的轨道。6 月 15 日，按照省种子管理站的统一部署，原种场党委做出在全场范围内广泛开展“种子质量月”活动的决定，制定《湖南省贺家山原种场种子质量月活动实施方案》。对场属种子生产单位的干部职工和技术人员进行了种子法规和种子生产操作规程的培训与考试，通过学习考试全部合格上岗。

一　提　纯

原种场杂交水稻三系亲本原种生产经历了一个从简单到复杂、从复杂到简单的循环完善过程。1980 年以前，主要采用成对回交、“二交四圃法”生产原种。1981 年以后，主要采用“同步配套提纯法”生产原种。1984—1985 年，原种场与省种子公司、省标准局、常德地区农业局、慈利县农业局联合协作研究，通过对湖南“二交四圃法”、四川“三系同步”、江西“三系配套”、广西“高世代配套同步提纯”、江苏“三系七圃”、“三系配套”、“改良配套提纯复壮”7 种不同提纯方法的甄别鉴定，制定了《杂交水稻“三系”原种生产技术操作规程》，本规程即为“一选三圃提纯法”。此后，贺家山原种场按“一选三圃提纯法”提纯杂交水稻三系亲本。1998 年，农业部种子总站在《湖南省杂交水稻三系原种生产技术操作规程》的基础上，修改补充制定了《GB/T17314—1998 籼型杂交水稻“三系”原种生产技术操作规程》，作为全国标准执行，原种场按该国家标准开展杂交水稻三系亲本提纯工作。1991—1992 年，主要由场农业技术推广站进行三系亲本提纯工作；1993—1995 年，原种场农业技术推广站并入场种子公司管理，主要由种子公司负责三系亲本提纯工作，其间乐兴分场、苏家吉分场也进行个别亲本组合的提纯工作。1996 年由场农业科技中心统一开展全场杂交水稻三系亲本提纯工作。2001 年，由原种场种科所统一开展全场杂交水稻三系亲本提纯工作。2015 年，由种子公司负责全场杂交水稻三系亲本提纯工作。

（一）不育系组合提纯

1991—2017 年，原种场杂交水稻三系不育系组合提纯总面积 1003.83 亩。提纯杂交水稻三系不育系组合共有 25 个。用于原种场大面积繁殖制种生产的不育系组合有 V20A、珍汕 97A、优Ⅰ A、湘香 2 号 A、新香 A、金 23A、中 9A、Ⅱ -32A、贺 50A、家 60A、五丰 A、桃农 1A 等 12 个，湘香 2 号 A 于 1995 年停止提纯和大面积生产。1998 年，先后从常德、怀化和省种子管理站引进金 23A 和新香 A；2001 年，从江西引进中 9A；2003 年，从江西引进Ⅱ -32A、从沅江引进 T98A；2005 年，原种场育成贺 50A 并开始提纯和大面积生产；2013 年，从广东引进五丰 A 进行提纯和大面积生产；2014 年，原种场育成家 60A 并开始提纯和大面积生产；2016 年，原种场与金健种业合作引进桃农 1A 进行提纯和大面积生产；其余不育系组合引进后，只提纯观察 1~2 年即放弃，不再提纯。

提纯基地的确定和提纯季节的安排主要有两种方式：一是有原良种生产的不育系组合，随大面积进行该不育系提纯，正季安排提纯生产；二是无大面积生产只有小面积提纯的不育系组合，一般选择隔离条件较好的地块夏繁提纯。为满足大面积繁殖不育系种子的需要，对部分不育系组合提纯进行了南繁加代。1993 年冬，南繁加代提纯威 20A；1997 年冬，南繁加代提纯金 23A；1998 年、1999 年冬南繁加代提纯新香 A；2001 年冬，南繁加代提纯中 9A。

表 5　　1991—2017 年贺家山原种场三系亲本不育系提纯表

年份	提　纯　组　合	面积（亩）
1991	V20A、珍汕 97A、优Ⅰ A、湘香 2 号 A	23.9
1992	V20A、珍汕 97A、优Ⅰ A、湘香 2 号 A、常菲 A	24.5
1993	V20A、珍汕 97A、优Ⅰ A、湘香 2 号 A	24.5
1994	V20A、珍汕 97A、优Ⅰ A	24.5
1995	V20A、珍汕 97A、优Ⅰ A	51.8
1996	V20A、珍汕 97A、优Ⅰ A	52.8
1997	V20A、珍汕 97A、优Ⅰ A	27.34
1998	V20A、珍汕 97A、优Ⅰ A、金 23A、新香 A	47.85
1999	V20A、珍汕 97A、优Ⅰ A、新香 A、金 23A	54.8
2000	V20A、珍汕 97A、优Ⅰ A、金 23A 、新香 A	64.5
2001	V20A、珍汕 97A、优Ⅰ A、金 23A 、新香 A	23.2
2002	V20A、珍汕 97A、新香 A、金 23A、中 9A	50.65
2003	V20A、珍汕 97A、新香 A、金 23A、中 9A、优Ⅰ A、Y 华农 A、Ⅱ -32A、T98A、博 A、龙特浦 A	56.5
2004	V20A、珍汕 97A 、新香 A、金 23A、中 9A 、优Ⅰ A、Y 华农 A、Ⅱ -32A、龙特浦 A、冈 46A、D62A、贺 50A、68A	56.5
2005	V20A、优Ⅰ A、Ⅱ -32A、中 9A、冈 46A、D62A、丰源 A、贺 50A	25.05
2006	V20A、金 23A、优Ⅰ A、Ⅱ -32A、贺 50A	27.59
2007	V20A、珍汕 97A、金 23A、优Ⅰ A、Ⅱ -32A、中 9A、贺 50A、香妃 A、411A	47.17

续表 5

年份	提　纯　组　合	面积（亩）
2008	V20A、珍汕 97A、中 9A、贺 50A	26.7
2009	V20A、中 9A、贺 50A、Ⅱ -32A、金 23A、优Ⅰ A	54.11
2010	V20A、金 23A、Ⅱ -32A、珍汕 97A、中 9A、优Ⅰ A	68.9
2011	V20A、金 23A、Ⅱ -32A、中 9A、优Ⅰ A、新香 A、贺 50A	60.88
2012	V20A、珍汕 97A、Ⅱ -32A、贺 50A、411A	33.4
2013	贺 50A、V20A、五丰 A	18.5
2014	V20A、五丰 A	18.25
2015	五丰 A、金 3A、珍汕 97A、家 60A	24.79
2016	五丰 A、贺 50A	11.15
2017	中 9A、Ⅱ -32A、金 23A、优Ⅰ A、贺 50A	18.0

（二）恢复系提纯

1991—1992 年，由原种场农业技术推广站负责；1993—1995 年，由种子公司负责；1996—2001 年，由原种场农业科技中心负责；2001—2014 年，由场种科所负责；2015 年及以后，由种子公司负责。历年提纯恢复系品种共 47 个。1991—1995 年，采用“一选三圃法”进行提纯。对当选株行或株系没有进行测交和子一代优势种植鉴定，没有测定提纯当选株系的配合力和恢复度，直接导致 1996 年密阳 46 种子质量事件，造成较大经济损失，严重影响了原种场种子质量信誉度。从 1996 年起，在恢复系提纯过程中，对株行比较圃增加了测交、株系圃繁殖增加子一代优势种植鉴定测定恢复度，保证了恢复系种子的提纯效果。

表 6　　1991—2017 年贺家山原种场三系亲本恢复系提纯表

年份	提纯品种	面积（亩）
1991	IR26、测 64-7、明恢 63、明恢 77、测 48-2、26 窄早、桂 99	45.4
1992	密阳 46、测 64-7、明恢 77、桂 99、晚 35、青林 9 号、36 幅、R200	44.2
1993	密阳 46、明恢 63、测 64-7、明恢 77、桂 99	75
1994	密阳 46、测 64-7、明恢 63、明恢 77、桂 99	82
1995	密阳 46、测 64-7、明恢 63、明恢 77、桂 99	47.5
1996	密阳 46、明恢 63、明恢 77、桂 99、晚 3、测 64-7、 R647、R402	31.4
1997	密阳 46、明恢 63、测 64-7、明恢 77、晚 3、 R402	18.0

续表 6

年份	提纯品种	面积（亩）
1998	密阳 46、明恢 63、明恢 77、桂 99、测 64–7、晚 3、R80、R198	10.7
1999	密阳 46、明恢 63、明恢 77、桂 99、先恢 207、TO–974、R198、R80	10.1
2000	密阳 46、明恢 63、明恢 77、桂 99、先恢 207、TO–974、R198、R80、R644	18.5
2001	密阳 46、明恢 63、桂 99、先恢 207、TO–974、蜀恢 527、R198、R80、R644、R173、R9311	12.75
2002	密阳 46、明恢 63、明恢 77、桂 99、先恢 207、恩恢 58、山青、特青、E32、R80、R9311、蜀恢 527、R173、R198、TO–974、R191、R402、R288、R644	17.69
2003	先恢 207、密阳 46、明恢 63、明恢 77、明恢 82、桂 99、TO–974、Y–111、绵恢 725、蜀恢 527、辐恢 838、恩恢 995、恩恢 58、R402、R191、R288、R647、R198、R644、R441、R80、R9311	10.16
2004	密阳 46、明恢 63、明恢 77、明恢 82、明恢 86、桂 99、先恢 207、蜀恢 527、绵恢 725、恩恢 995、恩恢 58、辐恢 838、Y–111、TO–974、R198、R647、R644、R80、R71、R73、R75、R37、常恢 117、OZH、R441、R402、R288、R191	11.35
2005	密阳 46、明恢 63、明恢 77、明恢 86、桂 99、晚 3、恩恢 58、辐恢 838、蜀恢 527、常恢 117、先恢 207、TO–974、R80、R198、R644、R647、R402、R191、R288	10.5
2006	密阳 46、明恢 63、明恢 86、明恢 77、桂 99、辐恢 838、恩恢 58、先恢 207、TO–974、R647、R644、R402、晚 3	3.2
2007	TO–974、R402、明恢 77、明恢 63、R198、先恢 207、R644、R647、密阳 46、明恢 86、桂 99、辐恢 838	16.88
2008	密阳 46、明恢 63、明恢 77、明恢 86、桂 99、辐恢 838、恩恢 58、先恢 207、TO–974、R402、R198、R644、R647、R80	13.5
2009	密阳 46、明恢 86、桂 99、辐恢 838、恩恢 58、先恢 207、TO–974、R644、R647、R80、R402	14.3
2010	密阳 46、先恢 207、TO–974、R402、R80、R644	7.2
2011	恩恢 58、辐恢 838、R644、R402	2.2
2012	—	0
2013	—	0
2014	R71、R50	1.0
2015	R50、R71、R111、R644、R8086	5.6
2016	R8086、R111、R815	1.3
2017	R8086、R815	1.7

密阳 46 种子质量事件后的原因研究　恢复系密阳 46 是一个籼粳杂交后代，含一定成分的粳稻亲缘，直接亲本为“统一 /IR24//IR1317/IR24”， 20 世纪 80 年代初由湖南省杂优中心黎垣庆选育。该品种遗传基础复杂，一直存在性状分离现象，给提纯工作带来了相当大的难度。由于该恢复系广泛应用，为了切实搞好密阳 46 的提纯工作，防止选择失误，杜绝密阳 46 种子质量事件的再次发生，原种场农业科技中心张桂芳等于 1996—1998 年对恢复系密阳 46 变异现象进行了研究。使用原种场 1995 年、1996 年生产的密阳 46 原种、V20A 原种，采用连续播种的方法进行试验。1996 年种植观察圃，选择其中的粳稻型、粳稻过渡型、籼稻型、籼稻过渡型、籼稻大粒型 5 种变异类型单收贮藏。1997 年分小区种植进行比较试验，观察其生育性状和经济性状的连续变化情况，同时与 V20A 测交获得不同类型的威优 46 F1 种子。通过苗期、穗期的田间观察和室内经济性状考察，粳稻型、籼稻型、籼稻过渡型、籼稻大粒型和对照密阳 46 性状较为稳定，未发现继续分离现象；而粳稻过渡型存在着继续分离现象，在始穗期、穗颈长、株高、千粒重、着粒密度等方面和粳稻过渡型比较均有明显变化，其分离情况较为复杂。1998 年进行 F1 代种植鉴定，分蘖期 5 种变异类型测交 F1 代长势长相表现较强势，有的明显优于对照威优 46。成熟期观察各种变异类型的恢复力，粳稻过渡型、籼稻型、籼稻过渡型、籼稻大粒型 4 种类型小区中没有发现不育的植株，均具有高产优势的特点；而粳稻型 F1 代有 87.3% 的植株不结实，严重包颈，着粒密，呈不育植株，但均具有优势；另有 12.7% 的植株剑叶角度小，植株高大，结实高。

通过连续 3 年的试验，对恢复系密阳 46 变异类型的主要性状、特征、恢复力及变化规律进行研究分析，结果表明密阳 46 是一个典型的籼粳远缘杂交后代，其后代存在分离现象，有 5 种变异类型。粳稻过渡型、籼稻型等 4 种变异类型具有较强的恢复能力，而粳稻型测交 F1 代不育系株率高达 87.3%，丧失恢复能力，不能在大面积生产上应用。

（三）委托提纯

1997 年 11 月 28 日，经湖南省种子管理站、原种场双方协商，由省种子管理站委托原种场进行三系杂交水稻不育系新香 A 的提纯，签订“三系杂交水稻不育系新香 A 提纯协议”，原种场按省种子管理站计划完成了提纯改造。

1998 年，从育种专家周坤炉研究员处引进新香 A 开始提纯，当年秋选单株，当年冬南繁进入株行圃；1999 年春进入株系比较，当年冬南繁加代生产原种；2000 年原种场内春繁正季生产出合格原良种 3.5 万千克。该批种子种子公司留用一部分，其余 3 万千克按预定价格结算交新香 A 品种权人，并由种子公司付科技补偿费 6 万元。由于新香 A 配制的杂交组合较少，且新香优 80 等组合对稻瘟病抗性较差，推广面积逐渐萎缩。2002 年生产的新香 A 良种大量积压后转商，该不育系逐渐退出提纯和大面积生产。

（四）提纯新方法研究

原种场农业科技工作者在总结前人经验的基础上，2002 年，原种场成立了以推广研究员杨孚初为技术总负责人，谭旭生、姜守全、黎小平为主要研究成员的技术攻关小组，进行“两测三圃法”——杂交水稻三系亲本种子生产新方法研究，该项目于2007年完成。在项目实施过程中，省农业厅老科协给予了攻关小组关怀与经费支持。

两测三圃法研究的主要内容是：采用原种场种子公司提供的生产上广泛使用的三系亲本新香A（B）、中9A（B）、珍汕97A（B）及明恢63混系种子作为试验材料，种子纯度在99.9%以上。通过单株选择、测保（恢）来选择遗传基础一致的保持系、恢复系，从而达到稳定不育系种性、维持杂种一代优势的目的；不育系的高纯度则通过贮藏保纯和繁殖保纯来实现。此法在保持系、恢复系选种圃中设立测交技术环节，株行比较时鉴定其测交后代，可有效控制亲本的分离变异。

1. 一选三圃法（对比试验）

表7　　三系亲本及子一代种子生产程序

三季准备	保持系				
	选种区 ↓				
	株行圃 分行比较 ↓				
	株系圃 分系鉴定、繁殖 ↓		不育系	恢复系	
周而复始 定期更新	原种繁殖 （单株选择区） ↓	B --→	选种区 ↓	选种区 ↓	一季
	株行圃 分行比较 ↓	B --→	株行圃 分行比较 ↓	株行圃 分行比较 ↓	二季
	株系圃 分系鉴定、繁殖 ↓	B --→	株系圃 分系鉴定、繁殖 ↓	株系圃 分系鉴定、繁殖 ↓	三季
	原种繁殖 （单株选择区）	× --→↓	原种繁殖 （单株选择区）	原种繁殖 （单株选择区） ↙	四季
		良 种	←--------- ↓	R	五季
			杂交制种		六季

2. 两测三圃法 保持系、恢复系种子生产主要程序：单株选择（选种圃）、选单株、测保（恢）、株行比较（株行圃）、株行比较选择、基础种子生产、繁殖生产种子。不育系种子生产主要程序：基础种子繁殖、生产种子繁殖。利用保持系生产种子和不育系基础种子配组杂交不育系生产种子，利用恢复系生产种子和不育系生产种子配组杂交生产子一代种子。

表 8 "两测三圃法"三系亲本及子一代种子生产程序

<table>
<tr><td>保持系</td><td></td><td>不育系</td><td></td><td>恢复系</td><td></td></tr>
<tr><td>选种区
↓</td><td>→测保</td><td></td><td>测恢←</td><td>选种区
↓</td><td>一季</td></tr>
<tr><td>株行圃
分行比较
↓</td><td>→鉴定</td><td></td><td>鉴定←</td><td>株行圃
分行比较
↓</td><td>二季</td></tr>
<tr><td>基础种子圃
（混行繁殖）</td><td>×
-- →</td><td>基础种子或
引进种子</td><td colspan="2">基础种子圃
（混行繁殖）
↙</td><td>三季</td></tr>
<tr><td colspan="2">↓
生产种子</td><td colspan="3">← R</td><td>四季</td></tr>
<tr><td colspan="5">× ↓</td><td rowspan="2">五季</td></tr>
<tr><td colspan="2"></td><td colspan="2">杂交制种</td><td></td></tr>
</table>

3. 结果分析

"两测三圃法"具有三大优点：一是缩短了杂交水稻种子的生产年限。"一选三圃法"从选单株至生产出杂交水稻种子需要 6 年时间，而采用"两测三圃法"只需 5 年时间。二是减轻了提纯人员的劳动强度。由于增加了保持系（恢复系）选择单株时的测保（恢）、株行比较时的测交鉴定，减少了株系比较环节，不育系只繁不选，因此减轻了提纯人员的劳动强度，增加了保持系、恢复系比较选择的可靠性，能有效地维持"三系"原有的配合力。通过对"一选三圃法"与"两测三圃法"所生产的子一代进行适应性、抗逆性及丰产性鉴定，各生育特性、经济性状出现的差异并不显著。从"一选三圃法"与"两测三圃法"所生产的亲本种子及所配制杂交种子纯度生产鉴定结果来看，二者纯度相当。"两测三圃法"的研究推广将简化杂交水稻三系亲本种子生产程序、降低种子生产成本、提高种子质量、延长种子使用寿命，对三系杂交水稻的推广和应用产生深远的影响。

"两测三圃法"对不育系只繁不选，不育系亲本因生物学混杂、机械混杂而产生的本身分离变异不可能得到很有效的控制，采用该法定期更新不育系基础种子种源是必需的。"两测三圃法"与"一选三圃法"相比，新在"两测"，即测保、测恢，可有效消除新品种的育种剩余变异，维持三系原有的配合力，但只适用于三系杂交水稻种子的生产，它的原理与方法对其他作物不具有通用性。

二　繁　殖

（一）三系亲本繁殖体系　1976 年开始，湖南杂交水稻繁殖制种是“所提、场繁、县制与社制相结合”的体系。1978—1980 年，繁殖制种体系改为“地提、县繁、县制”。1982 年后，全省杂交水稻繁殖制种执行省农业厅提出的“省提、地繁、县制”，繁殖、制种产量和质量得到大幅度提高。原种场一直是全省的杂交水稻亲本提纯和繁殖单位。1991—1993 年，原种场生产的三系亲本原良种，由湖南省种子公司统一按用种计划分配到全省各地市、地市分配到县，种子调运价格按省物价局制定的种粮价格比执行。主要生产组合为 V20A、珍汕 97A、湘香Ⅱ A，组合不多，规模不大，种子公司生产经营利润较低。1991 年，种子公司从省杂优中心引进优 IA；1992 年，引进常菲 A 进行提纯繁殖。1994—1996 年，原种场亲本繁殖生产与经营基本与省种子公司脱离，自行生产和经营。由于步子跨得太大，急功近利，致使亲本种子繁殖生产经营走了弯路，连续两年出现了种子质量问题。1996 年 10 月，省农业厅就“省提、地繁、县制”的体制，在长沙召开全省地（市）州农业局长和种子公司经理会议，针对种子质量不稳定的情况，当年 11 月向省政府递交了《关于解决杂交水稻亲本种子省繁有关问题的请示》，提出将“省提、地繁、县制”的体制调整为“省提、省繁、基地制”的体制。1997 年 1 月，省农业厅下发《关于杂交水稻亲本种子实施“省繁”管理办法的通知》，研究决定从 1997 年起，全省杂交水稻繁殖制种体系由原来的“省提、地繁、县制”逐步过渡为“省提、省繁、基地制”，省种子管理站负责“提纯”，省种子集团公司负责“省繁”。原种场为省提（全省提纯基地 2 个：省贺家山原种场、怀华市种子公司）、省繁（全省繁殖基地 5 个：岳阳市种子公司、常德市种子公司、株洲市种子公司、郴州市种子公司、省贺家山原种场）基地之一。1998 年 11 月，省农业厅在长沙召开省繁专题工作会议，正式下发《省繁管理办法》，并按《省繁管理办法》对当年原种场、岳阳市种子公司、常德市种子公司、株洲市种子公司、郴州市种子公司生产的不育系种子制定种子分配实施方案。当年 12 月，经海南种植鉴定，原种场生产的 V20A、珍汕 97A、优 IA 三个不育系良种合格率均为 100%，在海南“省繁”会议上被评为省提、省繁先进单位。1997 年、1998 年、1999 年、2000 年，贺家山原种场落实省提省繁总面积分别为 500、900、1570、2100 亩。1999 年 5 月，湖南省种子管理站制定《建设以贺家山原种场为龙头的全省良种繁育体系实施方案（1999—2004 年）》，完善配套原种场的基础设施，争取在国家种子工程项目中续建，使原种场每年达到 3 万千克以上的亲本种子、50 万千克以上的子一代种子的生产规模，实现“立足本省、服务南方、辐射全国、走向世界”的宏伟目标。2000 年 12 月 1 日，《中华人民共和国种子法》颁布实施，种子由市场调控取代计划供应，“省提、省繁、基地制”体制延续到 2000 年终止。1996

年后，繁殖组合主要为 V20A、珍汕 97A、优 IA。1998 年，经省种子管理站引进新香 A 和从常德、怀化引进金 23A。2002 年引进中 9A，2003 年引进 II-32A，2004 年引进华农 A 等不育系，2011 年从湖南金健种业有限责任公司引进健 645A 和中 2A，2013 年从广东农科院水稻研究所引进五丰 A，2016 年从湖南金健种业有限责任公司引进桃农 1A，2017 年从湖南中郎种业有限责任公司引进潭原 A，2005 年原种场种科所自选育成贺 50A，2016 年种科所自选育成家 60A。新香 A、金 23A、中 9A、II-32A、贺 50A 等新不育系同 V20A、珍汕 97A、优 IA 通过提纯后，由种子公司组织大面积繁殖生产并经营。

（二）不育系繁殖的主要生产程序

1. 根据合同预约和市场需求预测，由种子公司确定当年繁殖生产的组合和面积。

2. 召开场长办公会议，种子公司、种科所、农业分场、农业科等单位和部门负责人参加，研究确定种子生产面积、种子收购价格、各项补贴等种子生产相关事项。

3. 分管场级领导主持，农业科牵头组织相关单位主管负责人、有关专家、种子生产技术人员，根据气象部门的气象分析预测、结合本地历年气象资料统计分析，制订种子生产技术方案。1996—2002 年实行总农艺师负责制，2005—2011 年实行场农业技术总负责人负责制。

4. 具体负责不育系繁殖的农业分场负责种子生产，保证种子生产隔离条件，指导种子生产农户搞好田间栽培管理，做好除杂去劣工作，适时适量喷施“九二〇”，及时割除父本，安全收割。

5. 种子公司组织检验员和相关技术人员对种子生产大田进行抽穗扬花期和种子成熟期的二次田间鉴定。通过鉴定后对农户田块含杂情况进行分析，平均按种子级别标准作出分级结果，并通报给农户要求继续除杂去劣，以确保种子质量合格。

6. 收获入库的亲本种子由省种子管理局（站）分户抽样进行海南纯度种植鉴定，鉴定合格种子才能销售，海南纯度种植鉴定不合格种子一律封存转商处理。

（三）三系杂交水稻不育系繁殖技术

原种场地处沅水下游鼎城区境内，属湖积平原，土地平坦、肥沃，具有较好的三系杂交水稻亲本繁殖的土壤和气候条件。从 1974 年起，进行三系杂交水稻不育系繁殖，不同组合分别进行过春繁、夏繁、秋繁、春秋连繁、南繁。20 世纪 90 年代，场内技术员和职工群众普遍要求杂交水稻繁殖制种母本用种量加大，一般每亩达到 4~5 千克，既浪费了原种种源又增加了田间除杂难度。20 世纪 90 年代末期，通过外出参观学习，特别是 1998 年调进怀化 V20A 原种，以亩用种量仅 3 千克的标准，在乐兴分场繁殖良种获得高产的启示和连续几年的引导与生产实践，证明繁殖制种母本用种量一般每亩只需 2.5~3.5 千克的标准，在正常年景下，不会影响大田产量。20 世纪 90 年代，场内技术员和制种农户普遍存在杂交水稻繁殖制种母本喷施“九二〇”满月，种子熟透后才收获种子的习惯，而且普遍采用人工收割、脱粒机脱粒的传统方式收获种子，收获速度慢，种子收获期一旦遇阴雨天气，往往发生穗萌动或穗发芽，影响种子质量。1994、1997、1998 年，春繁产 V20A、珍汕 97A 穗发芽非常严重。通过宣传引导，转变了技术员和制种农户在种子收获上的陈旧观念，基本做到在种子八九成熟时抢晴天收获；特别是 2000 年后，水稻联合收割机的推广使用，种子生产普遍实行了机收，杜绝了种子田间严重穗发芽现象的发生。2005 年，由农业科牵头，组织大洲分场、乐兴分场对低产组合 V20A、珍汕 97A 繁殖开展高产示范，示范面积各 10 亩。成立高产示范攻关技术小组，制定技术方案，重点抓好各项关键技术措施的落实，创建高产田间苗穗结构基础，V20A 示范片亩均产 162 千克、珍汕 97A 示范片亩均产 135.5 千克，均比大面积增产 10%以上。2009 年分别在大洲分场、乐兴分场对珍汕 97A 、金 23A 繁殖开展高产示范，金 23A 示范片亩均产 227 千克。高产示范增强了种子生产农户落实各项技术措施的意识，提高了杂交水稻制种技术和种子产量。通过 40 余年的技术总结，三系杂交水稻不育系繁殖各项技术措施不断成熟完善，不育系单产水平稳定在亩产 150~200 千克，质量稳步上升。

1. 三系杂交水稻不育系繁殖高产技术措施

不育系繁殖获得高产，不仅要搞好水稻高产栽培，搭好丰产苗架，获得足够而健壮的父母本有效穗，还要搞好异交栽培。要求选择最佳抽穗扬花期，保证父母本花期相遇，合理施用“九二〇”，创建良好的父母本穗层结构，采用人工辅助授粉，提高异交结实率。

根据不育系的生育期特点，安排适宜的繁殖季节。V20A、优 IA、中 9 A、珍汕 97A、贺 50A 等早籼类不育系，适宜安排春繁生产；Ⅱ -32A 等生育期较长，适宜安排夏繁生产；金 23A、新香 A 等生育期较短的早籼类不育系，可在春季繁殖的基地上安排秋繁，实行春秋两季连繁。

根据气候特点，安排适宜的抽穗扬花期与播种期。水稻开花、受精最适宜的温度为 25~30℃，最适宜的湿度为 70%~80%，综合考虑近几十年的气候特点，为避开高温干旱火南风天气，春繁的盛花期安排在 6 月下旬 7 月上旬、夏繁的盛花期宜安排在 8 月中旬，秋繁的盛花期为避开寒露风影响宜安排在 8 月下旬末至 9 月初，并据此反推，确定播种期。

及时预测并调整花期，保证花期相遇。不育系和保持系属姊妹系，生育期差异较小，父母本播期倒挂，且播差期短，双亲花期相遇易解决。根据不育系的开花习性，一般保持系比不育系迟 1~2 天始穗较好，才能保证盛花期全遇。为保证花期相遇良好，应在幼穗分化初期进行花期预测，一般在幼穗分化 V 期以前不育系比保持系早 1~1.5 期均不需进行花期调节。调节花期的方法很多，调控时间越早效果越好，以肥水促进生长的方法为主，尽量不用或少用抑制水稻生长、影响种子质量及与高产栽培相背离的方法。

培育多蘖壮秧，适时移栽，插足基本苗。不育系和保持系大田用种量要足，分别为每亩 3~3.5 千克和每亩 0.8~1.0 千克。秧田平整，施足基肥，稀播匀播，一般秧田与大田比为 1 ∶ 5~6。芽期湿润管理，早春播种拱膜覆盖，并做到适时揭膜，防止烧芽、烧苗。1 叶 1 心时喷施适量多效唑，及时追施断奶肥，移栽前 5~7 天施送嫁肥，移栽时做到带药下田。选择晴好天气移栽，父母本同期进行，以母本秧龄为准，一般 5 叶左右移栽，5.5 叶前完成。合理安排父母本行比，一般为 2 ∶ 10，父母本间距为 5 寸，保持系株行距 4×8 寸，密度保证每亩 5000 穴以上，每穴 3~4 苗，每亩基本苗 2 万以上。不育系移栽密度为 4 寸 ×4~5 寸，密度保证每亩 2.3~2.8 万穴，每穴 2~3 苗，每亩基本苗 12 万以上。

加强肥水管理和病虫害防治，定向培育父母本。春繁、秋繁父母本营养生长期短，大田用肥原则上实行一次性投入：每亩施菜枯 50 千克、过磷酸钙 40 千克、尿素 10 千克、氯化钾 10 千克及其他腐熟的农家肥。移栽返青后，每亩追施尿素 8 千克以促进分蘖，同时对父本追施偏肥，每亩用氮、磷、钾肥各 5 千克或复合肥 12 千克深施于父本行间；晒田结束复水后，看苗补施壮苞肥。对抗倒伏性差的金 23A 等组合要适当控制氮肥用量，增施磷、钾肥。生育期长的 II–32A 等夏繁在施足底肥的基础上，酌情增加追肥次数。做到有水移栽，寸水返青，浅水分蘖，适时晒田，有水抽穗，授粉结束后干湿壮籽，忌脱水过早，一般收割前 5 天排干水。重点搞好纹枯病、稻瘟病、螟虫、卷叶虫、飞虱等病虫害的防治，防治时做到集中连片、统一行动、喷施适时。通过对父母本的定向栽培，可使母本每亩最高苗数达 30 万，有效穗 20 万以上；父本最高苗数达 8~10 万，每亩有效穗 6 万以上。

适时适量喷施“九二〇”，搞好人工辅助授粉。根据主茎与分蘖的整齐度状况及组合对“九二〇”的敏感程度，适时适量合理喷施“九二〇”。过多地施用“九二〇”不仅不利于产量的提高，而且会加重稻粒黑粉病的发生，对种子千粒重、发芽率、成秧率也会带来负面影响。一般喷施原则为“前轻、中重、后补”，父母本同时喷施，喷施时间为上午 9：00 以前，对父本须单独补喷一次，保证父本高出母本一个穗层，以利扬花散粉。母本齐穗后，连续 3~4 天每天下午每亩用“九二〇”1 克进行养花，增强母本柱头活力，提高柱头外露异交结实率。搞好人工辅助授粉，用表面光滑的绳索授粉，既减轻劳动强度，也减轻了对花器的损伤，且具有竹竿赶粉的同样效果。第 1 天、2 天赶粉待母本开花时进行，以后父本开花就开始赶粉，盛花期每天赶粉 3~4 次，父本有花粉赶到无花粉止。

2. 采取综合措施，保证种子质量

严格生产隔离。在隔离方法上，尽量选择自然隔离，防止串粉。时间隔离，花期错开 25 天以上；空间隔离，距离在 500 米以上。繁殖田必须连片种植，防止插花生产。

使用合格高纯度亲本种子。父母本均使用上年生产或低温库贮备的经海南种植鉴定纯度合格的种源。切忌用不育系良种再加繁良种而造成不育系种性分离退化和种子质量降低。

集中浸种催芽。原种场内建有 100 平方米左右的浸种催芽温室 3 个，用于春繁亲本种子在春季低温时集中分组合浸种催芽，既避免了浸种催芽过程中的机械混杂，又达到同一组合同时播种，大田管理同期操作的目的。在浸种过程中用强氯精浸种 8~10 小时，有效防止水稻恶苗病的发生。

及时除杂去劣和割除父本。在秧苗期和分蘖期除去稗草和异形株，喷施“九二〇”前后及收割前督促农户及时除去保持系、变异株和异品种等杂株。对不育系繁殖田的父本在授粉结束后要及时割除并清理出田块，割父本时留低桩，不仅利于清理父本行和在工作道内进行大田后期除杂，还有利于田间通风透光，提早成熟，减少病虫害，增加种子饱满度，提高种子产量和质量。

加强对稻粒黑粉病的防治。采取综合措施加强对稻粒黑粉病的防治，能有效降低发病率：培育强壮父本、适当降低父母本行比，提高花粉密度；在施肥方法上适氮增磷钾肥，培育健壮群体，增强抗病力；选择最佳抽穗扬花期；始花期和盛花期用克黑净或富力库防治2次。发病较重的种子，可在收获后抢晴天用水选法或用重力精选机精选除去病粒。

严格种子收贮。及时收割，春繁一般喷施“九二〇”后20天左右种子八成熟时抢晴天收获，防穗上芽发生。收获后一次性晒干，防种子沤堆霉变而降低发芽率。在种子收购过程中，逐户逐袋抽样检验水分，种子水分控制在11.5%以内，便于贮藏。

（四）亲本种子繁殖季节安排

1. 恢复系　恢复系生产在提纯基础上由场种子公司进行原良种的繁殖，以繁殖原种为主，一般不繁殖良种。在2000年以前实行“省提、省繁、基地（县）制种”体制时，场内恢复系生产以湖南省种子公司需种计划确定生产品种和面积，以密阳46、明恢63等三系恢复系为主。2000年以后，主要以杂交种子一代市场销售量来确定恢复系原种生产品种和面积，同时满足场种子公司经营不育系配套使用。随着各种业公司有自主知识产权品种的不断研发成功和推广，部分推广时间较长的杂交组合退出市场、停止推广，一批使用多年的恢复系用量逐渐减少，场内恢复系原种生产不断萎缩。早稻杂交稻配组用恢复系生育期较短、品种较少，杂交中、晚稻恢复系生育期较长，在场内以一季生产为主，抽穗扬花期在8月中下旬。较少在场外繁殖恢复系原良种，仅2002年在郴州苏仙区制种基地繁密阳46原种2027千克。

2. 不育系组合

不育系的繁殖季节可以分为春繁、夏繁、秋繁与海南早春繁。在原种场内春繁的花期一般在6月下旬至7月上旬，夏繁的花期在7月下旬至8月上旬，秋繁的花期在8月下旬至9月上旬。海南早春繁的花期在3月中旬至4月上旬。根据不育系的生育期特点，安排适宜的繁殖季节，同组合保持系原种生产与不育系同期播种。原种场内多年不育系繁殖以春、夏繁为主，秋繁与海南早春繁为辅。

春繁。春繁安排在早稻生产季节，温光条件适宜其生长发育，易构成繁殖的丰产苗穗结构，抽穗扬花期在6月下旬至7月上旬，温、湿度适宜开花授粉，有利于提高母本异交结实率和繁殖产量；春繁的前作为冬作或冬闲田，无水稻异品种的再生苗和前作落粒谷，有利于防杂保纯。V20A、优 IA、中 2 A、中 9 A、珍汕 97A、金 23A、新香 A、贺 50A 等早籼类不育系，感温性强，营养生长期短，适宜春繁生产；Ⅱ -32A、健 645A、家 60A 等生育期较长，适宜安排夏繁生产；金 23A、新香 A 等生育期较短的不育系，可在春季繁殖的基地上安排秋繁，实行春秋两季连繁。

夏繁。原种场内夏繁在两种情况下才安排生产：一是不育系生育期较长，只能进行一季生产；二是春繁品种、面积较大，生产隔离条件达不到种子生产要求而改为夏繁生产。原种场内夏繁的风险性较大，主要是容易受到极端气候因子的影响——高温火南风或台风（热带风暴），造成田间倒伏、结实率降低影响产量。Ⅱ -32A 主茎叶片数 16 叶，播始历期长，全生育期长；从引进原种场一直为夏繁生产，其系列杂交组合制种也为一季夏制。新不育系刚引进提纯时因面积小，为保证隔离，一般是夏繁提纯。个别早籼类不育系也有大面积夏繁生产：1996 年在大洲分场珍汕 97A 夏繁 712.3 亩，入库种子 45689 千克，每亩仅 64.2 千克，产量较低。2002 年大洲分场二队优 IA 春繁生产因播种后遇连续低温阴雨天气影响，田间受渍严重，烂秧严重、成秧率低，5 月中旬再次播种改为夏繁生产，抽穗扬花期遇高温天气，产量较低。

秋繁。1991 年来，原种场一般不再生产常规早稻或春季制种后进行秋繁生产，只在个别年份春繁减产的情况下在春繁生产基地上进行春秋连繁生产。1997 年，原种场农业科技中心在新合分场湘利区 V20A 提纯基地实施了春秋连繁，春繁提纯面积 20 亩，因成熟期遇连续阴雨天气影响，稻粒黑粉病多、穗上芽发生严重，种子质量极差，在春繁完成收割后进行秋繁提纯 5 亩。V20A7 月 4 日播种，V20B 迟 5 天播种；5 叶左右完成移栽，9 月 10 日始喷“九二〇”，播始历期 68 天，略早于近旁晚稻始穗；在繁殖田四周拉隔离布防止串粉；10 月 15 日完成收获，每亩均产种子仅 46.8 千克；场种子公司进行了补损。2001 年，分别在乐兴分场、大洲分场进行了金 23A、新香 A 春秋连繁。不育系 7 月初播种，父母本播差期略减短，7 月中旬末收获春繁种子后及时完成秋繁插秧任务，8 月底喷施“九二〇”，9 月下旬收割秋繁种子，获得了成功。早晚两季每亩均产都达 300 千克以上，其中乐兴分场七队秋繁金 23A 163 亩，产种子 32846 千克，每亩均产 201.5 千克；大洲分场九队、十队、十四队秋繁新香 A 203 亩，产种子 33322 千克，每亩均产 164.2 千克。2015 年在大洲分场八队进行了金 23A 秋繁，面积 71 亩，平均亩产 186.1 千克。2017 年在大洲九队秋繁中 9A，面积 20.2 亩，平均亩产 157 千克；在乐兴分场十二队进行金 23A 秋繁，面积 30 亩，平均亩产 120 千克。

南繁。20 世纪 70 至 80 年代湖南省各种子公司普遍进行南繁。在冬季派员到海南、广西等南方省（区）市热带地区进行杂交水稻不育系的加代繁殖，也是湖南省内正季杂交水稻繁殖制种因气候因素影响导致减产，造成种子紧缺的一种有效补救措施。南繁种子生产费用相对较高，投入较大，且有前作落粒谷成秧对种子质量的潜在影响，与湖南内地相比生产风险较大。20世纪90年代以来，原种场主要在两种情况下开展南繁工作：一是2000年后启动水稻育种和棉花育种，为加快育种进程，种科所育种组于当年10月至次年5月在广西、海南等地开展以加代繁殖为主的南繁育种；二是种子公司对新引进杂交水稻亲本不育系组合提纯繁殖生产原种的需要。1993年冬、1994年冬，根据湖南省种子公司对全省繁殖制种不育系用种量的需要，原种场种子公司在海南进行了V20A原良种的南繁，所产种子大部分交由省种子公司。1997年冬，场农业科技中心、种子公司派技术人员陈安维、胡楚明对当时引进的金23A在海南三亚警备区农场进行了加代提纯。田间选择了部分A、B单株，收获了部分简易繁殖的不育系、保持系种子回场繁殖，缩短了正常原良种的产出时间。种子公司仅用两年时间，1999年大面积生产出金23A原良种。1999年冬，农业科技中心姜守全等在海南三亚警备区农场，利用提纯产株系种子南繁新香A原种。实际生产面积30亩，产新香A种子2399千克、新香B种子134千克；2000年4月23日回场，随即用于原种场当年春繁生产，产良种3万余千克。2001年冬，唐海燕、李智谋等南繁加代提纯中9A，产简易提纯单本繁殖良种202千克，并田间选择了部分A、B单株回场提纯。

（五）生产异常情况及措施

1. 1994年珍汕97A、优IA提纯浸种催芽烧苞 1994年4月，乐兴分场珍汕97A、苏家吉分场优IA春繁提纯浸种催芽工作均在苏家吉分场温室进行。经浸种后，不育系单株、株行、株系种子均用棉布袋装种，同时进温室催芽。温室蒸汽催芽过程中谷堆温度上升不均匀且较快，操作人员疏于观察、未及时翻动，导致优IA株系种子严重烧苞、影响提纯工作的正常进行。后改用良种加代繁殖，导致优IA系列种子质量事件发生。珍汕97A轻度烧苞，对提纯有一定影响，但未造成种子质量事件。

2. 1994年密阳46提纯失误 1994年冬，郴州市苏仙区种子公司从原种场种子公司调进当年产恢复系密阳46种子1300千克，用于1995年密阳46系列组合制种共1525亩，共产子一代种子约25万千克。所生产的种子1996年在广东省英德县、湖南省宁乡县等地农民进行子一代商品粮大田生产时，田间出现杂株严重超标现象，含杂率高达30%~40%且各组合杂株类型基本相似。7月12日，经省、市、区联合专家调查组许世觉、肖层林、王三良、周广洽等专家田间调查，形成《关于郴州市苏仙区杂交水稻威优46等组合种子纯度问题的调查报告》。原因分析认为：恢复系密阳46中混合了不具备恢复基因的部分种子，密阳46恢复度部分丧失；并建议：省贺家山原种场要查明造成这种现象的原因，原种生产单位要严格按原种生产操作规程生产原种，杂交一代种子必须进行种子纯度鉴定等等。经1996—1998年场农业科技中心连续三年对密阳46变异现象的研究，结果分析认为：1994年销往苏仙区种子公司的恢复系密阳46种子中，含有无恢复能力的粳型变异株后代。

3. 1995 年 V20A 南繁　根据湖南省种子公司用种需要，1994 年冬，种子公司派技术员胡楚明等在海南繁殖 V20A 原良种 220 余亩，产种子 15420 千克。该批种子回湖南后随即大田制种使用，没有进行纯度种植鉴定。湖南省种子公司调用 12285 千克，在各地繁殖制种生产中，普遍出现田间含杂超标问题，原种场与省种子公司共同派员到各用种单位临田鉴定，含杂超标问题属实。经原种场、湖南省种子公司与各用种单位分别协商达成协议，共赔款 132 万余元。

4. 1995 年 V20A 浸种催芽烧苞　1994 年，原种场 V20A 繁殖收获期受连续阴雨天气影响，田间穗萌动和穗发芽较多，种子品质较差。1995 年，V20A 春繁 300 余亩种子的浸种催芽工作，集中在大洲分场温室（温室当年建成使用）进行。在温室加温催芽过程中种子烧苞，导致春繁生产无法进行，职工群众意见较大。种子公司改用当年海南南繁产 V20A 种子在计划春繁生产面积上进行夏繁，产种子 5.6 万千克。由于海南产种子有纯度质量问题，夏繁所产种子均不合格。部分外销种子通过种植后，出现了种子质量问题，对损失进行赔偿；未外销种子均作转商处理，经济损失较大。

5. 1996 年 V20B 原种繁殖含杂超标　种子公司在乐兴分场六队繁殖 V20B 原种 20 余亩，7 月省种子公司副经理黄桂荪等一行到场对杂交水稻亲本种子进行花期检验，经田间检验 V20B 原种繁殖田间含杂为 11.6‰，超标 115 倍，该批种子做转商处理。经原种场党委研究，当年 8 月，先后派农业科技中心技术干部谭旭生、胡楚明、姜守全等三人赴广西东兴用当年提纯产株系种子加繁 V20B 原种。广西东兴南繁实际播种面积 16 亩，生产合格 V20B 原种 4300 千克，满足了 1997 年场内 V20A 自繁和省种子公司需种计划。

6. 1996 年威优 647 制种花期不遇　威优 647 系湖南杂交水稻研究中心用 V20A 与父本 R647 组配育成的新组合。1996 年种子公司引进恢复系 R647 进行威优 647 制种，由于未对父本进行引种试种观察，对其品种特征特性缺乏了解，依据威优 64 制种经验制定的技术方案有误，导致父母本花期相差 12~15 天，花期严重不遇，90 亩威优 647 制种失收，造成直接经济损失近 10 万元。

7. 1997 年 V20A 繁殖恶苗病发生严重　1997 年，乐兴分场春繁 V20A 生产田间发生严重恶苗病，经技术人员田间调查最高达 78 根 / 平方米。6 月到省种子公司常德鼎城区大龙站镇双堰堤村繁殖基地，对从原种场引进的 V20A 原种生产进行调查发现，浸种催芽时用强氯精消毒，仅发生轻微恶苗病；板桥坪村常德市种子公司供 V20A 原种（种源浙江金华）没有发生恶苗病。为找出发病原因，当年 12 月用在乐兴分场春繁的同种方法在海南三亚基地进行 V20A 纯度种植鉴定，也表现出了同一现象。经对比分析认为：恶苗病发生除了受天气影响外，浸种催芽时对种子进行严格消毒处理可有效抑制恶苗病的发生。1998 年春繁生产浸种催芽时严格用强氯精消毒，大田基本没有发生恶苗病。

8. 1997 年不育系种子穗上芽严重　春繁 V20A、珍汕 97A 不育系种子在 7 月成熟期遇连续阴雨天气影响，穗萌动和穗发芽严重。9月原种场会议研究确定：不育系原良种发芽率低于50%的转商处理，按4.00元/千克收购，每千克补种子调节基金1.60元；发芽率不低于50%的按原定价以种子用价方式结算，并送种子样品到海南进行纯度种植鉴定。鉴定合格的V20A、珍汕97A原良种子共21000千克，1998年初运至衡阳市种子公司进行重力选，经发芽试验，发芽率达80%以上，销售给省种子公司和场内自用。调往省种子公司发芽率较高种子重力选损耗平均达19%，场内自用发芽率较低种子重力选损耗平均达55%，运输和重力选共花费1万余元。

9.1998年大洲分场汕优63等制种母本珍汕97A旱育秧药害死苗 6月下旬初，汕优63制种母本旱育秧播种，出苗后随即发现大量死苗。经技术人员调查分析确定为除草剂药害秧苗。部分制种田改种：106亩威优77、6亩汕优77、37.5亩汕优63改种一季晚粳稻秀水63。近150亩制种失败。

10.1998年珍汕97B原种繁殖喷施“九二〇” 大洲分场十一队职工张德保受场种子公司安排繁殖珍汕97B原种2.5亩，6月下旬不育系繁殖田陆续始穗喷施“九二〇”，该职工在技术人员不知情的情况下，擅自对珍汕97B原种繁殖田喷施“九二〇”，抽穗快而齐、穗层较高，田间杂株和变异株难以判别，导致生产种子转商处理。

11.1998年V20A种子穗上芽、稻粒黑粉病严重 春繁V20A不育系种子7月成熟期遇连续阴雨天气影响，因当年发生特大洪水，人力集中防大汛，乐兴分场组织收割不及时，导致V20A种子田间穗萌动和穗发芽、稻粒黑粉病严重。8月完成种子精选入库工作，种子公司检验室随即对入库种子进行室内检验，发现V20A发芽率普遍较低。经原种场研究同意在种子公司仓库对V20A进行水选，以改善种子色泽、提高种子发芽率，晒干后再次精选。9月原种场会议研究确定：不育系原良种发芽率低于60%的转商处理，按4.00元/千克收购，每千克补种子调节基金0.80元；发芽率不低于60%的按原定价以种子用价方式结算，并送种子样品到海南进行纯度种植鉴定，纯度合格种子运至衡阳市种子公司进行重力选，经发芽试验发芽率达标后才能销售。

12.1998年威优46、威优77制种花期不遇失收 由于受厄尔尼诺现象的影响，气候异常，6月中旬至8月下旬持续高温少雨，夏播V20A总叶片数增加、播始历期延长6~10天，花期严重不遇，导致乐兴分场七队威优46夏制80亩、大洲分场二队威优77夏制120亩全部失收。同年，常德市种子公司威优46夏制、石门县种子公司威优644夏制等湘北地区威优系列制种均出现类似情况。

13.1999年珍汕97A繁殖秧苗期药害死苗 4月底5月初，大洲分场珍汕97A繁殖秧苗移栽前表现田间死苗，经组织技术人员鉴定，确定为除草剂药害造成秧苗植株萎蔫死苗，提纯和原种繁殖受损面积90亩。经相关技术人员会商，对受损严重的60亩原种繁殖田耕翻后重新进行珍汕97A夏繁，种子公司和大洲分场给予种子生产农户每亩补贴100元。场派出所全力侦查，未找到确切证据，终未侦破。

14. 2006年优IA提纯田间僵苗　5月初，原种场遇连续低温阴雨天气影响，由于提纯人员操作安排失误，没有同其他品种同时在“五一”假期抢晴天完成移栽，秧苗移栽后严重受损僵苗不发，导致提纯田间观察选择困难，影响提纯效果，并且在职工群众中造成不良影响。

15. 2009年提纯恢复系TO-974株系死苗　原种场种业科学研究所安排乐兴分场八队一职工进行TO-974株系早季繁殖生产，因大田底肥施用偏重，秧苗素质较弱，秧苗移栽后田间培管措施不当，产生肥害，致使禾苗80%死亡。造成TO-974株系繁殖失败，影响了职工对场技术人员的信任，这是技术人员与农户沟通不当造成的技术性事故。

16. 2009年不育系繁殖母本直播前作落粒谷自生稻影响种子质量　2007年，大洲分场十队职工毛新世V20A春繁5.5亩，采用常规早稻生产较多使用的直播栽培方式播种母本，获得成功。由于母本直播栽培省工省本，2008年，场内不育系繁殖普遍推行母本直播栽培，使场内不育系繁殖育秧栽培模式发生改变，由传统水育秧方式向盘育抛秧和母本直播方式转变，前作晚稻机收产生的落粒谷已成为影响不育系种子质量的主要因素。2009年，乐兴分场六队优Ⅰ A母本直播繁殖前作为金优402，其落粒谷成秧导致繁殖田杂株超标严重，除杂后无法保证种子质量，经技术人员会商后割青处理11.5亩；乐兴分场三队Ⅱ -32A繁殖前作为杂交晚稻，出现上述同样情况，割青处理89.2亩；乐兴分场共100.7亩繁殖失收，每亩补损700元。为保证不育系种子质量，10月，原种场召开种子质量专题工作会议，形成《关于消除落粒谷保证种子质量的工作意见》。主要内容：一是全场广大干部职工要牢固树立种业兴场、种业强场的大局意识，场内各项农作物生产要以服从种子生产需要为前提，不断提高种子生产农户的经济收益，促进种子生产经营健康发展；二是根据市场情况，场种子公司适当调整不育系株系和原良种子的生产收购价格，提高种子生产农户的生产积极性，促进各项技术措施的落实；三是合理布局不育系种子生产，严格种子生产隔离要求；四是场种子公司根据种子销售和市场预测情况，在每年2月10日前尽早确定当年种子生产计划，利于农业分场种子生产面积的安排落实和相关技术措施的开展落实；五是根据场内生产实际，农业科和农业分场按照抛秧或撒直播生产模式，要求制定操作性强、内容比较详细的生产技术方案，来指导生产农户全程种子生产；六是从2009年起所有晚稻商品粮生产田在完成机收后，农业分场要及时组织职工焚烧田间残草，并及时统一进行1~2次灌水淹田，促使田间落粒谷萌发，减少落粒谷对来年种子生产的影响；七是种子生产面积确定后，农业分场组织对所有不育系生产田提前翻耕淹田，在不育系繁殖田播种前一个月完成，场给予生产农户适当补贴；八是不育系繁殖田晚稻生产必须使用场种子公司统一免费供应的粳稻品种，种子生产农户不允许生产晚杂和早稻倒种春及常规品种。2010年及以后不育系繁殖时采取以上综合措施，杜绝了落粒谷对种子质量的影响。

（六）生产面积与产量

表 9　　1991—2017 年贺家山原种场不育系原良种生产统计表

年份	组合数	面积（亩）	总产（千克）	亩产（千克）
1991	9	253.2	40402.5	160
1992	13	396.7	58894.5	148
1993	13	461.5	55836	121
1994	12	734.7	119019.5	162
1995	11	1076	127780	119
1996	11	1180	103011.5	87
1997	11	519	52840	101
1998	12	815	96039	118
1999	14	1600	137789	86
2000	17	1899.6	309222	162
2001	15	861	144354	167
2002	23	1443.6	230163	159
2003	23	1861	237007	127
2004	32	1458	156838	108
2005	25	935	154749	165
2006	23	1165	199953	171
2007	26	1075	156233	145
2008	15	318.8	53885	169
2009	17	1070	154050	144
2010	18	1333	139893	105
2011	7	1021.7	162153	159
2012	12	592.9	71073	120
2013	12	516.9	43241	103
2014	3	305.8	35472	116
2015	4	430.4	54661	127
2016	4	211	21311	101
2017	10	462.06	59077	128
合计		23996.86	3174948	138.46

三　制　种

1973 年杂交水稻三系配套成功，原种场即开始杂交水稻制种，通过几年的制种技术探索，掌握了制种基本技术。20 世纪 80 年代，湖南省种子公司主持，在省贺家山原种场进行杂交水稻制种高产技术和超高产技术研究获得成功，带动了繁殖制种技术的推广和产量的提高。

1991—2017 年，原种场累计生产推广 55 个杂交水稻组合；其中金优 63、金优 527、金优 58、中优桂 99、中优 974、威优 198、威优 6 号、香优 77、威优 48、Ⅰ优 200 等 10 个三系杂交水稻组合，只生产推广 1 年；Ⅱ优 58、中优 207、金优 77、汕优 46 等 4 个三系杂交稻组合生产推广 2 年；两系杂交水稻两优培九、培两优 288 生产推广 2 年；Ⅱ优 77、金优 63 等 2 个三系杂交水稻组合生产推广 3 年；威优 64、金优 974、新香优 80 等 3 个三系杂交水稻组合生产推广 4 年；香优 63、威优 402、威优 46、Ⅰ优 198、金优 207、新香优 63、金优 198 等 7 个组合生产推广 5 年；威优 77、汕优 198、金优桂 99 等 3 个组合生产推广 6 年；汕优 77 组合生产推广 7 年；Ⅰ优 46 组合生产推广了 8 年；汕优桂 99 组合生产推广 12 年；汕优 63 组合生产推广 13 年；贺优 50、D 两优 71、家优 111 为场种科所选育的新品种，2015 年后正在加大力度进行推广。共生产杂交水稻子一代种子 306.15 万千克，销售 315.29 万千克（部分种子为调进），因种子纯度、发芽率等质量因素转商处理少部分种子。

（一）面积与产量

原种场不育系繁殖组合较多且以春繁生产为主，为保证种子生产隔离安全，采取以花期时间错开的方法进行子一代制种。主要是夏制生产，威优 48、威优 402、汕优 77 等少部分组合因恢复系播始历期较短进行了春制生产。金优 974、中优 974、新香优 80 等少部分短生育期组合进行了秋制生产。

20 世纪 90 年代，原种场内杂交水稻种子生产农户自行卖种“走私”情况严重，尤以不育系为甚。场外自发制种基地和农户到场内套购亲本种子，场内制种农户自行销售子一代种子，生产种子入库率低。场外基地种子生产受市场因素影响，种子市场疲软则种子入库率高，种子市场紧俏则种子入库率低。为杜绝种子走私，原种场组织相关部门研究制订了一系列防范措施：从原种场机关和场属单位抽调部分工作人员下派到种子生产分场各生产队，在种子收割前进行田间测产和督促除杂，在种子收割后进行估产登包，场工商行政管理所开展巡逻防范种子流失，有力地打击了种子走私活动，确保生产种子全部入库。

表 10　　1991—2017 年贺家山原种场杂交水稻制种生产统计表

年份	面积（亩）	总产量（千克）	亩产（千克 / 亩）
1991	2482	392084	158
1992	2245	266529	118
1993	3024	193840	64.1
1994	735	92988	126.5
1995	2068	226048	109.5
1996	1389	171088	124
1997	1164	113666	98
1998	1215	79919	66
1999	1970	257050	130
2000	2265	281673	124
2001	1080	134832	125
2002	2597	291163	114
2003	2647	307690	116
2004	0	0	0
2005	1140	113542	100
2006	619	76938	124
2007	497	43728	88
2008	0	0	0
2009	0	0	0
2011	0	0	0
2012	0	0	0
2013	21.25	2528	119
2014	90	5940	50
2015	0	0	0
2016	145	10368	71.1
2017	0	0	0
合计	27393.25	3061514	111.8

（二）两系杂交水稻组合试制种

为适应两系杂交水稻和种子市场的发展需要，原种场种子公司对部分推广面积和市场需求量较大的两系杂交水稻新组合进行了试制种，效果一般。

1. 2001年培两优288试制种　种子公司和种科所技术人员，在乐兴分场三队，安排5亩面积采取夏播秋制的方法，对培两优288进行试制种。6月上旬分别播父母本，二期父本，倒播差期分别为2、5天；父母本亩用种量分别为1.5、2.5千克，按照三系制种栽培技术搞好田间管理；培矮64S易感稻瘟病、稻粒黑粉病，采取综合措施防治；8月中旬喷施“九二〇”，“九二〇”亩用量80克；亩产杂交种子100千克，产量一般。

2. 2002年两优培九试制种　制种田2.5亩，夏播秋制；5月下旬播父本，二期父本；6月上旬播母本，播差期分别为11、16天；父母本亩用种量分别为1.5、2.5千克，父母本大行比2 ∶ 16。花期相遇一般，8月中旬喷施“九二〇”，“九二〇”亩用量80克；但抽穗扬花期间遇低温阴雨，出现幼穗在稻苞中老化现象，抽穗卡颈严重，异交结实率低导致减产，亩产杂交种子仅50千克。

3. 2014年D两优71试制种　种子公司在大洲分场尝试自主选育两系杂交水稻D两优71的试制种。制种面积为19.2亩，6月1日播父本一期，6月8日播父本二期，6月22日播母本，一期播差期为21天，两期父本间隔7天，花期相遇良好，总产量2710千克，平均亩产141千克，两系制种基本获得成功。

（三）场外基地繁殖制种

杂交水稻种子生产技术性强、用工烦琐、投入较高、风险较大、比较效益低下，经多年制种后原种场内职工生产积极性下降，生产基地面积落实困难。部分组合不适应湘北气候生产，场内制种高产稳产性差，因市场需求量较大，所以选择在场外基地制种。采取组合编号生产，终因收购价格合理，种子入库率高。从20世纪90年代初开始，种子公司和苏家吉分场先后在鼎城区韩公渡镇、断港头镇、周家店镇、津市市棠华乡、郴州市苏仙区、益阳市沅江市、桃源县剪市镇等地建立杂交水稻种子生产基地。

1993—1996年，先后在鼎城区韩公渡、断港头、周家店，津市市棠华乡建立基地繁殖制种四年，累计生产面积4200余亩，总计收获种子33.1万千克。其中1993年在韩公渡乡郑家湾、走马岗、大路陂村等基地进行春繁V20A良种繁殖84亩、产种子3937千克；制种威优46、威优77、威优402、汕优桂99面积分别为288亩、340亩、160亩、255亩，共1043亩，共入库种子68823千克；在断港头乡进行春繁V20A良种66亩、优Ⅰ A良种繁殖265亩，分别产种子2362千克、39261千克。1994年在断港头乡杨柳村进行春繁优Ⅰ A良种繁殖265亩，产种子60963千克；在周家店乡大砖桥村制种威优402、汕优77、优Ⅰ 77、汕优桂99、金优桂99、优Ⅰ 46、威优46、汕优63，面积分别为62.5亩、49.4亩、144.8亩、44亩、85亩、57亩、51亩、29.7亩，共523.4亩，共入库种子

45182千克。1995年，在周家店乡大砖桥村制种优Ⅰ 77，入库种子3640千克；在韩公渡乡郑家湾、走马岗村制种汕优63、香优63，分别入库种子9411千克、20790千克；在津市市棠华乡制种香优63；在郴州市苏仙区制种威优64、威优46、威优77、威优晚3，分别入库种子为19195千克、2060千克、3964千克、11773千克。1996年，在断港头镇杨柳村进行两个组合398亩面积的制种，其中204亩汕优77入库种子15163千克、194亩威优402入库种子24074千克，平均亩产98.6千克。经室内检验和海南纯度种植鉴定，种子质量较差：汕优77穗萌动、穗上芽较多，发芽率较低，通过精选后经发芽试验发芽率达到国家标准但损耗较大；威优402部分种子纯度低于96.0%，造成种子转商处理，经济损失较大。

2002年，在郴州市苏仙区坳上镇三个村安排367亩面积，进行组合制种。其中122亩汕优46因出现隔离问题进行割青处理；新香优80制种207亩，产种子26445千克，平均亩产127.8千克；培两优288制种38亩，遭遇历史罕见的8月13日低温阴雨寒露风天气，致使培矮64S育性转换产生自交结实种子，所产3493千克种子，经海南纯度种植鉴定为全部不合格种子。2003年，在原种场种科所试验田再次正季栽培，进行纯度种植鉴定，结果与海南鉴定一致，该批种子转商处理。

2003年，种子公司委托桃源县农业科学研究所在该县剪市镇龟山村进行汕优63、汕优198制种，面积245亩；由于桃源县农业科学研究所技术人员经验欠缺，基地为新制种区，技术措施落实较难，产量较低；实际收获入库种子16725千克，亩均仅70千克。在鼎城区韩公渡镇杨柳村进行金优207基地制种，面积251亩，产种子25109千克，亩产100千克。在郴州苏仙区坳上镇、西风渡镇委托个体制种专业户进行新香优80、两优培九两个组合的制种，制种面积分别为263亩、71亩，分别产种子39688、2648千克，亩产种子分别为151千克、37.3千克。在沅江市新华乡、罗洲镇委托个体制种专业户进行新香优80、新香优63两个组合的制种，制种面积分别为257、227亩，分别产种子34145、18093千克，亩单产均较低；其中新香优63合格种子仅12500千克，近5600千克纯度不合格种子，造成转商处理。

由于场外基地制种大田生产隔离难以控制，大田除杂去劣实施困难，种子质量得不到有效保证，种子回收率得不到保障，风险性较大，失败较多。各种业公司加大有自主知识产权杂交水稻新品种的推广力度，通用经典老品种被取代，逐渐退出市场。种子公司缺少自主知识产权的水稻新品种生产开发，亲本种子繁殖生产面积不断萎缩，子一代种子从小面积生产到基本不生产，场内水田生产面积已经能够满足杂交水稻种子生产需要，2004年后没有在场外建立种子生产基地，进行杂交水稻种子生产。

2015年，种子公司与湖南湘穗种业责任有限公司合作，采取委托制种的方式在郴州生产D两优71组合，至2016年二年共落实生产面积140亩，产种子14300千克，平均亩产 102 千克，全部由湘穗公司销售。2016 年夏，采取委托制种形式在溆浦县制种家优 111，面积 15 亩，产种子 2100 千克，亩产 140 千克。2017 年，委托临澧县杨板乡制种家优 111，共 35 亩，因花期遭连续阴雨天气影响全部失收。

第四节　棉花原良种生产

一　常规棉原良种生产

20 世纪 70 年代中期，原种场开始进行棉花良种繁育工作。主要采用“三圃法”繁殖棉花原良种，连续 20 余年，未曾间断。从 1990 年开始，在省棉科所的指导下，正式进行棉花良种“统保分繁”体制研究的试点工作。由于良繁工作较有成就，1990 年底被省经济作物局、省种子公司和省棉科所确定为“湖南省湘棉 10 号良种繁育基地”。

1988 年初，原种场开始从省棉科所引进湘棉 10 号核心种子。1990 年初，经过双方协商，签订协作合同，正式确定原种场为“统保分繁”体制研究试点单位。由省棉科所提供湘棉 10 号核心种子和技术资料，原种场负责落实“统保分繁”体制研究所要求的各项技术措施，进行良种高速繁殖。通过几年努力，实现“两田”（基础种子田、原种田）配套，形成了上下衔接统保分繁、紧密联合高速繁殖的运行机制。

（一）1991 年及以前繁殖情况

1. 繁殖规模与速度　1988 年和 1989 年，原种场从省棉科所共引进湘棉 10 号核心种子 2.0 千克，种植面积 1.8 亩，生产基础种子 185 千克，繁殖系数为 1 ∶ 93；1989 年使用上年生产的 32 千克基础种子，种植 16 亩，生产原种 1650 千克，繁殖系数 1 ∶ 52。“统保分繁”试点工作开始后（1990 年和 1991 年），共引进湘棉 10 号核心种子 11.5 千克，种植 16.5 亩，生产基础种子 1763 千克，繁殖系数为 1 ∶ 151；并使用 1989 年和 1990 年生产的基础种子共 920 千克，种植 820 亩，共产原种 88700 千克，繁殖系数为 1 ∶ 89。从试点工作开始后两年情况可见，繁殖系数大大超过了原设计要求 1 ∶ 50。

表 11　　“三圃法”和“统保分繁法”繁殖棉种比较

年份	基础种子田				原种田				备注
	核心种子用量（千克）	种植面积（亩）	产基础种子（千克）	繁殖系数（1∶X）	基础种子用量（千克）	种植面积（亩）	产原种（千克）	繁殖系数（1∶X）	
1988	0.5	0.3	32	64					试点工作开始前
1989	1.5	1.5	153	102	32	16	1650	52	
合计	2.0	1.8	185	93	32	16	1650	52	

续表 11

年份	基础种子田				原种田				备注
	核心种子用量（千克）	种植面积（亩）	产基础种子（千克）	繁殖系数（1:x）	基础种子用量（千克）	种植面积（亩）	产原种（千克）	繁殖系数（1:x）	
1990	6	8.5	843	141	153	145	14500	92	试点工作开始后
1991	5.5	8.0	920	167	843	675	74200	88	
合计	11.5	16.5	1763	151	996	820	88700	89	

2. 原种纯度与质量　新合分场 1990 年、1991 年 8 月上旬在原种田间调查，植株纯度达 98.8%，发病株率为 1.3%。于 8 月 13—15 日对原种田全面进行了普查和除杂株、去病株工作，8 月 16—17 日组织技术人员进行田间鉴定，有效地保障了原种纯度和质量。从 1990 年、1991 年两年省棉科所组织的原种比较试验结果来看，“统保分繁法”原种能比较全面、完整地保持原品种湘棉 10 号的抗枯萎病、早熟、小籽、高分衣的丰产特性和纤维品质，显著优于“三圃法”原种。

（二）1992 年繁殖情况

继续采用“统保分繁法”和传统的“三圃法”进行湘棉 10 号良种繁育，生产优质棉种；同时通过科学的比较，为下年良繁方法的选择提供决策的基础依据。

1. 基础种子繁育　用上年生产的自交种子种植 12.3 亩基础种子田，平均亩产皮棉 138.5 千克，共计生产优质基础种子 1695 千克。

2. 单株选择　在基础种子田中根据品种的典型性、丰产性和优质性的要求进行单株选择。田间初选单株 650 个，田间决选 257 个，室内考种选留 50 个。当选单株平均绒长 30.48 毫米、衣分 45.92%、籽指 9.54 克，单株平均收种子 155.8 粒。当选标准：为绒长＞30 毫米、衣分＞44%、籽指＜10 克。

3. 株行鉴定　进入株行鉴定的 54 个。每个株行种植 40 株，株行圃面积 0.8 亩，移栽密度为每亩 3000 株。田间实际当选株行 24 个，经室内考种后实际当选 16 个株行，当选标准为：绒长＞29 毫米、衣分＞44%、籽指＜10 克。

4. 封花自交　使用 1984 年省棉花科学研究所贮藏在新疆农科院经济作物所的湘棉 10 号原始种子，种植 0.3 亩，902 株。从 7 月 22 日开始，对全部单株进行封花自交，8 月 31 日结束，实际收花 716 株。根据 8 月 30 日调查，株均成铃 21.4 个。最终株均封花自交成铃 24.6 个，合计自交成铃 17614 个，入库自交种子 25.5 千克。

5. 自交后代鉴定　使用上年的自交种子进行自交后代鉴定，用上年当选株行的混系种子作对照，比较两种方法生产的种子的差异与优劣。试验结果表明：二者无论其典型性、抗病性还是纯度，都无明显差异，而且自交后代产量较高，籽棉增产6.15%，皮棉增产4.93%。

6. 高衣分株系鉴定 从上年当选的32个株行中，选择出7个衣分超过46%的株行和省棉科所提供的1个高衣分株行进行鉴定，以上年当选株行的混收种子作对照，考察高衣分株行的遗传稳定性。主要考察绒长、衣分、籽指和产量。高衣分株系与对照相比，平均绒长高3.6%，衣分高2.05%，籽指低6.55%，籽棉产量高7.44%，皮棉产量高9.42%，具有明显优势。

7. 强优势株系繁殖 从上述7个高衣分株行中选出2个营养生长势较强、后劲较足、亩籽棉产量超过250千克的株行进行繁殖。每株系种植0.3亩，用上年当选株行混收种子作对照，田间管理与大田相同，主要进行品种典型性、生育期调查和籽棉的室内考种，由于原品种具有早衰的弱点，试图从系选的角度来加以改良。

8. 原种生产 安排新合分场2个生产队585亩面积生产原种。种子来源于上年生产的基础种子，每亩配种量2千克。采取高产栽培技术措施栽培。在花铃期和吐絮期严格除杂去劣。入库优质籽棉12.5万千克，入库优质原种6万千克。

（三）1993—1996年繁殖情况

根据1991年、1992年两年湘棉10号良繁的结果对比，采用“统保分繁法”和“三圃法”进行湘棉10号繁育棉花良种的保种效果一致，而且“统保分繁法”较“三圃法”更简便易行，省工省本。1993年以后，仅采用“统保分繁法”进行棉花良种繁育，简化良繁操作规程，减少良繁成本投入。

表12　　基础种子繁育和原种生产考察结果对照表

项目	株高（厘米）	果枝数（个）	果枝长度（厘米）	单株成铃（个）	果节数（个）	脱落率（%）	第一果枝节位	绒长（毫米）	衣分（%）	衣指（克）	籽指（克）
基础种子	131.3	18.2	46.4	21.2	61.5	65.96	5.8	30.94	44.90	7.22	9.42
原种	130.9	18.0	46.8	18.7	57.4	67.42	5.9	30.64	44.69	6.43	8.92

1. 封花自交 使用1984年贮藏在新疆农科院经济作物所的湘棉10号原始种子，每年种植0.3亩、900株左右。7月中旬开始进行封花自交成铃，生产自交种子，保证下年度基础种子繁育田用种。封花自交保持了湘棉10号抗病、高衣分、小籽的种性。

2. 基础种子繁育 用上年度生产的自交种子种植基础种子田，依据湖南省棉花高产栽培技术规范，采取高产栽培措施，提高良种繁殖系数。在大田生长期初次收花前拔除田间病、杂、劣、变异株，确保种子纯度和质量。

3. 强优势株系鉴定 1989年，在湘棉10号基础种子田中选出的优良单株No.15、

No.24，经1990年株行圃选择、1991年株系繁殖，表现出高衣分、强优生长势、不早衰等优于原品种的特性。1992年进行了强优势株系鉴定，1993年在上年试验的基础上，继续对No.15、No.24两个株系进行鉴定繁殖，考察其高衣分、强优生长势、不早衰等优良性状的遗传稳定性。主要对其进行抗性、生育期、品种典型性调查和籽棉的室内考种。

4. 原种繁殖

使用上年度的基础种子在新合分场四、五队进行原种生产，一般每亩配种量2千克，亩种植密度2800~3300株，采取高产栽培措施，提高良繁系数，增加优质原种的产量。在大田生长期初次收花前拔除田间病、杂、劣、变异株，确保种子纯度和质量。籽棉质量达到327标准棉以上的作种籽棉收购，分收分储分加工，对轧花厂加工后的毛棉籽选晴天通过翻晒降低水分至安全标准后贮藏销售。

1996年，使用新合分场生产的基础种子在大洲分场七队进行湘棉10号原种生产，面积326亩。因普遍推广湘杂棉1号、湘杂棉2号F1、F2良种生产，1995年，新合分场生产的湘棉10号原种大量积压，常规棉品种逐渐退出市场，年底收购湘棉10号优质籽棉后没有加工原种，该批棉种作商品棉籽销售处理。湘棉10号“统保分繁法”繁殖原种生产终止。

表13　　湘棉10号历年原种生产情况统计表

单位：亩、千克

年份	原始种子量	封花自交		基础种子繁育		原种繁育		
		面积	产种量	面积	产种量	面积	产种籽棉	产种量
1990	6	0.3	16	8.5	843	145	31000	14500
1991	5.5	0.3	23	8.0	920	675	157000	74200
1992	0.5	0.3	25.5	12.3	1695	585	125000	60000
1993	0.3	0.3	20.5	10	850	585	60000	29000
1994	0.3	0.3	18	10	750	585	45000	18000
1995	0.5	0.3	17	10	1210	585	45000	25200
1996	—	—	—	—	—	326	—	未收种

二　杂交棉种子生产

（一）F1生产

1996年10月底，省农业厅在长沙召开了全省杂交棉种子产业化工作会议，确定1997年度全省棉种实行“五统一”：即统一制种、统一加繁、统一加工、统一价格、统一销售。1997年，原种场按照省农业厅经济作物处的安排，首次进行湘杂棉1号F1制种。接受制种任务后，原种场领导高度重视，通过研究：基地确定在苏家吉分场，由总农艺师把关，原种场农业科牵头，在苏家吉分场成立了以分场场长为组长的制种工作领导小组，具体负责制种工作。

开展专业技术人员培训。原种场派出了以总农艺师肖立一为主的5人，参加省农业厅经作处组织的湘杂棉1号制种技术培训班，进行系统培训。回场后对制种农户及聘请的临时工进行人工去雄授粉操作培训。

具体操作方法：4月16日播种，5月7—16日移栽，6月8日现蕾，7月14日开始人工去雄授粉，同时进行正反交杂交。由于制种亲本纯度存在一些问题，尤其是正交母本，含杂率超过13%，给除杂工作带来一定困难。制种户主和聘请的临时工进行多次除杂后，再由质量检查小组人员集中检查至达到目的为止。为防止父母本雄花发生混杂，由两名技术人员专管收花、贮花和次日雄花的发放工作。一人管正交父本，一人管反交父本，贮花室、取花粉场所严格分开，杜绝了人工混杂现象的发生。杂交操作人员早晨补去雄，全部摘除已经开放的花朵，6:30后不再补去雄。每天上午人工授粉完成后，质量检查小组人员按所分田块逐行逐株检查是否有漏授粉标记线、开放花、自交铃。8月28日去雄授粉结束。总计去雄授粉46天，8月31日吐絮，11月10日田间捡花结束，采取分收、分晒、分轧、分贮的方法进行管理。

1997年计划制种150亩，制种基地具体安排在苏家吉分场五队，其前作为早春蔬菜或油菜，因其他原因实际安排制种面积35亩，参与制种农户11户，总产毛棉籽5700余千克，其中正交种子3800千克、反交种子1900千克，平均亩产150千克以上，制种获得成功。制种工作虽然取得较好成绩，但也存在一些问题：一是移栽密度过大，应将每亩2100株控制在每亩1600株为宜，便于田间去雄授粉操作；二是人工去雄授粉时间长，投工多（亩均用工4个），制种农户需请工完成人工去雄授粉工作，直接经济效益不明显。

1998年1月，该批毛棉籽运至省棉花科学研究所茅湾基地，将正交种子和反交种子充分混合后进行脱绒加工，共加工成400克/袋包衣种子12452包、4980.8千克，共支出加工、种衣剂、包装费用1.48万余元。该批种子12个样品当年在新合分场二队进行了纯度种植鉴定，全部为合格种子，能作商品棉生产种子使用。次年分别供给苏家吉分场788千克、新合分场462千克、乐兴分场456千克、大洲分场764千克、湘利区32千克，全场当年生产使用湘杂棉1号F1种子共2508千克；剩余2300多千克种子由场种子公司委托省棉科所经营未果，后送长沙蚕种冷库贮藏；部分种子交厅经作技术服务站抵制种管理费后，余下1615千克种子运回场内，1999年该批陈种子作转商处理。因此杂交棉F1制种在本场只进行了一年试制。

（二）F2生产

1996年，原种场新合分场、苏家吉分场在省棉科所的技术指导下，进行湘杂棉1号F2繁殖。湘杂棉1号F1种子由省棉科所提供，繁殖面积4500亩，其中新合分场2700亩、苏家吉分场1800亩。10月下旬省农业厅经作处雷秉乾处长一行到原种场考察湘杂棉1号F2加繁工作，按照“五统一”的要求确定棉种加工量和棉种价格。省经作处按每千克8.60元收购原种场产湘杂棉1号F2包衣棉种。

为保证棉种质量，9月下旬，原种场召开了种棉收购工作会议。会议确定由办公室牵头，场轧花厂、种子公司派员参加对种棉进行田间鉴定，分户签发田间检验合格证，凭证收购种棉。轧花厂在原种场种子公司仓库收购商品籽棉、在轧花厂本部仓库收购种棉籽棉，种棉籽棉在商品籽棉收购价格上每担加价25元，计划收购327级以上籽棉75万千克，加工毛棉籽40万千克，加工包衣种子27.5万千克。

10月上旬，原种场轧花厂开始收购并加工种棉籽棉，种子公司即对不同批次籽棉棉种取样检验种子水分、发芽率、净度、健子率等。10月中旬，种子公司经理谭旭生到省棉科所联系落实棉种脱绒包衣加工事宜，并将毛棉籽运到省棉科所茅湾基地进行脱绒包衣加工。种子公司财务室负责从轧花厂办理种子出库调运手续，检验室负责毛棉籽的抽样检验、包衣加工种子的检验，仓储室负责毛棉籽的包装运输、包衣种子的保管。

从1996年10月下旬到1997年3月中旬，历时5个月，共完成加工优质湘杂棉1号F2包衣棉种25万千克。

由于种植杂交棉F2杂种优势发挥有限，省棉科所对杂交棉F1制种技术的不断完善，杂交棉F1大面积推广，没有继续开展杂交棉F2加繁。

第五节　种子检验加工贮藏与经营

一　检　验

（一）田间检验

1. 场内自检

田间检验项目主要是检查生产田前作隔离条件、品种真实性、品种纯度、串粉程度（杂株率）、种子田的总体状况（倒伏、健康等情况）。

检验方法。采用“六点·万蔸法”对生产农户的制种面积进行逐丘检查。常规水稻、杂交水稻子一代种子生产一般在成熟期检验一次，不育系繁殖分别在花期和成熟期进行二次检验。检验合格的丘块对生产农户签发《田间检验结果单》，不合格的丘块由场种子公司通知相应农业分场督促种子生产农户整改，场种子公司派员复检后仍不合格，做降级、降价收购或转商处理。对提纯产株系种子采取全田检验除杂，确保源头种子质量。严格执行《农作物种子检验规程》所规定的标准：田间含杂率不育系原种≤0.1‰，大田用种≤0.5‰（1996年以前田间含杂率不育系二级种≤0.08%）；杂交种大田用种≤1‰（1996年以前杂交子一代二级种田间含杂率≤2‰）。

2. 省种子管理局（站）花检

不育系种子播种后及时向省种子管理局申请种子生产许可证，繁殖生产盛花期省种子管理局（站）组派专人对原种场的不育系繁殖进行花期抽检，所有组合抽检 5% 的面积，并将全省抽检结果统一通报全省各繁殖制种单位。1997 年 7 月 12 日至 16 日，湖南省种子管理站组织省种子公司、全省各地市州种子公司、原种场等相关单位领导分别对怀化芷江省提基地、怀化会同省繁基地、常德大龙站省繁基地、原种场省提省繁基地不育系种子进行花检，并在常德召开不育系花检现场会，高度评价了原种场省提、省繁工作所取得的成绩。1998 年 7 月上旬和 1999 年 7 月上旬，湖南省种子管理站组织省种子公司、全省各地市州种子公司、种子管理站的有关人员在贺家山召开了不育系花检现场会，通报了历年全省不育系种子花检结果情况，原种场除 1996 年外，其他年份花检结果都比较好。省种子管理站同意：以后原种场杂交水稻子一代制种田间花检由常德市种子管理站进行抽查。

（二）室内检验

原种场种子公司检验室一直负责全场种子的室内检验，安排 2 名 ~3 名经省农业厅培训，持有专业检验员合格证的人员从事室内检验工作。对种子水分、净度、发芽率的检验检测均严格遵守检验操作规程（GB/T3543.1-1995），严格执行国家种子质量标准（GB4404.1-1996、GB4404.1-2008）。为改善种子检验条件，提高种子检验水平，保证种子检验结果准确，1996 年 8 月 1 日，原种场投资 15 万元，对种子公司原种子检验室进行扩建改造，当年 10 月竣工交付使用。2004 年，种子公司新办公楼建成投入使用，检验室设置更加合理、设施设备不断完善。检验室 1991—2017 年共入库检测子一代种子样品 5767 个、不育系种子样品 5813 个。

1. 水分检验　国家种子质量标准规定：常规稻（籼）、杂交水稻不育系、恢复系、保持系、杂交种 F1 种子水分含量不超过 13.0%；常规稻（粳）水分含量不超过 14.5%。针对种子精选入库后贮藏期间水分有吸潮回升现象，在收购入库时种子水分含量一般控制在 11.5% 以下。水分含量的测定方法一直采用快速水分含量测定仪进行检测，在种子入库时由种子公司检验室专人严格把关，水分含量达标方可入库。种子贮藏期间每月检测一次水分含量，做到安全贮藏。在仓库密闭防潮性能较好的情况下，一年内完成销售时贮藏种子的水分含量一般不会超标。检验室 1991—2017 年种子水分含量检测结果均低于国家标准 0.8%~1.5%。种子销售时，种子水分含量均在国家标准以内，没有发生一起因种子水分含量超标引发的种子质量事故。

2. 净度　国家种子质量标准规定：常规水稻、杂交水稻 F1 种子、杂交水稻不育系、恢复系、保持系种子净度均不低于 98.0%。种子净度的高低很大程度上取决于精选质量，原种场种子公司安排受过专业培训的人员担任机械操作员从事种子精选工作。精选设备主要采用原东德产 K531-1 型复式精选机，精选效果较好，种子净度易达到国家标准。在灾害性天气年份，杂交水稻种子容易发生穗萌动或穗发芽、稻粒黑粉病，必须采用重力选才能保证种子净度达标。对于小品种的少量种子，为减少机械混杂，采用风车等其他方式精选，净度稍差一些，个别甚至达不到国标要求，但这些种子一般不进入市场流通，在场内使用不会产生风险。1991—2017 年子一代种子净度检验结果均在 98.0% 以上、不育系等亲本种子净度均在 99.0% 以上。

3. 发芽率 国家种子质量标准规定：水稻常规种发芽率不低于 85%，杂交水稻 F1 种子不低于 80%，杂交水稻不育系、恢复系、保持系发芽率不低于 80%。种子发芽率是一个非常重要的质量指标，种子发芽试验是一项非常重要的检验内容。种子公司检验室每年对收购入库种子严格按分户样或批次样进行发芽试验，对库存种子每一个季度做一次抽样检测，充分掌握贮藏种子发芽率的变化情况，为种子销售、生产提供真实可靠数据。1991—2017 年入库子一代种子发芽率检验结果一般在 66%~94%、入库不育系等亲本种子发芽率在 70%~95%。通过检测，对发芽率略低于国家种子质量标准的种子，通过再次精选适当提高发芽率。

（三）海南纯度种植鉴定

在杂交水稻不育系种子繁殖和子一代制种过程中，纯度鉴定是监控品种是否保持原有特征特性或符合种子质量标准要求的主要手段之一。纯度鉴定的目的：一是鉴定种子样品的真实性与品种描述是否相符，二是鉴定种子样品纯度是否符合国家标准。国家标准：常规稻和杂交水稻不育系、恢复系、保持系原种纯度不低于 99.9%，大田用种不低于 99.5%，杂交稻子一代大田用种纯度不低于 96.0%。

种子公司历年繁殖生产的不育系种子，在种子收获入库后由省种子管理站（局）抽取分户样进行纯度鉴定，省种子管理站（局）在海南三亚“湖南省农作物种子种植鉴定基地”开展纯度种植鉴定。杂交水稻子一代则委托常德市种子管理站抽取分户样或种子批样进行海南纯度种植鉴定。1991—2017 年，共送省种子管理站（局）、常德市种子管理站到海南进行纯度种植鉴定样品 7800 多个，其中不育系 4300 多个，子一代 3500 多个。种子销售则根据海南纯度种植鉴定结果，不达标、不合格种子严格按照省种子管理局（站）和市种子管理站要求做好降级或转商处理，合格种子经按种子批混大样后销售使用。

二 加 工

种子收获后，不仅要使种子水分含量降到安全贮藏标准，还要根据种子的物理特性，除去种子中的惰性物质、茎叶、杂草种子、昆虫及未成熟的、破碎的、遭受病虫侵害的种子，同时对种子进行各种物理、化学处理，保证种子质量，提高播种品质。必要时还要依据外形尺寸等加以包装分级。种子加工包括精选、烘干、包装和种子包衣等主要加工工序。

（一）精选 1991 年后，原种场生产种子精选加工主要使用 2 台原东德产 K531–I 型复式精选机，机械操作一直由受过专业培训的工作人员负责。种子公司还购置有甘肃酒泉、河北石家庄产小型风筛选机械设备，由于国产风筛选、复式选、重力式精选机等精选种子效果欠佳，基本停用，仅限于用来精选小品种、少数量种子。1998 年 7 月，为方便加工提纯产株系种子，种子公司利用场建设办工程师姚必恭的设计图纸，由原种场木匠李开文打制成能拆卸的木制风车 2 台。1999 年 3 月，原种场投资 40 万元，对种子加工车间进行扩建，新建厂房 364 平方米，配套重力式精选机（主机为美国产），主要用于稻粒黑粉病或穗发芽较多、质量较差种子的精选，当年 6 月竣工交付使用。每年生产的种子全部进行精选加工，1991—2017 年共精选加工种子 676.12 万千克，其中不育系种子 282.10 万千克，杂交子一代种子 315.29 万千克，其他种子（保持系、恢复系、常规稻）78.73 万千克。

（二）烘干　2001 年，修建烘干车间 240 平方米。2002 年投资 20.8 万元添置烘干设备 4 台，其中三久低温干燥机 ACF40-30、ACF40-25 各 2 台，单次可烘干种子 11 吨，日处理种子量可达 40 吨以上，能确保种子安全收获。2005 年以后，种子收获基本实现机械化，收获时可避开不利天气的制约，种子干燥普遍采用人工自然晾晒，一般不使用烘干设备。烘干设备在 2003 年对金优 207 试用过一次，烘干效果比较好，种子烘干后水分和发芽率两项指标均达国家标准。

（三）种子包衣　种子包衣是将精选加工后的种子使用机械方法包上一层带有成膜剂的种衣剂，以达到防病、杀虫、促长、增产的目的。种子公司 1999 年 5 月运送 1300 千克粳稻秀水 63 种子到长沙县植保站进行首次种子包衣加工，回场后用于乐兴分场春繁连作晚稻生产，在秧苗期未使用化学农药防治病虫害的情况下秧苗生长健壮，证明种子包衣效果较好。1999 年 9 月，种子公司购置 5BYX-3.0 型种子拌药包衣机一台。2000 年对不育系珍汕 97A 包衣后夏制生产、对粳稻秀水 63 种子包衣加工，大面积使用包衣加工种子在浸种催芽时比较烦琐，后一直被停用。1996 年繁殖的湘杂棉 1 号 F2 种子、1997 年制种的湘杂棉 1 号 F1 种子，均送往省棉科所茅湾基地进行泡沫酸脱绒包衣加工。

（四）包装　根据农业部《农作物种子标签管理办法》及《商品种子加工包装规定》等法规的要求，种子标签应当标明作物种类、品种名称、生产商、质量指标、净含量、生产年月、警示标志、“转基因”标识以及种子类别、品种审定编号、生产许可证编号、经营许可证编号、检疫证明编号、产地、生产商地址、联系方式等内容，其中前 8 项内容必须直接印制在包装物表面。个别内容指标如品种名称、生产年月、种子批号等，采用喷码的方式直接喷印在小包装正面。2003 年，种子公司购置一台伟迪捷 460 喷码机，由专人操作。公司生产的不育系和恢复系种子均采用 6635-I 型国标麻袋进行 65 千克标准件大包装销售。1999 年以前，生产的杂交水稻子一代种子基本以散装或简易小包装销售为主。1999 年，公司设计制作了“贺家山”种子商标的小包装袋（1.0 千克和 1.5 千克两种规格），推介贺家山种子品牌，规范种子包装行为。小包装封口采用 FR-500 型快速塑料封口机和 FRB-12 型自动塑料薄膜封口机封口。2000 年，《中华人民共和国种子法》颁布实施，杂交水稻子一代种子除大包装批发给有包装权的公司销售外，种子公司一律采用小包装市面销售。2000—2017 年，种子公司常德经营部销售推广“贺家山”牌小包装杂交子一代种子 16 万余千克。

三 贮 藏

2017 年，种子公司有仓储面积 3346.6 平方米，其中平顶仓库 1000 平方米，高脚仓库 148.2 平方米，小品种仓库 312 平方米；新建标准仓库 1275 平方米，可贮藏种子 200 多万千克。配备专职仓储保管人员 1 名，负责种子贮藏期间各项管理工作。

（一）常规贮藏　当年收获的种子一般采用常规贮藏。水分含量检测合格后精选入库，精选时采用麻袋包装（65 千克 / 包），一户一号，分品种、级别、仓库存放，按规定要求堆码。入库前对空仓消毒处理，入库后做好种子熏蒸杀虫处理，贮藏期间定期进行水分含量、发芽率检测，确保贮藏效果。

（二）低温低湿库贮藏

1. 低温低湿贮藏库建设　1991 年，原种场投资修建了动力为柴油发电机组、面积为 356.4 平方米的低温低湿贮藏库，1993 年交种子公司使用。可贮藏种子 20 余万千克，试用后因费用太高且库内湿度得不到有效控制，被闲置停用。

2. 空调库贮藏　2000 年 7 月，种子公司将库存的 1.08 万千克珍汕 97A 等不育系种子运至慈利 670 储备库低温贮藏，翌年 3 月运回使用，共支出贮藏、运输等费用 6000 余元，贮藏效果较好，但不方便管理和使用。2000 年 V20A 繁殖大面积丰产，湖南省种子集团公司用种合同不能及时兑现，造成 V20A 等种子积压 10 余万千克。2001 年 7 月，公司参照外地经验对原有一间 110 平方米常规仓库进行改建，投资 3.2 万元建成空调制冷低温库，可存放水稻种子 120 吨，后因常规仓库进行改造而拆除。2003 年，公司新建成 2 间空调制冷低温库，每间库容 480 立方米，共可存放水稻种子 200 吨，库内安装 5 匹空调 2 台，购机费用 1.3 万元；年用电量 1.5 万千瓦时，电费支出 1.33 万元，种子空调制冷低温贮藏费用为 133 元 / 吨。通过夏季高温时段空调的降温和抽湿，使得库内温度长期保持在 18℃左右，相对湿度 50%~60%，有效地延长种子的使用寿命。检测资料显示：2004 年 6 月种子入低温库时，种子发芽率平均为 87.5%，水分含量 11.6%，经过 4 年的贮藏，2007 年 3 月种子出库时，平均发芽率为 82.5%，比入库时仅降低 5%，水分含量 12.2%，比入库时仅升高 0.6%，种子各项指标仍能达国家标准，可以销售使用。

表 14　　四种不同水稻品种冷藏效果对照

单位：%

年度	新香 A		珍汕 97A		新香优 63		桂 99	
	发芽率	水分	发芽率	水分	发芽率	水分	发芽率	水分
2004	89	11.5	85	11.5	86	11.5	90	12.0

续表 14

年度	新香 A		珍汕 97A		新香优 63		桂 99	
	发芽率	水分	发芽率	水分	发芽率	水分	发芽率	水分
2005	88	11.7	83	11.8	85	11.7	89	12.1
2006	86	11.8	81	11.9	84	11.9	87	12.2
2007	85	12.0	79	12.2	81	12.0	85	12.4

3. 智能低温低湿贮藏库建设　2015 年 5 月，种子公司投资 11.5 万元，由常德市华南制冷设备有限公司在原空调库改建 350 立方米智能低温低湿贮藏库一栋，种子贮藏温度控制在 0~5℃，可贮藏种子 5 万千克。经对种子进行入库前后的对比检测，贮藏种子发芽率下降缓慢，有效延长种子的使用年限。

四　经　营

20 世纪 90 年代，原种场种子公司在湖南省种子管理站申请办理了种子经营许可证和种子生产许可证，注册资金 60 万元，主要经营农作物种子、种苗。1996 年，因多起种子质量事故引发的纠纷和赔偿使得种子质量信誉度下降，种子销售工作陷入困境，每年都有不同程度的种子积压，种子公司连年亏损，经审计累计亏损逾千万元。

1998 年 4 月，原种场下发《关于征集水稻种子商标命名和图案设计的通知》，组织广泛设计和筛选，征集到设计的商标有：绿源、金山、大丰收、穗丰、金浪、贺家山等。2000 年 3 月 7 日，由场内职工李小平设计的“贺家山”种子商标，在国家工商行政管理总局商标局注册成功。

根据《中华人民共和国种子法》、农业部《农作物种子生产经营许可证管理办法》和湖南省农业厅《关于印发申办农作物种子生产经营许可证有关规定和确定主要农作物范围的通知》，为满足公司申办农作物种子生产经营许可证的要求，2001 年 3 月，种子公司委托常德正大有限责任公司对种子公司资产进行评估。经评估，公司资产总值 704.75 万元，其中房屋建筑物 257.98 万元、构筑物 341.96 万元、机器设备 104.81 万元。同年 6 月，在湖南省种子管理站完成农作物种子生产经营许可证申报，申请注册资本 668 万元。公司生产种子除销售湖南省各地外，还销往湖北、江西、广东、广西、安徽、福建、江苏、浙江、四川、贵州、海南等省区，销售客户近百家。

2005 年 5 月，颁发实施《湖南省贺家山原种场种子公司体制改革实施方案》，对公司进行内部改革，聘任邓支福为经理，由经理聘任副经理和员工。公司新班子搭成后，2005—2014 年实现连续 10 年赢利，累计赢利 792.69 万元。

1991—2017 年累计销售种子 676.13 万千克，其中不育系种子 28.21 万千克，杂交子一代种子 315.29 万千克，恢复系种子 26.23 万千克，常规稻种子 113.19 万千克，总销售额达 6905.9 万元。历年种子销售情况见表 13。

表 15

1991—2017 年贺家山原种场种子销售情况汇总表

单位：元、千克

年份	不育系			子一代			恢复系			常规稻及转商种子			合计	
	数量	单价	金额	数量	单价	金额	数量	单价	金额	数量	单价	金额	数量	金额
1991	68938	6.18	425907	215063	4.65	1000587	14200	1.54	21877	47724	1.50	71742	345925	1520113
1992	21139	5.19	109725	423118	4.78	2020792	19906	1.28	25440	313458	1.40	437352	777621	2593309
1993	132525	5.56	736695	315143	5.33	1678383	31313	1.76	55084	—			478981	2470162
1994	64853	16.02	1039058	183938	12.37	2275803	1280	2.41	3090	1404	1.98	2775	251475	3320726
1995	75019	17.19	1289545	52992	12.50	662343	24570	2.83	69610	33150	4.02	133354	185731	2154852
1996	33345	11.53	384605	86430	9.03	780747	7020	2.70	18980	312	3.00	946	127107	1185278
1997	16520	12.90	213173	107433	5.15	553227	—			—			123953	766400
1998	26779	10.83	289966	229777	8.59	1974575	5542	4.60	25495	—			262098	2290036
1999	115482	12.51	1444292	88961	3.86	343263	26466	3.96	104862	—			230909	1892417
2000	160055	12.40	1984296	203544	5.69	1157713	4380	4.35	19068	4832	2.40	11635	372811	3172712
2001	297884	9.19	2738656	422874	5.69	2406309	10626	4.28	45483	988	1.19	1173	732372	5191621
2002	260714	10.29	2681446	95725	8.78	840513	29366	4.57	134316	8390	1.55	12989	394195	3669264
2003	194806	9.33	1818374	272414	8.93	2431392	16144	4.18	67515	5479	1.96	10727	488843	4328008
2004	99603	9.45	941104	214254	5.33	1141141	18850	4.50	84826	950	2.82	2680	333657	2169751
2005	124874	11.44	1428431	110803	7.40	819650	11415	5.51	62940	8626	2.76	23773	255718	2334794
2006	144654	13.00	1881129	40957	8.73	357535	6878	6.68	45911	14660	3.29	48249	207149	2332824

续表 15

年份	不育系			子一代			恢复系			常规稻及转商种子			合计	
	数量	单价	金额	数量	单价	金额	数量	单价	金额	数量	单价	金额	数量	金额
2007	116295	13.60	1582162	28316	9.39	265902	4893	6.51	31856	1694	4.35	7374	151198	1887294
2008	123889	14.56	1804002	27515	7.93	218200	2634	7.38	19438	249	2.39	594	154287	2042234
2009	147602	17.20	2539181	31548	9.91	312593	3534	10.18	35968	1732	3.86	6678	184416	2894420
2010	153102	23.58	3610258	—			2579	15.58	40170	—			155681	3650428
2011	124896	37.40	4671276	—			3115	16.37	50990	4580	4.00	18320	132591	4740586
2012	122673	38.94	4776743	—			1405	15.61	21932	—			124078	4798675
2013	42469	41.25	1751877	—			1300	20.00	26000	16332	3.77	61633	60101	1839510
2014	41085	30.08	1236156	—			1820	16.00	29120	16018	2.80	44850	58923	1310126
2015	45385	40.31	1829268	—			9655	7.00	67585	25126	2.80	70352	80167	1967205
2016	24884	37.40	930702	2100	26.00	54600	3296	7.00	23072	8480	2.80	23744	38760	1032118
2017	41549	35.44	1472317	—			65	20.00	1300	10904	2.80	30531	52518	1504148
合计	2821019		45610344	3152905		21295268	262252		1131928	525088		1021471	6761265	69059011

（一）常德经营部　2000年，种子公司开始在常德市丹阳路农资大市场设立种子销售门市部；2001年，在桥南玉霞路（原场驻常办事处）设立桥南经营部开展种子批零经营。2003年，原种场投资66.1万元在常德武陵农资大市场购买290.9平方米门面住房作为公司常德经营部，撤销丹阳门市部和桥南经营部；2004年正式挂牌营业，一楼为门面，二、三楼为客房。2006年后，公司调整经营模式，将经营部承包给公司职工独立经营。

（二）出口种子　2001年、2003年、2004年、2005年，种子公司与隆平高科国际贸易部合作，隆平高科国际贸易部委托公司生产出口种子，隆平高科国际贸易部将原种场生产的新香优63杂交稻种子出口东南亚国家，累计共生产出口种子68439千克。

五　种子质量认证试点

1998年4月，农业部在湖南长沙召开全国农作物种子质量认证工作会议，11月原种场被农业部确定为“全国第二批种子质量认证试点单位”。1999年7月，农业部在昆明举办种子检验、质量认证与植物新品种保护研修班培训。根据农作物种子质量认证的规定和有关会议要求，2000年，原种场种子公司对照质量认证标准建立健全质量认证体系框架，设立了质量保证、田间室内检验、生产、经营、财务、人事培训、良种引育、加工贮运、售后服务等几个部门。编纂《湖南省贺家山原种场种子公司质量手册》，并于2002年3月20日颁布实施。

2000年5月，农业部在山东烟台召开全国农作物种子质量认证试点工作经验交流会。7月14日，农业部印发《全国农作物种子质量认证工作经验交流会纪要》，确定原种场为2000年全国36家农作物种子质量认证试点单位之一。

通过种子质量认证试点，生产种子质量稳步提高，市场信誉度不断提升。1999—2002年生产的杂交水稻“三系”亲本不育系原良种90万千克，杂交子一代种子100万千克，经湖南省种子质量检测中心进行海南种植鉴定，不育系原种达标率达80%以上，良种、子一代种子合格率均为100%。2002年3月，被中国技术监督情报协会评为“3·15”质量无投诉，服务无投诉诚信企业。

2002年6月，全国农业技术推广服务中心确定原种场为当年全国农作物种子质量认证试点单位。

2003年，在原有的基础上建立了以经理负责制为主的种子质量认证试点领导班子，以部门负责人为主的工作群体，围绕种子质量开展工作。当年培训骨干40人次，培训考试合格者上岗。组织员工学习《中华人民共和国种子法》，颁发《湖南省贺家山原种场种子公司质量手册》，增强质量意识，规范种子质量控制程序。由种子公司质检部专责加强种子生产程序的质量控制，种子流动的每道工序记录备案，变事后检验为事前控制，上道工序对下道工序负责，种子质量实行一票否决制；狠抓源头种子的质量控制，株系种子含杂达零指标要求，获得了好的质量效果；严防种子收购、加工、包装、储运各个环节的机械混杂，保证种子质量安全；对亲本和子一代的生产，分片田间绘图，分户造册建档，从发放亲本种子开始到海南种植鉴定结果出来止，记录在册。种子收获前田间检验，以一次鉴定结果为准，不复检。种子收获时派工作人员监督收割，察看晒场异品种情况，督促种子入库。质检人员分户收购同时测检种子水分含量，水分含量达到11.5%以内者收购入库，否则拒收。种子精选时机前取样，检测水分含量，水分含量有误差者重晒。室内检验净度、发芽率不达标者重选；有穗芽谷而不合格者，用重力精选机复选，直至达标。种子精选后入库结账，还要扣除总价值20%押金，待海南种植鉴定结果出来，四项质量指标确定后再结清。分户海南种植鉴定种子纯度，除送省农作物种子质量监督检验测试中心检测外，种子公司还组织人力、物力到海南种植鉴定，保证销售出去的亲本良种纯度在99.8%以上，子一代种子纯度在99.0%以上。对于不达国家种子质量标准的种子，分开贮藏，一律转商处理。抓硬件设施建设，保证种子的贮藏安全。

是年，经湖南省农作物种子质量监督检验测试中心检测，种子公司认证的66.1公顷生产的V20A、珍汕97A、优Ⅰ A、金23A、新香A等5个不育系良种15个批样全部合格；认证的41.1公顷生产的金优63、汕优63、金优桂99、新香优80、汕优198等5个子一代品种全部合格。共销售认证三系杂交水稻亲本种子16.93万千克，子一代种子9.62万千克，获利44万元。种子公司生产的种子质量保证度、顾客满意度均为100%。

原种场种子公司按照种子认证质量体系要求进行杂交水稻“三系”亲本原、良种子和子一代种子的生产和经营。经过几年的工作，种子质量稳步提高、种子质量意识整体提升、市场信誉度不断提高、市场份额不断扩大，种子畅销南方稻区。种子公司2002年产杂交水稻“三系”亲本不育系原、良种向全国农业技术推广服务中心进行种子质量认证申报，经农业部全国农作物种子质量监督检验测试中心审核，2002年12月25日批函同意湖南省贺家山原种场种子公司申报的5个不育系品种（V20A、珍汕97A、金23A、优Ⅰ A、新香A）、11个种子批、19.28万千克为认证试点种子，认证试点种子批号为：CSC/贺家山种司/CN200243R0104-1~11。

2003年，种子公司生产杂交水稻种子新香优80、新香优63、汕优63、汕优198、金优63、金优桂99等六个品种共10.05万千克种子，进行种子质量认证试点种子申报，经农业部全国农作物种子质量监督检验测试中心审核批准，为中国农作物种子质量认证试点产品水稻认证试点种子，编号：CSC/贺原/0305R4101。

六 种子质量事件

由于种子公司1994、1995年生产经营杂交水稻种子质量事件的不断发生，1996年9月12日原种场召开会议，决定建立总农艺师对三系亲本提纯把关、主管农业副场长对种子生产把关的责任制。成立两个专门班子：种子清理工作组由场纪委、监察室、计财科、种子公司等相关单位和部门负责人组成，对1994年以来，种子事故原因进行清理；种子理赔工作组由副场长袁振兴任组长，原种场办公室、种子公司负责人与财务人员为工作组成员，对1994年以来因种子质量问题给用种单位或个人造成经济损失的事件进行合理赔偿。原种场党委研究同意，1997年3—6月聘请已退休原种子公司经理欧阳可夫担任场种子公司顾问，协助场种子公司经理开展工作。种子公司种子质量事件给省内外各用种单位造成了重大经济损失，同时种子质量信誉度严重下降，种子大量积压，种子公司生产经营陷入了困境。经审计，至1997年4月，种子公司累计亏损803万余元。

（一）不育系种子质量事件

1. V20A南繁 1994年冬，种子公司在海南繁V20A原良种220余亩，产种子15420千克。湖南省种子公司调用12285千克，在各地繁殖制种生产中出现田间含杂超标问题，原种场与省种子公司共同派员到各用种单位临田鉴定，含杂超标问题属实。经省贺家山原种场、湖南省种子公司与各用种单位分别协商达成协议，共赔偿111.48万元。其中：赔偿湖北省崇阳县种子公司15万元；赔偿双峰县种子公司40.7万元；赔偿株洲市种子公司23.8万元；赔偿湘潭市种子公司14.2万元；赔偿衡山县种子公司17.78万元；赔偿安化县种子公司6000千克V20A原、良种，折人民币6.6万元。

2. 优IA 1994年，种子公司在鼎城区断港头镇杨柳村基地产优IA种子53213千克，全部外销，因种子质量问题赔偿21.3万元。其中：江西省抚州市种子公司购种14300千克，制种田含杂超标，获赔8万元；广东省化州市种子公司购种1200千克，制种田间含杂超标，获赔3.3万元；郴县种子公司（在省种子公司购场种子公司产）获赔6万元；江西省南城县种子公司购种2030千克，制种田含杂超标，获赔2万元。

3. V20A夏繁 1995年，大洲分场夏繁产V20A种子49852千克，销出46684千克，因种子质量问题合计赔偿64.4万元。其中：郴州市苏仙区种子公司调用7345千克，制种面积2445亩，田间含杂8.76%，严重超标，按每亩40元的标准补偿9.78万元除杂费用；株洲市种子公司调用17500千克，田间含杂4.36%，严重超标，协商赔偿44.92万元；沅陵县种子公司调用1040千克，制种田含杂1.7%，略超标，协商赔偿0.7万元；贵州省玉屏县种子公司调用良种2990千克，制种田含杂3.0%，严重超标，协商赔偿9万元。

（二）恢复系种子质量事件

1994年冬，郴州市郴县种子公司从场种子公司调进当年产密阳46恢复系种子1300千克，用于1995年威优46、汕优46、Ⅰ优46、金优46等组合制种共1525亩，各组合共产子一代种子约25万千克。苏仙区种子公司收购入库种子15.35万千克，销售12.13万千克。其中销往广东省阳山、英德、东源、仁化等县共39485千克，销往湖南省宁乡、平江、湘乡、炎陵、双峰、桂阳、临澧等县和原种场共65815千克，在鼎城区销售1.6万千克。

1996年商品粮大田生产时田间含杂严重超标，威优46、汕优46等4个组合含杂率高达30%~40%，且各组合杂株类型基本相似。经省、市、区联合专家调查组田间调查原因分析，确定为恢复系密阳46的恢复度部分丧失。根据湖南省政府、省农业厅专家组调查后做出的处理决定，经双方协商，原种场给予苏仙区种子公司1995年生产已收购入库的15.35万千克子一代种子转商处理，赔偿92万元的经济损失，不再负责因种子质量所造成的其他一切后果。对用种农户造成的产量损失，主要是苏仙区种子公司未对以上种子送样进行纯度种植鉴定而致，概由苏仙区种子公司负责处理赔偿事宜。

（三）杂交种子一代种子质量事件

1. I 优 46　1995年，乐兴分场产I优46种子46013千克，销售出26865千克，未销售出19148千克种子做转商处理，经济损失12.8256万元。销售出的种子因种植后含杂超标等质量问题赔偿111.978万元，其中：宁乡县种子公司购种15165千克，获赔75万元；临澧县太浮乡农技站购种650千克，获赔7万元；澧县雷公塔乡农技站购种3445千克，赔偿26.4万元；桃源县种子公司、武陵区种子公司购种6500千克，获赔1.3万元；种子公司零售农户获赔2.275万元。

2. Ⅰ优 77　1995年，种子公司在鼎城区周家店镇大砖桥村制种基地生产的Ⅰ优77产种子36400千克，合格种子销出3900千克，其余合格种子库存；转商处理不合格种子5450千克，造成经济损失4.8505万元。销出种子因质量问题赔偿8.31万元，其中：桃源乙甲城、兴隆街乡农技站0.65万元；武陵区种子公司3.6万元；韩公渡镇个体经营户陈本达2.11万元；澧县太浮乡农技站1.95万元。

3. 调入威优 46　1995年，种子公司从郴州市苏仙区种子公司调入威优46种子2015千克、从湘潭市种子公司调入威优46种子10010千克，因含杂超标，累计赔偿损失49.2777万元。经与用种户协商后赔偿情况：牛鼻滩镇农技站购郴县产威优46种子1300千克，田间含杂37.4%，严重超标，获赔20.25万元；津市市棠华乡奇龙村购苏仙区产威优46种子600千克，含杂严重超标，获赔5.32万元；种子公司零售苏仙区产威优46种子64.5千克，获赔6450元；澧县雷公塔、桃源兴隆街、乙甲城乡等地农技站和个人购湘潭产威优46种子2905千克，获赔17.6191万元；种子公司转商种子6257千克，损失5.4436万元。

4. Ⅰ优 198　沅江市七子浃乡农技站调入Ⅰ优198种子赔偿0.9万元。七子浃乡农技站所调种子系2000年种子公司生产部分种子，因种子发芽率问题，田间表现为成秧率低，用种农户反映强烈，经过种子公司经理汤传高等到沅江调查并处理，未造成其他损失。

5. 金优 527　沅江市七子浃乡农技站购金优527种子赔款3万元。金优527种子系原种场种子公司2002年试制种生产，共产种子近1000千克；该组合当时未通过湖南省农作物品种审定，种子公司未办理种子生产许可证。农户用于生产作一季稻栽培，孕穗、抽穗扬花期遇夏季高温，生育期缩短20天左右，结实率较低，导致大幅度减产。种子公司经理汤传高等协同沅江市农业局种子管理站，进行临田调查并作出以上处理意见。

6. 威优46 个体经营户汤传友长沙售种威优46赔款659元。所调种子系2000年场种子公司生产部分种子，因种子发芽率问题，公司赔偿播种损失及其他费用共计659元。

7. 两优培九 两优培九系场种子公司2003年从隆平高科农平种业公司调进，数量为10010千克；种子公司小包装后销售，未销完的几百千克种子退回农平种业公司。韩公渡镇农户在常德金穗种业购买该批种子用于生产后反映纯度质量问题，金穗种业向场种子公司反映，种子公司向农平公司反映了情况，农平公司派员到生产户进行田间调查并处理，同意赔偿损失5000元；并从当年调场种子公司不育系种子价款中一并给付；但金穗种业要求赔偿7800元，鉴于和农平种业公司有长期合作关系，因此该批种子赔款场种子公司贴付2800元。

8. 金优207 石门桥镇个体经营户熊跃付购金优207种子赔款0.4万元。熊跃付购场种子公司2003年产金优207种子用于大田生产，播种后成秧率低，向公司反映，经调查情况属实；但考虑公司与经营户双方的责任，种子公司负主要责任，该经营户负次要责任；经协商种子公司对生产农户负担经济损失4000元。

9. 金优974 江西省永修县种子公司调金优974种子赔款2.6万元。永修县种子公司调种子公司产金优974种子6947千克，该种子为乐兴分场2002年秋制生产，当年共产金优974种子2.6万余千克。生产过程中，发现花期隔离有问题，种子公司对隔离有问题的20余亩种子生产田所产种子拒收。原种场分管领导要求公司收购并进行海南鉴定，鉴定合格则可以销售。永修县种子公司在农户早稻生产过程中发现种子纯度问题，向公司反映，种子公司派刘陵武、严德志去永修进行临田鉴定，双方对鉴定结果无异议，并签写了田间鉴定结果统计表。永修县种子公司来常德处理种子质量含杂超标问题，种子公司经理汤传高等同对方商谈，经双方协商，达成2.6万元的赔偿协议。该批种子在海南进行了种植鉴定，原种场鉴定结果与常德市种子管理站鉴定结果相同，含杂未超标，但2003年在乐兴一队作晚稻栽培，田间表现与永修栽培情况一致。

10. 2002年苏仙区坳上镇基地制种 苏仙区坳上镇汕优46基地制种122亩，因隔离原因导致制种失败，对制种母本进行割青处理补损6.71万元。种子公司2002年在苏仙区坳上镇进行基地制种。制种组合3个：新香优80、汕优46、培两优288。种子公司3月初同制种基地村签定了种子生产合同，并带回郴州市种子公司历年制种技术参数资料。种子公司根据当地制种技术资料制定了种子生产技术方案，派出4名技术人员在基地负责种子生产。新香优80、汕优46制种亲本种子为本场产，培两优288亲本从农平种业公司调用。新香优80制种产种子2.64万千克，经营利润在12万元以上。汕优46制种面积122亩，3月25日播父本，方案计划4月25日播母本，6月28日左右始喷“九二〇”，与当地7月20日左右始穗的一季杂交稻采取的是时间花期隔离。因当年4—5月低温阴雨天气较常年异常严重，父本旱育秧、寄插后僵苗不发，此种情况苏仙区46系列制种类同。

为保证花期相遇，基地生产技术人员通过观察记载并认真研究，母本推迟于5月5日播种，播种期比方案计划推迟了10天以上，父母本花期相遇良好，但制种花期推迟了10天以上，在7月10日左右始穗，最终导致制种与当地非制种农户一季稻生产发生大面积串粉而不能保证种子质量。种子公司经向原种场领导汇报，为维护公司形象和避免造成更大的制种经济损失，根据当时实际情况同制种基地村经过协商，达成制种补偿协议，按基地村实际制种面积122亩一次性补偿给制种农户制种损失6.71万元。要求制种农户对制种母本进行割青处理，基地技术人员对割青时间作了要求，母本全部割青完毕，未产生其他损失。补偿处理过程中，类似情况在苏仙区内的各制种基地共割青处理近2000亩，补偿近100万元。因气候异常制种花期后延是导致制种割青补偿的直接原因，但主观因素是隔离不严所致。

11. 韩公渡镇走马岗村威优46制种事件

种子公司从1993年开始在鼎城区韩公渡镇走马岗村建立制种基地，至1994年两年制种双方签有书面合同，履行合同义务比较好。1995年3月，走马岗村四位负责人到种子公司要求继续进行基地制种，未签订书面合同，双方口头商定：走马岗村为场种子公司制威优46种子350亩；种子公司提供亲本种子和制种技术，并派一名技术人员驻村；基地所产种子须全部由场种子公司收购，种子收购价格按当时稻谷市场价的1 ∶ 6计算。走马岗村落实到户的制种面积为354.4亩，分布在全村11个村民小组，267个农户，进行秋季制种。公司派出技术人员5月下旬进村，6月开始播种，8月20日前后始穗。喷施“九二〇”期间，种子公司加派了2名技术员加强指导。授粉期间大田表现母本含杂超标。9月13—19日，场种子公司从场有关单位抽调31人，到该村制种田除杂。9月下旬收割基本结束，产种约2.5~3万千克。10月中旬双方第一次协商收购价格，公司提出每千克9元，走马岗村制种农户觉得收购价格偏低。走马岗村负责人到公司协商，最后商定种子收购价格为每千克10元。双方就种子交售收购具体细节问题没作商议。11月下旬，走马岗村按每千克10元的议定价，向农户收购到1400千克种子，作为种子公司当年技术服务费、管理费，于12月交种子公司；余下的28058千克种子经由制种农户自留走私销售。

1996年6月上中旬，该批自留走私种子作中稻—再生栽培时，发现田间杂株严重，用种农民反映强烈，走马岗村要求场种子公司处理未果。6月25日向常德市中级人民法院起诉。该批种子纯度问题暴露后，鼎城区种子管理站根据市中院书面委托，1996年7月8日进行了田间现场鉴定，平均含杂蔸率为39.6%，其中：不育系占32.4%，保持系占7%，变异株占0.2%。临田估产，平均单产为317千克，比鼎城区前三年中稻、一季稻平均单产440千克减产123千克，减产率28%。市中级人民法院1996年8月13日测产（注：无原种场人员和专业技术人员参加），平均单产为196.5千克，比正常单产450千克，减产253.5千克，减产率56%。韩公渡镇走马岗村向市中级人民法院起诉，要求种子公司赔偿：制种所产种子损失 29.46 万元；大田减产损失 59.32 万元；两项合计 88.78 万元。并承担鉴定费、诉讼费、代理费及差旅费等。市中级人民法院受理此案后，1996 年 8 月 23 日进行了开庭审理，庭审结束进入调解阶段，种子公司提出愿意承担种子损失费 24 万多元，由于双方差距甚远未达成一致意见，法庭宣告定期宣判。12 月 25 日，市中级人民法院再次调解，走马岗村最终让步到 80 万元，种子公司最终让步到 29.8 万元，双方差距仍然很大，调解未果。市中级人民法院当庭做出一审判决：种子公司赔偿种子损失 242749.66 元；大田减产损失 961920 元，其中种子公司承担大田减产损失的 80%共 769536 元，制种农户自负 20%计 192384 元；案件受理及其他诉讼费合计 21033 元，种子公司负担 65.7%计 13826 元，制种农户自负 7207 元。种子公司赔偿三项合计 1026111.66 元。对市中院一审判决双方均不服，分别于 1997 年 1 月 5、8 日上诉到湖南省高级人民法院。

韩公渡镇走马岗村起诉到市中级人民法院，要求种子公司赔偿大田减产损失，理由是场种子公司以没有现金为由拒收种子，对种子质量把关不严，作了对种子质量没问题，并对种子质量负责的承诺，允许农民自产自销。种子公司不服判决，提出上诉，完全否定上述事实；提出制种村、农户不履行年初口头协议，拒绝将种子交售种子公司，制种农户走私自销获高利的行为，不仅违约，还严重违反国家、省种子管理条例，是非法的，所造成的损失应由销种者自己负责，种子公司不负赔偿责任。

走马岗村 250 余制种农户联名写信给时任省委书记王茂林反映该事件的具体情况，王茂林书记作出批示，责成常德市委、市政府调查处理。常德市农业局受常德市委吴定宪书记、王孝忠副书记的安排，组织常德市种子管理站、鼎城区农业局等有关人员于 1997 年 4 月下旬进行了调查，意见如下：一，原种场种子公司给走马岗村提供严重不纯的亲本种子制种，问题暴露后，又未及时采取有效措施除杂，并未说明该批种子不能作种用，只能转商处理，要负全部责任，赔偿种子损失费 272066 元。二，走马岗村 1995 年制种，从布局的计划来看，就是想让大家都卖点种，好发财的思想。种子收割后，按议定价格上交，制种农户经济效益好于双晚的情况下，农户不愿交种，都想自销多获利，公司不催交，求之不得；在公司组织人员收购种子时，村领导也不配合公司督促、组织农户交售种子；发现拒交种子的行为也没有及时报告各级政府和有关部门。制种农户私自销售种子的行为严重违反国家、省种子管理条例，对所造成的后果是要负责任的。按鼎城区种子管理站的鉴定结果计算：2360 亩，每亩减产 123 千克，按 1996 年湖南省确定中籼稻销售收购价每 50 千克 68 元计算，大田损失共 39.478 万元。种子公司负担 60%，走马岗村负担 40%。种子公司应赔偿 23.6868 万元，村制种农户自负 15.7912 万元。三，种子公司应给农户赔偿种子和大田损失费共计 50.8935 万元。

1997 年 8 月 8 日，常德市人民政府副市长洪明祥主持，在市政府召开了走马岗制种纠纷案协调会。市人大法工委、市政法委、常德市农业局、常德市种子管理站、原种场、鼎城区政府、韩公渡镇政府、韩公渡镇走马岗村、常德市中级人民法院等单位相关人员进行调解处理，共对走马岗制种纠纷案按 70 万元处理：其中种子公司给韩公渡镇走马岗村制种农户赔偿种子和大田损失 40 万元，分两期兑现：1997 年 12 月 31 日前兑现 20 万元，1998 年 5 月 31 日再次兑现 20 万元；常德市农业局负担 5 万元；鼎城区政府负担 8.55 万元；核减韩公渡镇走马岗村 1997 年应上交农业税 16.45 万元。1997 年 12 月 29 日，种子公司与鼎城区韩公渡镇走马岗村因制种赔偿纠纷一案，经常德市中级人民法院裁判和解结案。

12. 鼎城区韩公渡镇大路陂村杨三仙与场种子公司制种损失赔偿纠纷　1995 年，种子公司与韩公渡镇大路陂村八组村民杨三仙签订《制种协议》，约定：公司提供亲本种子与技术服务，按当年粮比 1 ∶ 7 回收全部种子，制种收入不低于种植常规稻水平；公司派员负责田间除杂；杨三仙按公司的技术操作规程保证种子生产面积 50 亩并全部上交种子；出现人力不可抗拒自然灾害由杨三仙承担经济损失。在临近播种时，场种子公司将 V20A 繁殖改为香优 63 制种，致使扬花授粉期遭遇连续 6 天低温阴雨，造成制种大面积减产，亩平均产种子 31 千克。12 月种子公司按每千克 10.60 元收购该批种子。因制种收入较低，杨三仙向场种子公司索赔制种损失未果，于 1996 年 11 月 6 日向鼎城区人民法院起诉，要求判定种子公司赔偿制种损失。经鼎城区人民法院审理，1997 年 11 月下达《（1997）常鼎民初字第 354 号》民事判决书，由被告原种场种子公司赔偿原告杨三仙制种损失款 32763 元，诉讼费等 2100 元均由被告承担。1999 年 8 月种子公司按判决书进行了赔偿。

13. 鼎城区韩公渡镇大路陂村彭理云与场种子公司制种损失赔偿纠纷　1995 年 5 月，彭理云到种子公司联系制种事宜，双方未签订书面协议，公司同意出售亲本种源，其中优 IA 115 千克、父本 30 千克，达成实际制种协议。在制种过程中，种子公司对彭理云制种，缺乏技术指导和管理。30 亩制种平均亩产母本种子 100 千克、亩产父本商品谷 75 千克。种子公司以制种配套父本来历不明、未经过田间检验取得“田间检验合格证”为由拒绝收购种子。彭理云将所产种子以普通商品粮出售造成经济损失 2 万余元。彭理云在多次向种子公司索赔无果的情况下，1996 年 11 月向鼎城区人民法院起诉，要求判定种子公司赔偿制种损失。经鼎城区人民法院审理，1997 年 5 月 6 日下达《（1997）常鼎经初字第 353 号》民事判决书，鼎城区韩公渡镇大路陂村彭理云诉场种子公司制种损失赔偿纠纷案由种子公司负主要责任，彭理云对制种损失承担次要责任。由被告种子公司赔偿原告彭理云制种损失款 14637 元，诉讼费 1000 元由双方共同承担。判决生效后，种子公司按期履行了义务。

第三章　农业与生产

2017年，原种场农业总产值达9038.98万元，是1990年1095.3万元的8.25倍，年递增8.1%。其中种植业产值4705.88万元，是1990年1013.7万元的4.64倍，年递增5.85%。1991—2017年，累计生产粮食68506.9吨、其中水稻原良种9784.78吨，皮棉19220吨，油料17213吨，出栏生猪144263头，瓜果76131吨，鲜鱼27383吨，鲜蛋品6715吨，第一产业累积产值172376万元。

第一节　粮食作物

1991年原种场耕地总面积16106亩。1994年、1995年、1997年由于遭受洪涝自然灾害，小凡洲垸、新合分场蚕桑垸1995年、1996年连续两年溃垸后失耕，耕地面积减少为15642.2亩、15568亩和15668亩，1996年、1998—2008年保持16068亩和16057亩，变化较小；2009年开展土地整理项目建设新增了部分耕地，国土二次调查数据显示耕地面积达到17060亩。耕地复种指数27年平均为1.77，其中2002年为历年最低值、仅为1.43，2011年达到最高值为2.11。1991—2017年全场粮食作物面积累计230910亩，主要粮食作物有水稻、高粱、玉米等。其中水稻202961亩，高粱、玉米等其他旱粮每年1000亩左右。

一　水　稻

（一）生产概况　原种场是三系杂交水稻的发源地之一，水稻是本场种植的主要粮食作物，种植面积和产量占全场粮食作物的90%以上，主要生产单位是乐兴分场、大洲分场。1991—2017年，原种场水稻种植总面积202916亩，共生产稻谷68506.9吨，其中杂交水稻繁殖制种总面积66652亩，种子总产量9784.78吨，种子产量亩均141千克。

（二）耕作制度

水稻生产主要以杂交水稻种子、常规水稻种子和商品粮生产为主，主要有五种水稻栽培耕作模式。

1. 春繁—晚稻—绿肥／青饲料　水稻生产主要集中在大洲分场和乐兴分场，苏家吉分场有短时生产。1991—2000年，该栽培模式所占比例较大，复种指数较高；2000年（《中华人民共和国种子法》实施）后该栽培模式逐年减少。主要是由于场内职工群众农业生产用肥方式改变所致。2017年利用土肥项目，引导职工种植紫云英950亩。

2. 早稻—晚稻　早稻—晚稻是典型的水田耕作模式，随着杂交水稻种子生产规模的逐年萎缩，国家商品粮食收购保护价格和单产的不断提高，栽培技术的不断改进，双季稻生产效益较好，早稻—晚稻双季商品粮生产不断发展。

3. 一季繁殖制种—冬闲　该栽培模式主要是生育期较长的杂交水稻制种和亲本种子生产所采用。为了杜绝前作落粒谷成秧对种子生产质量的影响，全年只进行一季种子生产，适当提高种子收购价格来保证单位面积的经济收益。

4. 一季稻 / 中稻 + 再生　2005 年起，一季稻 / 中稻生产开始占有一定生产面积，主要是为保证场内种子生产隔离而采用的一种水稻生产栽培模式。该栽培模式复种指数低，土地产出率低，面积较少，水稻品种以优质稻为主。2012 年后，一季稻由一季晚稻向“中稻 + 再生稻”逐渐过渡，至 2017 年各占 50% 左右。

5. 夏制—油菜　一季夏制种—油菜，是职工经常采用的、一种较为高效的水旱轮作复种生产模式。

（三）品种

1991—2001 年，原种场水田主要以杂交水稻种子生产为主。在春繁—晚稻生产模式中，晚稻种植以粳稻品种为主；1999 年前为矮粳 23，之后被秀水 63、秀水 09 所取代，这两个品种都是通过多年试种后引进场内种植的，具有稻米品质较优、抗寒性好、耐迟播、高产稳产等特点。2015 年起为秀水 09、武运粳 29、甬优 1540 等。

随着原种场杂交水稻种子生产规模的逐年萎缩，早、晚稻双季商品粮生产模式不断发展。早稻以早、中熟常规品种为主，杂交品种为辅。常规品种如湘早籼 6 号（87 早）、湘早籼 45 号，杂交品种如金优 402、金优 974 等；晚稻基本为杂交品种，如威优 46、金优 207、岳优 9113、泰优 390 及两系杂交组合等。

一季稻或中稻种植品种有常规品种与杂交品种。常规品种主要有星二号和黄华占。星二号为国家一级优质稻品种，产量一般在 500 千克 / 亩左右；黄华占为国家二级优质稻品种，产量在 550 千克 / 亩左右。杂交品种使用较多，主要是两系超级杂交水稻品种，如 Y 两优、C 两优系列杂交组合。其他栽培品种有农香 24、农香 18、岳优 9113、两优 336 等。

（四）栽培技术

1. 浸种催芽育秧

浸种催芽。早稻育秧期间受气候影响较大，遇低温阴雨，容易发生烂种烂秧。因此，场内育秧重点放在早稻生产上，主攻目标是培育壮秧、防止烂秧。围绕这一目标，农业技术人员对早稻浸种催芽方法进行调整和改革，春繁（制）种子生产普遍采用温室蒸汽催芽法。温室蒸汽催芽法是利用温室蒸汽控制温度和水分，以满足种子发芽的需要，具有催芽快、发芽率高、出芽整齐的特点，适宜大批量或集体浸种催芽。中晚稻一般采用日浸夜露、三起三落的方法常温浸种催芽。浸种期间，做好消毒处理，每天至少换水 1 次，中晚稻催芽期气温较高，技术上一般容易掌握，注意催芽期间定时检查种子温度、湿度。育秧方法。主要有露地湿润育秧、薄膜覆盖保温育秧、软盘育秧等方式。一般根据不同季节选择不同育秧方式：早稻育秧普遍推广用薄膜覆盖保温育秧方式，中晚稻一般采用露地湿润育秧方式。20 世纪 90 年代中期，软盘育秧技术普遍推广，利用塑料软盘培育带土秧苗，进行抛秧栽培。软盘育秧具有烂秧少、成秧率高，能早发、有效穗多，抛栽快、劳动强度低，占用秧田面积小、产量高等特点。深受生产农户欢迎，一直沿用。

秧田管理。主攻目标是培育多蘖壮秧。一是确定合理的播种量；二是定量稀播、匀播；三是使用烯效唑或多效唑处理种子，促进秧苗分蘖，提高秧苗素质；四是合理的肥水管理；五是及时防治病虫害、除去杂草。

2. 田间管理

稻田耕整。20 世纪 90 年代起，原种场稻田耕整逐渐由机械耕整代替传统耕整。传统耕整主要是以牛为主，使用犁、耙、磙、樯等工具，对稻田进行耕整。2000 年后，稻田耕整基本实现了机械化。

栽插方法及密度。人工插秧一般推行随手插，早稻每亩插 2.5~3 万蔸，中稻、一季晚稻每亩插 1.5~2 万蔸，晚稻每亩插 1.8~2 万蔸；人工插秧效率较低，一般人均每天能完成 0.5 亩。软盘育秧采用抛栽方法，叶龄在 3.5~4.5 叶之间抛栽，各季节每亩成秧标准与人工移栽一致，为使秧苗抛栽均匀，采取分次抛栽，第一次先抛秧苗总量的 70%，抛秧时人退着走，并将秧苗抖一下，向上抛 2~3 米高后自然下落；然后按 3~4 米宽开出一条 20~30 厘米宽的人行工作道，方便施肥及防治病虫害田间操作；剩下的 30% 秧苗补空，确保大田秧苗比较均匀一致。软盘育秧一般人均每天能抛栽 3 亩左右，与人工插秧相比既提高了劳动效率又减轻了劳动强度。2012 年以后，因为杂交水稻不育系繁殖效益较高，场内职工改变繁殖育秧栽插方式，采取软盘育秧手工移栽的方法，大大缩短秧苗返青期，提高抗倒性，有效地促进了单产的提高。

肥料管理。20 世纪 90 年代初期，稻田以绿肥、化肥（尿素、氯化钾、过磷酸钙）作基肥，移栽活蔸后，一般追施 2~3 次化肥。90 年代后期开始，逐步推广一次性施肥法，即用配方复合肥料作基肥，抽穗期酌情追施壮籽肥。2010 年后，测土配方施肥逐渐取代传统经验施肥法；在用肥种类上，以化肥为主，绿肥面积锐减，有机肥施用量逐渐减少。

水分管理。做到有水移栽，寸水返青，浅水分蘖，适时晒田，有水抽穗，灌浆后干湿壮籽，收获前七天左右脱水，有利于机械化收割。

病虫害防治。采用预防为主，综合防治方针进行稻田病虫害防治。2010 年后，推广使用光控频振式杀虫灯诱杀成虫收到了一定效果；药剂防治主要根据植保植检站病虫预测情报，对症下药，一般选用高效低毒低残留农药进行防治。水稻主要病虫害有螟虫（三化螟、二化螟、大螟）、稻纵卷叶螟、稻飞虱，稻瘟病、纹枯病。植保植检站病虫测报工作及时准确，一直没有发生大面积水稻病虫灾害。原种场种科所科研试验田分别于 2007 年、2010 年发生过白叶枯病和水稻矮缩病，对当年水稻区域试验等科研试验结果造成了较大影响。

中耕除草。20 世纪 90 年代初期，大多采用人工耘田的方法结合施肥进行中耕，同时除去杂草；90 年代中期后逐渐不进行中耕，普遍采用化学除草剂防除田间杂草。水稻全生育期一般使用化学除草剂 1~2 次，结合人工去除田间顽固性杂草，有效降低田间杂草危害。

收割方法。20 世纪 90 年代，基本沿用传统的镰刀（撩穗）收割、半机械或机械脱粒方式。2000 年后，原种场发展了部分农机专业户，购置拖拉机、耕整机、联合收割机等农用机械；机械化收割逐渐取代传统收割方式；2010 年后，随着联合收割机的更新换代，水稻机械化收割率达到 100%。

3. 直播栽培 2007 年以来，水稻直播栽培方式由场内职工自发推广，减少了育秧移栽等环节，省时省工；但技术掌握不好难以获得高产，一播全苗、控制倒伏、杂草防除技术是水稻直播栽培成功的关键。2010 年后，早稻、一季晚稻、中稻大多采用直播栽培方式。

二 旱 粮

旱粮作物以蚕豆为主，黄豆、高粱、玉米、小麦次之，历年统计数据只统计了蚕豆的种植面积和产量，占粮食作物总播种面积的比例较小。随着社会经济的发展，旱粮正逐步退出原种场农业种植品种行列，2006 年后，旱粮在场内仅有零星种植，作为蔬菜食用或酿酒原料。1993—2017 年，旱粮播种面积为 12712 亩左右，总产量 3033 吨。

（一）豆类 豆类作物有蚕豆、黄豆、绿豆等，一般做菜食或加工粉丝、豆腐之用。蚕豆（俗称“弯豆”）主要种植大、小青皮，大白皮等品种，一般作棉花、玉米、水稻等作物的前作，10 月下旬、寒露节前后播种。采用宽行窄株的方法条播或点播，田间管理主要是中耕除草、摘心整枝和防治根腐病、赤斑病等。1993—1997 年，蚕豆的种植面积不断增加，1997 年种植面积达到历年最高峰 1560 亩。1996—1999 年，蚕豆栽培面积每年在 550 亩以上，亩产超过 100 千克，1999 年单产最高，达到亩产 150.2 千克。随后，由于油菜籽价格上涨，油菜种植面积不断扩大，蚕豆种植面积锐减。2007—2009 年，由于种植面积过少，未进行数据统计；2010 年后种植面积有所回升。1991—2017 年，蚕豆生产面积共 6003 亩，总产量近 670 吨。

（二）麦类 种植面积少，仅 1993 年、2012 年有少量种植。

（三）高粱 2000 年，种植面积为 150 亩，产量 30 吨，其他年份种植面积较少。高粱产品主要是场内职工酿酒自用。2012—2017 年，原种场高粱种植面积 2800 亩，亩产量为 400 千克左右；一般种植杂交糯高粱，采用轻简化栽培，效益较好。产品主要销往贵州大型酒厂，少量由酿酒作坊业主购买和职工自酿。

（四）玉米 2000 年前，玉米为职工群众自发零星种植，面积较少。随着国家良种补贴政策的实施，种植水稻、玉米等粮食作物享受良种补贴，2005 年后，玉米种植面积

表 16　　1991—2017 年贺家山原种场水稻生产面积和产量统计表

单位：亩、千克、吨

年份	水稻			双季早稻			一季中、晚稻			双季晚稻		
	面积	亩产	总产	面积	亩产	总产	面积	亩产	总产	面积	亩产	总产
1991	2838	157.5	447	570	121	69	1685	128	215	583	280	163
1992	3295	171.5	565	449	115	51	2516	168	423	330	275	91
1993	2249	196.5	442	392	200	78	1414	177	251	443	250	111
1994	2201.7	223.2	491.5	894	87	77.46	405	350	141.75	902.7	300	272.3
1995	4266	166.5	710.4	1162	108	125.3	1731	100	173.1	1373	300	412
1996	4219	146.1	616.6	715	140	100	2673	100	267.3	831	450	374
1997	2529	182.7	462.1	557.8	95	52.6	1178.7	100	117.1	792.5	365	288.5
1998	3065	402.9	1235	890	125	111	1285	620	796	890	370	329
1999	5278	226.8	1197	1784	76	136	1710	125	214	1784	475	847
2000	5844	229.3	1340	1827	170	312	2190	122	268	1827	400	730
2001	2315	168.1	389	615	150	92	1080	125	135	620	260	162
2002	6157	180.4	1111	1653	150	248	2851	100	285	1653	350	578
2003	5458	232.9	1271	1861	150	279	1786	150	268	1811	400	724
2004	7662	242.2	1856	2861	140	400	1786	140	250	3015	400	1206
2005	7517	238.4	1792	2550	150	382	2060	120	247	2907	400	1163
2006	7580	257.7	1953	2610	160	418	2099	150	315	2871	425	1220

续表 16

年份	水稻			双季早稻			一季中、晚稻			双季晚稻		
	面积	亩产	总产	面积	亩产	总产	面积	亩产	总产	面积	亩产	总产
2007	7760	258.8	2008	2700	160	432	2090	150	314	2970	425	1262
2008	7722	254.6	1996	2680	160	429	2094	150	314	2948	425	1253
2009	10949.9	358.8	3929	3445.9	160	551	3714	450	1672	3790	450	1706
2010	11438	395.9	4528	3625	170	616	3825	500	1918	3988	500	1994
2011	14510.9	332.6	4827	6460.9	121	783	2665	500	1333	5385	450	2423
2012	12971.5	359.7	4666	5005	170	851	2461	520	1312	5505.5	460	2503
2013	13234	480.7	6361.9	5167	424	2191	2486	550	1367	5581	500	2791
2014	13103	462.4	6058.5	5235	405	2120	2371	525	1245	5497	490	2693.5
2015	13162	462.1	6082.1	5182	415	2150.5	2462	510	1255.6	5518	485	2676
2016	12873	468	6024.5	4979	425	2116.1	2651	525	1391.8	5243	480	2516.6
2017	12763	481.6	6147.25	4815	430	2070.45	3038	540	1670.9	4910	490	2405.9
合计	202961	337.5	68506.65	70685.6	243.9	17241.4	58306.7	297.8	17363.55	73968.7	444.7	32894.8

不断扩大。主要种植品种为优质杂交玉米、甜糯玉米，种植季节分春玉米、秋玉米，种植方式为营养钵育苗移栽、宽窄行种植、自然授粉，收获产品以鲜食玉米上市为主，较少收获成熟玉米。玉米秸秆大部分为原种场生猪、牛养殖专业户利用作饲料。2010 年原种场玉米种植面积为 378 亩，产量 115 吨。2011 年种植面积 575.7 亩，产量 288 吨，种植面积有所提高。2010—2017 年，玉米种植面积 2724.7 亩，产量 1641 吨，大部分作为鲜食玉米销售，其余则作为鸡饲料自用。

（五）薯类及其他　原种场薯类作物包括甘薯、马铃薯、洋姜等，一般作蔬菜或饲料使用，零星种植，面积很小。2016 年，在大洲分场由外来投资商进行机械化种植马铃薯 375 亩，产量较低。

第二节　经济作物

一　棉花

（一）生产概况

棉花是原种场主要经济作物，经济效益比其他作物高，在原种场农业经济中占有重要地位。原种场 1965 年开始棉花生产，20 世纪 70 年代后期，棉花枯萎病逐步蔓延，至 1986 年全场棉地发病面积达 80% 以上；棉花种植面积稳定在 5000 亩左右，1991 年扩种至 6529 亩。1987 年以前，皮棉单产一直在亩产 75 千克以下徘徊。1987 年，从省棉科所引进抗病丰产新品种湘棉 10 号，抗病增产效果显著，深受广大棉农欢迎，种植该品种的新合分场四队、五队亩均单产皮棉达到 88.4 千克。1988 年，原种场普遍种植湘棉 10 号，在遭受秋涝灾害的情况下，亩均产皮棉仍达到 80.1 千克。1989 年亩产皮棉达 91.2 千克。1990 年亩产皮棉达 113.3 千克，获常德市农场管理局棉花高产奖。1991 年亩产皮棉达 115.7 千克，获湖南省棉花高产奖。1994 年 1 月，新合分场和乐兴分场被评为 1993 年度全省棉花高产竞赛先进单位。

1991—2017 年，累计植棉 205971.1 亩，生产皮棉 19211.5 吨，平均亩产 93.27 千克。这一时期棉花生产的发展大致可分为四个阶段。第一阶段（1991—2001 年），棉花为场内农业生产的主要播种作物，每年植棉面积在 9500 亩以上（1995 年为特殊年份，仅植棉 2700 亩），占原种场当年农作物播种面积的 30% 以上（1995 年仅占 9.1%）。以 1994 年为例，种棉 12098 亩，占农作物播种面积的 42.96%；棉花产值为 1999.62 万元，占农业总产值的 50% 以上。这一生产阶段由于新品种的引进，栽培技术的提高，单产在 20 世纪 80 年代的基础上有所提高；除 1994 年遭遇特殊天气影响，亩均产量仅为 54.6 千克外，其余年份皮棉产量亩均达到 100 千克左右，其中 1996、1997 年皮棉亩产达到 120 千克。第二阶段（2002—2005 年），国家调整棉花收购政策，棉花市场价格较低，植棉比较效益低下；原种场大力调整农业产业结构，水稻为场内农业生产的主要播种作物，棉花生产次之，植棉面积有所波动。第三阶段（2006—2012 年），这一阶段国家实施棉花良种生产补贴，棉花收购市场放开、价格不断上扬，棉花播种面积重新进入一个稳定期，生产稳步发展，亩产皮棉稳定在 105 千克以上。2013 年后受市场因素和劳务输出的影响，棉花播种面积逐年减少。

表 17　　1991—2017 年贺家山原种场棉花生产统计表

年份	面积（亩）	皮棉产量（吨）	皮棉平均产量（千克 / 亩）
1991	9683	867	89.5
1992	9681	866.8	89.5
1993	11267	721.2	64.0
1994	12098	660.3	54.6
1995	2700	216	80.0
1996	9726	1167	120.0
1997	11551.5	1386.2	120.0
1998	11516	1008	87.5
1999	10000	800	80.0
2000	9574	911	95.2
2001	10511	1051	100.0
2002	5826	553	94.9
2003	8613	861	100.0
2004	3166	254	80.2
2005	9663	870	90.0
2006	8322	882	106.0
2007	5955.4	655	110.0
2008	6222.4	685	110.1
2009	5644.4	621	110.0
2010	6654	732	110.0
2011	6418.4	674	105.0
2012	6432	676	105
2013	6243	499	80
2014	5863	498	85

续表 17

年 份	面 积（亩）	皮棉产量（吨）	皮棉平均产量（千克 / 亩）
2015	5651	509	90
2016	3939	374	95
2017	2851	214	75
合计	205971.1	19211.5	93.27

（二）品种　20 世纪 90 年代初，以种植湘棉 10 号等优质常规棉品种为主，全场大面积生产使用的湘棉 10 号种子来源于新合分场提纯繁殖生产的原种，种子纯度高、种性好。1994 年，开始引进优质常规棉新品种湘棉 15 号、优质低酚常规棉新品种湘棉 16 号，但在场内都只推广种植 1~2 年。1995 年起，引进省棉科所选育的优质杂交棉湘杂棉 1 号推广种植，1997 年后，以湘杂棉 2 号为主导品种，先后使用湘杂棉 1 号、湘杂棉 2 号 F2、F1 代种子。随着杂交棉 F1 制种技术的完善，由主要推广 F2 向推广 F1 转变，栽培使用 F1 杂种优势更强，增产潜力更大。其间 1995 年棉铃虫大发生、1997 年特大发生，大发生一直延续到 2002 年，对棉花生产造成了一定的影响。2001 年后，开始大力推广湘杂棉 3 号等转基因抗虫杂交棉新品种，棉铃虫危害程度明显下降，但一直未完全消退。原种场棉花生产形成以使用湘杂棉系列品种为主、其他系列杂交棉品种并存的格局。2006 年，原种场植棉总面积 8332 亩，共种植棉花品种 31 个，主要是湘杂棉、鄂杂棉、楚杂棉系列等转基因抗虫杂交棉新品种。2012 年后，种植棉花主要以中棉所 63 和中棉所 87 为代表的中棉所系列、鄂杂棉系列、国欣 318、创 075 等品种。

（三）栽培模式　棉花栽培模式以棉花—油菜、棉花—榨菜两熟制套种为主，棉花—豆占一定比例，还有少部分棉农在棉花生长前期田间套种西瓜等短生育期蔓生瓜果蔬菜。据统计，1991—2006 年豆类有所种植，1997 年达到最高值 1560 亩，以后逐年下降。棉花—油菜、棉花—榨菜两熟制成为主要栽培模式。

（四）栽培技术

20 世纪 90 年代初，贯彻实施 DB/T4300B3201—88《棉花栽培技术规范》，主推营养钵育苗移栽技术和半膜覆盖栽培技术。在新合分场举办棉花高产栽培技术讲座，推广常规棉花品种亩产 125 千克皮棉的栽培模式。该栽培模式主要配套技术与措施如下：

1. 播种育苗

种子处理。种子精选后经晒种，温水浸种，再用药剂拌种，每 100 千克棉籽拌 25% 多菌灵 2 千克。

苗床准备。要求苗床背风向阳，地势较高，排灌方便。先挖松土层（浅挖）后施肥，可按每分苗床地施腐熟人粪尿 100 千克、土杂肥 100 千克、钾肥 1 千克、磷肥 5 千克，肥料均匀撒施在苗床上，充分翻拌混匀，使土肥融合。

制钵播种。在4月15—20日制钵播种，每亩制钵6000个以上，苗床坌宽不超过25个营养钵并排摆列的宽度，每钵播种子2~3粒。

盖沙盖膜。播种后用湿沙盖种，沙厚1~2厘米，随后用地膜覆盖，保证棉苗出土所需的温湿度，做到膜内温湿度均匀，出苗一致，待棉苗出土60%左右时改用拱膜覆盖。

2. 苗床管理

及时间苗。当棉苗出齐后，用40%多菌灵乳剂或波尔多液喷一次，以后隔7天左右再喷一次，一片真叶时间苗除草，以避免出现苗挤苗的现象。

揭膜炼苗。晴天揭膜两头通风散热，傍晚密封保温。二片真叶以后逐步揭膜炼苗，注意在阴雨天盖膜护苗。

药肥管理。移栽前5~7天按每分苗床兑水喷施0.25千克尿素，0.15千克氯化钾。移栽前3~5天喷施敌杀死等药剂治虫，做到带肥带药下田。

3. 适时移栽，早培早管

施足底肥。移栽前要施好基肥，基肥宜氮、磷、钾配合，每亩施尿素10千克，磷肥20千克，钾肥10千克混合施用。

适时移栽。根据本地气候条件和农事特点（前作为油菜），一般在5月20—25日移栽为最佳时期，坚决不栽六月钵，移栽苗龄以3~4片真叶为好。

合理密植。为了防止阴雨烂桃，移栽密度应适当放宽。湘棉10号每亩移栽2700株~3000株，株距30~35厘米、行距65~70厘米。

早培早管。营养钵移栽时用碎土压实，浇透定根水，保证棉苗迅速返青。移栽后及时查苗，补栽或换栽健壮棉苗，棉苗活蔸后进行一次浅中耕，未施基肥的应立即追肥，每亩用尿素、钾肥各8千克浇施，以后力争在雨后进行中耕、松土、除草，并对三类苗追肥，促进平衡生长。

4. 加强培管、稳长增蕾

科学施肥、合理化调。在棉花蕾期，营养生长旺盛并开始生殖生长，为搭好丰产架子，要看苗施肥。一般在棉株有4~5盘果枝时，结合深中耕，每亩埋施菜饼50千克、磷肥20千克、钾肥10千克、尿素10千克。结合每次中耕对棉株进行培土，防止棉株倒伏。蕾期生长比较旺盛的棉株，在盛蕾时（7~8盘果枝），每亩用缩节胺1~1.5克，兑水30千克喷雾，对三类苗进行个别施肥。

整枝抹芽。蕾期一般在出现1~2盘果枝时去叶枝，保留下部主茎叶，具有空间优势的棉株，可以保留1~2个叶枝，在叶枝现蕾后打去叶枝的顶心。

5. 病虫害防治　蕾期治虫的重点是棉铃虫、红蜘蛛，同时注意盲椿象的危害。防止早期虫害伤顶，同时注意防治枯、黄萎病。

6. 多结铃、结大铃、防早衰

在棉花花铃期，营养生长和生殖生长都很旺盛，不仅棉株生长很快，而且蕾、花、铃也同时发育。花铃期是棉花产量的关键时期。

重施花铃肥。花铃肥应分两次施用：第一次在每株有1~2个成桃时（湘棉10号在7月15日左右，其他品种在7月22日左右），每亩开沟埋施尿素20千克、钾肥10千克。第二次在8月上旬打顶前后，每亩开沟施尿素15千克，这次肥料主要是维持棉株叶片后期的功能，促进中上部幼铃成长，防止早衰。湘棉10号具有早熟，早衰的特性，更应重视埋施这次“盖顶肥”。以后要结合治虫进行叶面喷施硼肥和氮、磷肥。

及时抗旱。棉花花铃期需水量约占棉花一生需水量的55%，供水量不足会造成蕾铃大量脱落，而本地往往出现高温伏旱天气，必须认真做好抗旱工作。

严防虫害。花铃期是棉铃虫、红铃虫猖獗的时期，要抓住产卵高峰时期，集中力量打歼灭战，隔2~3天连续喷药2次，可以选用敌杀死、甲胺磷、杀虫脒等药剂，兼治棉叶蝉、盲蝽象和其他叶面害虫。

化学调控。对长势偏旺的棉田，在初花期、盛花期，每亩分别用1.5~2.0克缩节胺兑水30千克喷施，进行化学调控；在打顶后5~7天用3~3.5克缩节胺，兑水30千克喷施，可以有效控制棉株旺长，促进株型紧凑，减少蕾铃脱落。

适时打顶整枝。以长满17~20盘果枝，在8月上旬打顶为好。生长势旺的棉田，打顶过早会导致过早封行，不利于棉田通风透光；打顶过迟，顶盘果枝伸不开，起不到打顶作用；打顶以顶尖尚有10厘米嫩头时，打去一顶一叶，打顶后顶部果枝能长出3~4个果节为宜。

1995年，湖南省棉花科学研究所育成湘杂棉1号，随后湘杂棉系列品种陆续推出。推广湘杂棉、实施优质杂交棉工程成为全省发展棉花生产，实施两高一优农业的重大举措。杂交棉栽培技术在推广过程中不断演变完善，主要技术措施类似于常规棉栽培。但与常规棉栽培最大的区别在于：使用泡沫酸脱绒包衣种子，每亩用种量降低至0.3~0.4千克，种植密度为每亩1000~1200株、行距扩宽至1.0~1.2米；全生育期需肥量更大，转基因抗虫杂交棉品种适当减少田间防治棉铃虫次数。在产量因素构成中，单位面积种植棉花植株大幅度减少、单株成铃数大幅度增加、单铃重也略有增加、子指和衣指均有增大；籽棉和皮棉明显增加，一般籽棉亩产为250~350千克、皮棉100~140千克，高产年份亩产籽棉可达350~450千克、皮棉140~180千克。纤维品质也有明显提高。

湘杂棉高产栽培技术的主要措施：适时播种，培育壮苗；加强棉田建设，打好高产基础；适时早栽，促进早发；抓好苗期管理，促使棉苗平衡生长；抓好蕾期、花铃期、吐絮期田间管理；棉花“五分”，提高棉花品质。

二　油料作物

原种场油料作物主要有油菜、芝麻、花生等，以油菜为主，芝麻、花生种植面积较小。

2003 年，由于植棉比较效益较低，劳动力大量外出务工，为防止棉地撂荒，大力提倡芝麻种植。油料产品主要由原种场粮油加工中心收购加工经营，场粮油加工中心停产后，场内有 2 家个体加工作坊收购加工或为职工群众代加工贮藏，部分油料原产品由个体户收购后外销。2015 年后，场内仅存一家爱国油脂加工厂，位于新合分场二队，年加工油菜籽 100 吨左右，基本满足全场毛菜油消费需求。

（一）油菜

1991—2017 年，原种场油菜生产总面积 218426.2 亩，生产油菜籽 20940 吨，平均每年生产 779.6 吨，平均亩产 95.9 千克。从 2001 年起全面推广种植双低油菜，到 2017 年，生产总面积为 89708 亩，共生产双低油菜籽 10170 吨。

1. 栽培模式　油菜的栽培耕作制度主要有棉—油、稻—油和稻—稻—油 3 种，其中以棉—油套种为主。2012—2017 年，原种场土地集约化程度提高，出现了蔬菜—油、芝麻—油、高粱—油等栽培模式。

2. 油菜品种　20 世纪 90 年代主要以秦油 2 号、蓉油 4 号等高产迟熟品种为主，油菜单产较高，但油料品质一般。2001 年后，国家强制性停止非双低油菜品种的推广种植，大力推广双低油菜，双低油菜品种油料品质好、出油率高，商品性好。主导品种为油研 7 号、油研 9 号、油研 10 号等高产优质早熟品种，湘杂油系列品种有少量种植。2006 年以后栽培方式发生改变，改油菜育苗移栽为直播轻简栽培，抗倒伏性较好的新品种中双 9 号（全能 628）、中双 12 号逐渐成为主导品种。2012 年以后，原种场油菜种植面积 90% 为中双系列品种。

3. 油菜栽培技术

20 世纪 90 年代主导品种主要是秦油 2 号、蓉油 4 号。育苗移栽在 9 月上中旬播种，每亩用种量 100 克，一般每亩移栽 8000~10000 株，在棉花行间套种双行或三行油菜。移栽前施足底肥，增施磷钾肥，施好硼肥。

2000 年后主要栽培品种为油研 7 号、油研 9 号、油研 10 号等。育苗移栽每亩用种量 100 克，每亩栽植 8000~10000 株；直播栽培每亩用种量 250 克左右，每亩留苗 10000~15000 株。一般亩施纯氮 12 千克，重底肥早追肥，氮、磷、钾肥配合施用，注意防治菌核病，生产上注意在苗期和花蕾期增施硼肥。

2006 年后，主栽油菜品种为中双 9 号、中双 12 号等。适时早播：育苗移栽适宜播种期为 9 月上、中旬，10 月中、下旬移栽；直播栽培于 9 月中、下旬到 10 月初播种。合理密植：在中等肥力水平下，育苗移栽每亩用种量 100 克，合理种植密度为每亩 9000 株左右；高肥力水平条件下，每亩种植密度为 8000 株；直播栽培可适当密植，每亩用种量 250 克、留苗 1~1.5 万株。科学施肥：重施底肥，每亩施复合肥 50 千克左右；追施苗肥，5~8 片真叶时每亩追施尿素或复合肥 15 千克左右；必施硼肥，底肥施硼砂每亩 1.5 千克，并于抽薹期喷施0.2%的硼砂溶液。防治病害：在菌核病高发区注意防治菌核病，可于初花期后1周左右喷施菌核净，用量为每亩100克菌核净兑水50千克，叶面喷施。由于本场青壮年大量外出务工及劳动力老龄化，大力推广油菜轻简栽培技术，主要是棉田免耕直播套种和机械化收割技术。

表18　　1991—2017年贺家山原种场油料作物面积产量统计表

年份	面积（亩）	总产量（吨）	其中双低油菜	
			面积（亩）	总产量（吨）
1991	8549	573		
1992	8656	575		
1993	10148	710		
1994	11133	965.3		
1995	2800	168		
1996	9400	564		
1997	9000	625.7		
1998	8215	509		
1999	7902	790		
2000	7909	870		
2001	8821	882	8821	882
2002	6582	493	5923	444
2003	5061	399	4555	360
2004	1471	206	1323	166
2005	7325	832	6592	672
2006	6321	695	3793	395
2007	5463	630	3278	361
2008	9814	981	5888	531
2009	11795.2	1239	7077	708
2010	9424	1180	5655	679
2011	9333	1307	5600	728

续表 18

年　份	面　积（亩）	总产量（吨）	其中双低油菜	
			面积（亩）	总产量（吨）
2012	10565	1374	6344	825
2013	9007	1081	6844	822
2014	9870	888	5923	533
2015	9425	848	5655	509
2016	7121	677	7121	677
2017	7316	878	7316	878
合计	218426.2	20940	89708	10170

（二）芝麻　由于场内户均耕地面积较少，单一依靠土地产出收益有限。2000 年后，大量农业青壮年劳动力外出务工，而土地有偿流转困难，为防止土地撂荒，提倡旱地种植芝麻，年总播种面积较小，主要是作为补充作物种植。

三　芦　荻

（一）平垸行洪　根据党中央国务院“退耕还林，退田还湖，移民建镇，平垸行洪”的十六字方针，2000 年对小凡洲实施平垸行洪工程。将垸内万米四道大堤：金狮堤 2300 多米、间堤 2200 多米、老堤 3200 多米、新堤 2000 多米等进行测量与测算，对堤上种植的农作物及所栽种的树木进行清点、补偿，为平垸作前期准备工作。2001 年 5 月，由常德市水利局组织开始平垸的第一期工程，平整上游老堤 400 米。当年 10 月，小凡洲芦苇场购置了 802 推土机 1 台、铲运车 1 台及犁耙等配套设备，开始进行第二期工程（老堤大部分、新堤全部）平垸填坑，同时进行芦苇移栽。历时近 5 年，推平堤坝 4000 余米，平整土地和移栽芦苇 1523.5 亩。2006 年 9 月，经报请原种场党委批准，同意实施第三期工程（金狮堤和间堤全部 4000 余米）。工程由租赁小凡洲开发经营的承租方完成，小凡洲芦苇场协助并监督质量和进度，历时近 2 年，将 4000 余米大堤推平，新移栽芦苇 1340 亩。历时近 7 年，完成平垸行洪任务，得到上级有关部门的肯定。

（二）品种改良

小凡洲芦苇场地处沅水洪道之中，全垸围堤海拔仅 36.0 米，对部分海拔高度在 35 米以上的地块继续种植农作物，35 米以下地块发展芦苇，对零星自然生长的芦苇进行培育管理、移植，扩大芦苇生产。1983 年经与天津市造纸厂采购组联系，销售芦苇 180 多吨。通过除藤、除草、移植扩种、自然增长、品种改良等方式，由当时的几百亩年产一百多吨扩大到几千亩，年产四五千吨芦苇的规模。

1. 第一次品种改良和芦苇产业开发 小凡洲的芦苇是自然生长发展起来的。品种繁多，有芦、荻、凸节荻、胖节荻以及品质低劣的毛荻，影响和制约了芦苇的产量和质量。1993年2月，原种场报请湖南省科委立项，小凡洲芦苇场正式纳入“胖节荻”、“凸节荻”配套栽培技术实施单位。当年小凡洲芦苇场经请示原种场党委研究同意，决定投入100多万元对小凡洲的芦苇进行品种改良和产业开发。当年经与汉寿县芦苇研究所联系，从该所引进优良南荻新品种种子，在该所研究员陈鹏飞教授的指导下进行育苗移栽，历时4年，完成移栽面积3000余亩。因遭遇1995年、1996年连续两年特大洪水自然灾害的严重影响，仅剩下百余亩的新品种南荻在小凡洲土地上，此次品种改良与芦苇开发以失败告终。

2. 第二次芦苇开发与品种改良

2000年，原种场党委研究决定，同意对小凡洲芦苇场芦苇进行第二次品种改良和产业开发。总的原则是实行滚动开发，以芦养芦，连续多年投入。小凡洲芦苇场从2001年10月至2006年9月共历时5年，累计投入资金737824元。先后从外地引进优质荻根200多吨，就地采挖南荻根400多吨，改造老荻田近1000亩，新栽面积2000多亩。此次开发圆满成功，芦苇面积由开发前的2000多亩，发展到5000多亩；产量由过去的2000吨左右，发展到5000吨以上。

2005年1月，小凡洲芦苇场与汉寿县个体经营户余青山签订《芦苇购销合同》，同年9月签订《补充协议》。双方于2005年12月签订《土地租赁协议》，由芦苇承包商余青山开发经营。2006年10月，芦苇承包商余青山接手后历时二年多，投入资金120余万元，开挖沟渠，进一步完善平垸工程。双方于2009年9月签订《土地租赁延期协议》，协议到期时间为2027年12月31日。《延期协议》同时界定了土地租赁的范围和期限、土地租赁的金额和租赁款付款时间、土地租赁期间双方的权利和义务、土地租赁期间对违约方的处罚及附则等。2012年芦苇产量为5000吨，2013年5012亩芦苇改种意大利杨13万株，竹柳130万株。当年余青山申请，报请小凡洲芦苇场，经集体研究同意：将种植的杨树流转给湖南茂源林业有限公司。

四 瓜 菜

（一）瓜类 原种场瓜类种植以西瓜、冬瓜、南瓜、菜瓜、香瓜为主。1991—2017年累计种植西瓜面积4639亩，产西瓜9464吨，平均亩产2040千克，较1990年前平均亩产量1060千克/亩增产92.4%。冬瓜、南瓜面积未进行单独统计，原种场食用量较少，也未对初产品进行深加工，主要是外销鲜产品。

（二）蔬菜

主要种植陆地和水生蔬菜。陆地蔬菜有白菜、萝卜、包菜、榨菜、大头菜、黄瓜、苦瓜、豇豆、辣椒、茄子、西红柿、莴笋等10余种，水生蔬菜有湘莲、莲藕、菱角、茭白、芋头等品种。1991—2017年共播种59611亩，总产量10.23万吨。

20世纪90年代一直沿袭20世纪80年代的栽种方式，满足自给自足需求。2000年后，白菜、萝卜、包菜、榨菜、莲藕、豇豆等部分蔬菜品种陆续有农户专业规模生产，白菜、萝卜、包菜、莲藕等产品主要进入常德甘露寺蔬菜批发大市场销售；榨菜、豇豆主要为牛鼻滩镇上林村收购加工。

1998年3月，颁发实施《湖南省贺家山原种场农业结构调整的补贴政策》，每搭建一个0.3亩地的塑料大棚，原种场补贴资金700元。2000年原种场组织部分管理和技术人员到各地进行考察，2001年决定进行大棚蔬菜生产，共建大棚62个，促进了设施农业和高效农业的发展。由于资金投入过大，蔬菜市场价格不稳定及大棚蔬菜生产技术不过关等原因，未获得成功。

2010年，省农业厅决定建设贺家山现代农业示范区。2011年2月，按照有机蔬菜生产标准，在新合分场十七队建设百亩有机蔬菜示范基地。租用十七队职工100亩连片承包土地，聘用7名经验丰富的农工为基地员工，开始基地建设和生产。3月完成基地活动板房和晒坪、通电工程，4月建成简易发酵池，5月购置安装频振式杀虫灯，6月完成通水工程，12月建成第二期活动板房和水泥发酵池，蔬菜基地硬件设施基本完成。生产过程中坚持不使用转基因种子、化学肥料、化学农药、除草剂，病虫害防治坚持“物理防治与生物防治相结合，以预防为主”的原则，使用频振式杀虫灯诱蛾，石灰土壤消毒，矿物源防病剂防病，生物农药防虫，同时尽量减少施药次数，做到采收前15天停止防治。当年播种面积达180亩，共种植蔬菜品种40个，其中有8个品种为引种试验和繁殖苗子；生产的有机蔬菜配送省农业厅，全年合计配送65000千克有机蔬菜。同时开展高效种植模式的探索，如香莴笋反季节种植、刀豆科学种植等。2012年，基地建成高标准育苗大棚温室群，大棚蔬菜生产发展到一个新的阶段。

（三）牛蒡生产

1993年1月，原种场党委研究决定，引种日本蔬菜牛蒡在新合分场试种。7月中旬台商来原种场进行实地考察，根据贺家山的地表环境，适应牛蒡栽种，鲜销至日本。9月初，日商和台商来原种场对牛蒡生产的有关事宜正式进行洽谈，协议如下：

分期播种。由于本地初次引种牛蒡，对牛蒡的气候适应性不完全了解，商定分三期播种：第一期于当年9—10月播种，1994年4月收获；第二期于当年12月播种，1994年汛期到来之前收获；第三期于1994年6月播种，当年冬季收获。每期播种10公顷（150亩）。

产品价格。牛蒡合格产品收购价为1.30元/千克，不合格产品另行计价。

保产值生产。第一期播种按1200元/亩保产，第二期按1300元/亩保产，第三期保产额另行商定。保产总金额按播种总面积兑现到生产队，牛蒡收获后按产量水平分档次兑现到户。另给予第一期的棉花青苗补偿每亩200元。

栽培管理。由日方提供栽培管理技术资料，生产农户保证各项技术措施落实。因农户栽培管理方面的原因造成减产或失收的，由农户承担主要责任。

通过一年多的生产实践，由于场域耕地地下水位较高，成熟期牛蒡主根容易在土壤中发生腐烂，生产的牛蒡产品质量达不到外商要求，导致牛蒡生产失败。

表 19　　1991—2017 年贺家山原种场年西瓜、蔬菜生产统计表

年份	西瓜		蔬菜	
	面积（亩）	产量（吨）	面积（亩）	产量（吨）
1991	—	—	—	—
1992	461	1282	975	1025
1993	516	774	1496	980
1994	—	—	1215	1470
1995	—	—	500	500
1996	50	50	1866	2184.5
1997	150	50	973.1	1040.6
1998	70	250	977	2931
1999	100	250	2780	4170
2000	365	912	1223	1833
2001	350	1025	2923	4780
2002	406	197	3000	4500
2003	262	305	5038	7557
2004	50	25	860	1290
2005	244	366	4012	6018
2006	239	487	5078.5	7618
2007	63	95	4057.6	7101
2008	121.4	182	1318.3	2109
2009	45	68	1695	2967
2010	125	180	1750	3011
2011	107	146	1950	3512
2012	123	510	756	1312
2013	50	220	2063	3610

续表 19

年份	西瓜		蔬菜	
	面积（亩）	产量（吨）	面积（亩）	产量（吨）
2014	150	422	1996	3792
2015	85	311	1879	4510
2016	317	1150	4065	14203
2017	190	457	5120	8284
合计	4639.4	9464	59611.5	102308.1

第三节 饲料及绿肥

一 饲料

原种场天然草地主要为草甸类草地、农林隙闲地类草地，主要分布在沅水大堤、高水大堤堤坡及河洲河滩上，植被种类比较复杂，禾本科草类占比较大。天然草地主要为原种场养殖户敞放牛、羊，夏秋季就地食用或采集作越冬饲料。

水产养殖青饲料主要利用鱼池池坡、池底和沟渠空坪隙地种植黑麦草、苏丹草、墨西哥玉米等优质高产青饲料。做到冬种春用、春种夏用，基本满足草食鱼类对青饲料的需求。

20 世纪 90 年代后期，玉米秸秆逐步推广氨化、青储处理技术，推行秸秆“过腹还田”，提高了秸秆养畜的利用率。

二 绿肥

20 世纪 80 年以前，双季稻田普遍以种植紫云英为主，一般亩产 2000 多千克，成为早稻生产的主要基肥肥源。20 世纪 80 年代以后，由于调整冬种作物结构，加上化肥使用量增加，绿肥种植面积逐年减少。1992 年绿肥种植面积 3297 亩，其中紫云英留种面积 1603 亩，收获紫云英种子 44 吨。2004 年种植面积降至 500 亩，留种面积 50 亩，收获紫云英种子 0.7 吨。2007 年后原种场基本不再种植紫云英等绿肥。

其他栽种的绿肥如油菜、黄豆、蚕豆、豌豆、红萍等，主要利用茎叶、果荚压青作肥料，沤制函肥或直接还田作基肥。野生绿肥开发利用的品种主要是湖草、黑草和杂草。场域内未利用的荒洲河滩地较多，自然生长的湖草、杂草较多，黑草则生长在湖泊、沟港水渠中，打草运回后撒在稻田，犁田时翻入泥中作基肥。

2016 年，为了落实《湖南省人民政府办公厅关于恢复发展绿肥生产的意见》的文件精神，省农业委安排原种场开展 300 亩紫云英生产示范。2017 年建设紫云英种子繁殖基地，是年原种场在大洲分场东文路两旁种植紫云英生产示范面积 950 亩，其中紫云英种子繁殖面积 300 亩。

第四节　林　业

原种场林业在1990年的基础上继续发展。1995年进行“八五”森林资源二类调查，完成《“八五”森林资源二类调查成果报告》。报告表明：原种场林业以农田防护林、经济林为主，林地占地面积（包括四旁树立地面积）3231.6亩，占全场土地利用总面积27254亩的11.86%。其中防护林占地面积1973.8亩、占7.2%，有林地1257.8亩，有林地中林分211.5亩、占有林地的16.8%；经济林地（柑橘等）1046.2亩，占83.2%。全场活立木总蓄积6515立方米。其中水杉5418立方米，占总蓄积83.2%；欧美杨375立方米，占总蓄积5.8%；其他722立方米，占总蓄积11%。林木大部分为幼龄林和中龄林，优势树种主要是水杉、欧美杨，经济林主要是柑橘。

原种场林业科每年组织种植树木活动，主要品种是意大利杨和水杉。但重栽轻育，植树成活率低，尤其是河堤垸外，十不存一。按照相关法律法规进行砍伐更新：1992年，第一次砍伐马龙桥至老新合六队沿路水杉树，新栽意大利杨树。1994—1995年，新合分场砍伐机耕路两旁水杉树，树木分配给生产队农户自用，未再种植树木。1998年，第二次砍伐马龙桥至老新合六队沿路水杉树，新栽意大利杨树。1999年，乐兴分场砍伐乐兴一队至六队沿路水杉树，收入10万元，新栽意大利杨树；同时砍伐机耕路两旁水杉树，此后未进行新栽。2002年，新合分场苏家吉砍伐水杉树39亩、610根；此处林木是1985年栽种，蓄积100立方米，采伐量80立方米。2003年，原种场完成砍伐树木325立方米并对部分路段及时进行植树，创林业一基一费收入11万元。2005年，六罐公路贺家山段路面改造升级，拍卖交管站至大洲十字路口树木，获13万余元；新栽广玉兰、樟树等观赏树木。2007年，砍伐大洲一队至大洲七队沿路欧美杨，新栽意大利杨。2012年，贺家山大道全线升级改造建设，沿线砍伐水杉、意大利杨；法官镇车站至大洲十字路口道路两旁植广玉兰、樟树、塔松等树木；同年在贺家山大道未植路段新栽广玉兰。

一　经济林

（一）柑橘　原种场柑橘生产历史悠久。在1990年880亩的基础上，柑橘种植面积逐年扩大。1995年《湖南省贺家山原种场“八五”森林资源二类调查成果报告》显示，柑橘种植面积为1042.5亩。1993年，新合分场引进柑橘、碰柑、甜橙、脐橙等优质幼龄树苗5万余株进行繁殖，成苗率较高；该批苗木陆续在全场推广种植，主要种植在耕地甚至基本农田上，少部分种植在房屋前后空坪隙地上；2000年后，全部挂果进入丰产期。1998—2000年，《湖南省贺家山原种场经营管理办法》提出进行为期三年的柑橘品种品质改造。改造品种为宫本、尾张等一批高产、优质、早熟品种，一部分改为椪柑，有效地提高了柑橘生产的经济效益。2004年单产最高，达到2499千克/亩。2007年种植面积最多，达到4473.1亩。1991—2017年共生产柑橘54632.5吨。

表 20　　1991—2017 年贺家山原种场柑橘产量统计表

年　份	柑　桔		平均产量（千克 / 亩）
	面积（亩）	产量（吨）	
1991	651	145	222.7
1992	792	198	250.0
1993	1003	1500	1495.5
1994	873	1309.5	1500.0
1995	873	1310	1500.6
1996	1003	1003	1000.0
1997	1018.7	1777	1744.4
1998	1015	370	364.5
1999	1015	4060	4000.0
2000	1122	419	373.4
2001	966	1932	2000.0
2002	1616.3	1234	763.5
2003	1314	2628	2000.0
2004	1112	2779	2499.1
2005	1961.3	1643	837.7
2006	1235.8	1854	1500.2
2007	4473	4697	1050.1
2008	3055.6	4583	1499.9
2009	2160	4380	2027.8
2010	1398	3076	2200.3
2011	1398	2456	1756.8
2012	1398	2517	1800.4
2013	1466	2230	1521.1
2014	1366	2230	1632.5
2015	1398	3150	2253.2
2016	1054	2032	1927.9

续表 20

年　份	柑　桔		平均产量（千克 / 亩）
	面积（亩）	产量（吨）	
2017	1378	3500	2539.9
合计	38115.7	54632.5	1433.3

（二）桃树　原种场栽种的桃树较少，主要分散在居民房屋四周；主要品种是本地桃，大洲六队有职工专业种植优质水蜜桃。另有枇杷、蜜柚、板栗、奈李等果树零星散布于居民房屋四周，数量较少。

（三）杜仲　杜仲为多年生药材林。1996 年初引入原种场内栽种，主要种植在新合分场、种子公司至大洲分场六队公路沿线、苏家吉分场田间机耕道路两旁、乐兴筲箕洼路段堤脚内坡禁脚处（数量不多），共种植 1500 余株；2005 年大部分杜仲树（乐兴筲箕洼处种植的杜仲护理不到位未成林）已达到药材林使用标准。由于杜仲种植规模不大，本地缺乏采集加工技术，一直未能加以利用；苏家吉分场田间机耕道路两旁杜仲林在进行苏家吉耕地整理项目建设时已砍伐掉。

二　防护林、风景林

1990 年时原种场防护林面积达到 710 亩，主要是幼龄林和中龄林。1995 年林业普查时，防护林网络已初具规模，以水杉为主的防护林生长旺盛，林相整齐，起到了较好的防护作用。全场有 38 条渠道（道路）、总长 57082 米，有林带占 81%。其中东西主林带 17 条，长度 21125 米，带间距 200~1000 米；南北副林带（包括围沟）12 条，长度 25110 米，带间距 350~900 米。林带高 10~20 米，多为 2~3 排。现存栽植较早的防护林为大洲分场至 240 机埠道路两旁水杉树。1995 年后植树造林活动减少，主要是对现有防护林进行管理和保护，每年进行杀虫除害工作。1999—2017 年，原种场机关院落进行美化亮化，先后栽种杜樱、桂花、银杏、红檵木、白檵木、冬青、黄竹、罗汉松等观赏树木近千株；开辟桂花、樟树苗圃 10 余亩，自繁苗木 15000 余株，无偿发放给职工群众栽种。2012—2017 年，原种场主要利用道路和居民房前屋后植树绿化，共栽植樟树、玉兰树、杜樱树、桂花树、栾树、红继木、白继木、银杏、栀子花树等观赏苗木 41100 株，对原种场环境美化起到了巨大的作用。

三　用材林

原种场内用材林较少，生活建房用木材一直是从外地购买。1995 年林业调查数据显示用材林面积为 14.1 公顷，蓄积量为 659 立方米，都是幼龄林和中龄林。主要用材林是水杉和欧美杨，大多作原材料销售给外地纸浆厂、包装厂，部分居民改、修建房屋时作辅助材料使用。欧美杨后经 2007 年、2012 年砍伐，已较少存在。

四　林业管理

1991—2007 年林业管理部门为原种场林业管理站，2007 年 10 月成立原种场林业科，与国土管理部门联合办公。2012 年，林业科从场国土管理部门分离出来成为原种场机关独立科室。1995 年，颁发《湖南省贺家山原种场林业管理办法》，该办法规定：从 1995 年 1 月 1 日起，各单位所属林木地不得再划分给个人作为承包土地进行承包，在此之前个人承包土地中所种植的树木，合同期满后，林地由所属单位收回管理；职工在房前屋后栽种的树木，林权属个人；成片林及沟渠、道路旁的树木，林权属各单位。1996 年，针对场内竹木经营的违章行为，林业管理站向上级主管部门常德市林业局申请，特许办理竹木经营许可证获批，此后场内竹木经营秩序井然。2007 年，印发《湖南省贺家山原种林果业占有基本农田的处置方案》，采取有效措施对全场 3 个分场、25 个生产队、336 户的 1052.3 亩占用基本农田和耕地的橘园进行了处置，使之全部还原成耕地，场共补助 84184 元。

表 21　　　　1991—2017 年贺家山原种场森林覆盖率统计表

年份	土地利用总面积（亩）	林地面积（亩）	森林覆盖率（%）
1991	28678	1688	5.89
1992	27254	2588	9.50
1993	27254	3759	13.79
1994	27254	3458	12.69
1995	27254	3231.6	11.86
1996	27254	4120	15.12
1997	27254	4520	16.58
1998	27254	4780	17.54
1999	27254	3845	14.11
2000	27254	3245	11.91
2001	27254	3454	12.67
2002	27254	3139	11.52
2003	27254	3225	11.83
2004	27254	3425	12.57
2005	27254	3678	13.50
2006	27254	3882	14.24

续表 21

年份	土地利用总面积（亩）	林地面积（亩）	森林覆盖率 %
2007	27254	3547	13.01
2008	27254	3589	13.17
2009	27254	3722	13.66
2010	27254	3742.3	13.73
2011	27254	3416.6	12.54
2012	27254	3537.2	13.0
2013	27254	3725.8	13.67
2014	27254	3879.4	14.23
2015	27254	3832.1	14.06
2016	27254	3825.6	14.04
2017	27254	3523.4	12.93
平均	27307	3569.6	13.07

第五节　植保植检

1979 年成立湖南省贺家山原种场植保植检站，当时有技术人员、管理人员 8 名，2002 年后有在职技术人员 2 名。主要职责：开展农作物病虫预测预报工作，并对病、虫、草、鼠等有害生物进行治理，负责植保技术专业培训、示范推广与管理，同时受常德市植保植检站的委托，依法对场内植物实施检疫。

一　病虫测报

原种场植保检植站主要开展对水稻、棉花、油菜、柑橘等场内主要农作物的病虫测报。采取田间观察、调查，田间赶蛾等简单实用措施，测报结果准确。植保检植站每年印发病虫情报 11 期 ~14 期，指导职工群众开展农作物生产过程中的病虫害防治。

二　病虫防治

（一）水稻病虫

原种场水稻病虫害主要有：二化螟、三化螟、稻纵卷叶螟、稻苞虫、稻飞虱、稻蓟马，纹枯病、稻瘟病、白叶枯病、稻曲病等。由于原种场基本农田建设不断完善、耕作制度不断改变、水稻品种不断更新和新农药的使用，20 世纪 90 年代初水稻三化螟完全消退，稻苞虫 20 世纪 80 年代末已完全消退，但在 2010 年早稻生产时，有小面积突发危害，主要原因是当年早稻病虫害发生较轻、基本没有开展化学防治所致。白叶枯病20世纪90年代初已完全消退，但2008年在种科所的区域试验田晚稻小区生产时有所发现，主要原因是外地参试水稻种子（南繁种子、各地区域试验种子）带菌所致。

防治方法以化学防治为主。20世纪90年代防治药物以杀虫双、杀虫单、三唑磷、甲胺磷、速灭威、扑虱灵、三环唑、井冈霉素等高毒高效农药为主。随着国家对农产品质量安全的重视，杀虫双、甲胺磷等高毒高效农药陆续被禁止使用。2000年以后，植保植检站以推广锐劲特、阿维菌素、烯定虫胺、吡虫啉、爱苗、富士一号等为主，2013年后，全面推广以氯虫苯甲酰胺、吡蚜酮、拿敌稳为主的科学配方，有效降低了水稻病虫危害程度，保证了生产稻米的质量安全。

（二）棉花病虫

1. 主要棉花病虫　棉花病虫主要有：棉铃虫、红铃虫、棉叶螨、棉蚜、斜纹夜蛾、甜菜夜蛾、盲蝽象，棉花枯萎病、棉花黄萎病等。棉铃虫1995年大发生，1997年特大发生，大发生现象一直延续到2002年。2003年大力推广转基因抗虫杂交棉后，棉铃虫危害程度明显下降，但一直未完全消退。

2. 化学防治　20世纪90年代化学防治药剂主要以：杀虫脒、灭多威、辛硫磷、敌杀死等高毒高效农药为主，特别是杀虫脒药效期长、杀虫杀卵效果好，成为当时防治棉铃虫的当家药剂，广受棉农喜爱。但因其高毒且药效残留期长、对人畜危害较大，后被禁止使用。2003年转基因抗虫杂交棉全面推广，棉花次要害虫上升为主要害虫，棉蚜、盲蝽象暴发成灾。主要使用阿维菌素、氟铃脲、马拉硫磷、吡虫啉、毒死蜱等高效低毒农药开展化学防治，棉花病虫危害程度明显下降，棉农用药次数减少，防治成本明显降低。

（三）柑橘病虫

1. 主要柑橘病虫　柑橘病虫主要有：蚧壳虫、红蜘蛛、黑刺粉虱、花蕾蛆、锈壁虱，疮痂病、溃疡病、煤烟病、炭疽病等。20世纪90年代防治药剂主要有：石硫合剂、松脂合剂、三氯杀螨醇、单甲脒、杀扑磷、多菌灵、托布津等。

2. 防治方法　20世纪90年代初，柑橘病虫测报工作刚起步，没有摸清柑橘病虫害的发生发展规律，病虫为害严重。其中蚧壳虫为害率达50%~60%、柑橘锈果率达50%~70%，黑刺粉虱普遍发生并引发煤烟病暴发成灾，导致90年代全场柑橘品质较差、产品销售不畅，橘农经济效益低。2002年开始，植保植检站全面推行柑橘病虫害综合防治技术，提高了柑橘病虫害防治水平，产品质量有很大提高，橘农增产增收。2004年开始，植保植检站引进百可得、扑霉灵等进口药剂与2，4—D混配，对柑橘采收后进行杀菌消毒保鲜处理，保鲜时间长达3个月，烂果率仅24%，保鲜技术在橘农中得到普遍推广。2013年后，原种场柑橘砂皮病逐年增加，防治难度大，严重影响柑橘的外观品质。2015年，植保植检站推广苯甲醚菌酯与代森锰锌配合，较好的控制了柑橘砂皮病的发生。

三 植物检疫

原种场植保植检站受常德市植保植检站的委托，依法对场内生产的水稻、棉花、柑橘等植物实施产地和产品调运检疫，特别是杂交水稻种子的检疫。产品产地检疫合格后签发“产地检疫合格证”，产品调运时凭“产地检疫合格证”签发“调运检疫证书”。植检植保站在产地检疫过程中一经发现检疫性病虫害，即报告原种场和常德市植保植检站，采取有效措施果断处置，控制检疫性病虫害的扩散。1991 年以后，柑橘黄龙病、大实蝇，水稻细菌性条斑病，蔬菜美洲斑潜蝇等主要检疫性病虫害在场内没有再发生。

20 世纪 80 年代以前，水稻白叶枯病在场内流行频率较高，采取推广抗病品种和实施综合防治等措施，白叶枯病得到有效控制。1991 年，在乐兴分场零星发生植物检疫性病害“水稻白叶枯病”，因发现及时并采取摘除病叶销毁、撒施生石灰消毒、专用药剂喷施防治等有效措施，控制了白叶枯病的发生与蔓延，未对大面积生产造成危害。此后，水稻白叶枯病在场内完全绝迹。2008 年，在种科所网室试验田的晚稻试验小区发现了水稻白叶枯病（南繁种子回场生产所致）。为保障全场粮食生产取得优质高产，特别是种子生产的安全，当年 10 月 14 日，农业科制定了《关于加强水稻白叶枯病防治的工作意见》，要求各单位按照病虫预报提供的信息，对发病丘块采取有效措施进行重点防治。根据白叶枯病的发生发展规律，对大田生产面积和种子浸种过程作好技术处理。经过两年的努力，有效控制了白叶枯病在全场水稻种植田间的发生与蔓延。

2003 年 9 月，植保植检站在田间观察调查时发现，柑橘检疫性病害“溃疡病”在新合分场三队脐橙生产上大量发生。经请示原种场研究同意，采取对发病果园所有脐橙树进行补偿性砍伐、集中销毁，对周边其他各类柑橘树木进行消毒处理的果断措施，控制了柑橘溃疡病的蔓延。

第六节 畜牧业

一 畜牧业生产

20 世纪 90 年代起，原种场畜牧养殖以猪、牛、鸡为主，兼养鸭、羊、鹅等。畜牧业养殖的格局是：家庭散养大于专业户养殖生产。由于社会经济的发展，养殖形式也逐年发生变化，专业户养殖生产逐年递增，养殖规模不断扩大，有的达到中等规模户养殖标准。

（一）生猪

原种场生猪养殖均属私养，养殖形式是散养、专业户、规模户三种。随着养殖水平的提高和饲料科技的进步，生猪的饲养平均出栏时间由 20 世纪 90 年代的 210~300 天，缩短到 100~150 天，出栏周期成倍提高。2007—2012 年，按照国家养殖补贴政策，原种场先后对场内规模养殖户投入项目资金 110 万元，对生猪养殖起到了一定的调控保障作用。原种场内无仔猪繁殖基地，60% 的商品仔猪都是从外地引进具有长势快、肉质好的特点的猪种，本地劣质猪种自然淘汰。原种场内饲养的生猪品种主要以杜长杂、约克夏二元杂交猪为主，三元杂交猪次之。

2015年前后，生猪养殖规模达到历史峰值。2017年由于环境污染问题越来越受到重视，关停了一批养殖场，生猪养殖规模逐步缩小。

表22　　1991—2017年贺家山原种场生猪生产统计表

单位：头

年份	存栏	出栏	饲养量
1991	2008	4138	6146
1992	2018	4235	6253
1993	2126	4375	6501
1994	3365	5906	9271
1995	2764	4513	7277
1996	2480	3754	6234
1997	3721	3461	7182
1998	4356	4484	8840
1999	3125	5979	9104
2000	3120	4287	7407
2001	3285	4473	7358
2002	2376	4328	6704
2003	2800	3860	6600
2004	2178	4850	7028
2005	2500	4300	6700
2006	2430	4150	6580
2007	2850	5357	8207
2008	2738	5232	7969
2009	2437	5390	7821
2010	2816	5521	8337
2011	2716	5821	8537
2012	2890	5869	8759

续表 22

年份	存栏	出栏	饲养量
2013	6980	7810	14790
2014	5100	7030	12130
2015	7050	8656	15706
2016	5030	7375	12405
2017	3371	9058	12429
合　计	88630	144263	232893

（二）牛

原种场耕牛均属职工群众家庭养殖，以沅水大堤、高水内堤和居住区为主要觅食养殖场所，自然采食、散养为主。1991 年后，年饲养量在 300~550 头之间，主要品种是本地滨湖水牛，属役肉兼用型、自繁自养，个别年份也有从石门引进的肉用黄牛。这一时期，原种场农业生产机械化程度不高，本地水牛是农田旱地耕作的主要工具。2000 年以来，牛肉制品价格逐年上升，各养牛户都不同程度地取得了较好的经济收入。2009 年，有个体养殖户从山东引进 40 余头鲁西肉用西门塔尔黄牛，以散养和圈养相结合的方式饲养，饲料以氨化、青储处理后的玉米鲜秸秆和沅水大堤外河滩自然生长的青草为主，因缺乏饲养经验和草料资源，效益甚微，后来停养。

2015 年后，随着消灭血吸虫、封洲禁牧工作的逐步开展，全场牛养殖规模逐步缩小。2017 年 9 月制定《湖南省贺家山原种场 2017 年血吸虫病疫区封洲禁牧淘汰牛羊工作实施方案》；11 月召开封洲禁牧淘汰牛羊推进大会；是年底全场血吸虫病疫区生产队的牛羊淘汰工作顺利完成，全场共淘汰 215 头牛、318 只羊，发放补贴 300600 元。

表 23　　1991—2017 年贺家山原种场役肉兼用型牛生产情况统计表

单位：头

年份	存栏	出栏	饲养量
1991	315	258	573
1992	335	162	497
1993	347	185	532
1994	413	216	629
1995	415	72	487
1996	412	52	464

续表 23

年份	存栏	出栏	饲养量
1997	418	33	451
1998	415	51	466
1999	397	111	508
2000	425	120	545
2001	438	108	546
2002	558	116	674
2003	465	190	655
2004	465	205	670
2005	458	384	842
2006	463	375	838
2007	337	410	747
2008	328	394	722
2009	306	372	678
2010	320	264	584
2011	322	459	781
2012	308	193	501
2013	401	182	583
2014	260	144	404
2015	230	153	383
2016	118	113	231
2017	91	154	245
合　计	9760	5476	15236

（三）羊　主要有本地山羊、石门杂交马头羊、波尔山羊，湘南黄羊、黑山羊很少见。山羊饲养属散养、自由采食、饲料成本低，比较效益高。1991 年以来，由于草食动物肉品市场价格较好，养羊户都不同程度地取得了较好的经济效益。但受自然草场不足的制约，没有得到大力发展，枯草季节和过冬草料没有保障，养殖规模最大专业户年饲养量也仅 300 多只。2015 年后，随着血吸虫病防治工作的需要，封洲禁牧工作的逐步开展，原种场羊养殖规模逐步缩小。2017 年底封洲禁牧淘汰羊 318 只。

表 24　　1991—2017 年贺家山原种场肉羊生产情况统计表

单位：只

年份	存栏	出栏	饲养量
1991	245	1750	1995
1992	268	188	456
1993	280	195	475
1994	524	239	763
1995	324	130	454
1996	1754	346	2100
1997	635	459	1094
1998	485	513	998
1999	412	112	524
2000	2015	1000	3015
2001	950	875	1825
2002	1480	1195	2675
2003	1280	1408	2688
2004	1300	1450	2750
2005	1450	1345	2795
2006	1535	1421	2956
2007	1600	2092	3692
2008	1480	1938	3418
2009	1480	1063	2543
2010	1250	2105	3355
2011	1263	1965	3228
2012	1665	1689	3354
2013	1800	2382	4182
2014	2050	2490	4540
2015	2250	3580	5830
2016	1180	3416	4596
2017	893	1255	2148
合　计	31848	36601	68449

（四）家禽

主要以养鸡为主，鸭次之，鹅少量。2000 年以前原种场鸡鸭无圈养，属自然散养，无养鸡专业户；仅有几棚养鸭专业户，在湖州、野外有专人赶养看管，以稻谷和水生生物为主饲料。家禽饲养主要以肉用型、肉蛋兼用型为主。

1. 鸡　20 世纪 90 年代饲养的鸡主要用于家庭食用。逢年过节时有少量出售，没有专业户和规模养殖户；主要品种有桃源杂交鸡、本地土鸡和少量三黄杂交鸡。2004—2010 年期间，张应平、罗文革等专业户从外地引进尼克蛋鸡进行封闭式专业圈养，以生产蛋品为主。单鸡年产蛋在 280~300 枚之间，有饲养 3000 羽、5000 羽、8000 羽、1 万羽的蛋鸡专业养殖规模。蛋鸡专业户的出现，改变了传统饲养的形式，使全场养鸡业的发展达到了历史最高水平，并取得了良好的经济效益。

2. 鸭　主要养殖形式是家庭散养，规模不大，全场有几棚专业养殖户，养殖量在 200~1000 羽之间。产蛋以本地谷鸭为主。肉用型鸭主要是湖南大麻鸭（淮鸭），具有体型大、胸宽、肌肉丰富、增重快等特点。一般在 8—9 月中稻收割前后开始饲养，主要以田间机械收割杂草夹杂谷粒为食，70 天左右即出栏商品鸭，饲养周期短，效益好。

3. 鹅　养鹅业在场内发展不大，主要是少量家庭作为食用养了少部分本地麻鹅，没有投入专业生产。2003—2005 年原种场有三个专业户养鹅，每户养殖 400 羽左右，因市场信息不畅、无固定销售渠道，鹅养殖成熟后须等到春节期间才能出售，饲料成本增大后基本无养殖效益，后再无人进行专业饲养。

表 25　　1991—2017 年贺家山原种场鸡、蛋品生产情况统计表

年份	鸡			蛋品产量（吨）
	存栏（羽）	出栏（羽）	饲养量（羽）	
1991	35378	59638	95016	238
1992	2538	9850	12388	125
1993	26850	10465	37315	123
1994	19669	10387	30056	412
1995	21356	13665	35021	169
1996	22850	46570	69420	283
1997	21374	45807	67191	243
1998	19680	45229	64909	319
1999	21246	1077	22323	358
2000	27532	9435	36967	340

续表 25

年份	鸡			蛋品产量（吨）
	存栏（羽）	出栏（羽）	饲养量（羽）	
2001	23579	47630	71209	274
2002	21000	48760	69760	261
2003	20130	44200	64330	238
2004	17420	27566	44986	244
2005	21700	83445	105145	230
2006	19800	82336	102136	242
2007	37580	54677	92257	242
2008	35630	56870	92500	235
2009	37450	59255	96705	243
2011	23747	53080	76827	275
2012	27300	48395	75695	249
2013	35415	80168	115583	229
2014	36500	83820	120320	237
2015	36500	95300	131800	293
2016	34000	124000	158000	376
2017	20000	69500	89500	237
合计	666224	1311125	1977359	6，715

（五）其他

竹根猪。竹根猪又名竹鼠，属哺乳动物。成熟后体重约 1~2 千克，主要生长在湘南地区灌木丛林和竹林中；其味鲜美，营养价值丰富。1992 年 3 月，原种场作为特种养殖从湘南地区双牌县、道县、江华县等地引进 230 余只饲养。通过饲养发现竹根猪不适应湘北洞庭湖区气候生态条件，饲料缺乏，其野性难驯，大部分死亡；少量钻洞逃逸，养殖未成功。

蜂。养殖量小，未形成生产规模。

二　疫病防治

20 世纪 90 年代，原种场畜牧站有场编制兽医 4 人、药剂员 1 名，主要负责全场范围内各种动物的防疫诊疗工作。由于管理体制在改革中受到冲击，完善不够，各分场“赤脚”兽医未纳入原种场编制，兽医一度出现了以病养医的局面，动物防治工作得不到保障。1994年水产和畜牧合并成立畜禽水产公司，进行甲鱼乌龟养殖。2002年2名兽医、1名药剂员相继离岗，由1名兽医负责全场的动物防疫工作，自发组织2名社会兽医，开展收费防疫诊疗；2003年4月16日，撤销原种场畜禽水产公司，恢复畜牧防疫站，继续开展动物防疫工作。将原有分场的三名"赤脚"兽医聘用为村级防疫员，待遇是发放误工补贴。2004年2月，成立"湖南省贺家山原种场重大动物疫病防制指挥部"，制定实施《湖南省贺家山原种场控制重大动物疫病应急工作预案》。2004—2017年，因为各项防疫措施落实到位，没有发生重大疫情。

（一）生猪　防疫的主要病种有猪瘟、猪丹毒、猪肺疫、副伤寒、口蹄疫、猪高致病性蓝耳病；原种场内生猪养殖常见病诊疗有感冒、肠胃炎、传染性胃肠炎、喘气、肺炎、关节炎、乙型脑炎、肠道寄生虫、肺丝虫、皮肤湿疹以及新陈代谢病等。1991年6月，乐兴分场一队、八队、九队、十队，相继发生猪口蹄疫病，发病生猪40多头。原种场立即组织相关部门采取有效措施扑灭疫情，将所有病猪电击扑杀，用石灰、专用消毒剂消毒后深埋和个别病猪用汽油进行了焚烧处理。

（二）牛　防疫的主要病种有牛口蹄病、牛炭疽、牛出血性败血病。畜牧防疫站诊疗的常见病有牛四季感冒、大肠杆苗菌病、瘤胃弛缓、大叶性肺炎、风湿性关节炎、关节脱臼、农药中毒、脑膜脑炎、尿道炎、母牛子宫内膜炎、乳腺炎、缺乳、破伤风、血吸虫病等。1999年5月24日至8月31日在大洲分场、原苏家吉分场相继发生牛口蹄疫病，发病牛22头。原种场立即组织相关部门采取有效措施，将所有染疫病牛扑杀消毒和个别重染疫病牛用汽油进行焚烧处理；直接经济损失5万余元。

（三）羊　主要防疫的病种有：口蹄病、传染性胸膜肺炎、羊痘、肠毒血病。场畜牧防疫站诊疗的常见病有：感冒、前胃弛缓、肠炎、肺炎、羊肝片吸虫、血吸虫病等。2006—2007年，原种场相继发生羊痘、羊传染性胸膜肺炎，染病死亡率极高。

（四）家禽　主要防疫病种有：鸡瘟、禽霍乱、高致病性禽流感。原种场畜牧防疫站诊疗的常见病有：霍乱、肠炎、雏白痢、红痢、鸡球虫病、农药和鼠药中毒等。2002年9－10月，乐兴分场二队发生高致病性禽流感，原种场立即组织相关部门采取有效措施，扑杀鸡230只、鹅60只、鸭130只，作深埋处理；2003年8月原苏家吉分场五队，发生鹅高致病性禽流感，组织扑杀鹅150只，作深埋处理；2005年11月，乐兴分场二队发生禽霍乱，组织扑杀各类禽只415羽，作深埋处理；原种场发放扑杀补助8770元。同时由场畜牧防疫站组织专业人员在全场范围内进行活体疫苗接种，加强市场检疫，防止人畜交替感染。

（五）犬　原种场养犬400~600只之间，无养殖专业户，家庭散养犬主要用于看家护院，个别户养有宠物犬。部分犬接种了狂犬病疫苗，个别年份狂犬病接种免疫密度达到85%以上。

三　动物检疫

从1991年起，按照上级业务主管部门的要求，按照农业部颁发的检疫法规开始实施动物检疫工作。原种场为省农业厅属农业事业单位，无区划建制镇，一直未实施定点屠宰。产地检疫、宰前检验工作没有全面实行，只实行市场白肉检验、个别动物和动物产品的长途运输检验。

（一）产地检疫　检疫员必须持有省级以上全国性监制的检疫员证，方能上岗从事检疫执法工作。原种场只实行牛、猪、禽、蜂长途运输的产地检疫；因人员缺乏，管理监督机制不健全，没有实行出栏产地检疫。

（二）市场检疫　原种场牲畜没有实行定点屠宰，无法进行宰前检疫，畜牧防疫站实行市场白肉检验。在检验过程中，检疫员对合格上市产品加盖验讫印章；对病死畜禽产品，监督货主做无害化处理，禁止上市销售；原种场平均每天受检白板猪肉约280千克。2016年后，因执法权限和主体问题，取消了屠宰检疫，改为要求场内屠宰户到牛鼻滩镇等有官方兽医驻场的地方进行屠宰，屠宰户没有完全执行到位。

第七节　水　产

原种场域内内河、沟渠纵横，池塘密布，自然生长的鱼类品种较多。水产鱼类及水生动物生长、养殖品种主要有青鱼、草鱼、鳙鱼、鲢鱼、鲤鱼、鲫鱼、鳊鱼、鲶鱼、黄鳝、甲鱼、小龙虾、河蚌、螺丝等。养殖系责任承包性质，无公养形式。由于受地域条件的限制，2000年后，水产养殖业持续保持稳定水平。

一　水　域

境内有大小水域多处，高水由西北向东南贯穿，原种场有精养池面积649亩、湖泊146亩、哑河面积1400余亩、池塘1164亩、河沟1200亩。由于排灌渠道畅通，受农业生产施用农药残留影响；加上电捕鱼的破坏，导致自然鱼类、黄鳝、泥鳅的自然生存条件受到限制，天然鱼类逐年减少。

二　捕　捞

原种场域内大多数系自由捕捞。主要在沅水、内河高水、哑河、场内沟渠进行，无专业渔民身份和船证号，均属社会待业闲散人员，打鱼摸虾都是个体自发行为。渔具以撒网、拉网、拦网、丝网、背包式电击为主，钓具、钩具次之。自然捕捞鱼类以自食为主，多余部分对外销售。2003年7月23日，原种场与湖南东文实业有限公司签订《大洲分场十四队蓄水湖租赁协议》，开始修建“湖南东文（贺家山）垂钓休闲中心”。该休闲中心建成后，成为接待来宾垂钓休闲的重要基地。

三　水产养殖

（一）养殖方式

池塘精养。以草鱼、鳙鱼、鲢鱼、鲤鱼为主，杂少量鲫鱼、鳊鱼、乌鱼等；哑河和垸内湖泊水面养殖都投放有鱼类饵料；主要是责任承包和租赁承包两种形式。1991—1993年，沅水和高水有少量养殖户进行网箱养鱼，养殖品种主要是草鱼，以大颗粒饵料和青草为食。

育苗繁殖。20世纪90年代后无专业孵化单位。1991—1995年有个别职工自发的从事鱼苗孵化，品种有青鱼、草鱼、鲤鱼、白鲢、花鲢、鳊鱼等。

表26　　1991—2017年贺家山原种场畜牧水产业产值统计表

年份	畜牧业年产值（万元）	渔业养殖面积（亩）				渔业年产值（万元）
		哑河	湖泊	池塘	河沟	
1991	313.9	1400	146	1164	1200	333.4
1992	329.8	1400	146	1164	1200	329.5
1993	343.5	1400	146	1164	1200	338.3
1994	358.39	1400	146	1164	1200	346.69
1995	584.24	1400	146	1164	1200	227.5
1996	414.04	1400	146	1164	1200	312.86
1997	434.09	1400	146	1164	1200	360
1998	494.83	1400	146	1164	1200	379
1999	557.5	1400	146	1164	1200	485.5
2000	547.10	1400	146	1164	1200	422
2001	761.8	1400	146	1164	1200	309
2002	782.8	1400	146	1164	1200	307
2003	683.39	1400	146	1164	1200	273.68
2004	731.67	1400	146	1164	1200	317.36
2005	748.22	1400	146	1164	1200	382.12
2006	785	1400	146	1164	1200	405
2007	819	1400	146	1164	1200	410.0
2008	1430.91	1400	146	1164	1200	531.0
2009	1474.5	1400	146	1164	1200	565.7

续表 26

年份	畜牧业年产值（万元）	渔业养殖面积（亩）				渔业年产值（万元）
		哑河	湖泊	池塘	河沟	
2010	1885.8	1400	146	1164	1200	890.5
2011	2241.1	1400	146	1164	1200	593.6
2012	2356.4	1400	146	1164	1200	570.2
2013	2798.9	1400	146	1164	1200	911.2
2014	2816	1400	146	1164	1200	1088.88
2015	3137.6	1400	146	1164	1200	1110.84
2016	3155.5	1400	146	1164	1200	1231.9
2017	2828.6	1400	146	1164	1200	1504.5
合计	33814.58	36546	3942	31428	32400	14937.23

（二）水产健康养殖示范场创建

经农业部办公厅批准，原种场乐兴渔场 500 亩基地为第五批水产健康养殖示范场。

为了搞好健康养殖，保持科技知识普及稳步上升，使商品合格率稳步提高，养殖户效益稳步增加，对全场养殖生产按照科学的管理办法，安排专人负责，按生产季节，对鱼种的放养、鱼病的防治、生产用水的调控进行不失时机地指导。

1. 水产健康养殖示范场养殖设施 电排 5 座，机埠 2 座，运行状况好，能保证生产用水的需要。拥有增氧机 78 台、169.4 千瓦，投饵机 50 台。水质检测盒 42 台，显微镜 2 台，电子天平 1 台，PH100 型笔式 PH 机 1 台，PH100 防水型笔式 PH 机 1 台。

2. 水产健康养殖示范场放养模式

草鱼为主。一般每亩放养草鱼 500 尾、鲫鱼 200 尾、鳊鱼 100 尾、鲢鱼 120~150 尾、鳙鱼 15~25 尾。

鳊鱼为主。每亩放养鳊鱼 1000 尾、草鱼 150~200 尾、鲫鱼 200 尾、鲢鱼 100~120 尾、鳙鱼 20~30 尾。

鱼蚌混养。每亩放养草鱼 500 尾、鳊鱼 100~200 尾、鲫鱼 200 尾、鲢鱼 50 尾、鳙鱼 15~20 尾、鲤鱼 10~15 尾。

3. 水产健康养殖示范场饲料 主要为：103LP 池塘养鱼配合饲料，混养鱼配合饲料（正达 103），103 池塘养鱼配合饲料等。

（三）无公害农产品产地认证与产品认证 2010 年 7 月，原种场申报无公害草鱼、鳙鱼、鲢鱼产品认证；湖南省农产品质量安全中心畜禽水产品分中心组织认证，现场水质和产品检验合格，无公害农产品产地认定证书由湖南省农业厅颁发（证书号 WNCR-HN-01842）；申报产品的材料通过省级工作机构评审上报到农业部农产品质量安全检测中心终审，获得草鱼、鲢鱼、鳙鱼的产品认证书。

四　其他水产

（一）河蚌育珠　20 世纪 90 年代初，乐兴渔场有 4 家养殖户，面积 34 亩，吊蚌 4 万只，其间珍珠养殖发展不快。1998 年，常德珍珠大王向老八在大洲分场屯水湖投资吊养珠蚌 27.6 万只，养殖水面 230 亩。2001 年以 30 元 / 只销售珠蚌，利润达 70 万元。2005 年全场珍珠养殖水面达 1000 余亩，吊蚌 1000 万余只。2008 年后珍珠价格回落，珠蚌价格下跌至 5~6 元 / 只，利润低至 2~3 元 / 只，部分养殖户甚至亏本。此后全场河蚌养殖水面逐年减少，到 2017 年，河蚌育珠水面仅 145 亩、20 余户，每户珍珠年收入 30000 元左右。

（二）鳖

鳖又称甲鱼、脚鱼、水鱼和团鱼，为名贵水产品，经济价值高，国内外市场十分畅销。20 世纪 90 年代，因水质污染及过度捕捞，野生甲鱼资源枯竭，价格暴涨。随着鱼鳖混养、稚鳖繁殖技术的成熟，鳖养殖的效益十分可观。这一时期本场鳖养殖业发展很快，主要是购进种鳖进行人工繁殖，为周围养殖户提供种苗（稚鳖）。

1993 年 5 月，原种场个体养殖户刘玉清投资 10 万余元，修建鱼池 1.2 亩；引进种鳖 1000 千克，种鳖价格 80 元 / 千克；当年产稚鳖 2 万余只，稚鳖销售价格 7.5 元 / 只，销售商品鳖 300 千克，盈利 20 万余元。1994 年该养殖户扩大养殖规模，面积增加到 5 亩，又引进种鳖 1000 千克，种鳖价格 200 元 / 千克，产稚鳖 5 万余只，稚鳖价格 15~20 元 / 只，盈利 100 万余元。1995 年该养殖户产稚鳖 6 万余只，稚鳖价格最高达 35 元 / 只，当年盈利近 200 万元，种鳖数量增长到 2500 千克。当年下半年种鳖价格飙升到 1000 元 / 千克。仅三年时间，该养殖户资产由 10 万元增长到近 500 万元。

1994 年初，成立原种场畜禽水产开发公司，筹备从事特种水产养殖工作。1995 年场水产公司开挖鱼池 5 亩，以 500 元 / 千克价格引进种鳖 1500 千克，当年产稚鳖 3 万余只，盈利 80 万元。

由于鳖养殖的暴利，原种场下属单位和个体户纷纷加入鳖养殖行业。1996 年上半年是原种场内鳖养殖业发展最快的时期，种鳖价格也达到历史最高的 1200 元 / 千克。水产公司、个体养殖户刘玉清继续扩大养殖规模，分别在湘利区修建 5 亩、8.5 亩鱼池。原种场农业开发总公司、轧花厂、渔机厂、乐兴分场等单位及曹正武等 12 户个体养殖户相继投入大量资金购进种鳖，进行人工养殖。此时场内鳖养殖最大面积达 70 余亩，种鳖存量 1.3 万余千克，年产稚鳖 21.5 万只。1997 年湖南省渔业机械厂与省种子管理站合资 800 万余元，在海南三亚师部农场湖南省农作物种子种植鉴定基地内建设 60 亩商品鳖养殖基地。1996 年爆发鳖病毒性疾病，种鳖大量死亡，仅刘玉清个体养殖场就死亡种鳖 1.5 万余千克。

随着全国鳖养殖的快速发展，泰国、越南等国和台湾地区的养鳖业也迅速兴起，国内外鳖市场疲软，商品鳖价格持续下滑，稚鳖价格由15元/只跌到3.5元/只，甚至无人问津，大量积压。

20世纪90年代后期至2000年，种鳖、商品鳖、稚鳖价格分别只有80元/千克、30元/千克、2元/只，鳖养殖已经无利可图。1997—1999年，全场稚鳖产量维持在20万只左右。渔机厂海南商品鳖养殖1996—1998年连续亏损，1999年停止养殖，亏损近500万元。2000年，场农业开发总公司撤销，鳖养殖终止，亏损80万余元；乐兴分场、轧花厂相继卖掉种鳖，终止鳖养殖，分别亏损50万余元和117万元；原种场内大部分个体养殖户陆续处理种鳖，退出鳖养殖行业。全场鳖养殖面积仅剩35亩，年产稚鳖15万只左右。2003年，水产公司撤销，亏损300万元；至此，参与鳖养殖的场属单位全部退出鳖养殖行业，1994—2003年原种场各单位鳖养殖总亏损过千万元。2012年后，仅剩2个个体养殖户，养殖面积12亩。

（三）黄鳝　黄鳝肉质细嫩鲜美、营养丰富、具有较高的药用价值，肉、骨、血、皮及头部均可入药，是重要的经济鱼类之一。原种场池塘、沟港、湖沼盛产黄鳝，天然捕捞量大，每年可捕捞野生黄鳝1500千克。20世纪90年代有小面积的人工饲养，养殖方式为池塘养殖。随着网箱养殖技术的逐步推广，乐兴分场有2户个体养殖户从2009年开始进行网箱养鳝。由于种苗价格较高，规模小，养殖技术差，效益不显著。

（四）乌龟　乌龟又称草龟、山龟、水龟和泥龟，经济价值较高，龟肉既是食用佳品，又是医用良药，深受广大群众喜爱。1996年，场水产公司购进种龟250千克进行鳖龟混养，由于缺乏技术，种龟死亡较严重；龟苗孵化率低，当年只孵化龟苗200余只；1997—1999年每年孵化龟苗300只左右；2000年场水产公司将种龟转售，停止养殖。

（五）小龙虾

小龙虾又名红螯虾或淡水小龙虾，原产于美国南部，为外来入侵物种。小龙虾食味鲜美，市场需求量大，近年来成为重要的经济养殖品种。小龙虾因其杂食性、生长速度快、适应能力强而在场内水域形成绝对竞争优势生物，20世纪90年代初期曾一度在场内泛滥成灾。由于大量捕捞食用，野生小龙虾数量锐减。2003年，乐兴分场个体养殖户赵卫平租用乐兴四队低洼农田10亩，投资5万余元，养殖小龙虾。收购野生小龙虾进行囤养，由于缺乏养殖技术，小龙虾自相残食、自然死亡、逃跑现象严重，导致亏损5万余元后停养。

2015年，省农技推广总站将“稻田+”作为全省农业“三项技术示范推广”内容之一，全省“稻田+”面积逐年增加。2017年，大洲分场十队郎贤平等人通过流转大洲十一队稻田170亩，开始进行“稻田+龙虾”综合种养，经济效益较好。

（六）黑斑蛙　黑斑蛙是蛙科、侧褶蛙属的两栖动物。黑斑蛙雄性略小，头长略大于头宽，吻钝圆而略尖，吻棱不显，前肢短，后肢较长而肥硕，胫关节前达眼部，趾间几乎为全蹼，成体背部颜色为深绿色、黄绿色或棕灰色，具有不规则的黑斑，腹部颜色为白色、无斑。2015 年，乐兴分场十队职工子弟陈亮通过一年观察学习，了解当时从事青蛙养殖的人不多，而且市场前景看好，商品蛙供不应求，确定青蛙养殖项目可以尝试。2016 年初，陈亮从外地引进黑斑蛙开展特种养殖，一期项目建成 35 亩的养殖池，共投资 100 万元，当年完成销售收入近 120 万元，盈利 20 万元。2017 年面积扩大了 80 亩，亩产值达 3 万余元，带动当地农户 5 户，黑斑蛙养殖面积达到 130 亩。

第四章 工商与贸易

原种场兴办工商企业始于20世纪60年代。进入70年代，工商企业有粮油加工、机制砖、农机具修配以及糕点、酿酒、脱水菜、酱油生产的小型作坊，以手工操作为主，设备简陋。产品主要在场内供应，自产自销，旨在解决职工、家属生产、生活所需物资的问题。

党的十一届三中全会以后，原种场党委抓住改革开放的大好时机，大力发展工商企业。20世纪80年代先后有湖南省渔业机械厂（后由省农业厅移交给贺家山）建厂，成立贺家山建筑工程公司和运输公司。20世纪90年代建成了贺家山优质棉加工厂和广西东兴湘宁机砖厂。这一时期，原种场商业由供销社、场办商业、个体商业并存阶段逐渐转型为个体商业，并将工交办公室改为工业科行使对场属工商业的管理职能。2000年前后，先后关停了渔业机械厂、粮油加工厂（粮油开发中心、星火粮油公司）、彩色印刷厂、广西东兴湘宁机砖厂和织衣厂（当年建厂随即关闭）、食品厂，优质棉加工厂被“湘农棉业”即银丰公司替代，对建筑公司进行“两个置换”试点工作。随着交通运输业的不断发展，成立了湖南省龙运交通运输集团公司贺家山分公司。2012年后，先后有4家物流公司落户贺家山。

表27　　1991—2017年贺家山原种场工交建筑业统计表

年度	企业数（个）		销售收入（万元）	工农业总产值（万元）	占工农业总产值比例（%）
	场办	民营			
1991	7	3	2183.30	5681.50	38.43
1992	7		2306.44	5896.47	39.12
1993	7		2453.72	6135.52	39.99
1994	7		2397.00	5983.87	40.06
1995	7		2941.95	7601.81	38.70
1996	6		3834.14	8955.03	42.82
1997	5	1	2877.70	7963.80	36.13
1998	5		2058.30	7048.59	29.20
1999	5		2140.10	6843.30	31.27
2000	5	1	2230.70	7548.15	29.55

续表 27

年度	企业数（个）		销售收入（万元）	工农业总产值（万元）	占工农业总产值比例（%）
	场办	民营			
2001	4	1	1701.00	7339.23	23.18
2002	4		1888.30	7268.85	25.98
2003	3		2200.46	8647.80	25.45
2004	3	1	2900.90	9312.53	31.15
2005	3		2512.00	9502.96	26.43
2006	3		2238.82	9983.92	22.42
2007	3		3251.72	11931.94	27.25
2008	2	2	2504.95	12710.67	19.71
2009		2	3077.05	14282.85	21.54
2010		2	3973.55	16262.35	24.43
2011		2	4789.98	18755.24	25.54
2012		2	5093.90	22237.35	22.91
2013		2	6581.52	26046.97	25.27
2014		2	6921.50	27349.10	25.31
2015		2	8016.20	30119.10	26.62
2016		2	8613.40	31841.10	27.05
2017		2	7580.00	33419.95	22.68

第一节　工　业

一　食品工业

（一）大米加工

20 世纪 80 年代大米加工的原材料按计划调拨，产品定量供应，企业生产比较正常，效益稳定。1991 年，粮油市场日趋活跃，流通渠道愈来愈广，仍处在内向型经济的场粮油管理站与市场经济的发展已不相适应。1992 年 2 月，成立“湖南省贺家山原种场粮油开发中心”，形成农、工、商、产、供、销一体化的雏形。1998 年 3 月，场粮油开发中心顺应改革潮流，改制成立“湖南省贺家山星火粮油公司”，大米加工业走向市场，自主经营。

1. 规模与技改　原种场粮油开发中心固定资产净值 27.46 万元（2003 年财务报表数），

建筑面积2050平方米，其中办公楼320平方米、仓库680平方米、机房2050平方米。机械设备有喷风碾米机1台、35型除石机1台、振动筛1把、磨谷机1台、提升机7台、成品米筛选机1台、砂糠笼7台、磨糠机1台、五品筛1把、七品筛1把，按设备的性能，不能对大米进行精加工。场粮油开发中心一班人考虑到技改工作的重要性，组织人员随常德市考察团对香港粮油市场进行考察，并就粮油开发中心的现状给予通报，力争求得他们的支持。考察人员回场后制定过技改方案，最终融资方面受阻未果。后来自筹资金将胶滚式碾米机改为喷风式碾米机（6台），并对部分机械设备进行更新改造和技术改进。通过技改既提高了大米加工的品质，又降低了加工成本。

2. 加工与开发

1993—1996年，以加工职工口粮为主、加工部分商品大米出售为辅，并承揽来谷加工等业务。1997年国家粮油政策全面放开，结束了原种场职工按计划配购粮油的历史。粮油中心经营走向市场后，中心一班人谋划有三：一是扩大加工规模、拓展销售渠道，将年加工规模200万千克（谷）增加到400万千克；并陆续在湖北洪湖、武汉，广州，汉寿粮贸，鼎城粮贸等地开辟销售网点。产品远销广州、深圳、湛江、韶关、汕头、揭阳等地。二是利用本场乐兴分场500亩生产基地，鼎城区韩公渡镇丁家口村300亩生产基地，汉寿县罐头咀乡保南村200亩生产基地；选取“矮粳23”湖南香稻系列、洞庭软米系列等优质品种进行优质稻精米生产；以合同的形式高于当年稻谷市场收购价的5%~8%进行收购。三是为附近粮库收购储备粮换取差价利润。

据统计，到2000年累计加工和销售大米84万千克；为长沙望城旺旺集团公司提供优质粳稻谷290万千克，收购储备粮120万千克，获得销售收入120万元，利润20万元。

2001年8月后，大米加工由于多方面原因造成经济亏损，因而停产。是年9月，大米加工厂房由个体租用，并购置小型组合碾米机1台，生产经营了3年。2004年，大米加工设备变卖，2005年，大米加工厂主体机房（楼）卖给个体户并被拆除。

（二）食用植物油加工（油菜籽）

场粮油加工中心1992年有90型榨油机7台，后增加95型螺旋榨油机2台。到2000年，累计加工油菜籽675万千克，生产菜油202.5万千克，生产菜饼405万千克。2001年后，油脂加工车间承包给个体户。2004年，油脂加工设备变卖，停产。

个体油脂加工是在场粮油加工中心停业后，以原粮油中心分流的员工为主，自筹资金、改造和购置设备、改进技术，采取家庭办作坊或联办的形式兴起的小型油脂加工企业，承揽贺家山和周边乡村农民的油料来料加工和收购油脂原材料进行加工、销售等业务。到2005年，全场共有3家，户年加工量20万千克左右，户年收入5万元左右。

经济效益。粮油开发中心经营10年，有7年盈利3年亏损，据财务报表显示，至2012年亏损248.93万元（农发行贷款）。

2012 年，原种场粮油开发中心歇业，其管理人员分流，职工的个人关系转至企管站。

2013—2017 年，个体李氏油脂加工厂经营油脂加工业务，五年共收购油菜籽 96.82 万千克，加工油菜籽 53.1 万千克，生产成品油 21.24 万千克，实现利润 12.18 万元，合计总利润 39.7 万元。

（三）副食品加工

1991 年，原种场有 3 家个体糕点作坊，采用手工操作，从事副食品加工。到 2009 年，先后有 2 家由于市场和加工技术原因停业转行。

法官镇“先美”蛋糕店创建于 1997 年，业主利用传统技术，采用先进工艺，生产糕点。加工设备有：搅拌机、电烤箱、恒温箱、面包搅拌机、压面机、多功能展示柜、面包发酵柜等。生产的品种有：桂花糖、酥糖、花根、花生糖、芝麻片、桃酥、豆占、斗根、麻花、大花片（猪耳朵）、蛋卷、蛋饼、雪枣、麻枣、蛋糕、面包等。产品销往本场和周边乡村大小商铺。据业主提供的数据推算：到 2011 年，累计收入 13 万元，获纯利 7 万余元。

（四）豆制品加工　新合分场湘利队“世跃”豆腐加工作坊创建于 2000 年，其经营形式以农业生产为主兼豆腐加工业务。加工设备有打浆机 1 台、小型锅炉 1 台、压榨机 2 个、冲浆缸 2 口、包袱 20 个、制作豆腐块格子 20 个。具有年加工 2000 千克黄豆的生产能力。据业主提供的数据推算当年获纯利 2 万余元。

（五）藠头、柑橘加工

1993 年，原种场投入 15 万元，将原大曲酒厂的发酵池扩容至 100 吨，改造成腌制池，按照省、市粮油外贸要求，加工生产外贸藠头（半成品）和柑橘。

藠头生产。1993 年开始，原种场每年对各生产单位下达藠头生产的指令性指标，规定以高出当时市场收购价 0.10~0.16 元 / 千克的标准进行收购。1995 年全场藠头生产面积达到 300 亩。

柑橘品种改良。在原有柑橘基地种植品种的基础上，采用高位嫁接技术，更新柑橘品种，改良柑橘品质。对积极完成场指令性嫁接指标任务的农户，场给予每亩 100 元至 200 元的补助，先后有 30% 农户的橘树进行了更新。

加工与销售。据统计，6 年累计加工外贸藠头（半成品）300 吨、外贸柑橘 200 余吨，同时加工边贸柑橘 1200 吨。产品主要销往日本、加拿大和俄罗斯等国家，为国家争创外汇 60 余万美元。

但经过六年的生产实践表明：湖区地下水位高，生产出的藠头 40% 属双芯果，藠果肥大，加工的成品外观达不到外贸要求。柑橘属蜜橘型品种，树龄老化且酸度过高，品味欠佳。上述两个产品的加工成品率不高，经济效益差，1998 年关停。

（六）榨菜加工　原种场腌制加工业始于 20 世纪 50 年代，腌制的品种有凤尾菜、腌油菜、腌萝卜、腌辣椒等。到了 60 年代初，由于腌制食品价格下跌，企业不能正常运转而停产导致解体。2004 年，湖南省贺家山原种场“绿沅”公司（个体）利用原种场原大曲酒厂进行藠头、柑橘加工的闲置设备，投资 40 万元，新建容积 600 吨腌制池 4 个，购置净水器（即远红外线杀菌器）1 台、切拉机 1 台、封口机 2 台、打包机 1 台、小型加工设备 8 套（件）等设备，生产脱水榨菜。商品名为“绿沅榨菜”，属四川涪陵榨菜系列。到 2006 年累计生产“绿沅榨菜”1200 吨，产品销往北京、海南、长沙高桥大市场、常德等地，受到菜商和消费者青睐。2007 年由于市场原因，加之缺乏管理经验，导致亏损而停业。

二　酿酒加工业

原种场民间酿酒的历史悠久。1985 年建立贺家山大曲酒厂，生产瓶装白酒品牌有碧亭大曲、碧亭二曲、碧亭湘贺酒、双燕小曲等，曾受到消费者青睐。1990 年，由于多方面原因，酒厂停产。应运而生的是季节性个体酿酒作坊，据统计有 8 家，分布在 3 个分场和法官镇。1991 年以后，“宏海”酿酒户从数家个体酿酒户中脱颖而出，逐年扩大业务范围，发展成具有一定规模的酿酒作坊。每年收购稻谷、高粱、大米 7 万余千克，生产各类白酒（即谷酒、高粱酒、米酒）3 万余千克。经营形式是：以家庭成员为主，采用以销定产的经营方式，同时还兼顾来料加工。产品主要销往贺家山和周边乡村。据业主提供的数据推算，年创纯利 4 万余元。

三　渔业机械厂

湖南省渔业机械厂 20 世纪 80 年代生产船用挂桨机、增氧机、泥浆泵等渔业机械。到 1991 年，增加了轴承加工车间、常德市电缆桥架厂、常德市有色金属铸造厂。全厂员工 98 人，其中：正副厂长各 1 人，助级以上技术骨干 4 人，其他专业技术人员 7 人。设有财务、生产技术、机修、销售、保卫等管理机构。在内部管理上分四个车间，即轴承、电缆桥架、有色铸造、机械加工。拥有固定资产 143.6 万元，建筑面积 7633.2 平方米。即办公楼 300 平方米，轴承车间 922 平方米，桥架车间 400 平方米，有色铸造车间 796 平方米，机械加工车间 500 平方米，黑色铸造车间 858 平方米，仓库 587 平方米，配电房 73.6 平方米，传达室 51 平方米，浴室 75.6 平方米，食堂 500 平方米，职工宿舍 2570 平方米。

（一）轴承车间（常德轴承厂贺家山分厂）　1991 年，轴承车间按照建厂前与常德市轴承厂签订的协议，配置“747”磨床 1 台、磁清机 1 台、“1080”无心磨床 1 台、精整车床 2 台、“29212”倒脚车床 1 台、液压车床 10 台、空压机 1 台、钻床 1 台。利用常德市轴承厂提供的技术和设备从事生产经营，这一时期生产正常。1993 年以后，常德市轴承厂的产品在市场销售疲软，导致轴承加工车间加工量逐年下滑，1995 年，仅生产了 70 万套。1996 年，随着常德市轴承厂的解体，轴承车间随之歇业。1997 年，将设备变卖，其资金抵付常德市轴承厂的欠款。

表 28　　1991—1995 年轴承生产量统计表

年度	轴承（万套）
1991	120
1992	120
1993	90
1994	80
1995	70
合计	480

（二）电缆桥架车间（常德市电缆桥架厂）

20 世纪 80 年代末，通过上级主管部门认可，自筹资金 13.8 万元，购置剪板机、折弯机、电热烘烤炉、喷塑等生产桥架所需设备从事电缆桥架生产。

1991 年，形成生产规模的电缆桥架车间，采用“以销定产”的经营方式，把业务扩展到常德卷烟厂、长沙卷烟厂、岳阳石化等工矿企业，取得了较好的经济效益。

1993 年，增加提升机、吊车、绞盘机生产线，产品在常德、长沙、株洲均有销售。1995 年，扩展了广告牌制作业务。1996 年底，渔机厂对车间采取内部承包形式经营，年交管理费 5 万元。2008 年，电缆桥架车间关停，设备变卖给个体户。

表 29　　1991—1996 年电缆桥架生产量统计表

年度	电缆桥架（吨）	备　注
1991	115	1997 年至 2008 年，由该车间职工胡明权承包。年上交管理费 5 万元，生产量未曾统计
1992	120	
1993	110	
1994	10	
1995	90	
1996	100	

（三）有色金属车间（常德市有色金属铸造厂）

1991 年，有色金属车间在利用原有空压机 1 台、化验设备一套、牛头刨床 1 台、铣床 1 台、“30”车床 1 台、“20”车床 1 台、“18”车床 2 台、变压器 1 台的基础上，通过自筹资金 16.13 万元，购置“50”摇臂钻 1 台、热处理电炉 1 台、自制退火炉 1 台、熔铝炉 2 台、烤箱1台，采用以销定产和来料加工的生产经营方式，生产加工高强度铸铝合金法兰及其他铸铝合金产品。

1993年，有色车间生产摩托车汽缸组件。1994年，渔业机械厂对车间采取内部承包经营形式，每年按销售收入的13%收取管理费；2003年，有色车间（个体）为了拓宽业务创造收入，利用醴陵产品销售便捷的市场优势，征得原种场同意后，将有色金属车间迁至醴陵市。

迁址后，有色车间租用醴陵电瓷厂400平方米的车间，安装从渔业机械厂搬迁的设备投入生产。在此期间，虽有生产和市场销售优势，但由于设备陈旧，成本过高，效益不佳。2008年，随着醴陵电瓷厂的破产，有色车间关停；机械设备变卖，管理人员回渔业机械厂，其他人员分流自谋职业。

表30　　1991—2007年铸铝合金法兰生产量统计表

年度	有色金属加工（件）	年度	有色金属加工（件）
1991	2000	2000	3000
1992	2500	2001	4500
1993	3000	2002	4000
1994	5000	2003	3500
1995	7000	2004	4200
1996	5000	2005	5000
1997	3000	2006	4500
1998	4000	2007	3800
1999	3500		
说明	2000年至2001年属个人承包，但承包上交方式不同，产量予以统计		

（四）机械加工车间　机械加工车间具有一定的机加工能力。曾研制生产过铲运机、拖拉机圆盘耙、平泥板、割禾器等农机具，主要生产渔业机械船用挂桨机、增氧机、泥浆泵等，生产的产品投放市场后由于销售不畅，1992年停止生产。1995年与省优质农开发中心联合为台商生产精米加工机械120台套。1992年后主要加工有色金属车间生产的铸铝合金法兰，由该车间加工后成铸铝合金法兰成品。

（五）经济效益　因产品销售不畅，连年亏损，2008年，已累计亏损达249.7万元。2010年底，经原种场党委研究并报请省农业厅批准关停，变卖设备和厂房，土地整体出让给房地产开发商，兴建银信花苑小区。

四　优质棉加工厂

（一）规模与管理

湖南省贺家山原种场优质棉加工厂，筹建于 1991 年，1992 年 5 月正式投产。加工厂有党支部书记、正副厂长等管理人员和员工 60 人，设有财务、销售、质检、保卫、机修等管理服务部门。根据“设备求先、技术求精、开支求省、质检求严”的原则从事企业内部管理。

加工厂占地面积 30 亩，利用和改造原蚕桑制种楼 2 栋 6900 平方米；其中：车间 3000 平方米、仓库 3000 平方米、办公楼 700 平方米、机修车间 150 平方米、配电房 50 平方米。拥有轧花机 1 台、“141”剥绒机 4 台、绒清理机 2 台、打包机 1 台，还有输送管道、除尘设备等固定资产 128 万元。经过十几年的努力，成为年加工籽棉 6 万担、生产皮棉 1250 吨、棉籽 1400 吨的生产能力和集生产、加工、销售为一体的棉花加工企业。

（二）技改与效益

加工厂正式投产后，为了实现创造最佳经济效益之目的，得到了原种场党委的大力支持。一方面对全场集体、个人拥有的 77 台皮辊轧花机实行全部取缔，另一方面在保证水稻种子生产的前提下，扩大棉花种植面积 2200 亩。上述措施，既优化了优质棉加工厂生产加工环境，又保证了籽棉加工生产资源，投产后的前几年均获得较好的经济效益。

随着加工业务的拓展，棉花销售市场看好，于 1997 年进行了一次技改，更新老“80”轧花机，新增“1.6”加工清洁机和“200 吨”液压打包机各 1 台。通过技改，既加大了籽棉加工量，提高了皮棉品质，又降低了加工成本，经济效益得到了进一步提高。

按照国家发改委要求，优质棉加工厂于 2001 年又进行了一次全面技术改造，总投资 800 万元，按照 400 吨标准购置成套设备。添置山东产“98”轧花机 4 台、“1.6m”皮清机 4 台、南通产“400 吨”液压打包机 1 台、“10 吨”籽棉清理机 2 台、“7 吨”籽棉三丝机 2 台、“160”剥绒机 1 台、“144”剥绒机 4 台及烘干、清理回收设备各 1 套。这次全面技改，达到了设备“先”、效益“优”的效果，加工厂拥有年加工籽棉 1.5 万担的生产能力，且加工的皮棉质量达到了部颁标准。

表 31　　1992—2003 年贺家山原种场优质棉加工量统计表

年度	收购籽棉（担）	锯齿棉（吨）	备注
1992	38000	703	
1993	41000	769	
1994	45000	833	
1995	52000	975	

续表 31

年度	收购籽棉（担）	锯齿棉（吨）	备注
1996	54000	1013	
1997	58000	1088	
1998	56000	1064	
1999	56500	1075	包括外地籽、皮棉
2000	53000	994	包括外地籽、皮棉
2001	75000	1425	包括外地籽、皮棉
2002	64300	1206	包括外地籽、皮棉
2003	61500	1153	包括外地籽、皮棉

（三）改革与变更

随着社会主义市场经济体制的建立，为了提高企业自我发展和驾驭市场的能力，加工厂于 1998 年进行了内部体制改革。根据改制、改组、改造的原则和承担包销售收入、包实现利润、包上缴利费、包资产增值即“四包”经济责任，采用管理人员风险抵押和工资总额挂钩、员工资产抵押，实行利润定税后的分配方式，强化管理，提高效益。是年 3 月，优质棉加工厂改制为“湖南省贺家山原种场银宇公司”，开始了商贸经营的管理模式，从而调动了员工积极性，使企业注入了新的活力。

经历了三年新的经营方式后，2001 年棉花市场全面放开，利用行政手段垄断籽棉交售的方法已经过时，以合作优势互补，靠优、靠大、靠强合作经营已成为企业发展的重要途径。当年 8 月银宇公司与常德市棉麻公司联营，银宇公司更名为银丰公司并改制为股份制。股份比例常德市棉麻公司占 68%，原种场占 32%。

改制后的公司连年亏损，导致资不抵债，2003 年关闭停产，管理人员、员工实行分流。2006 年 9 月，原种场党委实施“国退民进”战略，银丰公司将部分资产经评估后变卖，银丰公司被湘农棉业（民营企业）所取代。

（四）经济效益　优质棉加工厂从建厂投产到 2006 年，在从事加工经营的 14 年中累计实现产值 1.3 亿元，获利润 336 万元，缴纳税费 80 万元。

（五）湘农棉业（民营企业）

湘农棉业是 2006 年由湖南省优质农产品总公司，收购常德市银丰优质棉公司后组建的一个股份制公司。当年收购籽棉 4.1 万担，加工锯齿棉 800 吨，并取得了较好的效益。

2007 年，为了扩大经营规模，对原有加工生产设备进行了技术改造，添置 MY-80 型轧花机械 1 台，并配套了脱绒、回收和清理辅助设备。同时，对职工食堂、门卫、卫生间、晒坪地面进行了重建和维修，总投资200万元。通过改造，加工能力增强，产品质量明显提高，厂容厂貌有所改观。是年收购籽棉5.6万担，加工锯齿棉1200吨。2008年，再投资550万元进行了全面技改。增加华棉98型轧花机2台、“1800”皮辊棉清理机2台、“400吨”液压打包机1台、籽棉清理机2套、“三丝”清理机2台、“144”棉籽剥绒机4台、回收机2台，并对电力设备（变压器、配电屏）进行了扩容改造，新建了1200平方米的钢结构车间和仓库。建成了一套完整的“400吨”加工生产线。

经过两年经营，2010年省农产品总公司将“湘农棉业”整体卖给了李劲松（个体）等人经营。当年，由于决策失误和市场因素，亏损500余万元。2011年，李劲松等人（湘农棉业）采取与省棉花经营公司入股的形式经营，当年收购籽棉8万担，加工锯齿棉1450吨（加工经营量是历史的最高值）。2012年，湘农棉业业主李钢投资530万元，对装机布局和仓容进行全面改造。2012年后经营情况：2013年收购籽棉4450吨，销售收入3871.5万元。2014年收购籽棉4000吨，销售收入3200万元。2015年收购籽棉5350吨，销售收入3852万元。2016年收购籽棉5100吨，销售收入4335万元。2017年收购籽棉3800吨，销售收入3040万元。

五　彩色印刷厂

1987年成立湖南省贺家山原种场彩色印刷厂，原种场投入10.57万元建厂，当年建成投产。

（一）场办印刷

1991年后，彩印厂有员工45人，内设有财务、生产技术、供销、保卫等部门。建筑总面积1371.6平方米，楼房1栋，平房2栋。印刷设备有四开机1台、破纸机1台、对开切纸机1台、打眼机1台、固定排版15块、方向机3台、“101”飞卧式平台印刷机2台，生产能力达3000印张台（小时）。同时，逐步配套完善了排版、铸字、平台和圆盘机印刷、切纸、装订工艺设备。主要印制品有香烟盒、包装盒、包装纸、各类商标、标签、办公纸、账表等。业务单位有省农业厅、教育厅各处室，龙山卷烟厂、永州酒厂、隆回蚊香厂、常德酱油厂、常德冰棒厂、保靖农药厂等企业。1992—1995年，彩印厂的印制品增加了杂志、书刊、邮政编码报表、档案袋、普通信笺等业务。

彩印厂1991—1995年累计实现产值180万元。1991年、1992年没有盈利，1993—1995年随着业务拓展，经济状况有所好转，三年实现利润2.5万元。

1996年6月，停业；工厂设备变卖，人员分流。

（二）个体印刷　2001年1月，新合分场四队职工孟祥菊租用印刷厂的厂房和部分设备，从事办公用纸、小学生作业本、账本（表）、信封印刷业务。2005年3月，由于业务原因搬迁至常德市武陵区继续经营，至2017年底尚在维持生产经营。

六 织衣厂

原种场织衣厂是与台商联营的民营企业。台商提供资金与设备，原种场提供场地、厂房（食品厂停产闲置车间）和人力资源。

2001 年 3 月，台商提供织衣机 20 台，原种场在场内招聘青年女工 30 名开始生产，编织成衣 3 万余件投放市场后，市场竞争力差，2003 年停办；设备（织衣机）由台商带走，员工自动解散。

七 建材工业

（一）机砖厂

原种场与省农业厅外经办合资创办的广西东兴湘宁机砖厂（属股份制合资企业），股份额各为 50%。原种场负责技术和管理，省农业厅外经办派 1 名出纳参与管理工作。

1. 兴办过程 1992 年 10 月，原种场与省农业厅外经办就合资办厂达成初步意向。受农业厅委托，原种场开始考察、选址等筹建工作，并签订租赁合同和合资协议，1993 年 2 月动工修建。是年 7 月投产并获得 30 万元的盈利。1997 年 3 月，由于市场原因，没有续签租赁合同。并以 20 万元的价格将资产转卖。聘用人员回原单位，管理人员回场给予安置。

2. 建厂规模

租赁用地 50 亩，修建厂房 7000 平方米、宿舍 260 平方米、办公用房 90 平方米。固定资产投资 84 万元（其中贺家山投入 10 万元现金和 15 万元设备），机械设备有河南信阳产“50”制砖机组 1 台套、70 推土机 1 台、6160 发电机组 1 台套 120 千瓦、15 千瓦粉煤机 1 台、6.5 千瓦抽风机 1 台、运送砖坯板车 45 部。

四年累计生产红砖 3900 万块，创产值 780 万元，累计销售收入 910 万元，获纯利 130 万元。

表 32 1993—1996 年贺家山原种场机砖厂生产及利润情况统计表

年 度	生产量（万块）	利润（万元）
1993 年	400	30
1994 年	1200	38
1995 年	1200	35
1996 年	1100	27
合计	3900	130

（二）预制件 1991 年以后，原种场建筑公司预制件厂有电力振动器、搅拌机设备各 1 台，生产预制空心楼板、水泥闸门、闸管等排灌工程预制件。2002 年，建筑公司由民营企业替代后预制件厂转为个体经营。此外，还有 2 家预制件制作个体经营户，其预制

件生产以手工操作为主，生产的预制件有建房用的过桥板、脊瓦、沟瓦、挑柱等。

（三）沙砾场

原种场沙砾场，创建于 1983 年。为储备销售黄沙、黑沙、沙石、河沙为主的私营企业。

1991—1996 年，黄沙、砾石等由十几吨机动船运输到码头，人工挑到场地堆放后营销，这一阶段销售量少、利润微薄。

贺家山建材贸易有限公司于 1997 年购置了运输机械并安装输送带替代了人工挑运，场地由原有的 2 亩扩大到 15 亩。2004 年购买一辆铲运车，同时改建货运码头（巨林码头）。从此，沙砾厂的月吞吐量明显加大，装卸货物的能力明显提升。2007 年与苏家吉沙砾码头（程兴保）协商，以联营承包的经营方式，征用了苏家吉码头，作为沙砾场的分销处。随着原种场工程项目和干部职工建房的增多，沙砾年销售量呈上升趋势。

表 33　　1997—2017 年贺家山原种场沙砾销售量统计表

年度	销售吨位（万吨）	销售金额（万元）
1997	1.15	18.25
1998	1.26	21.08
1999	1.53	23.56
2000	1.43	22.81
2001	1.48	21.62
2002	1.30	18.70
2003	1.61	22.41
2004	1.83	24.32
2005	1.74	23.75
2006	1.76	22.93
2007	1.82	26.42
2008	1.85	26.56
2009	1.98	28.45
2010	2.16	33.22
2011	2.35	33.89
2012	1.73	23.16
2013	6.10	122.5

续表 33

年度	销售吨位（万吨）	销售金额（万元）
2014	5.50	121.50
2015	5.10	112.50
2016	4.20	109.20
2017	2.20	57.20
合计	50.08	914.03

第二节　建筑业

原种场建筑业是从20世纪60年代的基建队发展起来的。1985年，经省农业厅、常德市建委、常德城乡环保局批准，成立湖南省贺家山建筑工程公司。1990年8月，经省建设委员会批准，更名为湖南省贺家山建筑公司（资质四级），该公司属全民所有制企业。

一　场办建筑

（一）机构与职工队伍　1991年，贺家山建筑公司配备管理人员11人，其中书记、经理、副经理各1人。设经理室、财务室、预决算室、技术质量管理科、安全生产科、设备科、投标科等科室。有在册员工102人，其中：中、初级职称的技术人员26人，退休人员27人。公司下设8个土建施工队，2个安装工程队，2个装饰工程队，1个预制构件厂。公司办公地点在原农具厂院内。1998年新修1200平方米办公楼，后公司搬至新楼办公。

（二）设备和施工能力

1991—1995年，公司注册资金502万元。拥有各类仪器、机械设备285台（套）。其中立柱卷扬机4台，三角门吊卷扬机2台，混凝土搅拌机5台，和灰机8台，钢架管79.6吨，扣件13260个，磨石机4台，打蜡机2名，打夯机1台，带锯机1台，木工车床4台，木工机8台，空气锤2台，预制板模型2台。

1996—2002年，公司按照8个土建施工队进行装备，增加设备35台（套）。其中立柱卷扬机1台、三角门吊卷扬机1台、混凝土搅拌机3台、和灰机4台、钢架管13.4吨、扣件20130个、打夯机1台、调直机2台、木工机4台，还购置三菱面包车1辆。20世纪80年代只具备承建四层楼房的施工能力，通过发展提升到具备承建28层以下楼房，单跨度在8米及以下、高度30米及以下构建物的施工能力。

（三）建筑工程

1991年，承建贺家山种子仓库、原种场办公楼共2栋，建筑面积3647平方米；常德农校教学楼，湖南省仪器公司、果茶公司综合楼2栋（其中8层1栋），建筑面积11324平方米。

1992 年，承建常德市人事局宿舍楼，常德市公路总段宿舍楼和锅炉房，常德市农业局办公楼（6 层），常德市人事局综合楼共 5 栋（其中 6 层以上 3 栋），建筑面积 12990 平方米。本场政法办公楼（2 层）1 栋，建筑面积 1250 平方米。

1993 年，承建常德市委干部宿舍 13 号楼，常德市教育学员宿舍楼，常德市农业局宿舍楼共 3 栋（其中 6 层以上 1 栋），建筑面积 5541 平方米。场职工医院综合楼、场科技培训楼共 2 栋，建筑面积 4382 平方米。乐兴大桥工程，大桥全长为 161.6 延米。

1994 年，承建常德市林业局宿舍楼、常德市气象局科技楼、常德市七中学生宿舍楼、常德市农场管理局宿舍楼共 4 栋（其中 7 层 1 栋），建筑面积 7582 平方米；希贵别墅、场优质棉加工厂仓库，共 2 栋，建筑面积 810 平方米。

1995—1997 年两年间，承建湖南省种子公司办公楼（6 层），常德市委党校宿舍（5 层），湖南省农业厅办公楼（6 层），常德农校棉培中心大楼（5 层），湖南省农业厅 11、12、13 栋宿舍（8 层），原种场子弟中学科教楼共 8 栋，其中 6 层以上 5 栋，建筑面积 23423 平方米。

1998—2001 年 5 年间，承建原种场优质棉加工厂仓库和棉检室，种子公司种子加工车间，机关锅炉房，贺家山文化宫，科技引种中心综合楼，贺家山优质棉加工车间，建筑公司办公楼，贺家山商贸一条街一、二期工程。

2002 年，贺家山建筑公司累计承建场外建筑 19 栋（框架式 8 层楼房 2 栋），建筑面积 60689 平方米。场内承建 18 栋，建筑面积 14589 平方米。

（四）经济效益

1991—2001 年，贺家山建筑公司累计完成房屋建筑面积 146227 平方米，共创建安产值 51160 万元。上交场利润 20.1 万元，上缴税收 27.5 万元。

2002 年 10 月，原种场党委在建筑公司开展转换产权和改变员工身份，即“两个置换”试点。12 月，常德正大有限公司会计事务所对贺家山建筑公司进行资产评估，并出具了常德会评报字〔2002〕56 号资产评估报告书。经评估后，将资产变卖（44.27 万元）。从此，实施国退民进战略，贺家山建筑公司由常德市湖南恒欣建筑工程有限责任公司贺家山分公司替代，干部和行管人员由原种场负责安置，专业技术人员大部分从事个体经营，其他人员自主择业。

二　民营建筑

2005 年 3 月，湖南恒欣建筑工程有限责任公司与汉寿县华联建筑工程有限公司合并，成立湖南泰尔顺建筑有限公司（资质为二级）。公司有各类专业技术人员 54 人。其中，全国一级注册建造师 1 名，一级临时注册建造师 1 名，二级注册建造师 1 名，全国注册造价师 2 名。公司下辖：施工管理、工程预算、机械设备管理、安全生产、财务、办公六科室，一个预制构件厂和 8 个施工队。拥有固定资产（原值）338 万元，施工机械 300 多台

（套），总功率为2800千瓦。可承接28层以下单跨度在36米及以下的房屋建筑工程、高度120米及以下构建物、建筑面积120000平方米及以下的住宅小区或建筑群体。

（一）场内承建主要工程　国家级原种场高标准规划水稻种子生产专用田，场种业科技园办公楼，恒温仓库，新品种示范及展示基地，新合十七队土地开发，乐兴分场十三队土地开发，油库至交管站、商贸十字街至轧花厂道路硬化，场内砼道路建设工程，一化四体系——新合分场蔬菜基地建设，贺家山大道改造工程，大洲分场七队、八队土地开发整理项目，2014—2016年血吸虫病农业综合治理工程，食品厂公租房建设工程，2016—2017年新合、大洲分场整体推进工程，2017年现代农业发展引导项目。

（二）场外承建主要工程　国家棉花改良中心常德中心二期建设工程，西洞庭管理区民安村土地整理工程，临澧县烽火乡土地整理工程，深圳坪山区马峦街道办事处创新合路示范景观提升工程，鼎城区人民法院公租房建设工程。

三　个体建筑

1991年以后，原种场有个体泥、木工110余人，以包工头形式自愿组合施工队（一般7~8人），个别施工队有搅拌机、震动机等简单的施工设备。主要承接居民房屋改建、新建及维修、装饰等业务。农业单位的泥、木工大部分均承包田土，利用农闲在泰尔顺建筑有限公司或其他建筑公司承建的工地务工。

第三节　运输业

原种场运输业始于建场初期，这一阶段以水运为主。20世纪70年代成立原种场运输大队，组建和完善了搬运队、船运队、货运队。1985年，运输大队改为“湖南省贺家山原种场运输公司”，又增设了客运队。20世纪80年代末，个体运输业崛起，成为一支不可忽视的交通运输力量。

一　客　运

（一）公路客运

1991年，原种场运输公司有客车5辆（个体承包），个体客车3辆。这一阶段的客车班线有贺家山至常德南站、沅水一桥，贺家山至长沙火车站（现线路延伸至株洲芦淞市场）；个体客运班线有罐头咀至常德甘露寺。1996年7月，场运输公司与沙砾厂合并成立场建材公司，班线有贺家山至常德汽车东站、罐头咀至桥南两条，罐头咀至桥南班线由一个体中巴车运营。

2006年，成立湖南省龙运交通运输集团有限公司贺家山分公司，辖21辆中巴汽车。客运班线贺家山至常德汽车东站，日运量5000人（次）左右。为使场内人员出行方便，2007年1月开通贺家山车站至乐兴八队坝堤班线，称贺家山一路车，车次一小时一趟。至2017年底，营运客运机动车有23台辆，运力合计485座，年旅客周转量2158.2万人千米；

非营运机动车有2600余台辆。

（二）水路客运 原种场渡船客运码头1991年有2处。冲柳高水大洲分场十四队渡船码头，采用木划子船由人工划桨摆渡；摆渡属自发行为，从业人员系大洲十四队职工，大洲分场对其行使管理权。沅水大洲尾客运码头，采用机动甲板船摆渡，日运量800人（次）左右；汉寿大桥未建成前有少量机动车乘渡。大洲尾客运码头隶属建材公司管理。2007年，原种场争取上级交通主管部门码头改造项目资金10万元，自筹资金8万元，对巨林码头进行改造，工程于2008年完工。码头改造完成后可靠泊船只的吨位有了很大提高，码头货物的吞吐量成倍增加。两处码头在安全管理上各自都与单位签订安全管理责任状，接受常德市地方海事局与原种场运管所的行业管理。2013年，湖南省水运局下达了对原种场大洲尾码头升级改造计划，当年按计划实施改造建成验收并交付使用；2015年，湖南省水运局下达计划，要求原种场对大洲尾码头陈旧的客运渡船进行升级置换，将原来的两艘陈旧客运渡船换成了50客位与25客位两艘新船，运力合计75客位。为避免人为的安全事故给乘客带来不必要的损失，原种场交通运输部门在两处客运码头设有标明吨位、限乘人数的安全规范标志牌和严禁机动车辆乘渡的禁令牌，对从业人员进行安全知识教育和业务培训，预防事故发生。

（三）客运站场及客运招呼站

1997年原种场投资13万元，新建简易客运站。2006年3月，原种场利用交通部门拨款的20万元和场自筹资金20万元，将原有的简易客运站改建为四级客运站，工程于2007年完工，为乘客提供舒适的乘车、候车环境。

自2013年起，常德市交通运输局每年下达不等量的客运招呼站建设计划指标，到2017年底共建成客运招呼站24个，均已通过验收并交付使用。

二 货 运

贺家山原种场运输公司，1991年有货车8辆，其中解放牌汽车3辆、东风牌汽车5辆（均为个体承包）。其货运业务主要以原良种子调运和建筑材料、农副产品和其他农资运输为主。全场拥有手扶拖拉机98台（个体），主要从事农副产品短途运输。1996年原种场运输公司与沙砾厂合并成立建材公司后，对8辆货车进行变卖处理。此后，原种场货运车辆全部为个体所有。2006年1月，成立湖南省万昌物流有限公司贺家山分公司。2007年4月，成立常德华运物流有限公司贺家山分公司。2010年1月，成立常德三友物流有限公司和常德安达运输有限公司。随后几年内常德顺达运输有限公司、常德泰和祥物流有限公司、常德驰鑫运输有限公司和常德嵘盛物流有限公司等物流企业相继落户贺家山。至2015年底，营运货运机动车有2096台，合计运力31440吨，年货物周转量56592万吨千米。其物流运输业务覆盖全国南方大部分省市，为原种场经济和社会发展提供了有力的运输保障。2016年以后，由于危货运输市场整顿，危货运输车辆公司注册变更，部分运输公司搬离原种场，货运车辆、运力均大幅萎缩。

第四节 商 业

1991年，原种场商业为供销社、场办商业、个体商业并存时期，商品经济繁荣。1992年随着商体转型，场办商业随之停止。1993年，原种场供销社买断，个体商户应运而生。随着市场经济体制的不断完善，在国家政策的推动下，场办商业全部退出，农业专业合作社和个体商业快速发展，至2017年场域内拥有农业专业合作社8家，资产达1300万元，从业人员达100人；个体商户80家，个体商业资产达2200万元，从业人员达400余人。

一 供销社

常德市贺家山供销社是从常德县贺家山农场商店发展演变而来的。20世纪90年代初仍实行统一管理，统一经营。业务属常德市供销社管理，行政属贺家山原种场领导。供销社有在职员工51人，配有党支部书记和正、副主任。

贺家山供销社建筑面积6827.8平方米，其中：营业场地3319.7平方米，职工宿舍2627.6平方米，仓库380.05平方米；辖乐兴和苏家吉两个分店，总资产50.8万元。供销社设疋头、针棉南货、百货、五金交电、生产资料、日杂、文化用品、照相、饮食、收购等门市部，年营业额820万元，1991、1992年两年共获利润225万元，上缴税金49.5万元。

1993年，随着国家商贸体制转型，由统一管理、统一经营变为职工个人买断经营。供销社按每个门市部3.5万元的标准收取门面租赁费，并对门市部逐渐实行总体买断。苏家吉、乐兴两分店实行整体买断，从事个体经营。

从2010年开始，贺家山供销社并入场企业服务管理站，资产和人员由该站管理。2015年，原供销社仓库拆除，在其旧址上兴建公租房，改善职工群众的住房条件和居住环境。2017年6月，原农贸市场、沿堤原劳动服务公司商店（原派出所、法庭办公处）及供销社南货门市部因年久失修，存在严重的安全隐患被拆除。

二 场办商业

随着国家商品政策的放开，经营渠道发生变化，出现了场办商业。1991年，原种场劳动服务公司商店（综合商店），有人员25人，设有疋头、南货、日化、五金交电、农机配件等门市部。资产13.5万元，年营业额80.8万元，利润5.15万元。

1992年初，原种场劳动服务公司商店由8家个体买断。当时的劳动服务公司只收取门面租赁费，后劳动服务公司并入场集镇管理办公室。场办商业退出，场内的物资供销完全由农业专业合作社和个体商业替代。

三 个体商业

1991年后，原种场有个体工商户59家，其中餐饮业8家，肉食销售点6处。其经营成本和范围虽小，但经营方式灵活，价格合理，生意兴隆。到2000年，个体商户发展到

69家，其中农资8家，饮食服务、肉食销售点7处。所有经营户均办理了工商管理营业执照。办店形式80%是“家族”式。随着人们生活理念的改变，现有的经营规模不能满足人们日益增长的物质生活需求。2005年，全场有5家个体商户扩大了经营规模，以超市的形式进行经营，到2012年发展到7家，既有经营设施和交通运输工具，也聘有商店服务员。到2017年，经营和管理模式日渐成熟，涉及的品类不断增多，超过3000种，个体商户发展到了80家。法官镇49家商户中，有超市4家，宾馆1家，旅行社1家，家电3家，农资2家，肉食销售点5处，饮食服务9家；新合分场12家商户中，有超市2家，农资2家；乐兴分场10家商户中，有超市2家，农资2家，饮食1家，肉食1家；大洲分场9家商户中，有超市1家，农资1家。商品不仅销售贺家山，还辐射到了牛鼻滩镇的上林村、罐头咀乡的合新村和彭家滩村的大小商铺。其中，规模较大的超市有“片佬超市”“家德旺超市”两家。

据统计，全场个体商业年营业额超过4000万元。户平均营业额超过50万元，获利润820万元，户平均获利润10.25万元。上缴税金121万元，户平均上缴税金1.51万元。

第五节　商贸市场

原种场商贸市场，是从沿路摆摊、设点、肩挑叫卖发展起来的。党的十一届三中全会以后，刚刚摆脱“左”的束缚的原种场党委一班人，开始筹建法官镇，几经规划和建设，20世纪80年代，基本建成贺家山原种场法官镇，即贸易一条街。进入20世纪90年代初，初具规模的法官镇，招来八方来客，贸易欣欣向荣。据统计，有经商业主31家，手工业主2家，饮食服务5家，还有理发、修理等。

1996年3月，成立湖南省贺家山原种场集镇管理办公室，法官镇进入规范化管理。1998—2003年，原种场投资和利用外资63.54万元，对法官镇进行了全面提质改造。将街道拓宽到10米，在街道两边栽植风景花木。环卫工人由2人增加到6人，投资5万元修垃圾池52处。2004年投资15万元，对法官镇实施亮化工程，安装路灯93盏。2006年投资40万元，硬化550平方米贺家山客运站停车场和装修400平方米候车室。通过改造，贺家山客运站达到四级客运站标准，乘客候车环境极大改善。2008年投资180万元，对客运站至贺山家牌坊道路1066米两边加修人行道，实现人车分流，并栽上花草。2009年，在法官镇桥头修建300平方米菜市场，改变了多年来乱摆、乱放现象。

2012年1月9日，原种场集镇办公室与场民政办公室分设，另又成立贺家山原种场环境卫生管理处，与集镇办合署办公，实行“两块牌子，一套人马”。环境卫生管理处成立之前，由于原种场体制和经费的问题，原种场集中收集的生活垃圾只能在沅江河滩采取填埋的方式进行处理，对本地和周边卫生环境造成较大的污染。经过原种场多方协调，于2014年2月26日与常德市环境卫生管理处达成协议，贺家山原种场每年出资27万元，所有生活垃圾集中运往德山火电厂焚烧发电，困扰贺家山多年的生活垃圾处理问题得到了解决。至2017年底，全场农贸市场和路边小商小贩环境卫生差，高音喇叭扰民、社会广告、婚丧庆典拱门和路边氢气球挂幅、鞭炮燃放、车辆沙砾扬洒等影响干部职工生产、生活的问题全部纳入场环境卫生管理处日常工作管理范畴。

经过2012—2017年扩展建设，原种场集镇进入了稳定发展阶段，集贸市场也有了长足的发展，从原来的一条直街扩展到总长度近3500米的十字商贸街。集镇居民发展到近460户，人口1600余人。街区有超市等18个类别共计70余家大小经营门面。此外，各分场还有零散的经营门面。

第五章　文教与卫生

第一节　文　化

一　电　视

1992年10月，原种场拨款40万元，筹建贺家山有线电视台，隶属场机关后勤服务部管理。经过两个月的施工建设与调试，12月底竣工并投入运行。有线电视信号由同轴电缆传输，主干线传输网络及用户分配网络4千米，员工3名，入网用户500余户，传输中央1台、7台等12套节目。

1996年4月，有线电视台向原种场借款20万元，对大洲、苏家吉分场及新合分场部分生产队进行了网络覆盖，并增加了五套节目，传输电视节目（含自办台）达17套。传输主电缆长度19千米，拥有网络用户1400余户。

1997年5月，有线电视台再次筹款30万元，对乐兴分场及部分单位网络未覆盖的地方进行了网络全覆盖工程建设，全场网络覆盖率达100%。电缆传输总长度达29千米，新开通中央3台、5台、6台、8台四套加密节目，传送节目22套，入网用户达2400多户。因传输电缆信号衰减大，造成有线电视的信号效果差，加之服务及价格等因素的影响，原种场入网用户呈下降趋势。

2002年9月，后勤部向原种场借款67万元，对全场有线电视电缆传输网络进行光纤网络升级改造，并纳入国家“村村通”工程建设，解决电视信号传输衰减的问题。铺设光纤总长度33千米，设17个光工作站，同时对前端机房扩容至45套节目。通过升级改造极大地提升了网络覆盖、传输能力，提高了信号质量，丰富了全场干部、职工的文化生活。

2003年7月，在实施“村村通”工程建设中，原种场有线电视事业的发展得到了常德市有关部门的大力支持。市广播电视局责成社管科与鼎城、汉寿两区、县局协调，贺家山有线广播电视可以打破地域管理权限，对周边乡镇实施扩网联户工程。当年8月至次年底，自筹资金50万元，先后完成了对鼎城区牛鼻滩镇的渔码头、上林村及韩公渡镇花园、丁家口村，汉寿县罐头咀镇的南赶、苏家吉、彭家滩3个村的扩网联户工程。架设有线电视光纤网络22千米、8个光工作站，入网用户900余户，占贺家山有线电视总用户的33%。

2009年10月，原种场有线电视进行数模转换。原种场拨款5万元，后勤部自筹资金95万元，与长沙泰辉科技有限公司签订协议，将网络传输的模拟信号转换成数字信号。

改造后用户观看电视的效果得到明显提升。凡已入网用户均按省、市物价部门的有关价格政策实施整体平移。数字化改造后，节目由45套增容为110套。其中60套为普通用户，其余50套为加密服务频道，丰富了用户的文化生活。

2011年5月，投资10万元，开通贺家山影视、电视剧等频道节目，并实现无线发射，发射功率8千瓦（其中5千瓦发射机一台，3千瓦发射机一台）；充分利用摄编录设备，向省、市台及报社上传原种场新闻类节目。年底，电视台已拥有固定资产近200万元，光纤网络长度共43千米，入网用户3300多户，员工7名。

2014年，原种场后勤服务部再次投入7万元更新电视台的前端设备，提高了播出的可靠性，减少了前端设备的耗电量。贺家山电视台经过27年的努力，克服技术力量不足，不断改造完善设备、设施，开播新闻、采访热点、制作专题、点歌点片、广告服务，一个集新闻、影视、娱乐于一体的综合型电视台初具规模。但随着宽带网络的发展，加上电视台技术力量、管理等方面的原因，播出质量难以满足干部职工日益增长的需求，有线电视用户逐渐萎缩，目前呈维持状态。

二　广　播

原种场原有的有线广播曾于1988年停办。经过考察近十年的发展情况，发现广播在贺家山范围内，能弥补电视入网户数的不足。1998年3月，经原种场党委研究决定，投资8万元，重新建设一个广播调频台，并派员到澧县等地考察学习。该台组建从设备选型、安装、调试到报批仅用时2个月，同年5月正式运行开播。调频广播发射机50瓦，发射频点103兆周，点对点发射接收。湖南省贺家山有线电台更名为湖南省贺家山广播电视管理站。每天分早、中、晚三个时段播音，每次播出时间一个小时。后因设备维护、维修困难及收听用户减少等因素的影响，运行不到一年而停播。

三　互联网及办公自动化

进入20世纪八九十年代，使用计算机自动化办公和互联网在原种场兴起。自1988年种子公司从外单位引进6台电脑开始，原种场每年根据财政的支付能力和单位的需求，为场属单位按计划配置电脑，逐步实现办公自动化与无纸化。1997年，原种场进行普及九年义务教育和扫除青壮年文盲验收迎检工作（以下简称为两基），在子弟学校建设了一个多媒体教室，配备电脑26台。此间，家庭和商用电脑购置数量也在不断增长。至2000年，家用电脑增至10多台，个体商业网吧会所1家，拥有电脑20多台。

2004年，光纤宽带网进入贺家山，给原种场的互联网发展注入了新的活力。陆续建起了4家个体商业网吧，装机数量120台；单位拥有电脑170多台；家用电脑240多台。到2010年底，原种场互联网及办公信息化基础设施日臻齐全，拥有2个光纤复联、5条光纤专线，还适时对光纤等基础设施进行维修和改造，增设了5个基点，增加了网络电视节目。2011年建立了湖南省贺家山原种场信息网，网络及电脑得到普及，加快了信息的传播速度，提升了全场干部、职工群众的文化生活品位，改善了办公条件，提高了办事效率。

2016年4月，原种场机关后勤服务部投资46万元启动贺家山无源光网建设工程。共架设钢绞线29千米，敷设光缆48千米，机房安装机柜1个，网络配置1级光分配箱13个，2级光分配箱228个。网络建设将宽带、有线电视、天网光纤一并敷设，形成互联网、有线电视和天网三网合一，提高了投资效益，工程于9月完工。7月，机关后勤服务部与中国移动股份有限公司常德分公司合作开展宽带业务，截止到2017年12月底，共发展宽带用户500余户。

当年6月，原种场投资32万元，启动贺家山天网工程建设，利用场机关后勤服务部敷设的光缆，对原种场的主要道路口和机关大院安装摄像头，进行集中监控。共安装摄像头40台，其中：机关大院16台，主要道路口24台。主控室设在贺家山派出所，主控室安装机柜1个、操作台1个、显示屏1个。分控室设在机关门卫值班室，分控室安装机柜1个、显示屏1个。工程于8月完工并投入使用。

四　图书阅览

（一）子弟学校图书室

1990年后，子弟学校图书室的管理由以前的兼职管理调整为专职管理，编制一人，加强了学校图书的管理力量，图书管理制度也逐步完善，图书室面向学生开放的时间也逐步增加。1993年，根据国家教委的指示精神，在全国范围内进行“两基”验收检查，对参加达标验收检查的各级各类学校的硬件建设等办学条件作了明确的规定。1997年，采取“财务投，师生筹，单位赠”的办法，学校图书室藏书达23274册，基本达到了“两基”验收要求。

2003年，湖南东文实业有限公司总经理程兴权为母校捐赠各类书籍823册，价值10万余元。2004年，子弟学校添置了图书45册。以后陆续添置各类图书841册，师生阅览内容更加丰富。

2002年下学期，子弟学校进行管理体制改革，因在调整布局的过程中，对教育资源管理不到位，三所被整合的小学部所有的教学仪器和图书全部散失。2017年上学期，子弟学校将无保存价值的2655册书籍进行了处理。至2017年底，学校图书室共藏书3874册，其中文学类2035册、政治类424册、教育管理类428册、儿童读物类987册。

（二）机关图书室

1991年7月，成立湖南省贺家山原种场老干部办公室。原种场机关图书室移交给场老干办管理，配备干事和图书管理员各一名，负责老干办的日常事务和图书管理工作。当年，拨专项资金添置各类图书600多册。1992年，原种场机关存档的各种书籍、报纸杂志，由档案室转入老干办图书室，扩充了老干办图书室的藏书容量，面向离、退休干部和在职工作人员开放。

1997年，为了支持学校的“两基”验收工作，老干办图书室将1000多册图书捐赠给学校图书室，对无保存价值的报纸杂志、陈旧书籍作了处理。2010年6月和2011年9月，原种场两次投入5000元，购置图书170册，藏于老干办图书室。至2011年底，老干办图书室共藏书1185册。其中，政史法哲学类126册、文学类513册、小说故事类335册、医学类45册、其他类166册。

（三）常德市图书馆贺家山分馆　2011年，由场文化科申请，经常德市文广新局批准，常德市图书馆在原种场设立常德市图书馆贺家山分馆，并赠送书刊2000册。挂牌后因无专人落实，未进行具体运作，所有书籍转存于场老干办图书室。

（四）农家书屋

2010年4月，国家实施阳光政策，送知识、科技下乡，提高职工文化素质，丰富群众精神文化生活。当年10月，原种场文化科争取鼎城区文化局拨款2万元，添置书籍、桌椅等设备，在大洲分场设立全场第一个“农家书屋”。书屋面积30平方米，共藏书1573册、音像制品45张，全年订阅各种报纸杂志15种，充实农家书屋。2011年5月，乐兴分场利用30平方米的办公室，配有3个图书柜、1套阅读桌椅建成农家书屋。书屋藏有政治、历史、科技、法律、文学、教育、医学、少儿等图书1600余册，报纸期刊20余种，电子音像制品100多张。当年10月，新合分场农家书屋建成。共藏书1258册，报纸、杂志20余种，音像制品50多张，书屋可同时供5人进行阅览和学习。2012年8月，原种场相继在小凡洲芦苇场与集镇办公室建成2家农家书屋，均藏书1600余册。是年底，共建成5家农家书屋，总面积300多平方米，藏书7631册，有电子音像制品200余张，各种报纸、杂志30余种。

农家书屋集获取科学文化知识、阅览、休闲于一体，是一种适合职工群众就近看书阅读、增长知识的场所。各单位根据农事季节和辖区面积大、人员分散、不便于管理的特点，对农家书屋的管理、维护与使用作了规定，并安排一名单位负责人兼管农家书屋具体工作。假期学生借阅图书频繁，为了培养学生管理能力和减轻图书管理人员的劳动强度，方便学生借阅图书，聘用学生任农家书屋管理员，负责假期图书的借阅与管理工作。

五　报刊、论文、专著及其他作品

（一）小报

1990年后，原种场植保植检站每年编发《病虫情报》20期左右；2000—2017年，每年编发《病虫情报》13~15期。根据不同农作物在不同生长发育时期病虫害发生发展的规律特点，利用枝把诱蛾、糖醋钵诱蛾、人工赶蛾和定点、不定点调查等方法对病虫危害程度进行预测预报，并将获取的情况及时编辑成《病虫情报》发至原种场各生产队，适时指导农户的病虫害防治工作，受到群众的好评。

2003年，子弟学校中学部以团总支部的名义主办刊物，以《新竹》为刊名，该刊每学期出版 1 期。《新竹》内容丰富，以学生的书法绘画作品作封面、封底，设置卷首语、小记者、工作室、诗海拾贝等栏目，培养了学生的表述能力，提高了学生的写作水平。当年，期刊推荐的作品——周曾同学的《套圈等于圈套》一文，发表在《常德日报》教育园地上。《新竹》共办 3 期，因子弟学校团总支部班子调整，无人主持，该刊物停办。

1990 年前，原种场编发《农场情况》《情况简报》等形式的小报。1990 年后，随着管理服务机构制度的不断规范，逐渐被场发文件所取代。个别年份中配合原种场中心工作，由场办公室以《情况简报》的形式进行编发。

1985 年，原种场农业科技工作者收集整理全场农业科学技术总结，汇编成第一期《种子科技》，1986 年更名为《农业科技资料汇编》，以后每年都汇编成册，至 2017 年已完成汇编总第 33 集。原种场农办、种子公司、农业科技中心、种科所、农业科先后主持汇编工作；2004 年后，由农业科和种科所共同主持编写。

（二）论文及专著

1991—2017 年间，原种场组织、举办各种类型的学习班 20 期。广大干部和专业技术人员学政治、历史、法律、专业技术知识蔚然成风，政治理论和专业技术知识水平得到提升。原种场干部职工在国家级核心刊物、各类学术专刊和杂志发表 170 余篇专著及文章。

表 34　　1991—2017 贺家山原种场年论文、专著出版发表情况

发表或出版时间	发表或出版于何种刊物	论文、专著标题	作　者
1991 年 2 月	《湖南农业科学》	5000 亩棉花亩产 120 千克的技术经验	袁振兴
1991 年 7 月	《杂交水稻》	农得时防除杂交稻制种田杂草试验简报	赵光银
1992 年 1 月	《湖南农业科学》	杂交水稻制种授粉基本原理及其应用技术的研究	袁振兴
1992 年 4 月	《中国热带农业》	实行“原种场派出制”是改善大中型国营农场财务管理体制的好办法	谈再红
1994 年 4 月	《湖南畜牧兽医》	浅谈五脏喜恶的辩证用药	雷　鸣
1995 年 3 月	《湖南社会科学》	也谈社会主义市场经济	孟凡利
1996 年	《中国改革者风采录》	浅谈国有企业的改革与创新	孟凡利
1997 年 3 月	《杂交水稻》	杂交水稻制种建立母本最佳稳层结构的探讨	杨孚初

续表 34

发表或出版时间	发表或出版于何种刊物	论文、专著标题	作　者
1997 年	《种子科技》	杂交水稻繁殖制种田间防杂保纯措施	刘志坚
1998 年 5 月	《杂交水稻》	“九二〇”对杂交水稻种子质量的影响	杨孚初等
1999 年 2 月	《湖南农业财会》	解放思想勇于实践全力推进国有小型企业改革	孟凡利
1999 年 5 月	《杂交水稻》	恢复系密阳 46 变异现象初步研究	张桂芳等
2001 年 4 月	《种子》	影响杂交水稻花期的不良因素及相应措施	姜守全
2001 年 6 月	《种子》	国家级原种场种业发展对策思考	杨孚初
2002 年 5 月	《杂交水稻》	两测三圃法—杂交水稻“三系”亲本种子生产新方法	杨孚初等
2002 年 3 月	《种子科技》	金 23A 和新香 A 春秋两季繁殖技术	谭旭生等
2002 年 5 月	《种子》	湖区春秋连茬不育系繁殖高产技术	肖立一
2003 年 1 月	《杂交水稻》	三系杂交水稻亲本种子质量控制程序	谭旭生等
2004 年 1 月	《杂交水稻》	新香优系列杂交组合制种技术	姜守全
2005 年 2 月	《中国教育科学》	现代家庭对未成年人素质教育的影响	姚　英
2005 年 1 月	《江西棉花》	栽培因子对棉株蕾花铃形成时空分布影响的研究	李智谋等
2005 年 2 月	《中国基础教育研究》	生物课的内涵必要性及网络下的生物活动课	曾　杰
2005 年 4 月	《东方教育》	历史课堂教学如何培养学生的创造性思维	胡　蓉
2005 年 5 月	《杂交水稻》	杂交水稻种子纯度田间种植鉴定结果与分析	唐海燕等
2006 年	《现代种业》	棉花、礼品小西瓜套种生产技术	郭文高等
2006 年 2 月	《种子科技》	不同浸种处理对北繁榨菜青皮种子活力的影响	管　锋等

续表 34

发表或出版时间	发表或出版于何种刊物	论文、专著标题	作　者
2006 年 4 月	《现代种业》	湘北地区杂交水稻制种主要病虫害发生规律及防治技术	刘磊珍
2006 年 4 月	《种子科技》	榨菜北方制种最佳播期的研究	杨连勇等
2006 年 5 月	《现代种业》	洞庭湖区杂交水稻不育系繁殖高产技术	涂志业等
2006 年 6 月	《现代种业》	榨菜菜棉套种无公害栽培技术	杨连勇等
2006 年 12 月	《中国农村小康科技》	湘北棉区棉秆综合利用初探	管　锋等
2006 年 12 月	《中国教师与教学》	师生在主体教育中的角色与关系	曾　杰
2007 年 1 月	《作物研究》	优质早籼三系不育系贺 50A 选育	唐海燕等
2007 年 1 月	《浙江农业科学》	榨菜青海夏季制种适播期的研究	杨连勇等
2007 年 4 月	《种子科技》	搞好水稻“三系”提纯延长品种使用年限	涂志业等
2007 年 7 月	《中国蔬菜》	豇豆生姜套作高效栽培技术	管　锋等
2007 年 7 月	《湖南农业科技》	甬优 6 号的特征特性及高产栽培探讨	李智谋等
2008 年	《现代种业》	V20A 繁殖直播技术	郭文高等
2008 年 1 月	《现代种业》	三系杂交水稻不育系优质高产繁殖技术	谭旭生等
2008 年 2 月	《现代种业》	空调制冷在杂交水稻种子储藏上的应用	刘陵武等
2008 年 2 月	《种子科技》	水稻不育系贺 50A 优质高产繁殖技术	胡仁科等
2008 年 2 月	《长江蔬菜》	长豇豆遗传与育种研究进展	杨连勇等
2008 年 3 月	《种子科技》	贺研系列豇豆新品种制种技术	杨连勇等
2008 年 3 月	中国农业科学技术出版社	中国水稻新品种试验	黎小平等

续表 34

发表或出版时间	发表或出版于何种刊物	论文、专著标题	作　者
2008 年 3 月	《杂交水稻》	两系杂交早稻新组合株两优 15	唐海燕等
2008 年 3 月	《现代教育研究》	新课程下中考复习资料的选择与运用	胡　蓉
2008 年 4 月	《常德日报》	追风母爱	柳诗琴
2008 年 4 月	《种子科技》	杂交水稻文化对湖南经济影响力研究	丁世勇
2008 年 4 月	《中国园艺文摘》	洞庭湖区榨菜产业健康可持续发展探讨	李智谋等
2008 年 4 月	《种子科技》	磷化铝熏蒸对水稻种子发芽率的影响	涂志业等
2008 年 5 月	中国农业出版社	杂交水稻种子安全技术体系研究与应用	胡仁科等
2008 年 6 月	《动物医学进展》	靶向硫酸庆大霉素结合物的制备和免疫研究	刘　勇
2008 年 7 月	《现代种业》	杂交水稻低质量种子发芽方法初探	蔡少先等
2008 年 7 月	《中国蔬菜》	早熟豇豆新品种贺妍 2 号的选育	杨连勇等
2008 年 7 月	《长江蔬菜》	优质丰产抗病豇豆新品种——贺妍 2 号	杨连勇等
2008 年 8 月	《长江蔬菜》	豇豆新品种贺妍 1 号的选育	杨连勇等
2008 年 8 月	《中国蔬菜》	特早熟豇豆新品种贺妍 1 号	杨连勇等
2008 年 12 月	《种子科技》	水稻种子快速发芽方法	曾凤凰等
2009 年	《教与学》	通过电化教学手段努力提高学生听说能力	向冬玲
2009 年	中南大学硕士学位论文	国家级原种场新农村建设面临的挑战与对策研究	雷　平
2009 年 1 月	《杂交水稻》	杂交水稻新组合金优 268 高产制种技术	刘　洪等
2009 年 3 月	《杂交水稻》	杂交水稻新组合Ⅱ优 372 高产制种技术	王　莉等

续表 34

发表或出版时间	发表或出版于何种刊物	论文、专著标题	作　者
2009 年 3 月	《种子科技》	三系杂交水稻母本直播繁殖技术	胡仁科等
2009 年 3 月	中国农业科学技术出版社	中国水稻新品种试验	黎小平等
2009 年 5 月	《现代种业》	籼型三系亲本种子混杂退化的原因及防治措施	管恩相等
2009 年 5 月	《现代种业》	种子熏蒸剂磷化铝的安全使用技术及注意事项	管恩相等
2009 年 6 月	省教科院	我来谈数学日记	李庆荣
2009 年 7 月	《种子科技》	三系亲本繁殖基地自生稻的发生原因及其防治措施	管恩相等
2009 年 8 月	《种子》	杂交水稻新组合株两优 15 高产优质制种技术	姜守全等
2009 年 9 月	《种子科技》	Y 优系列杂交组合高产制种技术	李智谋等
2009 年 10 月	《种子世界》	洞庭湖区不育系冈 46A 稳产高产制种技术	管恩相等
2009 年 11 月	《种子科技》	三系杂交水稻不育系直播繁殖与育秧移栽繁殖比较试验	管恩相等
2009 年 11 月	《长江蔬菜》	茎瘤芥育种与栽培研究进展	管　锋等
2010 年 1 月	《中国种业》	三系不育系种子裂颖形成的原因及防治措施研究	管恩相等
2010 年 1 月	《种子世界》	三系不育系杂交水稻直播高产繁殖技术	管恩相等
2010 年 3 月	《中国稻米》	稻草还田对水稻生长及稻米品质的影响	管恩相等
2010 年 3 月	《农业科技通讯》	不同氮肥用量对水稻黄华占产量及主要经济性状的影响	管恩相等
2010 年 3 月	《现代种业》	中籼高产新组合 Y 两优 1928 的主要特征特性及高产栽培技术	曾跃华等
2010 年 4 月	《种子世界》	常规水稻黄华占栽培密度与产量的相关性研究	管恩相等
2010 年 5 月	市教科院	初中数学课堂合作教学初探	李庆荣

续表 34

发表或出版时间	发表或出版于何种刊物	论文、专著标题	作　者
2010 年 6 月	《种子科技》	湘早籼 46 号直播高产栽培技术	曾凤凰等
2010 年 6 月	市教科院	浅谈如何做好一名成功的班主任	李庆荣
2010 年 6 月	《现代种业》	不同品种水稻播种期试验	姚仁祥等
2010 年 7 月	《广东建材》	水泥搅拌桩止水与钢管桩＋土钉墙联合支护技术在基坑中的应用	曾凡友
2010 年 9 月	《中国种业》	施氮及栽插密度对湘早籼 46 号产量及其构成因素的影响	管恩相等
2010 年 10 月	《湖南农业科学》	浅谈贺家山原种场存在的问题及发展对策	姚金华
2010 年 12 月	《种子科技》	水稻区域试验播种前的准备工作	蔡少先等
2010 年 12 月	《中国农学通报》	常规早籼新品种湘早籼 46 号主要特征特性产量结构分析	管恩相等
2011 年 2 月	《种子科技》	中国杂交水稻在东帝汶种植表现	张建华等
2011 年 5 月	《杂交水稻》	利比里亚发展杂交水稻存在的问题和对策	张建华等
2011 年 3 月	《作物研究》	优质良种早稻“湘早籼 45 号”保质多产栽培技术	张建华等
2011 年 2 月	《中国稻米》	三系亲本水稻种子生产现状及发展对策——以湖南省贺家山原种场为例	管恩相等
2011 年 3 月	《中国种业》	水稻三系不育系繁殖倒伏发生原因及防治措施	管恩相等
2011 年 5 月	市科教院	浅谈中学教学活动课的教学方法	段宗义
2011 年 6 月	《语文教学与研究》	比较教学好处多	姚飞云
2011 年 8 月	《中国种业》	三系杂交水稻制种花期不遇原因及对策	刘　洪等
2011 年 11 月	“我眼中的农村土地征收”比赛获奖作品集	初探土地开发整理成果管护	涂桂和
2011 年 11 月	“我眼中的农村土地征收”比赛获奖作品集	加强土地开发整理改善职工生活环境	涂桂和

续表 34

发表或出版时间	发表或出版于何种刊物	论文、专著标题	作　者
2011 年 11 月	“土地开发整理项目工程与资金管理调研”征文比赛获奖作品集	认真展开土地开发整理，推动我场区域经济发展	涂桂和
2011 年 11 月	《种子科技》	水稻直播生产技术在三系亲本繁殖中的应用	聂　勇等
2011 年 12 月	《种子科技》	Y 两优 7 号母本直播高产优质制种技术	李智谋等
2012 年 4 月	《种子科技》	施硒对水稻产量及稻米中硒含量的影响	姜守全等
2012 年 5 月	《中国种业》	喷施硒肥对水稻产量及稻米含硒量的影响	管恩相等
2012 年 7 月	常德《民生报》	怎样才能学好古筝	杨利群
2012 年 12 月	《农业科技通讯》	优质常规水稻新品种黄华占直播轻简栽培技术	谭旭生等
2013 年 1 月	《中国种业》	三系不育系贺 50A 母本盘育抛栽繁殖技术	郭　君等
2013 年 1 月	《中国稻米》	2011 年湖南省水稻两用核不育系鉴定试验研究	管恩相等
2013 年 5 月	《种子科技》	叶面施硒对稻米中镉等重金属含量影响的研究初报	管恩相等
2013 年 9 月	《课程教育研究新教师教学》	初中体育教学中教师情感投入途径的探究	王玉明
2013 年 10 月	常德市学前教育论文评选	做一个天使的守护者——谈幼师的心理与道德	杨利群
2013 年 10 月	常德市幼儿园健康活动比赛	手势的秘密	杨利群
2014 年 1 月	《中国稻米》	硒肥施用对稻米中镉等重金属含量的影响	谭旭生等
2014 年 1 月	《长江蔬菜》	湘北长豇豆高产高效栽培技术	管　锋等
2014 年 3 月	《中国种业》	优质富硒水稻高产栽培技术	刘　洪等
2014 年 4 月	《农业科技通讯》	株两优 15 的特种特性及盘育抛栽高产栽培技术	谭旭生等

续表 34

发表或出版时间	发表或出版于何种刊物	论文、专著标题	作　者
2014 年 4 月	《种子科技》	湘早籼 46 号抛秧高产栽培技术	曾跃华等
2014 年 4 月	《中国种业》	机采棉发展现状与湖南发展机采棉面临的困难和对策	管　锋等
2014 年 4 月	《中国棉花》	加快推进洞庭湖区油后机械化植棉的思考	方　杰等
2014 年 5 月	《种学种养》	优质常规晚粳嘉 991 盘育抛秧高产栽培技术	谭旭生等
2014 年 6 月	《中国种业》	秀水 09 盘育抛秧高产栽培技术	管恩相等
2014 年 6 月	《中国种业》	湘早籼 46 号良种繁育生产技术	谭旭生等
2014 年 6 月	《作物研究》	水稻不育系五丰 A 盘育抛栽高产繁殖技术	郭　君等
2014 年 7 月	《杂交水稻》	株两优 15 母本直播优质高产制种技术	李智谋等
2014 年 7 月	《中国科技成果》	高产优质常规水稻新品种“湘早籼 46 号”的选育及推广应用	谭旭生等
2014 年 6 月	《作物研究》	潭两优 83 在湘北的种植表现及机插高产栽培技术	聂　勇等
2014 年 8 月	《农业科技通讯》	优质高富硒大米生产技术与市场前景分析	管恩相等
2014 年 9 月	《中国种业》	油菜品种中双 12 号稻后直播高产栽培技术	管恩相等
2014 年 9 月	常德市学前教育论文评选	做一个有智慧的农村幼儿园班主任	杨利群
2014 年 12 月	《中国农资》	吡嘧磺隆除草剂在水稻直播田中的应用效果探究	帅志刚等
2015 年 1 月	《中国种业》	三系迟熟杂交晚籼新组合贺优 328 的选育及栽培制种技术	谭旭生等
2015 年 1 月	《中国种业》	杂交水稻品种贺优 328 试种表现及高产栽培技术	管恩相等
2015 年 3 月	《种子科技》	三系杂交晚稻贺优 328 盘育抛栽高产栽培技术	李智谋等
2015 年 5 月	《农业科技通讯》	贺优 328 高产优质制种技术	谭旭生等

续表 34

发表或出版时间	发表或出版于何种刊物	论文、专著标题	作　者
2015 年 9 月	《中国种业》	水稻新组合贺优 50 及高产栽培技术	李建彬等
2015 年 9 月	常德市学前教育论文评选	浅谈幼儿礼貌用语的养成	刘　英
2015 年 9 月	常德市幼儿园科学领域活动比赛	宝宝回家	李　兰
2015 年 10 月	《中国种业》	杂交水稻新组合 D 两优 71 及盘育抛秧高产栽培技术	刘立新等
2015 年 11 月	《杂交水稻》	两系杂交晚稻新组合 D 两优 71 母本盘育抛栽高产制种技术	方　杰等
2015 年 11 月	《农业科技通讯》	湖南洞庭湖区发展“早籼晚粳”的优势分析及关键技术	方　杰等
2015 年 11 月	《中国种业》	中熟两系杂交晚稻新组合 D 两优 71 高产制种技术	姚仁祥等
2015 年 11 月	《种子科技》	杂交晚稻新组合贺优 50 海南高产高效制种技术	姚仁祥等
2015 年 12 月	《中国种业》	三系杂交晚籼迟熟组合贺优 50 及高产制种技术	姜守全等
2015 年	新华出版社	生猪健康养殖与管理实用技术手册	刘勇参与
2016 年 3 月	《杂交水稻》	杂交晚稻新组合贺优 50	李智谋等
2016 年 3 月	《中国稻米》	水稻新品种耐低温鉴定试验研究初报及建议	曾跃华等
2016 年 5 月	《杂交水稻》	高产稳产两系杂交晚稻新组合 D 两优 71	李智谋等
2016 年 5 月	《社会科学辑刊》	种植密度对棉花生理特性及产量的影响	李建彬等
2016 年 6 月	《社会科学》	党务政工工作须坚持以人为本理念	刘珊珊
2016 年 7 月	《中国稻米》	湖南粳稻生产现状、存在问题和发展建议	谭旭生等
2016 年 8 月	《中国大学教学》	株行距配置对水稻质量的影响	李建彬等
2016 年 9 月	常德市幼教优秀艺术教育活动评选	猫咪	陈娜娜

续表 34

发表或出版时间	发表或出版于何种刊物	论文、专著标题	作　者
2016 年 9 月	常德市学前教育论文评选	浅谈家园同步开展赏识教育	杨利群
2016 年 9 月	常德市学前教育论文评选	儿童不良饮食习惯的研究	柳亚萍
2017 年 9 月	常德市幼儿教学案例评选	几次意外事故靓靓奶奶的态度——幼儿园中班家园共育案例	柳亚萍
2016 年 11 月	《中国种业》	两系杂交稻新组合 C 两优 260 高产制种技术	蔡少先
2016 年 11 月	《中国种业》	家 60A 优质高产繁殖技术	谭旭生等
2016 年 12 月	《种子科技》	杂交水稻 C 两优 260 高产栽培技术	蔡少先
2017 年 1 月	《杂交水稻》	籼型三系不育系家 60A 的选育	李智谋等
2017 年 1 月	《杂交水稻》	三系杂交晚稻贺优 50 母本直播高产制种技术	方　杰等
2017 年 1 月	《中国种业》	三系杂交晚稻中熟组合家优 111 的选育与应用	李智谋等
2017 年 3 月	《中国种业》	三系杂交水稻新组合家优 111 高产保质制种技术	方　杰等
2017 年 4 月	《种子科技》	三系杂交晚稻家优 11 特征性及抛栽高产技术	伍振平等
2017 年 5 月	《农业科技通讯》	杂交晚稻中熟组合家优 11 特征性及高产栽培技术	姚仁祥等
2017 年 5 月	《杂交水稻》	两系杂交晚稻新组合 D 两优 311 高产栽培技术	方　杰等
2017 年 8 月	《中国种业》	不同栽培因子对杂交晚稻家优 111 产量的影响	谭旭生等
2017 年 8 月	《中国种业》	适于机械收获的棉花“直密早”栽培技术	管　锋等
2017 年 9 月	《中国稻米》	湘晚籼 12 号提质降镉高产栽培技术	管恩相等
2017 年 9 月	常德市幼儿园“教育随笔”论文评选	别轻易给孩子贴“标签”	柳亚萍
2017 年 9 月	常德市幼儿园“教育随笔”论文评选	让孩子从容面对精彩人生	杨利群

续表 34

发表或出版时间	发表或出版于何种刊物	论文、专著标题	作　者
2017 年 10 月	《农业科技通讯》	两系杂交晚稻新组合 D 两优 311 的选育与应用	李智谋等
2017 年 10 月	《农业科技通讯》	不同栽培技术措施对农香 24 产量及稻米品质的影响	管思相等
2017 年 11 月	《农业科技通讯》	洞庭湖区油后直播棉高产栽培技术	管　锋等
2017 年 11 月	《南方农机》	贺优 50“一季再生”高产栽培技术	宋　武等

（三）报纸杂志订阅

1991—2017 年，订阅报纸杂志共五大类，共计 21915 份（1991—1994 年无统计数据，2013—2017 年除党报、党刊外，其他数据不详）。除党报党刊外，其余杂志的订阅数量受到了网络及各种媒体的冲击，呈逐年减少的趋势。

表 35　　1995—2017 年贺家山原种场报纸杂志订阅统计表

单位：份

种类 年份	党报党刊	农业科学	生活保健	教辅资料	综合	合计
1995	106	325	172	385	362	1350
1996	112	320	163	373	357	1325
1997	123	307	178	382	343	1333
1998	120	283	171	392	331	1297
1999	122	292	164	377	318	1273
2000	155	275	155	362	322	1269
2001	157	294	167	358	338	1314
2002	160	276	142	352	312	1242
2003	158	279	158	346	285	1226
2004	156	274	147	328	276	1181
2005	157	277	143	334	253	1164
2006	155	272	129	312	246	1114
2007	154	259	123	293	259	1088

续表 35

种类 年份	党报党刊	农业科学	生活保健	教辅资料	综合	合计
2008	155	247	112	282	231	1027
2009	167	238	103	262	203	973
2010	172	208	92	251	207	930
2011	188	193	77	243	192	893
2012	185	186	83	238	201	893
2013	204					
2014	204					
2015	204					
2016	205					
2017	206					
合计	3725	4805	2479	5870	5036	21915

六 文 艺

建场以来的场办汉剧团和业余文艺宣传队，受当时政治环境的影响，分别于 1966 年和 1977 年解体或停办。1990 年后，原种场中小学校庆祝“六一”文艺活动从未间断，由老师、学生自编、自导、自演文艺节目。2004 年，贺家山子弟学校选送的文艺节目《在希望的田野上》，代表常德市农业局参加了由常德市农业系统组织的文艺会演比赛，荣获二等奖。

1991 年，在原种场党委宣传部的引导与支持下，新合分场、大洲分场 7 名职工群众自发组建了“百灵歌舞团”，提供歌舞表演和乐队演奏两方面的有偿服务。新生事物的出现，立即被人们所接受，活跃了农村婚丧喜庆气氛。后因缺乏专业人才和内容创新，至 2000 年歌舞表演业务自然终止，乐队演奏业务延续至今。2007 年 12 月 13 日，新合分场四队、五队爱好文艺活动的职工，自发组建了“开心腰鼓队”，原种场相继成立了 6 个腰鼓队。2008 年 1 月 24 日，“开心腰鼓队”参加了原种场“庆社保，迎新春”庆典表演。12 月 17 日，新合分场“英姿腰鼓队”参加了常德市“雅室杯”打击乐、鼓击乐展演赛，获得了优秀奖。

群众性的文艺活动，多以围绕全场各种庆祝活动开展。1999 年 9 月和 11 月，在全场干部、职工中分别举行“庆国庆”文艺联欢活动和“迎回归”演讲比赛。2001 年 6 月 28 日，常德市农业系统举行“庆祝中国共产党成立 80 周年”歌咏比赛活动，原种场组织 60 人的合唱队伍参加本次比赛，选送的《没有共产党就没有新中国》《四渡赤水出奇兵》荣获 18 个参赛单位的第二名。2008 年，原种场为纪念改革开放 30 周年，12 月 12 日在原种场文化宫举行以“在希望的田野上”为主题的纪念活动。

2009 年，原种场文体工作正式纳入市文化局管理范畴。8 月，原种场文化科对场域内的网吧进行了一次专项整顿，有效地扼制了未成年人进入网吧的行为。根据《中共贺家山原种场委员会〈关于组织中华人民共和国成立 60 周年系列庆祝活动〉的通知》精神，开展庆祝中华人民共和国成立 60 周年系列活动。7 月到 9 月上旬，举行了“祖国山河同声赞”征文和“爱国歌曲齐声唱”文艺会演活动。“祖国山河同声赞”征文活动，从原种场居民中征集近 100 篇稿件，通过评委认真评审，企业服务管理站党支部严立龙的《腾飞的巨龙》获得了一等奖，子弟学校党支部姚飞云《庆千秋》、孟婉君的《腾飞吧，祖国》获二等级。“爱国歌曲齐声唱”文艺会演活动，各党支部从 100 首红歌中选取适合编排的曲目，精心编排进行了表演。场团委、妇联、文化科还组织其他形式的表演节目参加演出。新合分场选送的大合唱《我的祖国》获得一等奖，子弟学校、团委选送的大合唱《少年少年，祖国的春天》《歌声与微笑》，配乐诗朗诵《中国梦》获得二等奖。9 月至 10 月，党委办公室、文化科利用市文化局赠送的两台数码放映机放映爱国、革命战争影片共 10 多场。11 月初，成立“三湘读书月”活动领导小组，从当年开始，每年 11 月份定为原种场的“读书月”。

2010 年 1 月 24 日，广州铁路公安局实名制售票宣传团在原种场文化宫举行一场“和谐春运、平安伴你行”专场文艺演出，宣传实名制售票的内容与意义。2011 年 6 月，原种场庆祝中国共产党成立 90 周年活动拉开了序幕，活动从两个层面进行。一是抽调 60 多名在职干部、职工，利用晚上和周末休息的时间进行刻苦排练，组队参加了省农业厅组织的“红歌”比赛，并获得了二等奖。二是在场内举行了“颂歌献给党”大型歌咏文艺会演。各党总（支）部从 100 多首红歌中，选取合适曲目进行排练，6 月 24 日初审，从参加演出的 16 个合格节目中评出了一等奖 2 名、二等奖 4 名、三等奖 6 名、优胜奖若干名。当年，选派刘勇、姚成勇、顾吉军三名选手参加省农业厅举办的“依法履职岗位建功”知识抢答赛，获得农业系统二等奖。2012 年，原种场党委积极响应省农业厅关于在厅系统组织开展“唱响农业之歌”歌咏比赛活动的号召。10 月中旬开始，经过层层选拔，组成了百人合唱队，在专业音乐老师的辅导下，采取人人过关的方法进行训练。11 月 27 日，合唱队参加由省农业厅组织的“唱响农业之歌”歌咏比赛。参赛曲目《湖南农业之歌》和《刘海砍樵新唱》荣获 11 支参赛队伍的第三名、二等奖。

2008 年 6 月，原种场妇联在组织开展广场舞、健身操活动。2013—2014 年，原种场先后举办了两届广场舞大赛，参赛队伍 25 支，人数达 400 余人。2014 年 9 月 5 日，原种场党委办公室、文化科组织广场健身舞蹈队在市丁玲公园参加由市委宣传部、市文广新局、市体育局联合组织的“名郡国际杯”常德市第四届广场健身舞大赛，荣获优胜奖和优秀组织奖。次年 9 月，原种场广场健身舞蹈队在市白马湖公园再次参加由市委宣传部、市文体广新局联合组织的“恒大华府杯”常德市第五届广场健身舞大赛，获三等奖。2015年11月，为庆祝原种场建场60周年，举办系列场庆活动。包括：第七届冬季越野长跑竞赛活动，第三届广场舞健身大赛，摄影书画展览，篮球邀请赛，建场60周年文艺晚会，征文比赛，演讲比赛等。2017年3月，常德市政协文史学习委一行17人来场考察农村文化建设工作。5月4日，原种场组织有专长的青年参加农委机关党委系统“三农行·青春梦”五四青年节朗诵比赛，获最佳团队奖。6月，召开“品味·读书人”书会友成立大会，会员共15人，会上，邀请常德市政协委员、资深媒体人、文学评论家陈集亮传授读书心得。

七 体 育

（一）职工体育运动

20世纪90年代末，原种场职工体育运动得到了一定的发展。进入20世纪90年代后，篮球、拔河等传统运动项目仍在原种场职工群众中得到保持。1998年，乐兴分场九队、十队、十二队爱好传统体育运动的职工群众，自发组建了迎山红龙舟队，自筹资金0.8万元，从汉寿县洲口乡购买一条龙舟，在端午节前后与周边乡镇的龙舟队自发组织龙舟竞技。1999年，迎山红龙舟队参加了由常德市体育局在柳叶湖度假旅游区举行的龙舟比赛，预赛时翻船退赛，未能进入决赛。20世纪90年代末，群众性的体育运动在场属各单位组织下，主要配合大型的庆典活动进行。1999年，根据《关于认真开展“庆国庆、迎回归”系列活动的通知》精神，举办庆祝建国50周年暨第六届群众性的体育运动会，进行篮球、乒乓球、象棋、拔河等项目的比赛。17个体育代表队600余名运动员在运动会组委会和50多名大会工作人员的精心组织下，利用两天时间进行了决赛。2001年，庆祝建党80周年，组织了职工篮球、拔河比赛。

2008年，组织开展纪念改革开放30周年系列活动。2008年12月12日，举行了以“活跃生活、弘扬文化、振奋精神、凝聚力量”为主题的冬季越野长跑活动，参加活动的运动员、工作人员近800人，分成6个年龄组别进行比赛。此后，将冬季越野长跑活动确定为例行的体育活动之一，每年选取不同主题、不同形式进行。2009年12月18日，开展了以“健康、信心、拼搏”为主题的冬季越野长跑活动。

2010年12月6日，以单位为整体，采取“方阵”的形式，开展了以“庆亚运、强体魄、勇争先”为主题的冬季越野长跑活动。

2011年12月26日，原种场组织开展第四届冬季越野长跑活动。2012年12月7日，组织开展了第五届冬季越野长跑活动。这项活动自开展以来，得到了全场干部职工的大力支持与广泛参与，凸显了全场人民蓬勃向上，开拓奋进的精神风貌。当年，经原种场党委研究决定：每年12月份的第一个星期五为原种场全民健身日。2015和2016年，原种场先后派队员参加常德市柳叶湖国际马拉松比赛，运动员彭城在2015年10月10日参加常德市柳叶湖万人马拉松赛中喜获男子公开组第三名。2017 年 8 月，原种场组织体育健儿参加常德市第七届运动会。在登山和山地自行车比赛中获得优异成绩，获大赛团体铜奖。2016、2017 年常德市及鼎城区文广新局分别向场发放路径健身器材三套共 37 件和一批体育设施，分别在相关单位安装使用。

（二）老年人体育运动　自 20 世纪 90 年代初老干部办公室成立以来，原种场党委非常重视老年人工作，关心老年人的身心健康，让老年人老有所养、老有所乐。1994 年，将原希贵别墅 332 平方米的两层楼房改作老干部活动中心，内设图书室、阅览室、棋牌室、会议室、健身室、电视室，组织开展有利于思想进步、身心健康的各项活动。2000 年，修建一个 20×20 米的门球场，添置老年人健身器材 8 台（套件），其中：跑步机 2 台、按摩椅 1 台、功率自行车 1 台、划船器 1 台、举重架 1 套、登山机 1 台、单人扭腰器 1 台，供老年人进行室外活动。长期有 40 余人在老年人活动中心参加体育锻炼活动，特别是门球运动吸引了大多数老年人，成立了男女两支门球队，经常性地开展门球训练，与省农业厅、武陵区、汉寿县、西湖和西洞庭等单位的老龄门球队开展球技交流。2005 年 11 月，新修建一个标准化门球场（15×20 米），供老年人的开展活动。在原有男女门球队的基础上，筛选出身体较好、球技较佳的运动员组建男女门球队。队员们坚持训练，门球技术水平得到提高。从 2007 年开始，经常参加常德市体协、门球协会举办的“幸福杯”升、降级门球比赛。2012 年 9 月，跻身常德市老年人门球丙级队行列。2013—2016 年场老干办组织队伍参加市老干局门球升、降级赛，其中 2013、2015 年升级。

（三）学校体育运动　1991 年，原种场子弟中学自筹资金，发动教职员工自己动手，修建了一条 250 米环形跑道，为田径运动的开展提供了场所。1993 年，在原种场教育科精心组织下，举行第十届中小学田径运动会。1998 年 6 月 1 日，教育科组织全场中小学生在贺家山中学举行了第十一届中小学田径运动会。开幕式上四所学校表演的团体操，表演形式丰富，展示了原种场青少年茁壮成长、积极向上的精神风采。运动会分少年组、儿童组两个组别、十多个项目进行了竞赛。2001 年，原种场子弟中学组队参加由常德市农口系统组织的田径运动会，荣获市农口系统团体总分第二名的好成绩。2002 年后，子弟学校注重体育特长生的培养，相应届期有特长生考入省示范性高中。到 2013 年，8 名体育特长生被省示范性高中鼎城一中录取，其中 4 名学生的体育专业成绩和文化成绩同时合格。2016 年 10 月，子弟学校举办了一次秋季趣味运动会，比赛分团赛、竞赛、游戏三项进行，参赛选手共 256 人。11 月，为配合学校音乐教室的建设，原种场将常德市文广新局发放的一批音乐器材移交给子弟学校。

八、非物质文化遗产的申报

杂交水稻育种及原种繁殖技术，是全省、全国乃至全球有一定影响的技术。为了防止部分工艺技术失传，加强保护，原种场文化科于 2009 年 4 月对《杂交水稻育种及原种繁殖技术工艺》进行了市级非物质文化遗产申报，9月29日进行了公示。2010年1月9日常德日报公布了《杂交水稻育种及原种繁殖技术工艺》申报常德市第二批非物质文化遗产成功的结果，4月正式获取常德市文化局颁发的非物质文化遗产批文。谭旭生、姜守全两人成功申报为第一批常德市市级非物质文化遗产项目代表性传承人。

九　场文化宫建设

20世纪90年代后，原种场大礼堂的房屋整体结构与设计功能已不能满足社会的发展需求。2000年12月1日，在场物资公司的原址上新建“贺家山文化宫”。该工程由湖南省农业工程设计所设计，贺家山建筑公司承建，屋面网架工程由湖南省双大机电工程有限公司承建，工程于2002年6月底完工，总投资271.9万元，建筑面积为1749平方米，工程被常德市建设工程质量监督站评为主体优良工程。贺家山文化宫可容纳近1000人，集文化娱乐活动、大型会议于一体。

第二节　教　育

1990年后，原种场普通教育采取分级管理形式，办学条件有了不同程度的改善；学前教育呈零散型发展，既有公办也有私办。1997年，通过基本普及九年义务教育和基本扫除青壮年文盲（以下简称“两基”）验收检查，使教育得到全面发展。原种场现有人口中非文盲率从1990年的85%上升到1997年两基验收时的98.3%。2002年7月，实行全场教育体制改革，使普通教育和学前教育步入规范化发展轨道，教育质量明显提高。2016年11月，原种场子弟学校顺利通过合格学校验收检查。1991—2017年间，累计为社会培养合格劳动后备力量2301人，为国家输送本科生382人，专科生274人，中专生86人，向省示范性高中输送185人。其中，程道喜2004年考入清华大学，刘诗君2009年考入长沙雅礼中学。

一　学前教育

1991年，原种场开设乐兴、新合、苏家吉、中学部4个公办幼儿班，入园学生210人左右。1992年，杨利群在新合七队利用民宅创办“蓝精灵幼儿园”，1998年7月停办。1993年，周应萍在原建材公司其父母家创办“星星雨幼儿园”，1994年7月停办。1997年，刘英在新合分场八队自家创办“育才幼儿园”，1998年7月停办。1998年9月，大洲分场在大洲小学创办幼儿园，开设大、小班各一个，大班为下学年一年级新生、小班为混合年龄结构。2001年9月，陈红云在新合二队法官镇东端临公路，利用自家住宅创办“星星雨幼儿园”，2002年8月停办。

2002年8月前，原种场学前教育由场属单位举办（公办）或为个人举办（民办）办学地点呈零散分布状态，办学方式随意性较大。当年下学期，教育科统一管理新合、大洲、苏家吉、乐兴四所公办幼儿园，使学前教育管理规范化。2003年9月，苏家吉学前班撤掉，幼儿分流到大洲、新合学前班就读；同时，教育科同意租用原场印刷厂厂房，创办“大风车幼儿园”，开设大、小班各一个，2004 年 8 月停办。此后，原种场再无私立幼儿园。

2007 年 5 月，因大洲学前班班额大，教室面积狭窄且为危房，经教育科同意，调整到新合小学部就读，原种场学前教育为乐兴、新合两个点。

2009 年 9 月，对原新合小学进行改建，创办贺家山中心幼儿园。该园隶属教育科管理，合并全场所有公办幼儿园，全园配备聘用专职幼师 4 人，安排一名公办教师为园长。2010 年 4 月，再次维修改善幼儿园办学条件；10 月，安排专职保安员 1 名。2011 年 9 月，增配保育员 1 名。

2013 年 9 月前，一直使用场内个体私家车作为幼儿园校车接送幼儿，无营运资质，且超载严重。9 月，教育科与湖南龙运集团签订运输服务合同，龙运公司提供两台 19 座的客车接送幼儿。2017 年下学期开始，更换成一台 19 座和一台 27 座的客车接送学生，配备车载监控系统，实行 24 小时全程监控。

2013 年，原种场自筹 25 万元资金，软化了幼儿园的活动场地，围墙、教室、餐厅、休息室、外墙均创设了富有教育意义的彩绘，园所走廊，教室都有幼儿参与设计并自制的作品展示。2014 年，争取资金 10 多万元改建休息室和更换教学楼屋面，补充教育装备，改善教师办公条件。2015 年，添置一组大型游乐设施、二组小型游乐设施。2016 年，对食堂、教学楼屋面进行维修，添置幼儿玩教具。

2017 年 3 月，幼儿教材由传统的《多元整合幼儿教育活动资源包》改为“武汉亿童文教股份有限公司”的阅读、数学、艺术三合一“亿童学习包”。场教育科投入近 50 万元，添置了多媒体教学设备，引进了亿童“6+1 礼仪教学包”、体育包，进一步满足新时期幼儿教育要求。6 月，原种场投入资金 60 余万元对幼儿园教学楼进行拆除重建，建筑面积 480 平方米。

2013 年，原种场中心幼儿园被评为常德市“巾帼文明岗”；2016 年 10 月，原种场中心幼儿园被收纳为常德市学前教育学会会员单位。

2017 年末，贺家山中心幼儿园有教职工 12 人，其中：国家工作人员 1 人，场聘人员 8 人，临聘人员 4 人；临聘人员中教师 1 人、后勤人员 3 人。其中园长 1 人、副园长 1 人（由教学人员兼任）、教学人员 6 人、保育员 1 人、安保人员 1 名。学历结构为：本科 2 人，专科 4 人，高中 2 人，初中 1 人；有教师资格证的 4 人、保育员证 1 人。占地面积 3250 平方米，生均 31.5 平方米；建筑面积 900 平方米，其中教学用房 480 平方米、辅助用房 420 平方米，生均 8.7 平方米。学前三年毛入学率 100%。

表 36　　贺家山中心幼儿园发展

单位：人

年份	上学期入园数	下学期入园数	入园人数合计
2009		117	117
2010	124	105	229
2011	118	101	219
2012	113	102	215
2013	132	105	237
2014	132	113	245
2015	132	101	233
2016	112	108	220
2017	116	103	219
合计	979	955	1934

二　普通教育

（一）教育发展概况

20 世纪 90 年代初期，原种场开办一所完全中学和五所小学，即新合完全小学、大洲完全小学、乐兴完全小学、苏家吉小学、小凡洲小学，共计 43 个教学班，在校学生 1，412 人，教职员工 98 名。全场小学适龄儿童入学率为 100%，年巩固率为 98%，毕业生合格率为 85%；初中入学率为 82%，年巩固率为 95%，毕业合格率为 80%。学校的人、财、物由原种场管理，教学业务由常德市教育委员会指导。1991 年初，原种场党委研究决定，将小学划归分场管理，形成分场办小学、原种场办中学的管理格局；中、小学业务统一由文卫办公室管理。由于小凡洲地域特殊，1992 年底将小凡洲小学撤销。

1993 年，原种场进行管理机构调整，文教卫生办公室撤销，形成了中学管中、小学业务的格局。为配合“两基”验收检查，1994 年下学期撤销贺家山子弟学校高中部，保留初级中学；苏家吉小学撤销，学生按地域分流给新合完全小学和大洲完全小学。为满足家长要求，方便苏家吉一年级新生就近入学，在苏家吉分场设立一个一、二年级复式班，留用一名教师教学，业务由大洲完全小学管理。全场存新合完小、大洲完小、乐兴完小和一所初级中学。

1997 年下学期将大洲分场所辖大洲完全小学并入贺家山子弟中学，同时将贺家山子弟中学更名为贺家山原种场子弟学校；同时撤掉苏家吉的一个复式班，学生自然分流到大洲完全小学。大洲完全小学的隶属关系没有发生变化，仍然由大洲分场管理。1997年10月，湖南省"两基"评估验收团常德分团对原种场"两基"达标工作进行验收，评定合格。当年被评为湖南省卫生文明单位和常德市卫生文明单位。

1998年下学期，推行以校长负责制、教师聘任制、绩酬挂钩制为主要内容的教育内部管理体制改革。2002年7月，全面启动教育内部管理体制改革。9月，收回分场办学管理权，将中小学人、财、物归口统一管理，由教育科、子弟学校行使教育管理职能。调整学校布局，将新合完全小学和乐兴完全小学并入子弟学校，下设初中部、新合小学部、大洲小学部、乐兴教学点。2006年下学期，撤销乐兴教学点，生源并入大洲小学部，场子弟学校调整为中学部、大洲小学部、新合小学部。2009年下学期，撤销新合小学部，学生全部并入大洲小学部就读，子弟学校调整为中学部、大洲小学部。2011年9月，子弟学校新建教学大楼启用后，大洲小学部迁至中学部就读。此后，场子弟学校校址仅存一处。

2013年，学校学生的学籍信息纳入了常德市基础教育管理平台（市网）与全国中小学学籍信息管理系统（国网）的管理。2015年，子弟学校申报常德市第16批合格学校创建项目。2016年11月，通过常德市教育督导室的合格学校验收，场子弟学校再次荣获省级卫生文明单位。学校教师完成首次教师资格证网上注册工作。是年11月，场子弟学校向市教育局申请纳入市直教师师训系统，获得同意。自2017年始，学校教师师训工作由市教育局师范科进行统筹安排，解决了学校教师的专业培训及资格证注册难题。

2017年底，在校学生213人，9个常规教学班，28名在职在岗教职工。小学适龄儿童入学率为100%，年巩固率为100%，毕业合格率为98%；初中学生入学率为100%，年巩固率为99.53%，毕业合格率为94%。

表37　　1991—2017年贺家山原种场普通教育发展情况统计表

项目 / 年份	学校所数（所）			教学班数（班）			教师人数（人）			在校学生数（人）		
	合计	中学	小学	合计	中学	小学	合计	中学	小学	合计	中学	小学
1991	6	1	5	43	14	29	100	46	54	1412	670	742
1992	6	1	5	42	13	29	84	41	43	1339	601	738
1993	5	1	4	40	12	28	79	38	41	1326	582	744
1994	4	1	3	37	9	28	67	30	37	1001	255	746
1995	4	1	3	35	7	28	64	27	37	1073	230	843
1996	4	1	3	26	6	20	61	24	37	1152	252	900

续表 37

年份＼项目	学校所数（所）			教学班数（班）			教师人数（人）			在校学生数（人）		
	合计	中学	小学	合计	中学	小学	合计	中学	小学	合计	中学	小学
1997	4	1	3	21	7	19	66	26	40	1146	302	844
1998	4	1	3	29	9	20	66	25	41	1243	315	928
1999	4	1	3	29	8	21	68	27	41	1275	363	712
2000	4	1	3	28	8	20	68	28	40	1240	382	858
2001	4	1	3	28	9	19	72	30	42	1211	397	814
2002	4	1	3	26	9	17	70	30	40	1126	375	751
2003	4	1	3	27	9	18	65	24	41	1159	388	771
2004	4	1	3	26	9	17	61	23	38	1158	401	757
2005	4	1	3	26	9	17	52	26	26	1068	383	685
2006	3	1	2	23	9	14	55	25	30	969	343	626
2007	3	1	2	22	9	13	49	25	24	882	328	554
2008	3	1	2	19	9	10	48	24	24	773	307	466
2009	2	1	1	16	7	9	53	28	25	602	250	352
2010	2	1	1	5	7	54	50	28	25	504	211	293
2011	1	1	/	10	4	6	59	30	29	369	171	198
2012	1	1	/	9	3	6	56	29	27	294	138	156
2013	1	1	/	9	3	6	34	19	15	272	91	181
2014	1	1	/	9	3	6	32	17	15	271	91	180
2015	1	1	/	9	3	6	32	17	15	243	61	182
2016	1	1	/	9	3	6	32	17	15	216	51	165
2017	1	1	/	9	3	6	28	15	13	213	43	170

表 38 1991—2017 年贺家山原种场考入大中专及省示范性高中学生统计表

单位：人

年度	合计	大学本科		大学专科		中专		省示范性高中	
		场内就读	场外读	场内就读	场外就读	场内就读	场外就读	场内就读	场外就读
1991	24		2	4	1	15	2		
1992	23		1	5	1	13	3		
1993	22	1	1	1	4	12	3		
1994	19		1	2	4	9	3		
1995	22		4		6	9	3		
1996	14		3		3	2	5	1	
1997	13		2		3	5	1	2	
1998	8		2		3	1		2	
1999	12		2		7			2	1
2000	19		5		9				5
2001	19		8		9			2	
2002	11		6		3				2
2003	38		9		21			5	3
2004	36		16		11			8	1
2005	32		15		6			10	1
2006	36		12		12			10	2
2007	51		19		21			10	1
2008	46		20		11			8	7
2009	47		19		9			10	9
2010	43		21		11			7	4
2011	45		20		12			13	
2012	51		22		14			15	
2013	63		34		18			11	0
2014	68		40		20			8	0
2015	66		44		13			8	1
2016	50		27		17			4	2
2017	49		26		13			5	5
合计	927	1	381	12	262	66	20	141	44

（二）学校管理

1.“两基”达标验收

20世纪80年代末，原种场教育事业得到发展，为普及九年义务教育打下良好的基础。进入20世纪90年代后，根据国家教委、湖南省教委文件和全国教育工作会议精神，原种场启动了迎接“两基”验收检查的准备工作。

1994年，通过摸底清查显示：普及九年义务教育和扫除青壮年文盲的软件达标指标除了中学辍学率、17周岁受完初级中等教育的完成率尚未达到验收标准外，其他指标基本上符合要求；在“两基”达标硬件建设指标上与“两基”达标要求相比还存在较大差距。场党委研究决定，采取对教育结构进行部分整合的方法，以缓解“两基”达标验收工作的财政经济压力，加快普及九年义务教育进度和提高教学质量。

1996年12月8日，成立以原种场党委书记、场长郭诚任组长，各分场和有关部门主要负责人为成员的原种场“两基”验收工作领导小组。1997年3月，原种场成立“两基”验收达标办公室，主要负责“两基”验收的资料整理工作。工作班子对“两基”达标所需要的各种资料进行详细梳理与汇总，完成原种场“两基”达标的基础工作。4月，建立以原种场党委主要负责人为主的“两基”验收工作联系制度，以点对点的形式，对四所学校进行全程督导和继续调整学校结构。向省农业厅上报了《关于解决“两基”达标验收所需经费的请示报告》，请求解决“两基”达标经费225.85万元，加快“两基”达标工作进程。

从1994年起，原种场组织力量对全场105名文盲、半文盲学员进行集中帮教，历时4年，累计使用扫盲经费3.2万元。

1995年5月15日，开展捐资办教育活动，共为教育捐资达40多万元。1994—1996年，原种场两级财政对教育的拨款占教育总支出的比例分别为91.71%、91.37%、95.54%；原种场财政对教育拨款比上年增长比例分别是11.4%、1.85%、110.15%；教育经费中公用经费做到了逐年增长，分别为15.33万元、19.34万元、93.75万元；除确保教学人员的人头工资与其他福利待遇足额发放外，还筹集232.1万元经费用于教育基础建设。

7月25日，向上级有关部门递交《关于申请对贺家山原种场“两基”评估验收的请示》报告。10月18日，湖南省“两基”评估验收团常德分团抵达原种场，对贺家山“两基”验收工作进行了为期两天的验收检查，评估合格。

2. 创建义务教育合格学校 “两基”验收合格的基础上，原种场创建义务教育合格学校。2006年2月，争取国家“两免一补”教育经费40万元。2007年7月，对教师办公楼、学生宿舍楼、大洲小学部教学楼实施提质改造，对教师办公室、会议室的桌椅、文件柜进行了更新。2008年5月，子弟学校安装一个可容纳45人的多媒体教室。2010年5月23日，常德市教育局来原种场落实场子弟学校教学业务指导、正常享受国家政策性补贴等工作，结束了市、区教育局对原种场教育两不管的局面。11月28日，在子弟学校原教学楼旧址上动工修建建筑面积为1168.5平方米、12间教室、功能齐全的教学大楼，翌年9月28日竣工。2012年，装配了5个多媒体教室并添置了3万元的图书，对学生宿舍、儿童活动室、热水供应系统进行改造与新建，将学校食堂由个体承包改为学校自主经营。2013年，新建一个学校食堂、改建学生宿舍。2014年，新建2个浴室并安装热水供应系统、新建通式围墙、铺设植草砖、安装电动校门。2015年，维修科教楼、新建教职工停车棚。申报贺家山义务教育合格学校创建项目，年底，被省教育厅和省绩效办列入2016年创建计划。2016年，建成250米环形塑胶跑道、多功能教室的设备更新、文化墙及其他校园文化设施建设、添置仪电设备、进行校园绿化美化建设。11月，学校顺利通过市教育局专家评估验收，达到义务教育合格学校标准。

3. 学校内部管理体制改革

20世纪90年代初，原种场子弟中学首次进行内部管理体制改革，教育内部管理明显增强，校纪校风明显好转，教学质量明显提高。1997年，“两基”验收工作顺利完成，学校内部管理体制初具雏形，但内部运行机制还不完善，形成以“铁饭碗、大锅饭”为主要标志的陈旧的学校管理体制，无法确保“两基”验收成果，特别是教育质量这一动态成果。

1998年下学期，原种场教育系统推行以校长负责制、教师聘用制和绩酬挂钩制为主要内容的内部管理体制改革，效果并不明显。2001年下学期转出中学生22人，小学生63人，其中因择校转出的学生占转出学生总数的90%；2001—2002学年度初中毕业会考，无学生考入省示范性高中。

2002年5月30日，成立原种场教育系统内部管理体制改革领导小组，公开竞聘原种场教育科科长兼子弟学校校长。通过竞聘，丁世勇任教育科科长兼子弟学校校长。制定了《湖南省贺家山原种场关于教育体制改革的实施意见》，明确教育体制改革的工作重点和主要措施：①理顺管理体制。改原种场办中学、分场办小学的两级管理体制为原种场一级办学的管理体制。②调整学校布局。从2002年下学期开始，小学布局调整为大洲小学部、新合小学部和乐兴教学点；中学格局基本不变。③激活用人机制。按照分级聘任的原则，推行教师聘任和岗位管理制度，打破教师专业技术职务终身制。④搞活内部分配。受聘人员的工资报酬分三部分组成，即工资报酬总额=岗位工资+课时工资（津贴）+奖金。⑤完善校长责权。校长有学校工作决策权、指挥权、管理权，是“办学自主、用人自主、管理自主、分配自主”的学校法人代表。

同年8月，原种场教育科组织7名（场外1名、场内6名，其中1名公办幼师）有教学经验的幼教老师，在大洲小学部进行竞聘演艺，择优录取，合理安排6名幼师上岗。9月，进行课改、分层次教学，设为实验班和普通班，教学力量尽量向两个毕业年级倾斜。2005年11月，对学校教师反映强烈的工资分配方案作了适当修改，初中年级的实验班相继解散，使学生获得同等受教育的权力。2009年5月，恢复教师档案工资制度；从教师绩效工资总额中提取30%作为教师奖励资金，按学校管理方案的具体要求进行分配。9月，批准6名教师提前离岗休息，稳定了教师队伍。继续采取对初中学生分层次教学，以保证教学质量。2012年5月，教育科制定教育整改方案。7月9日，采取“试讲竞岗”的方式，对部分在教师竞岗中没有获得岗位的教师进行了公开考查，择优录用上岗。当年转岗4人。8月，成立了留守儿童管理中心，接收留守儿童80人，对在校留守儿童进行全封闭式管理。2016年11月，教育科对教师绩效考核《管理方案》进行了部分调整。

（三）教学研究

1991年3月，原种场子弟中学调整学科教研组并开展教研活动；各小学在场文教卫生办公室的组织调度下，开展教学教研活动。

1997年3月，原种场教育科决定，每年学校编辑一本教师论文集。从当年收集的50篇论文稿件中，通过专家评审，评出了一个一等奖、两个二等奖、三个三等奖。

2001年，原种场教育科从怀化师专引进了2名英语教师，在原种场子弟学校小学高年级开设英语课程；3年后，英语课程普及到小学三年级。

2004年起，原种场中小学全面实施新课改，教学中实现三大转变：教师角色由教学过程的掌控者变为合作、引导者，学生由被动学习变为主动学习，教学手段由“填鸭式”教学变为引导学生自主、合作、探索性学习。

2011年4月，为模拟“洋思教学模式”，原种场教育科组织30人次到武陵区、鼎城区牛鼻滩镇中参加教学观摩和送课下乡活动。

2015年和2017年，周翠英、邓腊喜两位老师，获得常德市“优秀农村教师红烛奖”。2017年学年度，开展校本培训对教师希沃教学实行“新老结对”活动。

（四）教师队伍

1991年，原种场有5所小学、一所中学，在职教师100人，其中本科学历6人，大专学历28人，中专（高中）及以下学历66人。1992年，接收师范类大中专生5人，调整21名教师充实原种场行政管理岗位。1993—1995年，接收2名师范类大中专毕业生，调整20名教师充实场机关和其他单位。1996—1997年，从怀化师专和湖南文理学院录用4名对口专业毕业生、从外单位调入1名教师、安排1名全民工充实教师队伍。1999年全场27名老师参加学历二轮培训。2001年常德电视大学在大洲小学为原种场学员进行函授培训两年，毕业学员17名。2002年，面向社会公开招聘1位政治教师。2004年利用同样的方法招聘1名政史教师。2005年，面向社会公开招聘2名专科教师。2007年，用同样的方法招聘1名专科教师。2009—2011年，每年向社会公开招聘2名教师。

2017年，原种场子弟学校共有在岗教职员工43人。其中，中心幼儿园教职工9人，中小学教职工34人；男性15名，女性28名。学校现有行管人员1名，专任教师34名，后勤岗位8名。学校在岗教职工中大专及以上学历37人，高中及中专学历5人，初中学历 1 人。年龄结构为：50 至 59 周岁 12 人，占 27.91%；40 至 49 岁 17 人，占 39.53%；30 至 39 岁 9 人，占 20.93%；20 至 29 岁 5 人，占 11.63%。职称结构为：中小学一级教师 19 人，中小学二级教师 5 人，中小学三级教师 1 人，心理咨询师二级教师 1 人。

（五）教育经费和学校建设

1971 年后，原种场教育属性为事业办学，办学经费全靠原种场财政负担。1991 年起，为了缓解场财政压力，原种场对教育采取分级办学的管理体制，原种场办中学，负责中学所有经费和小学 60% 的基本工资；分场办小学，自筹教师工资的 40% 和所有行政事务费开支等费用（费用由田土面积承担）。到 2002 年，原种场累计拨款 427.2 万元，分场自筹资金 658.49 万元，其中，基建投资 232.1 万元，主要用于 1997 年“两基”验收时学校新建、校舍改建、维修及教学设备添置项目。新建了中学科教楼；四所学校的水冲式厕所；子弟学校小学部 100 平方米办公室和乐兴完小 250 米环形跑道；改建中学学生宿舍楼一栋，面积为 847 平方米；维修各学校原有校舍；添置了 26 台电脑、48 台语音设备及图书仪器、体育器材；装备了一个多媒体教室和一个语音教室。

至 1997 年，学校教育环境和办学条件得到改善。实现了“一无两有”，即校校无危房，班班有宽敞明亮的教室，学生有整齐划一的木制课桌椅。子弟学校在科教楼配备了多媒体教室、语音室、理化实验室各一间，体育、仪器器材达到了国家二类标准。中小学共藏图书 23000 册。全场中小学共有 31.55 亩学农基地，生均 18 平方米，因升学教育模式的影响，学农基地不复存在。

1997 年后，教育有“两基”验收达标的基础，对学校教育环境、办学条件的改善及体育、仪器设备的添置投入较少。

2003 年以来，贺家山教育由原种场归口管理，教育经费由场财政按年初预算和年终追加的办法统一拨款，到 2017 年底，贺家山财政及上级主管部门共对教育投入 5874.65 万元，其中基建投资 160 万元，主要用于子弟学校教学楼新修工程、学生宿舍楼的改建和维修项目。

表 39　　1991—2017 年贺家山原种场子弟学校教育经费统计表

单位：万元

年份	原种场拨经费	分场拨经费	市拨	事业收费	其他	合计
1991	12.02	15.34	—	—	—	27.36
1992	12.17	16.87	—	—	—	29.04
1993	16.91	17.86	—	—	—	34.77
1994	33.03	44.1	—	—	—	77.13

续表 39

年份	原种场拨经费	分场拨经费	市拨	事业收费	其他	合计
1995	26.39	55.56	—	—	—	81.95
1996	32.44	66.53	—	—	—	98.97
1997	41.09	85.79	—	—	—	126.88
1998	36.39	59.01	—	—	—	94.40
1999	36.47	53.73	—	—	—	90.20
2000	37.08	81.26	—	—	—	118.34
2001	51.47	82.36	—	—	—	133.83
2002	91.74	80.08	—	—	—	171.82
2003	143.68	—	—	—	—	143.68
2004	134.05	—	—	—	—	134.05
2005	142.74	—	—	—	—	142.74
2006	145.67	—	—	—	—	145.67
2007	218.92	—	—	—	—	218.92
2008	225.50	—	—	—	—	225.50
2009	213.86	—	—	—	—	213.86
2010	280.80	—	—	—	—	280.80
2011	392.32	—	—	—	—	392.32
2012	392.32	—	—	—	—	392.32
2013	380.41	—	17.58	—	21.84	419.83
2014	355.84	—	19.00	21.81	1.08	397.73
2015	424.18	—	70.78	23.47	3.42	521.85
2016	518.58	—	67.15	26.45	1.83	658.56
2017	445.27	—	76.45	23.96	—	640.72
合计	4841.34	658.49	250.96	95.69	28.17	5874.65

三　成人教育

（一）扫盲

1990 年 7 月第四次全国人口普查数据显示：原种场总人口 9980 人，12 周岁及以上不识字或识字很少的 1520 人，占全场总人口数的 15.23%。1994 年 11 月 2 日，原种场成立扫盲工作领导小组，办公地点设在子弟中学，与教育科合署办公，启动扫除青壮年文盲工作。

11月15日，原种场党委对扫除文盲工作提出了具体的意见。每年专拨8000元扫盲经费，要求各分场从单位实际支出的教育事业经费中，按一定比例提取扫盲经费，交教育科用于全场的成人教育。到1997年，原种场累计拨款3.2万元用于专项扫除文盲经费。建立了4个扫除文盲教学点，聘请4名教师，发放扫盲教材100多册。累计集中授课时间为240天（即1，200课时），采取灵活多样的教学形式，对全场105名全文盲和部分要求参加补习的半文盲开展帮教。扫除文盲工作出现了夫妻互教、兄弟姊妹互学、子女教父母的感人局面，办学面达到了100%。脱盲7人，半文盲通过各种不同的自学方式，达到了脱盲标准，原种场非文盲率从“四普”时的85%提升到了1997年的98.3%。

（二）职工技能培训

1990年后，原种场农业产业结构仍以水稻和棉花两大农作物为主体，有少量的柑橘、油菜等经济作物。品种单一，技术缺乏，直接制约着全场经济的快速发展。原种场党委决定对部分职工采取集中或分散的形式，进行农作物生产栽培技术的培训。

1995年，农业分场相继举办了五次农业技术培训学习班。1996年12月31日，成立原种场农业技术学校，党委委员副场长杨孚初兼任校长，安排3名专职教师，聘请4名兼职教师任教；开展全场职工农业技术教育培训工作。到1997年底，共挂牌成立5所农业技术学校，共举办16期农业技术知识培训学习班，培训学员900多人，培养200多名农业科技骨干和技术能手。

2004—2005年，柑橘销售市场疲软，柑橘品种亟待优化，橘农收入下降，植保植检站从桃源县聘请一名高级农艺师到场，举办了两期学习班，将培训场所设在田间地头，采取理论与实践相结合的方式，向大家传授柑橘树的嫁接、整形、病虫害防治等多方面的技术，两年间受训对象千人次以上。

2015—2017年，从省农业厅争取到新型职业农民培训项目，根据开设培训班的类型进行申报，以获得对应的培训类经费。

表40　　2015—2017年贺家山原种场新型职业农民技能培训统计表

培训时间	培训地点	培训期数	培训人数	培训类型	培训老师
2015年	贺家山、澧县	1	50	生产经营型	谭旭生等4人
2016年	贺家山	4	200	专业技术型 社会服务型	梁继华等23人
2017年	贺家山	2	70	生产经营型	李建彬、张建华等13人

第三节　医疗与卫生

一　机构设置与医疗条件

1990 年后，原种场医疗机构为“一院三所”，即职工医院和大洲、乐兴、苏家吉分场卫生所。医疗常规设备基本齐全，医疗条件和环境相对较差，房屋面积狭窄，采光系数低，通风性能差，各种医疗辅助设备欠缺。看病仍靠血压计、听诊器、体温表“老三件”，已不能满足职工群众的医疗要求。1991 年 9 月，原种场党委研究决定，在场职工医院门诊部的原址上，重建职工医院住院、门诊综合大楼。1992 年 3 月，医院综合大楼正式破土动工，翌年 9 月竣工，经验收合格启用。该综合大楼为三层楼房，总建筑面积 1112 平方米，开设住院部和门诊部。住院部内设 20 个床位，门诊部设内科、普外科、骨伤科、五官科、中医科、妇产科、儿科等。同时，投入 20 万元资金，购置黑白 B 超机一台。当年 8 月，增设小凡洲卫生所，医务人员 1 人；因小凡洲人口较少，一年后停办。1993 年 10 月 1 日，职工医院在大洲六队增设场职工医院肝炎专科门诊部，在新合六队增设场职工医院便民门诊部，医务人员 2 人，一年后停办。肝炎专科门诊部因经营专科药物，经济效益差，后改为贺家山职工医院综合门诊部，两年后停办。1994 年 6 月，职工医院对 50 平方米的手术室进行装修，并添置新的外科手术床和手术器械一套。1998 年 3 月，职工医院在法官镇租用民宅，重开职工医院便民门诊部。1999 年，添置电动骨科牵引床一张。职工医院的医疗条件和环境得到了改善，医疗水平有了明显的提高，医院经济收入也随之增长，为贺家山职工医院开展质量升级达标活动创造了条件。

2004 年，添置 200 毫安 X 光机一台，呼吸机一台；2006 年，购置牙科治疗仪一台；2007 年，启动医院内部电脑管理系统，提高职工医院工作人员的工作效率和管理质量；2008 年，添置心电图机和 B 超机各一台；2009 年，对妇产科 50 平方米的病房进行了改建与装修，购置心电监护仪一台；2010 年，购置全自动生化仪一台；增添牙科治疗仪一台；2015 年，添置血球分析仪，对老住院楼危房撤除，重修放射室用平房一栋；2017 年添置彩色 B 超一台。

至 2017 年，原种场医疗机构由卫生和计划生育办公室行使管理职能。辖场职工医院和大洲、乐兴、苏家吉卫生所“一院三所”，医疗设备较为齐全。

二　医疗技术

1990年，原种场职工医院中西医基本维持在20世纪70年代水平，一些疑难病无力医治，需转常德市第一人民医院治疗。1993 年 4 月，职工医院将当年分配的 5 名大中专院校毕业生分别派往到省、市人民医院的普外科、骨伤科、妇产科、痔瘘科、内儿科、B 超心电图、检验等科室进修。1997 年，医院派 2 名医务人员到市级医院进行麻醉、外科技术培训。通过培训返院后，职工医院的医疗技术得到了提高。外科能做阑尾、疝气、痔瘘、胆囊切除、肠梗阻等手术；妇产科能开展剖腹产、子宫全切、卵巢囊肿切除、输卵管结扎等手术；内儿科能诊治一切常见病、多发病等；五官科可医治牙科的一些常见病，如：补牙、镶牙等；检验科可做生化全套、血糖血沉三大常规、血吸虫病、类风湿因子等项目的检验；放射科能进行四肢片、胸片、腰椎片、静脉肾盂腹部平片、胃气钡双重等项目的造影；骨科能进行骨折手法复位外固定，开放复位内固定等手术。如尺、桡骨远端骨折、锁骨骨折、髌骨骨折、胫腓骨骨折。2006 年新合分场九队一女职工胫骨平台骨折，经手术自体骨移植成功。因人才引进困难，从 2013 年起，医务人才短缺，技术水平呈现下滑趋势。

1991—2017 年，职工医院每年门诊接诊病人达 6000 人次，住院近 1000 人次，治愈率 85%，好转率 90%。

三 疾病控制

1986 年建立原种场卫生防疫站、配备专业医技人员 3 人，形成一整套计划免疫、检查和学校卫生制度，对各种疾病实施预防和免疫。1992 年，卫生防疫站将乙肝疫苗纳入儿童计划免疫管理,开始对儿童乙肝进行免疫。1994 年,为防止钩端螺旋体病在全场的流行，卫生防疫站组织医务人员，对全场 60 岁以下的人群集体注射钩端螺旋体病疫苗。1995 年，发生一例霍乱病人，为防止疫情扩散，卫生防疫站在上级业务主管部门的指导下，及时向群众进行霍乱病知识的宣传，提高人群预防霍乱病的能力；同时向广大群众发放诺氟沙星进行服药预防，有效地控制霍乱疫情。

1996 年以来，卫生防疫站把学校的预防工作作为重点来抓，结合学生年龄结构及多发病种的特点，每年进行两次免费或收费项目的预防；上半年以预防乙脑、下半年以预防流脑为主，并开展其他病种的预防。到 2002 年，卫生防疫站就学校预防工作形成了一套完整的预防体系，做到了有计划、有重点的进行疾病预防。

2002 年 12 月，卫生防疫站积极响应全市维持无脊灰状态的号召，利用 4 个月的时间，对全场 0~47 月龄脊灰免疫史少于 3 次的儿童，进行二轮脊髓灰质炎疫苗强化免疫。2003 年，全国“非典”暴发流行，4 月 22 日，原种场成立防“非典”工作领导小组，制定了工作方案。采取在医疗卫生部门隔离疑似病人，对病区空气、地面、痰液等分泌物进行严格消毒和与病人接触密切者进行二周医学观察；对单位工作人员、家庭成员要求做好保持生活、工作区域环境的空气流通，勤洗手和注意防寒保暖工作；在入场口设立哨卡，对进入场内的流动人群进行体温检测，发放宣传资料等措施。有效地阻隔了“非典”疫情在贺家山原种场的发生。10 月，卫生防疫站更名为疾病预防控制中心，配备 7 名专业技术人员工作。11 月，疾病控制中心正式启动结核病防治项目，2005 年实现结核病网络直报，到 2011 年底，共救治结核病人 110 人次。

2005 年 6 月 1 日，免费开展计划免疫“五苗”（乙肝、卡介苗、脊髓灰质炎疫苗、普通百日破疫苗、麻疹单苗）活动，每年对学校（含幼儿园）在校学生进行一次免费预防和免疫。2007年初，再次对4岁以下儿童进行脊髓灰质炎疫苗强化免疫；年内，正式开始了《中国儿童免疫规划监测信息系统》《儿童预防接种信息管理系统》信息录入和《中国疾病预防控制信息系统》传染病信息网络直报工作。

2008年10月至12月，疾控中心正式启动国家扩大免疫规划，在现行免疫规划疫苗的基础上，将甲肝、A+C群流脑、乙脑、麻（疹）腮（腺炎）风（疹）联合4种疫苗纳入扩大免疫规划，加大了对甲型肝炎、流行性脑脊髓膜炎、流行性乙型脑炎、风疹、流行性腮腺炎5种疾病的预防力度。2009年3月，根据常德市卫生局的安排，对全场8月龄至15周岁儿童进行了一次麻疹强化免费免疫，共接种863人。9月，利用10个月的时间，对15岁以下儿童未全程接种乙肝疫苗的对象进行补种。11月，子弟学校突发甲型H1N1流感疫情，疾病控制中心及时采取防治措施，有效控制了疫情；并按照省市卫生系统下达的计划，完成了第一轮高危人群甲流疫苗的预防接种任务；2010年1月，完成了第二轮高危人群甲流疫苗的预防接种任务；两次共接种1，200人份，增强了部分低龄儿童和公职人员的免疫力。9月，再次对8月龄至15周岁儿童进行麻疹强化免疫。年底，根据上级业务主管部门工作安排，再次开展脊髓灰质炎疫苗强化免疫。至此，原种场适龄儿童脊灰疫苗接种率达100%。

2012年，疾控中心被市卫生局和市疾控中心分别评为疾病预防控制工作先进单位和免疫规划优秀单位。2013年1月，对全场适龄儿童进行麻疹疫苗查漏补种工作，3月顺利通过市卫生局评估；当年3~4月间，进行了对在校学生驱蛔、防龃等防病防疫和麻腮风疫苗重点人群接种工作，共接种245人；12月开展了对全场范围内2~47月龄目标儿童的脊髓灰质炎疫苗强化免疫活动，接种率达到98%；该年度被市卫生局和市疾控中心分别评为疾病预防控制工作先进单位、科教工作先进单位和免疫规划先进单位。2014年9月，成功控制子弟学校流感样病例疫情，未发生大的暴发流行；12月创建并申报原种场机关和种子公司2个健康单位；该年度被市疾控中心评为2014年免疫规划先进单位。2015年5月，原种场机关和种子公司2个单位通过了省级健康单位考核；该年度被市疾控中心评为2015年免疫规划先进单位。2016年7月，组织参加了全市卫生系统“健骨操”创意广场舞大赛，获优胜奖；8月配合市疾控中心完成了对本场吸毒人员和非娱乐场所高危人群的艾滋病监测；本年度被市疾控中心评为免疫规划先进单位。2017年3月，开展了对场内在校学生乙肝病毒“两对半”项目检测及乙肝疫苗接种；6月完成预防接种“小豆苗”电脑系统安装；9月邀请常德市科普讲师团特聘专家、市疾控中心主任医师聂俊雄教授来场讲授了一堂健康教育课；11月底前完成场内0~2岁儿童家长“小豆苗”手机APP软件的推广使用；12月对所有在校学生、幼儿园小朋友开展了流行性腮腺炎疫苗的应急加强接种；该年度被市疾控中心评为免疫规划先进单位。

四　爱国卫生运动

20 世纪 90 年代初，在农村经济体制改革的推动下，原种场职工住房完成了公房向私人住宅过渡改建的过程。职工居住条件得到了一定的改善，生活质量有了提高，追求健康、文明的生活方式的欲望越发强烈。原种场爱国卫生运动办公室因势利导，利用每年 4 月的爱国卫生活动月的契机，采取多种形式，深入进行卫生健康知识宣传，促进全场职工良好文明卫生习惯的养成。2006 年，原种场爱卫办联合场集镇办公室在法官镇主干道修建封闭垃圾池 42 个，对垃圾集中收集，统一运往指定地点，采取填埋的方法进行处理。2012 年，拆除垃圾池改设垃圾桶。集镇办和大洲分场对贺家山法官镇及大洲分场路段设置垃圾桶 330 个，促进了全场环境卫生工作的开展。同时，开展了以除“四害”为重点的除害灭病活动。对楼房垃圾道、垃圾收集点、垃圾堆等“四害”活动频繁的地方和学校、车站、农贸市场等人员集中的场所，进行统一定时投饵、集中灭杀。

以 5 月 31 日“世界无烟日”为契机，爱卫办组织全场职工，开展以“烟草吞噬生命、吸烟有害健康”为主题的控烟活动。采取健康咨询、免费就诊、测量血压、组织大家观看吸烟有害健康的图片展览、发放宣传资料、进行有奖问答等形式，向广大群众宣传远离烟草、促进健康控烟活动的意义。2007 年 5 月 31 日，爱卫办和子弟学校联合，在子弟学校组织开展了以“无烟青少年”“拒吸第一支烟，做永不吸烟的下一代”为主题的学生签名活动。

2005 年后，原种场改水、改厕工作纳入了常德市爱国卫生运动和农村安全饮水工程统一规划范畴。7 年间，争取常德市爱国卫生运动改厕、农村安全饮水工程改水资金共 321.5 万元；省农业厅专项资金 100 万元；供水站投入建设资金 179 万元，原种场自筹资金 111.475 万元，共计 711.975 万元。其中 45.975 万元用于改建厕所；其中 666 万元用于新建由地下水井及日处理 2000 吨地下水的水处理设备（采用锦州维康水处理材料有限公司生产的水处理设备）、600 吨清水池、变频加压给水和全场新建全新管网组成的供水系统。日供水能力达 2000 立方米以上，水质达到国家生活饮用水标准。结束了全场干部职工直接饮用沅江水和高水（乐兴分场）的历史。

表 41　　2005—2012 年贺家山原种场改厕情况统计

年 份	改厕数量（个）	每个平均资金（元）	合计金额（万元）
2005	300	200	6
2006	200	250	5
2007	399	250	9.975
2011	300	500	15

续表 41

年份	改厕数量（个）	每个平均资金（元）	合计金额（万元）
2012	200	500	10
累计	1399	–	45.975

2013 年，原种场成立环境卫生管理工作领导小组。每季度对全场的环境卫生进行量化考评，全面提升原种场环境卫生管理水平，环境卫生脏、乱、差得到有效治理。

五　药品生产与经营

20 世纪 80 年代末，原种场建立医药代批代销站，8 个月批零总额 68 万多元。因经营管理不善，1989 年停办该医药代批代销站，终止一切业务经营活动。

进入 21 世纪后，为加强对医疗单位药品及医疗器械采购的管理，防止假冒伪劣药品、医疗器具进入原种场医疗卫生单位，维护广大职工群众的利益。原种场党委研究决定，于 2001 年 2 月成立湖南省贺家山原种场医药统购站，地址设在血防办；翌年，医药统购站自然终止。

六、医疗管理与制度

（一）职工医院体制改革

1991 年前，原种场医疗制度中已取消公费医疗部分，普通群众医疗费用无处报销，在职工作人员医疗费用回单位按比例报销。普遍存在看病贵、看病难的问题，因病致贫现象时有发生。

1995 年 3 月，将医疗门诊费统一管理变为实行包干到人的方法进行管理。1998 年 3 月，在原种场法官镇南端，租用民宅，设立便民门诊部，每年为职工医院增加收入 20 多万元。受 2006 年新型农村合作医疗保险制度对便民门诊部医药市场的影响，翌年停办。1999 年，对住院费用报销标准进行了调整。

2000 年，加快医疗体制改革步伐，提高原种场职工医院医疗水平，采取了两项措施：一是从安乡县人民医院借调副主任医师袁传爱来原种场职工医院工作，聘任职工医院院长；二是与常德市第一人民医院联手，成为市一医院定点指导医院，每月 16 日市一医院派专家来原种场职工医院坐诊。一系列的改革措施，未达到激活医院内部管理机制的目的。2003 年 7 月，进行卫生系统内部管理体制改革。采取：卫生一盘棋，实行大卫生系统，将卫生科、职工医院、疾控中心、血防站、卫生监督所和各分场卫生所等进行整合，医务人员重新调整，统一管理，共享资源；打破职工医院全员档案工资，实行“岗位工资＋技术职称工资＋浮动工资＋完成任务的奖金”的效益工资制度；卫生科工作人员实行聘任制，发放聘任工资；原种场职工医院与市第一中医院达成协议，成为市第一中医院技术指导医院；对卫生科下辖卫生所实行自负盈亏等举措。结束了原种场卫生系统分级管理的历史，推动了卫生事业的发展。2005 年 11 月 23 日，成立湖南省贺家山原种场新型农村合作医疗管理办公室，与医院合署办公，负责全场医疗保障的具体工作。2006 年，实施新型农村合作医疗保险制度。2007 年成为市四医院技术协作医院，该院成为原种场新农合首席转诊医院。2008 年，实行城镇居民基本医疗保险和职工基本医疗保险制度，结束原种场农业职工及家属住院医疗费用无处报销和在职工作人员住院医疗费用回单位报销的历史。新型农村合作医疗保险制度在原种场自然终结。

2009 年 4 月，对医院经济分配方式进行了调整。取消任务指标和固定任务制，按医疗收入比例计算工资。医院业务收入大幅度增加，医技人员的工资收入得到提高。2010 年，业务收入达 110 万元；当年，利用 23 万元院内资金添置 1 台全自动生化仪。

2011 年开展了公共卫生项目。项目的开展改变了基层医疗卫生机构由传统的医疗活动为主变为健康保健为主。公共卫生经费由 2011 年每人 15 元，逐年提高到每人 25 元、45 元、50 元。

（二）无偿献血　2006 年，根据《中华人民共和国献血法》和《湖南省实施〈中华人民共和国献血法〉办法》的有关精神，启动无偿献血活动。通过认真组织，利用各种宣传工具进行无偿献血活动的宣传。采取向场属各单位下达献血人数任务指标的方式，使献血活动逐步实现了计划无偿献血向自愿无偿献血的转变。2006—2017 年共计献血 1547 人次，献血总量达 47.4 万毫升。2008—2010 年连续被市献血办评为“红旗单位”，2011—2017 年连续被评市人民政府评为“先进单位”。

表 42　　2006 —2017 年贺家山原种场无偿献血情况

年　份	献血人数	献血数量（毫升）	备　注
2006 年	60	18700	
2007 年	64	19800	
2008 年	156	47800	
2009 年	136	41800	
2010 年	129	39700	
2011 年	132	41500	两位外国友人参加献血活动
2012 年	138	42300	
2013 年	150	45700	
2014 年	129	39200	
2015 年	140	42500	

续表 42

年　份	献血人数	献血数量（毫升）	备　注
2016 年	156	47300	
2017 年	157	47700	
合计	1547	474000	

（三）卫生监督

2003 年 10 月 17 日，成立湖南省贺家山原种场卫生监督所。对全场食品安全、生活饮用水、公共场所卫生、学校卫生、传染病防治和医疗服务等进行监督管理。

2004 年，卫生监督所发放理发店等公共场所“卫生许可证”，小超市、批发部、餐饮等食品经营单位的“食品卫生许可证”共 37 个；2006 年，换发公共场所的“卫生许可证”8 个；2008 年，换发“食品卫生许可证”29 个。2009 年 6 月 1 日起实行新《食品安全法》，原发“食品卫生许可证”中的“餐饮服务许可证”作废，卫生监督所换发新“餐饮服务许可证”9 个。小超市、批发部、糕点作坊等单位的发证资格被划入贺家山工商管理所。当年国庆、中秋节前，卫生监督所对全场应检查的单位进行执法检查，查出并收缴过期变质的食品 258 瓶 / 件，价值 445 元。2010 年春节、端午、中秋节前三次卫生执法检查，共查出并收缴过期、变质、“三无”商品 346 瓶 / 件，价值 1600 多元，对所有收缴的不合格商品进行统一销毁；同时，根据现场笔录，下达《卫生监督意见书》。此后每年在重大节日期间（春节、端午节、国庆、中秋节），卫生监督所定期对学校食堂、超市、批发小卖部等经营、服务性单位进行卫生监督执法检查。对查出的过期、变质、“三无”商品进行收缴并统一集中销毁。

至 2017 年，原种场共有服务性单位 47 家。其中餐饮 11 家、超市 24 家、理发 4 家、招待所 1 家、宾馆 1 家、网吧 3 家、自来水厂 1 家、医疗单位 4 家。卫生监督所发出“卫生许可证”“餐饮许可证”共计 60 个，期间换发以上证件 46 个。对从业人员进行健康体检达 1000 人次，2012 年后发放“健康证”266 人次（前未作统计）。特别是 2002 年以来，外国友人在场学习期间，卫生监督所对场食堂食材和就餐场所进行日常性检查，确保了食品安全，没有发生食物中毒事件。

（四）医疗经费

1991 年后，原种场卫生系统沿袭 1990 年前分级管理、分级核算的管理形式。1993 年，原种场党委决定给职工医院下拨 25 万元配套医疗经费，实行经济指标包干制，采取“增人不增经费，减人不减经费，超支不补，节余留用”的办法进行管理；以后每年的包干医疗经费，在上年包干经费的基础上酌情增减；开办卫生所的分场医疗费自行管理使用。在职在岗工作人员的住院费用回单位按比例报销。1994—2006 年实施新型农村合作医疗保险制度前这段时间，个别单位采取利用单位当年医药费报销预算资金，给享受报销医疗费用的干部职工购买医疗保险的方式，一次性了断在职在岗工作人员医疗费与单位的关系，既尽量避免了单位计划外资金开支情况的出现，又解除了在职在岗工作人员巨额医疗费用无处报销的后顾之忧。因诸多原因而自然终止。1995 年，乐兴分场对所辖卫生所采取差额拨款的形式进行承包管理，分场农业职工就医住院费回卫生所按一定比例报销。2003 年 7 月，卫生系统进行管理体制改革后，原种场对卫生系统的医疗经费实行差额拨款，按核定编制人数工资总额的 70%拨付。2006—2008 年，原种场职工先后实施新型农村合作医疗保险、城镇居民基本医疗保险和职工基本医疗保险，所有参保人员的住院费按照就医医院的级别回场职工医院按相应比例报销。

1991—2017 年，原种场和上级卫生主管部门累计拨款 2485.22 万元，其中，人员工资及福利待遇 1745.7 万元，血防经费 508.3 万元，疾病预防及其他经费 231.22 万元。

表 43　1991—2017 年贺家山原种场卫生系统经费使用情况

单位：万元

年度	拨款			支出			
	原种场	上级部门	合计	血吸虫病防治	工资	设备及其他	合计
1991	9.5	3.5	13	3.5	9.5	—	13.0
1992	11.5	3.5	15	3.5	7.6	3.9	15.0
1993	25.0	3.5	28.5	3.5	14.9	10.1	28.5
1994	23.9	3.5	27.4	3.5	23.9	—	27.4
1995	20.1	4.2	24.3	4.2	20.1	—	24.3
1996	22.6	7.5	30.1	7.5	22.6	—	30.1
1997	21.0	3.5	24.5	3.5	21.0	—	24.5
1998	26.3	2.9	29.2	2.9	26.3	—	29.2
1999	31.1	4.4	35.5	4.4	31.1	—	35.5
2000	35.8	4.0	39.8	4.0	35.8	—	39.8
2001	43.7	3.1	46.8	3.1	38.3	5.4	46.8
2002	43.6	3.6	47.2	3.6	40.3	3.3	47.2

续表 43

年度	拨款			支出			
	原种场	上级部门	合计	血吸虫病防治	工资	设备及其他	合计
2003	48.3	3.2	51.5	3.2	48.3	—	51.5
2004	48.9	9.7	58.6	8.9	48.4	1.3	58.6
2005	43.9	39.8	83.7	24.0	43.9	15.8	83.7
2006	38.9	39.2	78.1	29.2	35.9	13.0	78.1
2007	65.4	35.2	100.6	21.2	60.2	19.2	100.6
2008	80.3	24.3	104.6	21.1	79.3	4.2	104.6
2009	72.8	39.5	112.3	31.5	72.8	8.0	112.3
2010	112.0	68.2	180.2	48.1	106.0	26.1	180.2
2011	150.0	44.1	194.1	39.2	143.0	11.9	194.1
2012	84.8	48.1	132.9	45.4	84.8	2.7	132.9
2013	118.0	81.5	199.5	35.0	118.0	46.5	199.5
2014	118.0	62.75	180.75	48.0	118.0	14.75	180.75
2015	148.8	55.37	204.17	42.5	148.8	12.87	204.17
2016	189.0	57.5	246.5	29.8	189.0	27.7	246.5
2017	159.9	36.5	196.4	34.0	159.9	2.5	196.4
合计	1793.1	692.12	2485.22	508.3	1747.7	229.22	2485.22

第四节　血吸虫病防治

一　血吸虫病疫情

1990 年末，原种场血吸虫病流行村人口数为 9980 人，有螺面积 373 万平方米，其中易感地带为 239.67 万平方米。累计发现血吸虫病人 1966 人，其中，急性血吸虫病人 31 例，晚期血吸虫病人 138 例；累计发现病牛 317 头。1992 年底，累计发现血吸虫病 2274 人，其中晚期血吸虫病人增加 32 例，无新增急性血吸虫病病例。因每年坚持利用药物和其他方式灭螺，1995 年，乐兴分场五、六、七队（原筲箕洼）达到传播阻断标准。1998 年沅水流域特大洪水对原种场上游常德市鼎城区牛鼻滩小河口外滩内垸的冲击，使原种场新合分场四、五队大堤垸外地段形成疫水（2009 年查出钉螺，2010 年上报），导致急性血吸虫病的暴发流行。当年感染急性血吸虫病 19 例，其中首次感染 15 例。疫情发生后，血防站采取措施，对每一位患者和疑似病人进行血检排查，精心医治，控制了疫情。年底，累计发现血吸虫病人 2289 人，其中急性血吸虫病 46 人，晚期血吸虫病 170 例；病牛 366 头。2004 年，在大洲尾垸外（蚕桑垸）地段复发钉螺面积 33 万平方米。至此，原种场尚有钉螺面积 406 万平方米，其中，易感地带面积 272.67 万平方米。2005—2007 年，血防站每年对有螺面积进行药物灭螺，重点关注钉螺复发现象。2008 年原种场达疫情控制标准，疫情最严重的新合分场和小凡洲芦苇场由一类村降为三类村。2009 年，再次出现急性血吸虫病疫情，新合分场一队小学生安玉龙暑期因戏水感染急性血吸虫病。2010 年，新合分场四—五队（蚕桑垸上游至丁头拐）垸外新发现钉螺面积 30 万平方米；通过采取药物氟硝柳胺机喷法进行反复灭螺，对疫区群众开展血吸虫病预防知识教育和全面查治病人等措施，有效控制了疫情。

2012 年底，原种场共有 3 个流行乡 23 个流行村，其中新合分场八、九、十、十一、十二、十五、十六队达到血吸虫病传播控制标准，新合分场十九队达到血吸虫病传播阻断标准。2013 年底，疫区人口数 4380 人，有螺面积 436 万平方米，其中易感地带面积 242.3 万平方米，历年累计新发病人 2291 人，无新增急性、晚期血吸虫病病人，居民感染率 0.08%，家畜感染率 0，连续 2 年未发现感染性钉螺，原种场以行政村为单位，达到血吸虫病传播控制标准。2014 年 4 月，湖南省血吸虫病防治所钉螺面积核查小组核实新合四队有螺面积为 15.6 万 平方米（原为 8 万平方米），新合五队有螺面积为 24 万平方米（原为 22 万平方米），原种场有螺面积核定为 445.6 万平方米。2015 年，根据国家卫生计生委疾控局统一部署，为满足我国血吸虫病新的疫情形势和防治任务的需要，进一步做好全国血吸虫病监测工作，每个县需设立一个国家级血吸虫病监测点，选点在新合四队。2016 年根据《湖南省消除血吸虫病规划（2016—2025 年）》精神，制定血吸虫病防治工作“十三五”规划，计划 2016—2020 年 23 个流行村逐年达标，2020 年底，原种场以行政村为单位达到血吸虫病传播阻断标准。2017 年底，完成血防办实验室维修改造；完成疫区牛羊淘汰工作，疫区无存栏牛羊；新合一、二、三、十七、十八、十九队达到血吸虫病消除标。

二　血吸虫病防治

1990 年后，根据场域内血吸虫病的流行情况，血防站一方面加大对血吸虫病防治知识的宣传教育力度，扎实开展查、灭螺和查治病工作；另一方面改善生态环境，营造控制疫情发展的良好氛围。2001 年，对新合分场大堤垸外易感地段兴林抑螺 1466.7 平方米。2005 年，原种场血吸虫病防治管理站更名为原种场血吸虫病防治站，修建 500 平方米的血防大楼，配备血防专业人员 8 人，增强了血防力量。2010 年，正式启动贺家山、省、部联动洞庭湖血吸虫病综合防治项目。27 年间，上级部门累计下拨血防经费 508.3 万元，年均查螺428.2万平方米；用氯硝柳胺机喷法灭螺约120万平方米，氯硝柳胺缓释球灭蚴40万平方米；平均每年免费查治病人约1000人次，主要采用吡喹酮一日疗法化疗。

（一）查灭螺　自1991年以来，血防站在上级业务主管部门的指导下，按照规程操作，采取机械抽样的方法对垸外易感地带进行全面查螺，以澄清螺情；为防止已灭螺区的钉螺死灰复燃，对其进行监测性查螺。平均每年查螺面积约为428.2万平方米，药物灭螺面积约120万平方米，灭蚴40万平方米。2011年进行春季查螺，查螺面积463.97万平方米，其中垸内125.7万平方米、垸外338.27万平方米；药物灭螺120.7万平方米，灭蚴40万平方米。2012年春季查螺，查螺面积623.97万平方米，其中垸内285.7万碰个面、垸外338.27万平方米，药物灭螺240万平方米，灭蚴40万平方米。1991—2017年间，累计查螺面积约13020万平方米次，药物灭螺、灭蚴面积约为4987万平方米次。2012年以后的连续五年未发现感染螺，全场活螺平均密度由1990年的4.33只/0.11平方米，下降到2017年的0.43只/0.11平方米；钉螺的阳性率由36%下降到零。

（二）预防　以宣传和普及血防知识为主。采取了下列措施：一是以出动宣传车、主办黑板报等方式，宣传“血吸虫病防治知识”和《血吸虫病防治条例》；二是组织疫区群众开展灭螺工作；三是修建永久性血防禁牌和血防标语牌；四是在人畜活动频繁的易感地带设立血防哨卡，全天候值班，对登记在册的下湖作业人员进行药物预防；五是每年四月对疫区中小学生开展血防知识教育，家长签订学生不能下到疫水游泳的责任状，开展血防知识征文和评比。

（三）治病　自1991年以来，血防站每年采取血检和粪检相结合的方式为疫区群众免费查病，对询检和血检阳性者用吡喹酮一日疗法进行免费化疗，对粪检阳性者建议到场职工医院或上级专业医院进行针对性的药物治疗。27年间，累计查病27010人次，年平均查病约1000人次，查出病人3051人次，阳性率为11.3%。2015—2017年无粪检阳性，居民感染率下降到零。救治晚期血吸虫病人46人次。到2017年底，尚有病人9人，均为晚期血吸虫病人。

（四）人畜同步化疗　在血吸虫病传播流行环节中，病人与病畜是主要的传染源。血防站将疫区流行村在垸外易感地带活动频繁的人群和家畜及水上作业人员作为重点化疗对象，进行群体化疗投药。自1991年以来，每年8月，用半个月的时间，对疫区的居民和敞放湖州的家畜进行全面摸底调查、登记造册。10月，由血防站和畜牧站牵头，按照省市化疗方案的要求，以小凡洲芦苇场、新合分场及场辖水域水上作业人员为重点，开展人畜同步化疗工作，对应化疗的人群和家畜全面投药。化疗过程中，讲究人畜化疗质量，分别做到“发药到手，看服到口，灌服到肚，吃了再走”。1991—2017年间，累计化疗18310人次，其中水上化疗391人次（2013—2017年未统计）。家畜化疗10482头次，其中耕牛5452头次，猪、羊5030头次。

20多年来，血防工作取得了一定的成绩。2007年度，被常德市血防办评为控制急性血吸虫病先进单位。2008年度，被常德市血防办评为迎接国家疫情达标工作先进单位。2010年度，被常德市血防办评为血吸虫病防治统计工作先进单位。2012年度被常德市疾控中心评为血防统计工作先进单位。2013年度被常德市疾控中心评为血防统计工作先进单位，2013年度被省血防办评为血防工作绩效考核优秀单位。2015年度被省血防办评为血防工作绩效考核优秀单位。2016年度被常德市血防办评为血防工作先进单位。2017年度被常德市血防办评为血防工作先进单位等。

第六章　组织与机构

第一节　基层党组织

1982年以后，原种场升格为县（团）级单位建制，党的组织关系隶属中共常德地直机关工作委员会（1988年地改市以后为常德市直机关工作委员会）。1991年到2017年间，累计发展党员201人，调入党员120人，调出党员79人，处置党员9人，自然死亡党员89人。2017年12月，全场有党员571名。其中按性别分：女党员123名，占21.54%；按民族分：少数民族党员9名，占1.58%；按年龄分：中青年党员308名，占53.94%；离退休党员263名，占46.06%；按学历分：研究生党员6名，占1.05%；大专及以上学历党员180名，占31.52%；中专及高中学历党员177名，占31%；初中及以下学历党员208名，占36.43%；按行业分（退休党员未作统计）：在职在岗事业单位管理人员、专业技术人员党员97人，占31.5%；工勤技能人员党员108人，占35.06%；农业工人党员103人，占33.44%。

一　第七次代表大会

1988年1月，中共贺家山原种场第六次代表大会举行，艾秋保当选为场党委书记。1990年3月艾秋保调离，由胡前毅继任党委书记。

1991年9月25日，中共贺家山原种场第七次代表大会召开。大会应到代表107人，因病、因事请假2人，实到代表105人，代表全场396名正式党员，大会历时两天。

会议由党委副书记李伊白致开幕词。党委书记胡前毅代表第六届党委会向大会作了《坚持四项基本原则，大力发展生产力，为加快我场两个文明建设的步伐而奋斗》的工作报告。纪委书记郭诚以《加强党风党纪建设，保证党的基本路线贯彻执行，促进我场稳定发展》为题，作了纪律检查委员会工作报告。党委副书记曹正杰致闭幕词。

会议按照《中国共产党章程》的规定进行差额选举，选举胡前毅、曹正杰、郭诚、袁振兴、史本迪、帅永朝、谈再红为场第七届党委委员，报请省农业厅党组、常德市委批准，胡前毅任党委书记，曹正杰、郭诚任党委副书记。选举郭诚、刘巨卿、陈时钦、张泽爱、郑运贵（女）为场第七届纪委委员，郭诚任纪委书记，刘巨卿任纪委副书记。

该届党委会人事调整幅度较大。1992年3月，曹正杰调离。5月，因工作调整，郭诚不再兼任纪委书记，由帅永朝接任。1993年9月，胡前毅调离，由郭诚接任党委书记职务；同时，任命袁振兴为党委副书记，增补孟凡利为党委委员。1994年4月，谈再红调离；5月，增补杨孚初为党委委员。1995 年 3 月，增补梁粹征为纪律检查委员会委员，任纪委副书记。10 月，史本迪由党委委员、副场长改任助理调研员。

党的基层组织变更两次：1991 年至 1992 年，原种场党委下辖 4 个党总支部，即：新合分场、大洲分场、乐兴分场、苏家吉分场；38 个党支部，其中：场直属农业党支部 2 个，工商企业党支部 12 个，管理服务党支部 8 个（含农行贺家山营业所党支部），机关党支部 1 个，分场下辖作业区、大队和片支部 15 个。

1993 年，原种场农业单位恢复原种场、分场、生产队三级管理体制。撤销 15 个基层党支部（农业分场下辖的作业区、大队和片支部）和三大办公室（文教卫生、农业、工业办公室）党支部。建立水产站党支部。因原种场国土管理办公室的办公场所变更，组织关系从机关党支部分离出来，组建了独立的国土管理办公室党支部。1994 年增设工商管理所、农业开发总公司、广西东兴湘宁机砖厂、优质棉种加工厂、血防办公室、运输公司（从交通管理站分离出来）党支部。合并水产站与畜产品公司党支部，成立畜禽水产公司党支部。此时，原种场党的基层组织下辖 30 个党总支（支）部。其中：农业单位党总支（支）部 7 个，工商企业单位党支部 15 个，管理服务单位党支部 7 个，机关党支部 1 个。

二　第八次代表大会

中共贺家山原种场第八次代表大会原定于 1995 年 12 月 18—19 日召开，后因故会议改期为 1995 年 12 月 24 日召开。大会正式代表 105 人，因病、因事请假 2 人，实到代表 103 人，代表原种场 417 名党员。大会历时两天。

会议由党委副书记袁振兴致开幕词。党委书记郭诚代表第七届党委会向大会作了题为《振奋精神，鼓足实劲，为建设好国家级原种场，胜利迈向 21 世纪而努力奋斗》的工作报告。纪委书记帅永朝代表第七届纪委会以《深入开展反腐败斗争，加强党风廉政建设，保证全场改革发展战略目标的实现》为题，向大会作了纪律检查委员会工作报告。党委委员孟凡利代表第七届党委会就党费收缴、使用和管理情况向大会进行了说明。会议期间，深入学习了党的十四届五中全会《公报》，认真讨论了原种场“九五”计划。代表们利用讨论剩余时间和中午休息时间到场史图片展室进行了参观，了解原种场改革开放以来的社会经济发展情况。党委书记郭诚致闭幕词。

会议按照《中国共产党章程》规定进行差额选举，选举郭诚、袁振兴、孟凡利、帅永朝、杨孚初、肖立一、梁粹征为中共贺家山原种场第八届委员会委员，报请中共湖南省农业厅党组、常德市委批准，郭诚任党委书记，袁振兴任党委副书记。选举梁粹征、彭新华、郑运贵（女）、刘国清、于必勤为第八届纪律检查委员会委员，梁粹征、彭新华任纪委副书记；纪委书记一职仍由上届纪委书记帅永朝兼任。1996 年 3 月 28 日，经上级组织批准，免去帅永朝纪委书记职务，任命梁粹征为场纪委书记；肖立一为原种场总农艺师。1997 年 1 月，袁振兴调任省棉花科学研究所副所长；任命杨孚初为党委副书记；帅永朝任党委副书记，免去其副场长职务。

届期内，党的基层组织有所变化。1996年，劳动服务公司党支部并入工商管理所支部。3月，成立了原种场农业科技中心党支部。7月，成立原种场湘利经作区党支部；同时，运输公司与私营沙厂合并，成立原种场建材贸易有限责任公司（简称建材公司）党支部。9月，湖南省贺家山原种场优质棉加工厂改为银宇公司。翌年，原供销合作社与银宇公司合并并组建成联合党支部。1998年6月，成立老干部办公室党支部；撤销广西东兴湘宁机砖厂党支部和农行贺家山营业所党支部。

届期末，原种场党委会下辖29个党总支（支）部。其中农业单位党总支（支）部9个，即：新合分场、大洲分场、乐兴分场、苏家吉分场、小凡洲芦苇场、湘利经作区、种子公司、农业科技中心、水电管理站。工商企业单位党支部12个，即：银宇公司、电力管理站、交通管理站、建材公司、渔业机械厂、建筑公司、食品加工厂、彩色印刷厂、畜禽水产公司、农业开发总公司、粮油开发中心、物资管理站。管理服务单位党支部7个，即：子弟中学、职工医院、老干部工作办公室、综治办公室、血防办公室、工商管理所、国土管理办公室。机关党支部1个，由政治处、纪检监察室、场办公室、项目管理办公室、计划财务科、审计统计科、机关后勤服务部、农业科、商贸科、人事科、计划生育办公室、水利科、武装部、共青团委员会、常德办事处等部门的全体党员组成。

三　第九次代表大会

2001年8月8日，中共贺家山原种场召开了第九次代表大会。应、实到代表101人，代表全场482名党员。大会历时两天。

会议由党委副书记杨孚初致开幕词。党委书记郭诚代表第八届党委会向大会作了工作报告。纪委副书记彭新华代表第八届纪委会向大会作了纪律检查委员会工作报告。党委委员肖立一代表第八届党委会向大会报告了第八届党委会党费收缴、使用与管理情况。党委书记郭诚致闭幕词。

会议按照《中国共产党章程》的规定进行了差额选举，选举杨孚初、孟凡利、肖立一、姚金华、雷平为第九届委员会委员，报请省农业厅党组、常德市委批准，杨孚初任党委书记，孟凡利任党委副书记。选举雷平、宋武、邓支福、郑运贵（女）、熊远鑫为第九届纪律检查委员会委员，雷平任纪委书记，宋武任纪委副书记。

本届期间，省农业厅党组对场领导的调整幅度较大。2002年3月，孟凡利调任省蚕桑科学研究所所长；增补宋武为党委委员；年底，肖立一调任省棉花科学研究所副所长。2003年6月，增补邵泽毅为党委委员。7月，雷平任党委副书记。

党的基层组织变化三次：

2001年撤销3个党总支（支）部（苏家吉党总支部，湘利经作区和贺家山工商管理所支部）。供销合作社党支部从银宇公司分离出来，设立3个联合党支部（交通科与集镇办公室、印刷厂与食品加工厂、农业开发总公司与畜禽水产公司），此3个联合党支部只设支部书记，未设支部委员。

2002年，物资站党支部并入供销合作社党支部。2003年，增设企业服务管理站党支部，粮油开发中心党支部与其合并。血防办党支部并入职工医院党支部。撤销建筑公司、食品加工厂与印刷厂、农业开发总公司与畜禽水产公司2个联合党支部。

届期末，原种场党委会下辖20个党总（支）部。其中机关党支部1个，由机关科室的党员组成；农业单位党总（支）部7个：新合分场、大洲分场、乐兴分场、小凡洲芦苇场、排灌站、农业科学研究所、种子公司；工商企业单位党支部7个：企业服务管理站、银丰〈宇〉公司、供销合作社、电力管理站、交通科、渔业机械厂、建材公司；管理服务单位党支部5个：卫生科（职工医院）、综治办公室、老干部工作办公室、国土管理办公室、子弟学校。

四 第十次代表大会

2005年9月8日，召开了中共贺家山原种场第十次代表大会。应、实到代表105人，代表原种场502名党员，大会历时两天。

会议由党委副书记雷平致开幕词，党委书记杨孚初代表第九届党委会向大会作工作报告，党委副书记、场纪委书记雷平代表第九届纪委会向大会作了题为《严肃党的纪律、加大反腐力度，为构建我场廉洁和谐社会提供有力保证》的纪委工作报告，党委委员邵泽毅就第九届党委会的党费收缴、使用和管理情况向大会作了报告，党委书记杨孚初致闭幕词。

会议按照《中国共产党章程》的规定进行了差额选举，选举杨孚初、雷平、姚金华、宋武、邵泽毅为中共贺家山原种场第十届委员会委员，报请中共湖南省农业厅党组、常德市委批准，杨孚初任党委书记，雷平任党委副书记。选举雷平、龚林初、杨明、郑运贵（女）、熊远鑫为第十届纪律检查委员会委员，雷平任纪委书记，龚林初任纪委副书记。

本届期内，省农业厅党组对原种场党委领导进行了相应的调整。2008年10月，杨孚初调任省种子管理局党支部书记，2009年1月，雷平接任党委书记，姚金华任党委副书记，增补丁世勇为场党委委员、场纪委书记。

本届期内，原种场党的基层组织基本上沿袭上届基层组织形式，组织机构稍有所调整。

2006年4月，撤销银丰公司党支部；当年，集镇办公室从交管集镇联合支部分离出来，与国土办公室组成国土联合支部，办公地点从交管办公楼迁往种子公司办公楼。2007年，成立林业科、场社会保障中心，林业科的组织关系隶属国土办公室联合党支部，社会保障中心组织关系隶属机关支部，为第四党小组。2008年，成立原种场敬老院、民政办公室，组织关系隶属国土联合党支部；此时，国土联合党支部由国土（建设）办、集镇办、植保植检站、畜牧站、林业科、敬老院、民政办7个单位的党员组成。当年供销合作社和企业服务管理站两个党支部合并，组成企管站党支部。2009 年 4 月，原种场文化科从子弟学校分离出来，与党委办公室合署办公。届期末，原种场党委会下辖 18 个党总（支）部委员会。其中机关党支部 1 个，由原种场机关 16 个科室及驻长沙办事处、社保中心的党员组成；农业单位党总（支）部 7 个：新合分场、大洲分场、乐兴分场、小凡洲芦苇场、排灌站、种业科学研究所、种子公司；工商企业单位党支部 5 个：企业服务管理站、交通科、建材公司、电力管理站、渔业机械厂；管理服务单位党支部 5 个：子弟学校、职工医院、老干部工作办公室、综治办公室、国土管理办公室联合党支部。

五　第十一次代表大会

中共贺家山原种场第十一次代表大会于 2010 年 8 月 13 日召开。应到、实到代表 113 名，代表全场 538 名党员。大会历时两天。

会议由党委副书记姚金华致开幕词，党委书记雷平代表第十届党委会向大会作了题为《凝心聚功，勤勉奋进，为实现贺家山原种场科学发展而努力奋斗》的工作报告，党委委员、纪委书记丁世勇代表第十届纪律检查委员会向大会以《切实加强党风廉政建设和反腐败工作力度，为实现贺家山原种场科学发展提供坚强有力的政治保证》为题作了纪委工作报告，党委委员邵泽毅就第十届党委会的党费收缴、使用和管理有关情况向大会作了报告，党委书记雷平致闭幕词。

会议按照《中国共产党章程》的规定进行了差额选举，选举雷平、姚金华、宋武、邵泽毅、丁世勇为中共贺家山原种场第十一届委员会委员，报请中共湖南省农业厅党组、常德市委批准，雷平任党委书记、姚金华任党委副书记。选举丁世勇、刘国清、李立友、杨明、熊远鑫为第十一届纪律检查委员会委员，丁世勇任纪委书记，刘国清任纪委副书记。

2011 年 10 月 28 日，丁世勇借调省农业委机关工作，2012 年 4 月 5 日回场上班。

2012 年 11 月 29 日，陈新登调任原种场党委书记，宋武任党委副书记；雷平调任省农业信息中心主任，姚金华调任省农业厅政策法规处副处长。

2016 年 3 月 24 日，陈新登调任省农业委员会后勤中心主任，宋武接任党委书记。

2017 年 8 月 24 日，丁世勇调任省棉科所副所长。

党的基层组织有所变更：

2011 年 12 月，交通运输管理所支部委员会更名为中共贺家山原种场交通农机管理科支部委员会。

2012 年 1 月，成立中共贺家山原种场社会保障中心支部委员会。

同时，因工作需要，成立了建设规划办公室、信息中心、环境卫生管理处和建设工程部 4 个新部门。建设规划办公室与信息中心组织关系隶属机关支部，环境卫生管理处的组织关系属国土管理办公室联合党支部，建设工程部的组织关系隶属企业服务管理站党支部。林业科组织关系从国土管理联合党支部分离出来，隶属机关党支部。

2014年渔机厂党支部并入企业管理站党支部。2016年初，综治办党支部与社保支部组成综治联合党支部。2017年初，小凡洲支部并入新合分场党总支部（该行政机构设置还存在，但财务属新合分场管理）。从2016年起，三个党总支部各下辖的三个党支部，纳入党员年度统计范畴。

2017年初，根据中央“两会”精神，为了与国务院机构改革同步，便于归口管理，将卫生科改为卫生和计划生育办公室，同时将机关支部的计生办所属党员转至卫计办公室党支部。

至2017年1月，原种场党委会下辖16个党总（支）部。其中农业单位党总（支）部6个：新合分场、大洲分场、乐兴分场、排灌站、种业科学研究所、种子公司；工商企业单位党支部4个：企业服务管理站、交通科、建材公司、电力管理站；管理服务单位党支部5个：子弟学校、卫计办公室、老干部工作办公室、综治联合党支部、国土联合党支部；机关支部1个：由党委办公室、纪检监察室、武装部、共青团委员会、农业科、计财科、商贸科、人事科、卫计办、项目管理办公室、水利科、机要室、办公室、机关后勤服务部、文化科、统计审计科、驻长沙办事处、林业科等17个科室的党员组成。

六　第十二次代表大会

中共贺家山原种场第十二次代表大会于2017年12月22日召开，应、实到代表106名，代表全场571名党员，会期一天。

会议由党委委员邵泽毅致开幕词，党委书记宋武代表第十一届党委会向大会作题为《攻坚克难　开拓创新　为建成绿色、生态、和谐、美丽的贺家山而努力奋斗》的工作报告，提请与会代表审议《正风肃纪　从严治党　坚定不移推进党风廉政建设和反腐败斗争》的纪律检查委员会工作报告和审查十一届党委会的党费收缴、使用与管理情况的报告，党委书记宋武致闭幕词。

会议依照《中国共产党章程》的规定进行了差额选举，选举宋武、邵泽毅、李建彬、杨明、刘小满、聂安北、谭旭生为中共贺家山原种场第十二届委员会委员，选举杨明、黄国军、熊远鑫、彭正孝、姚英为第十二届纪律检查委员会委员；随后，依照有关程序召开了中共贺家山原种场委员会和纪律检查委员会第一次全体会议，选举宋武为场党委书记，邵泽毅为党委副书记；杨明为纪委书记，黄国军为纪委副书记；上述结果报请省农业厅党组、中共常德市委获准。届期内党的基层组织无变化。

表 44　1991—2017 年贺家山原种场党的基层组织和党员情况统计表

单位：人，个

年份	党员数			组织设置			年份	党员数			组织设置		
	合计	其中		党委会	党总支	党支部		合计	其中		党委会	党总支	支部
		男	女						男	女			
1991	396	355	41	1	4	38	2005	502	443	59	1	3	16
1992	408	372	36	1	4	38	2006	513	451	62	1	3	16
1993	408	368	40	1	4	21	2007	520	450	70	1	3	16
1994	415	373	42	1	4	26	2008	529	452	77	1	3	15
1995	417	381	36	1	4	27	2009	529	447	82	1	3	15
1996	449	404	45	1	4	25	2010	538	450	88	1	3	15
1997	464	416	48	1	4	24	2011	547	457	90	1	3	15
1998	463	415	48	1	4	25	2012	549	456	93	1	3	16
1999	473	424	49	1	4	25	2013	554	450	104	1	3	16
2000	476	425	51	1	4	25	2014	559	452	107	1	3	15
2001	482	428	54	1	3	22	2015	569	453	116	1	3	15
2002	486	436	50	1	3	22	2016	578	456	122	1	3	23
2003	493	439	54	1	3	17	2017	571	448	123	1	3	22
2004	500	440	60	1	3	17							

第二节　行政机构

一　第七届党委届期内行政机构设置

1991 年 9 月，原种场党的第七届代表大会后，根据党委领导下的场长负责制的组织原则，经省农业厅党组、常德市委批准，胡前毅任原种场党委书记、场长，曹正杰任第一副场长，袁振兴、史本迪任副场长。1992 年 3 月，省农业厅任命袁振兴为原种场第一副场长。5 月，省农业厅任命帅永朝、谈再红为原种场副场长。1993 年 9 月，胡前毅调离，原种场党委书记、场长由郭诚接任。同时，增补孟凡利为原种场副场长。1994 年 5 月，增补杨孚初为原种场副场长。

原种场机关办事机构设置变更：

1992年,原种场机关科室对内设立四大部。即:党务部,涵盖纪检监察室、党委办公室(组织部、宣传部)、人事科;群工部,涵盖武装部、共青团委员会、计划生育与妇联;财经部,涵盖计划财务科(物价办)、审计统计科;后勤部涵盖其他机关科室。科室对外对口服务的机构设置与职责职能不变。

1993年1月,原种场机关成立政治处,行使党委办公室职能,同时撤销四大部设置。工业办公室、农业办公室分别改为工业科和农业科。农业办公室所辖的种子公司、植保植检站、农业技术推广站、水电管理站及工业办公室所辖的交通管理站、物资站分离出来,成为独立单位。植保植检站和农业技术推广站两块牌子,合为植保植检站;畜牧站改为畜产品公司。8月,成立湖南省农业厅贺家山驻广州办事处。

原种场工商企业服务管理单位机构设置变更:

1992年2—4月,开发"三线"。成立湖南省贺家山原种场优质粮油开发中心、水产管理站和优质棉种加工厂。原粮油加工厂和乐兴渔场的人、财、物归属新成立的单位管理。乐兴渔场为水产管理站的生产基地,为管理站提供成品鱼,进行市场销售。

1993年5月5日,成立常德市工商行政管理局贺家山工商管理所(劳动服务公司与其合署办公)。6月,成立广西东兴湘宁机砖厂和农业开发总公司。

1994年2月,在原大曲酒厂的基础上成立湖南省贺家山原种场食品加工厂。年底,水产管理站因经营不善停办,水产管理站(生产基地划归乐兴分场)与畜产品公司合并成立贺家山原种场畜禽水产开发公司。

原种场管理服务单位机构设置变更:

1992年4月10日,成立湖南省贺家山原种场社会治安综合治理委员会及其办公室。1993年1月,撤销文教卫生办公室。是年,将原种场行政组更名为场机关后勤服务部。当年成立房地产公司,对外对口服务,进行经营性活动,与国土管理办公室两块牌子一套人马,合署办公。

原种场农业单位机构设置变更:

1993年1月,农业单位恢复原种场、分场、生产队三级管理体制。分场编制8-9人,设场长1人(党总支书记兼)、副场长2人、秘书1人、财会3人、计生1人、治安1人。撤销农业分场的作业区或大队建制。

届期末,原种场基层行政机构下辖42个单位。其中:农业单位8个,即大洲分场、新合分场、乐兴分场、苏家吉分场、小凡洲芦苇场、种子公司、水电管理站和植保植检站。工商企业管理单位15个,即:交通管理站、建筑公司、粮油开发中心、供销合作社、渔业机械厂、食品加工厂、物资管理站、电力管理站、畜禽水产开发公司、彩色印刷厂、工商管理所、农业开发总公司、广西东兴湘宁机砖厂、优质棉种加工厂、运输公司。管理服务单位6个,即:子弟中学、职工医院、国土管理办公室、建设管理办公室(与国土管理办公室合署办公）、综治办公室、血防办公室。机关科室13个，即：纪检监察室、政治处（组织部、宣传部）、办公室、人事科、计划财务科（物价办）、审计统计科、机关后勤服务部（行政组）、农业科、工业科、计划生育办公室（妇联）、武装部、共青团委员会、驻广州办事处。

二　第八届党委届期内行政机构设置

1995年12月，原种场党的第八届代表大会后，根据党委领导下的场长负责制的组织原则，经省农业厅批准，郭诚任原种场场长，袁振兴任第一副场长，孟凡利、帅永朝、杨孚初任副场长。1997年1月，免去帅永朝副场长、袁振兴第一副场长职务，任命杨孚初为第一副场长。

2001年，郭诚调离，经省农业厅批准，杨孚初任原种场场长，孟凡利为第一副场长，肖立一、姚金华为副场长。

届期内，原种场行政机构设置有所变动。1996年3月，成立湖南省贺家山原种场集镇管理办公室（前身为集镇管理委员会）和农业科技中心并同时启用新印章。5月，经常德市人民政府和湖南省农业厅批准，常德市水稻原种场由常德市农业局管辖划归为贺家山原种场管辖，成立湘利经济作物区。7月，原运输公司与私营沙砾厂合并成立贺家山原种场建材贸易有限责任公司。1997年6月，完成广西东兴砖厂的拍卖工作，该单位随之撤销。工业科更名为商贸科；卫生科正式设立行政级职，与计划生育办公室合署办公。1998年2月，湖南省贺家山原种场优质棉加工厂更名为银宇公司。5月，成立湖南省贺家山原种场驻常德市办事处。6月，成立老干部工作办公室。2001年2月，湘利经济作物区并入新合分场成为队建制，更名为湘利队。4月，常德市工商行政管理局贺家山工商管理所被常德市工商行政管理局收编，收编3人，划归常德市鼎城区工商管理局管理。

届期末，原种场基层行政机构为44个。其中：农业单位9个，即：新合分场、大洲分场、乐兴分场、苏家吉分场、小凡洲芦苇场、种子公司、农业科技中心、水电管理站（排灌站）、植保植检站。工商企业单位13个，即：银宇公司、供销合作社、电力管理站、交通管理站、建材公司、渔业机械厂、建筑公司、食品加工厂、彩色印刷厂、畜禽水产开发公司、农业开发总公司、粮油开发中心、物资管理站。管理服务单位9个，即：子弟学校、职工医院、卫生科、老干部工作办公室、国土管理办公室、建设管理办公室、综治办公室、血防办公室、集镇管理办公室。机关单位13个，即：政治处（宣传部、组织部）、纪检监察室、场办公室、计划财务科（物价办）、审计统计科、机关后勤服务部、农业科、商贸科、人事科、计划生育办公室（妇联）、武装部、共青团委员会、驻常德市办事处。

三　第九届党委届期内行政机构设置

2001年8月，原种场党的九届代表大会后，根据党委领导下的场长负责制的组织原则，经湖南省农业厅批准，杨孚初任原种场场长，孟凡利任第一副场长，肖立一、姚金华任副场长。2002 年 4 月，任命宋武为场长助理。2003 年 5 月，宋武任副场长。2005 年 2 月，任命邵泽毅为副场长。

届期内，原种场行政机构设置进行过如下调整。

2001 年 8 月，原种场银宇公司实行股份制，成立原种场银丰公司。银宇公司对内安置本场原优质棉加工厂的退休职工和处理改制后的善后工作，银丰公司对外拓展业务。9 月 4 日，成立湖南省贺家山原种场项目管理办公室（水利科设立行政级职与项目管理办公室两块牌子，合署办公）；湖南省贺家山原种场电力公司与电力管理站两块牌子，一套人马，合署办公。苏家吉分场并入新合分场。原种场水电管理站更名为原种场排灌站。撤销政治处，恢复党委办公室。9 月 5 日，原种场机要室设立行政级职，为副科级独立科室。12 月 5 日，成立湖南省贺家山原种场交通农机管理科；农业科技中心更名为种业科学研究所。

2002 年 2 月 18 日，成立原种场驻长沙办事处，负责贺家山在长沙及其他各地事务的协调联络工作。8 月 15 日，成立关心下一代工作委员会。12 月 5 日，为适应当时财务管理体制改革的需求，成立原种场会计核算中心。设总会计室、会计柜组和资金结算柜组，核定编制 4 人，地址设场办公大楼。主要职责：以会计代理制为基础，取消原二级单位会计岗位和银行账户，由会计核算中心统一办理会计核算和资金结算手续；隶属计划财务科。同时，物资站并入贸易公司。

2003 年 4 月 16 日，成立湖南省贺家山原种场企业服务管理站，代管粮油中心各项事务工作，粮油中心企业法人代表资格仍然保持不变。撤销建筑公司、食品厂、彩印厂、畜禽水产公司（恢复畜牧站）、农业开发总公司，撤销单位的负责人的职务自然免去，在编人员的组织、人事关系交企业服务管理站。10 月 17 日，成立原种场卫生监督所；原种场卫生防疫站更名为原种场疾病预防控制中心，并同时启用新印章，属卫生科管辖。医院进行内部管理体制改革，实行大卫生系统，医院与血防合并，各分场卫生所隶属卫生科管理。12 月 20 日，撤销原种场驻常德办事处，原单位法人代表自然免去。

2005年4月30日，成立原种场文化科。文化科、教育科、子弟学校“几块牌子、一套班子”，与子弟学校合署办公。同时，医院加挂原种场中心卫生院牌子。11 月 23 日，成立原种场新型农村合作医疗管理办公室，与医院合署办公。到 2005 年场党委会换届前，基层行政机构为 40 个。其中：农业单位 9 个，即：新合分场、大洲分场、乐兴分场、小凡洲芦苇场、种业科学研究所、种子公司、排灌站、植保植检站、畜牧站。工商企业单位 7 个，即：银丰公司（银宇公司）、供销合作社、电力管理站、交通科、建材公司、渔业机械厂、企业服务管理站。管理服务单位 8 个，即：子弟学校、卫生科、职工医院、老干部工作办公室、国土管理办公室、建设管理办公室、综治办公室、集镇管理办公室。机关科室 16 个，即：党委办公室（宣传部、组织部）、纪检监察室、办公室、项目管理办公室、机要室、计划生育办公室（妇联）、共青团委员会、农业科、经贸科、人事科、水利科、计划财务科、审计统计科、机关后勤服务部、武装部、驻长沙办事处。

四　第十届党委届期内行政机构设置

2005 年 9 月，原种场第十届代表大会后，根据党委领导下的场长负责制的组织原则，经省农业厅批准，杨孚初继任原种场场长，姚金华、宋武、邵泽毅为副场长。随后，省农业厅对场级领导有如下调整：2008 年 10 月，杨孚初调离；省农业厅任命雷平为原种场场长。按照党管武装的原则，2009 年 6 月，根据中国人民解放军湖南省常德市军分区（命令）政干令〔2009〕5 号文精神，任命雷平为原种场人民武装部第一部长。

原种场基层行政机构设置有所变动：

2006 年 4 月撤销银丰公司。2007 年 10 月 8 日，成立林业科（前为林业管理站，与国土管理办公室合署办公）；11 月 30 日，成立社会保障中心。2008 年 4 月 28 日，成立安全生产监督管理中心；4 月，成立原种场民政办公室；11 月 17 日，成立敬老院。除安全生产监督管理中心与社会治安综合治理委员会办公室合署办公外，其余四家单位都设有各自的办公场所，独立行使管理职能。2009 年 4 月，文化科从子弟学校分离出来，与党委办公室合署办公。6 月 15 日，成立原种场农业环境保护站，挂靠于项目管理办公室。届期末，原种场基层行政机构为 46 个。其中：农业单位 9 个，即新合分场、大洲分场、乐兴分场、小凡洲芦苇场、种业科学研究所、种子公司、排灌站、植保植检站、畜牧站；管理服务单位 14 个，即子弟学校、文化科、卫生科、职工医院、老干部工作办公室、国土管理办公室、建设管理办公室、综治办公室、集镇管理办公室、林业科、社会保障中心、安全生产监督管理中心、民政办公室、敬老院；工商企业单位 6 个，即供销合作社、电力管理站、交通科、建材公司、渔业机械厂、企业服务管理站；机关科室 17 个，即党委办公室（宣传部、组织部）、纪检监察室、人事科、武装部、计划生育办公室（妇联）、机要室、办公室、共青团委员会、农业科、商贸科、项目管理办公室、农业环境保护站、计划财务科、审计统计科、水利科、机关后勤服务部、驻长沙办事处。

五　第十一届党委届期内行政机构设置

2010 年 8 月，原种场第十一届代表大会后，根据党委领导下的场长负责制的组织原则，经省农业厅批准，雷平任原种场场长，姚金华、宋武、邵泽毅为副场长。

2010 年 11 月 18 日，任命王山为原种场副场长（挂职）。

2012 年 11 月 29 日，省农业厅任命陈新登为原种场场长，免去雷平原种场场长、姚金华副场长职务。

2012 年 12 月 28 日，任命李建彬为原种场总农艺师（试用期一年）。

2016 年 2 月 29 日，接湖南省农业委员会湘农人〔2016〕28 号文件通知，宋武任原种场场长，时间从 2016 年 1 月 27 日起计算。

2016年9月22日，接湖南省农业委员会湘农人〔2016〕199号文件通知，任命李建彬、刘小满、聂安北为原种场副场长，任职时间为2016年8月26日。

2017年8月24日，丁世勇调省棉花科学研究所任职。

2017年12月5日，杨明由省棉花科学研究所调原种场工作，为党委委员、纪委书记候选人。

原种场基层行政机构设置有异动：

2011年5月11日，成立湖南省贺家山原种场老龄工作委员会，下设办公室，与民政办公室合署办公。

2012年1月6日，成立湖南省贺家山原种场建设规划办公室，湖南省贺家山原种场信息中心（与场办公室合署办公），湖南省贺家山原种场环境卫生管理处（与集镇管理办公室合署办公），湖南省贺家山原种场建设工程部（2003年撤销建筑公司到2012年成立建设工程部期间，该单位挂靠湖南泰尔顺建筑有限公司）。撤销湖南省贺家山原种场建设管理办公室。

是年1月，文化科与建设规划办公室合署办公，林业科从国土管理办公室分离出来与农业科合署办公。

此时，原种场基层行政机构设置为49个。其中：农业单位9个，即新合分场、大洲分场、乐兴分场、小凡洲芦苇场、种业科学研究所、种子公司、排灌站、植保植检站、畜牧站；管理服务单位13个，即子弟学校、卫生科、职工医院、老干部工作办公室、国土管理办公室、建设管理办公室、综治办公室、集镇管理办公室、环境卫生管理处、社会保障中心、安全生产监督管理中心、民政办公室、敬老院；工商企业单位7个，即供销合作社、电力管理站、交通科、建材公司、渔业机械厂、企业服务管理站、建设工程部；机关科室20个，即党委办公室〈宣传部、组织部〉、纪检监察室、人事科、武装部、计划生育办公室〈妇联〉、共青团委员会、机要室、办公室、信息中心、文化科、农业科、林业科、商贸科、项目管理办公室、农业环境保护站、计划财务科、审计统计科、水利科、机关后勤服务部、驻长沙办事处。

六　第十二届党委届期内行政机构设置

2017年12月22日，原种场第十二届代表大会后，根据党委领导下的场长负责制的组织原则，经省农业委批准，宋武任原种场场长、邵泽毅、李建彬、刘小满、聂安北为副场长。

2012年后的行政机构设置无变化。

表 45　　1991—2017 年贺家山原种场场级领导

姓　名	出生年月	何时参加工作	何时入党	籍贯	职务		任职时间	
					党内	行政	起	止
胡前毅	1942 年 10 月	1966 年 1 月	1979 年 6 月	湖南安乡	副书记	场长	1987 年 1 月	1991 年 8 月
					党委书记	场长	1991 年 9 月	1993 年 9 月
曹正杰	1945 年 2 月	1966 年 2 月	1974 年 11 月	湖南南县	党委委员	第一副场长	1990 年 4 月	1991 年 8 月
					副书记	第一副场长	1991 年 9 月	1992 年 3 月
袁振兴	1960 年 2 月	1982 年 1 月	1984 年 11 月	湖南冷水江	党委委员	副场长	1987 年 1 月	1993 年 8 月
					党委副书记	第一副场长	1993 年 8 月	1997 年 1 月
郭　诚	1954 年 7 月	1972 年 3 月	1983 年 10 月	山东沂南	纪委书记	—	1987 年 1 月	1990 年 4 月
					党委副书记、纪委书记	—	1990 年 5 月	1992 年 5 月
					党委副书记	—	1992 年 6 月	1993 年 7 月
					党委书记	场长	1993 年 8 月	2001 年 8 月
史本迪	1946 年	1964 年 1 月	1974 年 12 月	湖南常德	—	副场长	1990 年 6 月	1991 年 9 月
					党委委员	副场长	1991 年 10 月	1995 年 10 月
					—	场助理调研员	1995 年 11 月	2000 年 1 月
帅永朝	1941 年	1964 年 1 月	1974 年 12 月	湖南新晃	党委委员	—	1991 年 9 月	1992 年 4 月
					党委委员、纪委书记	副场长	1992 年 5 月	1996 年 2 月
					党委委员	副场长	1996 年 3 月	1997 年 1 月
					党委副书记	—	1997 年 2 月	2001 年 12 月
谈再红	1963 年 2 月	1981 年 8 月	1986 年 10 月	湖南常德	党委委员	—	1991 年 9 月	1992 年 5 月
					党委委员	副场长	1992 年 6 月	1994 年 4 月

续表 45

姓　名	出生年月	何时参加工作	何时入党	籍贯	职务		任职时间	
					党内	行政	起	止
孟凡利	1957 年 11 月	1975 年 1 月	1986 年 12 月	湖南常德	党委委员	副场长	1993 年 8 月	2001 年 7 月
					党委委员	第一副场长	2001 年 8 月	2002 年 3 月
杨孚初	1963 年	1986 年 7 月	1991 年 10 月	湖南安乡	党委委员	副场长	1994 年 5 月	1997 年 1 月
					党委委员	第一副场长	1997 年 2 月	2001 年 7 月
					党委书记	场长	2001 年 8 月	2008 年 10 月
					党委书记	—	2008 年 11 月	2009 年 3 月
肖立一	1960 年	1982 年 1 月	1985 年 9 月	湖南冷水江	党委委员	总农艺师	1995 年 12 月	2001 年 7 月
					党委委员	副场长	2001 年 8 月	2002 年 2 月
姚金华	1965 年 1 月	1986 年 7 月	1991 年 6 月	湖南常德	党委委员	副场长	2001 年 8 月	2009 年 1 月
					党委副书记	副场长	2009 年 1 月	2012 年 11 月
梁粹征	1940 年	1964 年 8 月	1973 年 2 月	安徽肥东	纪委副书记	—	1995 年 3 月	1996 年 2 月
					党委委员、纪委书记	—	1996 年 3 月	2000 年 12 月
雷　平	1965 年 4 月	1985 年 7 月	1986 年 12 月	湖南常德	党委委员、纪委书记	—	2001 年 8 月	2003 年 6 月
					党委副书记、纪委书记	—	2003 年 7 月	2008 年 9 月
					党委副书记	场长	2008 年 10 月	2009 年 1 月
					党委书记	场长	2009 年 1 月	2012 年 11 月
						场人武部第一部长	2008 年 10 月	2012 年 11 月

续表 45

姓　名	出生年月	何时参加工作	何时入党	籍贯	职务		任职时间	
					党内	行政	起	止
宋　武	1966 年 12 月	1987 年 7 月	1993 年 12 月	湖南临湘	—	场长助理	2002 年 4 月	2002 年 6 月
					党委委员	场长助理	2002 年 6 月	2003 年 4 月
					党委委员	副场长	2003 年 5 月	2012 年 11 月
					党委副书记	副场长	2012 年 11	2016 年 1
					党委副书记	场长	2016 年 1 月	2016 年 3 月
					党委书记	场长	2016 年 3 月	
邵泽毅	1972 年 4 月	1991 年 7 月	1997 年 6 月	湖南汉寿	党委委员	—	2003 年 6 月	2005 年 1 月
					党委委员	副场长	2005 年 2 月	2017 年 12 月
					党委副书记	副场长	2017 年 12 月	
丁世勇	1973 年 6 月	1996 年 7 月	1996 年 1 月	湖南常德	党委委员、纪委书记	—	2009 年 1 月	2017 年 8 月
龚林初	1954 年 11 月	1974 年 1 月	1985 年 12 月	湖南常德	—	副处级干部	2010 年 9 月	2015 年 11 月
陈新登	1967 年 7 月	1990 年 6 月	1985 年 12 月	湖南道县	党委书记	场长	2012 年 11 月	2016 年 3 月
李建彬	1975 年 7 月	1999 年 7 月	2002 年 12 月	湖南澧县	—	总农艺师	2012 年 12 月	2016 年 8 月
						副场长	2016 年 8 月	2017 年 12 月
					党委委员	副场长	2017 年 11 月	
刘小满	1962 年 5 月	1978 年 7 月	1993 年 12 月	湖南汉寿	党委委员	副场长	2016 年 8 月	
聂安北	1958 年 11 月	1975 年 1 月	1992 年 6 月	湖南常德	党委委员	副场长	2016 年 8 月	
杨　明	1967 年 2 月	1990 年 7 月	2002 年 7 月	湖南常德	党委委员	纪委书记	2017 年 12 月	
谭旭生	1968 年 10 月	1992 年 7 月	1995 年 12 月	湖南祁东	党委委员	场长助理	2017 年 12 月	

七　职工代表大会

党的十一届三中全会后，政治、经济体制改革都在不断深入推进，民主集中制的组织原则在中国社会中越来越多的凸显出来，人民以主人翁的姿态展现在社会中。为了建立一种保障职工民主权益，促进职工与企、事业单位共同发展的有效机制，以期开展好民主管理工作，稳定职工情绪，理顺干群关系，化解干群矛盾，创造和谐社会；为此，原种场党委研究决定建立职工代表大会制度。

1991年1月20日，湖南省贺家山原种场首届职工代表大会（即一届一次职工代表大会）召开后，每年定期召开一次，特殊情况可作调整。一、二届职工代表大会届期两年，经1995年三届一次职工代表大会提议，1996年第三届二次职工代表大会讨论通过，职工代表大会届期从第三届起由届期两年改为届期四年，特殊情况下，届期可作适当调整。2006年9月9日召开的第五届四次职工代表大会，重点就原种场农业职工养老保险的问题进行了认真讨论，通过了农业职工参加农垦企业基本养老保险的决议，以解决农业职工老有所养的后顾之忧。

职工代表大会以讨论修订当年工业管理制度、农业管理制度和财务管理规定，审议上年度财务决算和当年财务预算计划为主要内容。通过大会报告、与会代表的认真讨论、举手表决的形式，正确评估过去一年的工作，制定本年度经营管理办法。

职工代表大会要求与会代表以主人翁的姿态，解放思想，畅所欲言，积极参政、议政，行使全场职工赋予的民主管理权力。领导集思广益，团结干部职工群众同心同德，为促进原种场经济社会的跨越式发展，共谋建设大计。

表46　　1991—2017年贺家山原种场历届职工代表大会

届	次	时间	参会代表（人）			
			正式	列席	特邀	合计
一	一	1991年1月20日—21日	92	—	—	92
	二	1992年2月24日—25日	104	12	4	120
二	一	1993年1月8日—9日	100	—	—	100
	二	1994年1月24日—25日	106	3	7	116
三	一	1995年	115	—	10	125
	二	1996年1月28日—29日	115	—	10	125
	三	1997年1月19日—20日	106	—	8	114
	四	1998年1月8日—9日	107	2	8	117
	五	1999年1月28日—29日	104	10	8	122

续表 46

届	次	时间	参会代表（人）			
			正式	列席	特邀	合计
四	一	2000年1月8日—9日	115	3	6	124
	二	2001年1月5日—6日	113	3	6	122
	三	2002年1月8日—9日	112	3	6	121
	四	2003年1月8日—9日	109	3	6	118
五	一	2004年1月5日—6日	115	4	8	127
	二	2005年1月11日—12日	115	4	8	127
	三	2006年1月6日	114	4	6	124
	四	2006年9月9日	93	—	—	93
	五	2007年1月18日	113	3	8	124
六	一	2008年1月8日	111	8	8	127
	二	2009年1月7日	111	5	9	125
	三	2010年1月12日	111	6	10	127
	四	2011年1月6日	113	4	10	127
七	一	2012年1月6日	109	6	11	126
	二	2013年1月10日	109	7	11	127
	三	2014年1月8日	109	6	10	125
	四	2015年1月16日	108	9	9	126
八	一	2016年1月12日	107	8	11	126
	二	2017年1月4日	103	7	13	123

第三节　群众团体组织

一　工　会

1955年建场之初就成立了工会，“文化大革命”期间，工会组织被迫解散。此后，由于种种原因，工会组织一直未恢复。2013年底，为了进一步凝心聚力，团结全场干部职工投身贺家山现代农业示范区建设，更好地保护干部、职工的合法权利，充分发挥主人翁作用，原种场党委研究决定恢复成立湖南省贺家山原种场工会。

2014年4月8日，原种场党委以贺报〔2014〕3号文的形式向省农业委党组进行申请。6月9日，湖南省农业委员会直属机关工会委员会以湘直工组〔2014〕78号文的形式给予批复。2016年11月2日，原种场党委向省直属机关工会委员会请示，拟于2016年11月中旬召开原种场工会委员会第一次会议，获得批准。

2016年11月18日，湖南省贺家山原种场第一届工会会员代表大会召开。代表大会应出席工会会员代表61名，实到代表60人。大会按照《中华人民共和国工会法》和《中国工会章程》的规定及制定通过的选举办法实行了差额选举。选出了原种场第一届工会委员会和经费审查委员会组成人员。大会选举聂安北、刘贵初、熊远鑫、张建华、程姝为原种场第一届工会委员会委员，聂安北任主席；选举黄国军、李业玉、万玲为原种场第一届工会经费审查委员会委员，黄国军任主任。

上述选举结果报送湖南省直属机关工会委员会后，2016年11月30日，省直属机关工会委员会以湘直工组〔2016〕155号文给予批复：同意原种场2016年11月18日工会代表大会的选举结果。

二　共青团组织

1990年以后，原种场团委的工作按第六届团委会确定的工作目标开展。1992年5月3日，原种场团委召开第七届团代会，出席大会的代表51人，会议历时两天。大会选举产生了第七届团委会组成人员，团委会由谈再红、李立友、雷平、陈清明、王金祥、刘保健、严立龙七人组成，谈再红兼任团委书记，李立友任专职团委副书记。届期内，下辖团总支部5个，团支部15个，共发展团员153名。1997年5月4日，原种场团委召开第八届团代会，出席大会的代表49人，选举产生第八届团委会组成人员，团委会由李铁梅、邵泽毅、曾跃华、丁世勇、吴明波五人组成，李铁梅任专职团委副书记，邵泽毅任兼职团委副书记。全场共设团总支部5个，团支部12个，届期内共发展团员187名。2002年4月18日，原种场团委召开第九届团代会，出席大会代表64名，选举产生第九届团委会组成人员，团委会由丁世勇、杨连勇、黄国军、姚惠琴、胡仁科5人组成，丁世勇任专职团委副书记。届期内，共发展团员148名，下辖团总支部4个、团支部10个。2009年5月26日，原种场团委召开第十届团代会，出席大会代表74人，选举产生第十届团委会组成人员，团委会由龚佳芹、聂勇、杨连勇、姚成勇、陈思五人组成，龚佳芹任专职团委副书记，聂勇任兼职团委副书记。下辖团总支部4个，团支部9个，届期内共发展团员468名。

2008年5月4日，原种场团委在机关院内举办“迎奥运家庭游艺赛”，共有12组家庭参加了活动，通过三轮比拼，有3组家庭获得一、二、三等奖。2009年4月，原种场团委联合子弟学校组织100多名青少年前往省少管所进行警示教育。2012年3月，为响应常德团市委号召，开展了“希望工程一元捐”，向团市委上缴爱心款991元，获得了团市委的肯定。2013年3月6日，原种场团委邀请常德市博物馆副馆长毛效华一行来原种场子弟学校开展“学雷锋年三关爱”义务培训小讲解员暨送展活动。2014年4月，原种场团委组织全体团干赴韶山参观学习，增强了团干的政治意识，促进了团组织的凝聚力。

2015年4月，原种场团委承办了省农业委机关党委举办的湖南省农业委“农”情万里志愿服务活动启动仪式，活动以篮球友谊赛、专家讲座、座谈讨论等呈现。

三　妇女组织

1961年10月，原种场成立妇女联合会，由妇联主任和各基层单位妇代会主任组成。在1965年5月、1973年11月分别召开了第一次、第二次妇女代表大会。1982年后，妇联设妇女专干；原种场各基层单位妇女组织的设置是：分场设妇女主任1名、生产队设妇女队长1名，场直单位视其规模大小分别设立妇代会或妇委会，其主任均为兼职。1991年后，原种场根据管理服务机构设置情况，设置妇女联合会。1992年至2002年初，设置执委会副主任；2002年3月—2012年设置妇联执委，设主席一名、副主席一名、执行委员会委员五名。1990年10—2011年10月，由郑运贵担任场妇女联合会执委主席兼场计划生育办公室主任。2011年10月，由龚佳芹担任场妇女联合会执委主席兼场计划生育办公室主任。2016年11月，由姚英担任场妇女联合会执委主席；周国喜任场卫生和计划生育办公室主任。

（一）妇女代表大会

1965年5月、1973年11月分别召开了第一次、第二次原种场妇女代表大会。

1992年4月30日，召开原种场第三次妇女代表大会，参会人员100人，大会选举产生第三届执行委员会组成人员。执委会由郑运贵、李桂珍、陈大华、罗珍贵、龙治民、陈金梅、孔祥枝七人组成，郑运贵任执委会副主任。

2002年3月8日，召开原种场第四次妇女代表大会，参会人员80人，大会选举产生了第四届执委会组成人员。执委会由郑运贵、张桂芳、刘志、易立萍、姚英、姚成勇、姚必凤七人组成，郑运贵任妇女联合会执委主席，张桂芳兼任执委副主席。会上表彰15名“双学双比”女能手和31个“五好文明”家庭。

2012年3月7日，经报请常德市妇女联合会同意，原种场党委研究决定，调整原种场妇女联合会第五届执委会，由龚佳芹、刘志、贺苹、蒯丽红、赵美等五同志组成，龚佳芹任执委主席，刘志任执委副主席。

2017年3月6日，召开湖南省贺家山原种场第六届妇女代表大会。常德市妇联纪委书记金桂兰和黎英部长到会祝贺，原种场党委领导悉数参加大会。大会应到代表63人，实到代表61人。会议选举产生原种场妇联第六届执委会，组成人员是姚英、赵美、贺苹、安腊元、刘龙慧五人。姚英当选场妇联执委主席，赵美当选场妇联执委副主席。10月，按照上级妇联健全基层妇女组织的要求，新合分场、大洲分场、乐兴分场、企业管理服务站分别召开妇女代表大会，选举产生了妇联主席一名、副主席两名。新合分场妇联主席安腊元，副主席汤小桂、杨利群；大洲分场妇联主席贺苹，副主席蒲成玲、周艳；乐兴分场妇联主席刘龙慧，副主席罗先元、李守珍；企业管理服务站妇联主席张淑华，副主席刘腊红。基层妇联组织框架搭成，会改联正式完成。各基层妇联建立了相应的微信、QQ群，《妇联组织架构》《妇联执委工作职责》《妇女之家工作职责》《妇女之家管理制度》挂牌上墙，落实了活动阵地和经费。

（二）妇女儿童工作

原种场妇联组织副科级以上在职女干部参加各类培训。郑运贵、龚佳芹、姚英等参加了省委党校、省直机关党校培训，程姝、李琼等参加常德市委党校培训，张桂芳、万玲、丁成秀、涂桂和等参加相关专业培训。

2016年后，原种场妇联鼓励全场的妇女同胞参加市妇儿中心举办的月嫂、瑜伽、茶艺、手机摄影、形象设计等各类公益课培训班，广泛告知妇女姐妹添加和关注市妇联的微信公众号，每个周末，都有大批的妇女前往学习。

2017年，原种场妇联派员参加了市妇联权益部组织的“守护童年，女童保护公益项目”培训；与综治办联合开展《常德市未成年人家庭暴力强制报告和处置办法》宣传活动，共同创建平安家庭。下半年，原种场妇联开始筹划旗袍队和场礼仪队，开始走秀培训。

为丰富广大妇女精神文化生活，原种场妇联牵头，为场广场舞、交谊舞爱好者搭建平台。先是在机关大院广场教学，后改在场文化宫广场，主要由杨利群义务教学。

原种场妇联在每年“三八”和“六一”节期间，倡导各单位为在职女性购买一份“女性安康险”，为0~6岁儿童免费体检、开展评选健康宝宝活动，表彰一批“五好文明家庭”“双学双比女能手”“最美家庭”“绿色家庭”“书香家庭”“最佳女性”“好爸好妈”“三八红旗手”“妇女工作先进个人”，弘扬家庭美德，传播书香文化，提升女性素质。累计表彰各类优秀家庭500余户、妇女先进个人300余人。原种场妇联利用B超、阴道镜等医疗设备对全场18岁以上女性进行免费妇科病普查。经常开展走访慰问贫困母亲、特困家庭、留守儿童、失独家庭活动，为原种场妇女争取全国妇联、省妇联“两癌”救助金。

2012年，根据原种场党委对场内“留守儿童”的管理作为一项民生工程来抓的有关精神，原种场妇联协助场子弟学校从2012年下学期开始做“留守儿童”的服务工作。同年10月，学校成立了“留守儿童教育服务中心”。

2013年12月10日，原种场妇联邀请了鼎城人寿保险公司团险部经理李智慧来场现场授课，讲解了参保条件、理赔程序，以及如何选择险种等知识。通过积极组织、热诚服务，是年，原种场购买“女性安康保险”人数增加到上千人，为2名妇科癌症患者各一次性理赔1万元。

2014年6月，新合分场刘博在泓鑫桃林广场举办的“心得乐”大型现场捐助爱心活动中，募得爱心款2万余元；7月，原种场有2名大学贫困新生得到省交通频道一帮一爱心助学，获得每年5000元的助学金；12月底，原种场5名特困残疾儿童获得邮政系统爱心书包5个。

2016 年 5 月，开展了《反家庭暴力法》的专题讲座。邀请了常德市先锋律师事务所的邱玲律师，为原种场广大干部职工举办了一堂有关《反家庭暴力法》的专题讲座。

2016 年 12 月 8 日，原种场 ECD 早教项目工作在新合分场挂牌启动，现有妇干 2 名、志愿者 5 名。项目每周开放，通过户外拓展、志愿者家访等形式开展活动，并选派志愿者参加省级培训，动态管理全场 0 岁 ~3 岁儿童。

2017 年 5 月，原种场妇联邀请了中国人寿保险公司常德鼎城分公司的胡国权经理，来场进行家庭健康保险知识的专题讲座，倡导身体健康家庭平安促和谐理念。

四　残疾人联合会

2007 年 7 月 17 日，原种场以贺场报〔2007〕21 号文件的形式，向湖南省残疾人联合会递交了关于成立“湖南省贺家山原种场残疾人联合会”的请示。8 月 9 日，省残疾人联合会批准同意成立湖南省贺家山原种场残疾人联合会，隶属常德市残疾人联合会管理。2008 年 12 月 8 日，成立湖南省贺家山原种场残疾人联合会，并举行第一次残疾人代表大会。出席此次大会的代表 49 人，其中残疾人代表 29 人，代表全场 404 名残疾人，会议历时 1 天。

党委委员、副场长宋武致开幕词，民政办公室主任孟祥月作工作报告，党委副书记、副场长姚金华致闭幕词。大会用无记名投票的方式，选举产生湖南省贺家山原种场残疾人联合会第一届组织机构。名誉主席：雷平，主席：姚金华，副主席：龚林初、孟祥月、张应平，执行理事会理事长：孟祥月，执行理事会副理事长：邓支明、周新春。

2013 年完成残疾人年审工作，新办残疾证 37 人次。原种场民政办争取到省残联理事会每年 3 万元的工作经费。

2014 年省市残联来原种场核查残疾人就业情况，认定完成就业指标属实。启动残联“基础建设年”工作，原种场残疾人联合会召开专题会议，组建专门工作班子，按要求完成各项电子信息录入工作。当年，孟祥月退休，邓支福接任残疾人联合会理事长。

2015 年，完成残疾人信息核查工作，原种场现有残疾人 307 人，3 月份完成对 257 名残疾人入户信息核查。对 91 名持证重度残疾人发放护理补贴。召开卫生科、职工医院负责人及执业医师联席会议，按国家有关标准，规范办证。

2016 年 6 月，对残疾人工作服务专干进行培训，开展持第二代残疾人证的残疾人信息的数据更新、录入建档工作。落实残疾人“两项”补贴政策，对持证的 96 名重度残疾人发放补贴和困难生活补贴 5 年 93 万元。争取残疾人辅助器具补贴和康复经费 4 万元。办理残疾证 31 人次（其中 5 人新申请，5 人证损换证，1 人等级变更，1 人一代换二代，17 人已故注销，2 人申请待审核），上报 2015 年度残疾人就业年审年检工作，年审合格。

2017 年 6 月，参加省残联组织的残疾人基本需要服务专项数据动态更新培训。7 月上旬对原种场残疾人工作服务专干开展培训，启动了数据动态更新工作，对持证的 103 名重度残疾人和残疾人困难家庭发放重度护理补贴及生活困难补贴 8 万多元。争取到了常德市残联各类残助器具（轮椅、拐杖、盲表、助听器等）共 42 套，并发放到位。新办理第二代残疾人证 7 人。

第四节 政法机构

一 湖南省贺家山原种场社会治安综合治理委员会

1992 年 4 月 10 日，根据中共中央、国务院《关于加强社会治安综合治理的决定》的精神，成立湖南省贺家山原种场社会治安综合治理委员会。下设办公室，组成人员为：综治办主任 1 名、副主任 1 名、专干 2~3 名。该机构负责原种场社会治安综合治理日常工作。分场设社会治安综合治理领导小组，组长由总支书记兼任，副组长由分管的副场长兼任，并配备综治专干 1 人。场属其他单位配有兼职干事 1 人，由单位主要负责人全权负责。社会综合治理工作，责任重如泰山，原种场对场属单位实行一票否决制。

2017 年 8 月，为贯彻落实中央、省、市关于加强禁毒工作的系列决策部署，严格落实禁毒工作责任制，原种场场党委研究决定成立湖南省贺家山原种场禁毒工作领导小组，领导小组下设办公室与场综治办合署办公。并配备兼职正、副主任各一名。禁毒小组成立后，对场域内有吸毒史人员的档案进行了整理，对 76 名吸毒人员，逐一建档。采取不定期对有吸毒史人员尿检措施跟踪管理。

二 常德市鼎城区公安局贺家山派出所

原种场派出所成立于 1985 年 10 月，始建编制 5 人，隶属常德县公安局（1988 年常德县改为鼎城区），性质为企业派出所。办公地点使用原种场劳动服务公司商店四间门面（与法庭为邻），1991 年迁至新修的政法大楼。1999 年 12 月 8 日，根据国务院关于对企业派出所进行收编的通知精神，派出所被收编为行政派出所，收编人员 5 人，更名为“常德市鼎城区公安局贺家山派出所”，为常德市鼎城区公安局的派出机构。配备所长、教导员各一人，民警 3 人。收编后，根据其职责和权限，依法维护原种场辖区内正常的社会治安秩序和保障公共安全。

三 常德市鼎城区人民法院贺家山人民法庭

1988 年元月，经常德地区中级人民法院同意成立常德县（1988 年地改市后为鼎城区）人民法院贺家山人民法庭，办公地点使用原种场劳动服务公司商店两间门面（与派出所为邻），1991 年迁至新修的政法大楼，2005 年 6 月后，又迁至原农业银行营业所办公；至 2005 年 6 月止，一直是企业法庭的性质。法庭的人、财、物属原种场，业务受常德市鼎城区人民法院指导。审判人员由原种场与鼎城区人民法院协商选派，庭长按照法律规定由常德市鼎城区人民代表大会常务委员会任免（助理审判员由鼎城区法院任免），工作上受鼎城区人大监督。

2005 年 5 月 10 日，根据司法改革进程的要求，通过常德市鼎城区有关部门与湖南省原种场的共同努力，顺利完成了常德市鼎城区人民法院对贺家山人民法庭的收编工作。7 月，贺家山人民法庭经湖南省高级人民法院批准正式列入常德市鼎城区人民法院编制。编制 4 人，3 名审判员、1 名书记员，均为中央政法编制。管辖范围为湖南省贺家山原种场、常德市鼎城区牛鼻滩镇、韩公渡及区特种养殖场，负责辖区内的民商事和刑事自诉案件的审理和执行工作。每年办理约 100 件左右各类案件。通过案件审理、执行与法治宣传，以及和辖区内司法所、派出所联合开展的人民调解、行政调解、司法调解相结合的“三调联动”活动，维护了辖区内的社会稳定。

四　湖南省贺家山原种场司法办公室

湖南省贺家山原种场司法办公室成立于 1988 年。是司法行政机关最基层的组织机构，与公安派出所、法庭共同构成基层政法体系，是参与基层社会治安综合治理工作的重要组成部分。以化解人民内部矛盾、预防和减少违法犯罪为主要任务。司法办公室配备司法助理 1 人，与当时原种场保卫科合署办公。2006 年，保卫科更名为湖南省贺家山原种场社会治安综合治理委员会后，仍与该机构合署办公。

2013 年 2 月，大洲分场八队职工范贤政夫妇，因与本队职工建房需调整自己承包的鱼塘一事未达成协议而上访，后经多方调解解决了此事。7 月，鼎城区司法局矫正股来场接洽社区矫正工作。自此，贺家山司法办担负起了对场域内判刑人员现实表现的评估与监管职能。近几年共接管社区矫正对象 28 人，其中 22 名矫正对象的现实表现很好，平稳渡过矫正期；另有 6 名人员处在矫正期间。

2014 年 11 月 24 日晚，因一起交通事故致原种场机关后勤部职工何应初当场身受重伤，终因伤势过重抢救无效死亡。在通过多方调解双方未达成赔偿协议的情况下，死者家属采取非法手段（抬尸）堵塞原种场机关及办公楼大门，在原种场机关院内打砸闹事，严重影响了正常工作秩序，致使矛盾进一步升级。由鼎城区公安局出警，平息了事态，并对事件中的闹事者进行了适当处置。

2015 年 4 月，张合平因散播反党、反社会主义言论，在湘潭市被湘潭警方抓获。同年被判处有期徒刑 7 年 6 个月，于长沙女子监狱服刑。

2016 年 8 月，大洲分场十四队部分职工因东文生态村用地建设，对其补偿未达成协议上访到原种场。因为是历史遗留问题，经司法办反复劝导无果。十四队职工上访到常德市政府，并信访至北京。事件处理结果：东文生态村建设用地系国有土地，东文公司与原种场签有租赁协议，不存在侵占大洲十四队职工利益。

原种场司法办自成立以来，履行司法职能，发挥司法作用，成功调解各类大小纠纷 600 余起。开展普法工作，组织全场在职在岗干部、职工通过网络学习各类法律知识，有 1500 人次参加普法考试，合格率达 100%。

第五节　武装、民兵组织

一　湖南省贺家山原种场人民武装部

原种场人民武装部，业务工作隶属鼎城区人民武装部管理。主要负责民兵预备役、征兵、国防教育等工作。按照闲时服务、急时应急、战时应战的要求做好各项工作。1992年4月前，原种场人民武装部配备部长1人、干事1人。1992年4月后，只配备副部长或部长一人，未设干事岗位。根据上级指示，从1993年5月至2012年11月，党委书记、场长兼任场人民武装部第一部长。

二　民兵组织

民兵组织编组原则是：民兵编组与生产管理服务机构、预备役制度与战时民兵动员工作相结合。总的要求是：便于领导和开展民兵训练，战时快速动员，执行各项应急任务等。据此，原种场民兵组织的组建随管理服务机构设置的变化而调整。即：分场设民兵营，原种场直属单位设民兵连，1991—1992年，分场下辖的作业区或大队设民兵连。民兵营设专职营长1人，教导员由党总支书记兼任。独立民兵连长一职由1名能胜任工作的行管人员担任，指导员由该单位党支部书记兼任。分场下辖单位设立的民兵连，连长一职由该分场行管人员担任。1991年底，原种场有独立民兵营（连）17个，基干民兵150人，普通民兵1649人。1994年，独立民兵营（连）调整为12个。2002年，独立民兵营（连）调整为11个。1991年后，普通民兵、基干民兵的数量逐年递减。到2012年底，仅有基干民兵41人，普通民兵869人。2013年到2017年间，民兵组织调整为：普通民兵营三个（大洲、乐兴、新合分场各一个），基干民兵连三个（大洲、乐兴、新合分场各一个），应急民兵排一个（场应急抢险突击队），民兵情报信息分队一个。向国家输送合格新兵共20人（2013年5人、2014年3人、2015年4人、2016年4人、2017年4人）。根据鼎城区武装部的统一安排进行民兵训练。

第六节　常德市、鼎城区驻场单位

一　常德市驻场单位

（一）常德市工商行政管理局贺家山工商所　1993年初，根据原种场社会经济发展的需求，以劳动服务公司为依托，开始酝酿成立工商管理所。5月5日，经省农业厅、常德市工商行政管理局批准，常德市工商行政管理局贺家山工商管理所正式成立。办公地点设法官镇血防办公大楼，设定编制5人。行使劳动服务公司（劳务培训、劳务输出、劳务市场管理、开劳务发票）和工商企业管理（物价市场管理、发展个体私营经济户、收取工商管理费）职能。1995年迁至法官镇场交通农机管理站办公大楼二楼办公，中途分流人员2名。2001年4月，常德市工商行政管理局贺家山工商管理所及3名工作人员，依照程序被常德市工商行政管理局收编，划归常德市鼎城区工商行政管理局管理，单位撤走。

（二）常德市水稻原种场　常德市水稻原种场是由1964年9月建立的常德专区农业劳动技术学校，几经地域的变迁和时间延续，于1979年春季改建成为常德地区水稻原种场，1988年地改市后，更名为常德市水稻原种场。随着市场经济体制改革的不断深入，为了有利于贺家山国家级原种场建设的整体布局，促进农业产业化结构的调整，经湖南省贺家山原种场与常德市水稻原种场双方磋商，1996年3月27日，达成了将常德市水稻原种场划归给湖南省贺家山原种场的协议，报请湖南省农业厅、常德市人民政府批准，5月2日，正式将常德市水稻原种场由常德市农业局管辖划归湖南省贺家山原种场管辖，并更名为湖南省贺家山原种场湘利经济作物区。为了最大限度地节约开支，缓解场财政经济压力，便于统一管理。经原种场党委研究决定，2001年2月，将湘利经济作物区并入新合分场，成为新合分场的生产队建制，更名为湘利队。总人口为259人，总面积为610亩，其中耕地面积为528.75亩。

二　鼎城区驻场单位

（一）常德市鼎城区邮电局贺家山邮政所

1970年8月，原种场正式建立常德市鼎城区（1988年前为常德县）贺家山邮电所。1998年6月，根据国家有关政策，邮电部门依程进行政企分开、公私分营。1999年初，贺家山邮电所正式分为贺家山邮政所和贺家山电信所。贺家山邮政所编制4人，其中内务3人，外勤1人。除了本系统一名全民工之外，其余3人采取劳务派遣用工形式，安排贺家山有关待业人员。所址设场部机关院内，2000年迁往法官镇南15号民宅，采取租用的方式，每年租用费1800元；2005年，迁往文化宫对面供销社综合楼，租用公房，每年租用费3800元。2010年5月8日，邮政系统采取邮银分营的方式进行管理后，原种场为邮政所无偿提供了原营业场所，但产权仍为原种场所有；邮政所编制2人，其中内、外勤各1人。

2012年后，邮政所大体情况无变化。在业务上除收订邮递国家统一发行的报纸杂志外，兼递行业内部刊物。

（二）中国邮政储蓄银行贺家山农场支行

2010年5月8日，邮政系统采取邮银分营的方式进行管理。邮政储蓄业务从邮政所分离出来，成立贺家山农场邮政储蓄支行，支行设法官镇贺家山汽车客运站对面，租用民宅，年租用费1年8万元左右。邮政储蓄支行编制7人（2012年增至8人），其中行长1人、信贷3人、营业3人，增加的1人为业务员。办理存贷、中介、理财等业务。

2017年投入资金近100万元，对邮政储蓄银行进行提质改造。安装32路高清监控系统，新增加存折存取款机一台，ATM存取款机二台，自动填单机一台。为把贺家山邮政储蓄银行打造成智能型新型银行奠定了坚实的基础。

到 2017 年底，原种场居民在储蓄银行开户办理业务的有近 8000 个，总存款金额 2.6 亿多元。是年，为原种场代发农业职工退休养老金近 5000 万元、在职在岗人员工资及民政抚恤费 2000 余万元。年均净递增存款余额 2000 万元，年创纯利润 300 万元左右。

（三）常德市鼎城区电信局贺家山电信所　1970 年 8 月，原种场正式建立常德市鼎城区（1988 年前为常德县）贺家山邮电所。1998 年 6 月，根据国家有关政策，邮电部门依程进行政企分开，公私分营。1999 年初，贺家山邮电所正式分为贺家山邮政所和贺家山电信所。贺家山电信所编制 4 人，3 名内务，1 名外线，采取劳务派遣用工形式，安排贺家山有关待业人员。所址设场部机关院内，2000 年迁往法官镇十字路口，租用民宅，每年租用费 2000 元左右。2009 年，编制缩减到 2 人。线路延至最远处离场部 8 千米（乐兴筲箕洼），杆路覆盖全场，各分场建立光纤基站。

（四）常德市鼎城区牛鼻滩粮油管理站贺家山粮店　常德市鼎城区牛鼻滩粮油管理站贺家山粮店，于 1987 年拆除仓库（原苏家吉老“330”排灌机埠旁），撤走人员。在计划经济向市场经济转轨的过程中，一直保留店名。聘用 1 名退休干部，负责办理原种场种子、口粮调拨和城镇户口粮油供应转移手续等业务。随着粮油统配的取消，该单位自行终止。

（五）冲柳排水工程管理处

常德市鼎城区苏家吉水闸管理所，从 1954 年建立至 1990 年，人员编制、所址都没有发生多大变化。20 世纪 90 年代，人员编制逐年增加到 20 世纪 90 年代末的 13 人，为股级单位。2000 年，国家启动冲柳撇洪河排洪站工程后，在常德市鼎城区苏家吉水闸管理所的基础上，由股级升格为正科级单位。4 月，更名为常德市鼎城区冲柳排水工程管理处，隶属常德市鼎城区水利局管辖，对苏家吉水闸、冲柳撇洪河排洪站行使管理职能。人员编制 23 人，其中主任 1 人，副主任 2 人，下辖四股一室，即工程股、财务股、人事股、机电股和办公室（配备主任 1 人）。2004 年，水利系统人事制度进行改革，人员编制缩减为 13 人。其中：高级工程师 1 人，工程师 3 人。

冲柳撇洪河苏家吉排洪站，2000 年 10 月破土动工，2002 年底竣工，2003 年 6 月正式投入运行。该站排洪闸为 4 孔 ×7 米 ×4 米，排洪流量为每秒 156 立方米，装有四台卧式电动水泵机组，单台功率为 1600 千瓦，总装机功率为 6400 千瓦。负担 553 年 61 平方千米的集雨面积和 67 年 5 万亩耕地面积的排洪任务。在高水水位超过 34 年 6 米后启排，以减轻高水防汛的压力。2016 年由于连续降水时间长，垸内渍水多，各垸排入冲柳撇洪河的水量大于排洪能力，形成了排洪站边排边涨的趋势。2017 年由于沅水顶托，排洪站处于高扬程工况。该站建成以来，这二年开机排渍时间达历史峰值。

2012 年 7 月，国家发改委、水利部投资 4515 万元，对苏家吉水闸进行拆除重建。该工程 2012 年 10 月 16 日动工，2013 年 3 月 1 日具备防洪能力，并于 3 月 27 日顺利通过通水阶段验收。2014 年该工程（包括所有附属工程）全部完工。

（六）常德市鼎城区牛鼻滩税务所贺家山工作组　1981 年组建，工作人员 2 人，组址设场部机关院内。2000 年 10 月，迁往常德市鼎城区蒿子港镇，后迁往西洞庭管理区。

（七）常德市鼎城区八官障修防会驻场工程员和护林组　1991 年，因沅水外滩贺家山段树木承租，解散该护林组。1992 年，常德市鼎城区八官垸修防会原派驻场工程员撤离，根据个别年份沅水及冲柳水情，临时由单位派员来原种场协调防汛事宜，指导防汛工作。

第七章　制度管理

第一节　公共事务管理制度

一　管理体制与工作规则

（一）管理体制　1991年1月20日，下发《湖南省贺家山原种场经营管理实施方案》，对原种场的管理体制和经济责任制作了如下规定："原种场实行党委集体领导下的场长负责制和职工代表大会制，分场和场直单位实行党总支（支）部领导下的场长（厂长、经理、站长、院长、校长）负责制"；"农业分场继续坚持土地租赁承包责任制，场办企业继续坚持和完善经济承包责任制，属场拨款的事业单位实行定编定员、经费一定一年不变、节余留用、超支不补的经济包干负责制"。以后根据经济社会发展的实际情况进行合理调整，每年修订一次，以此来指导经济和社会发展工作。

（二）工作规则　2010年3月5日，制定《湖南省贺家山原种场工作规则》，对原种场领导职责、工作职能、决策程序、依法行政、政务公开、监督管理、廉政建设、会议制度、公文处理、工作纪律等方面作相应的规定。根据制度建设的新要求，于2013年对《工作规则》进行了修订。

二　劳动人事管理制度

1991年1月20日，下发《湖南省贺家山原种场经营管理实施方案》，对劳动人事管理进行了如下规定："坚持党管干部的原则，国家干部归组织人事部门管理，工人归劳动部门管理，副科级以上干部和股级单位（独立单位）的党政主要负责人由原种场任命，股级单位的副职由主管部门任命，报原种场备案，国家干部任职一律采用委任制，工人任职采取聘任制"。

2010年4月8日，下发《湖南省贺家山原种场干部选拔任免规定》，对干部选拔任免的原则、条件、资格、方式、组织考查、任职审批、纪律监督和干部培训及交流都作出明确的规定。

2011年1月10日，下发《湖南省贺家山原种场老干部工作制度》，对原种场领导和老干部工作部门负责人在开展政治学习、走访慰问、听取意见和老干部的医疗保障等方面作出相应的规定。

2016年12月28日，制定《湖南省贺家山原种场人事管理暂行办法》，对岗位设置、人员聘（任）用、人员调动与解聘、工资与福利待遇、考勤等方面做出了相应的规定。

三　财务管理制度

1991年1月20日，下发《湖南省贺家山原种场经营管理实施方案》，对原种场固定资产、购销合同、专用资金的管理都作出了明确规定。

1997年3月12日，出台《湖南省贺家山原种场机关财务管理规定》，对原种场机关的招待、小车、差旅、邮电、办公、印刷、福利等制定了具体的管理规定。同年4月3日，制定《湖南省贺家山原种场财务管理规定》，对原种场资金筹措的原则、流动资产、固定资产、无形资产、递延资产和其他资金、对外投资、成本和费用、营业收入、利润及其分配的管理、财务报告与财务评价等方面都作出了明确规定。

1998年6月10日，制定《关于全场移动电话和住宅电话使用管理暂行规定》，对移动电话话费报销范围及标准、住宅电话话费补助范围及标准进行了具体规定。

2003年4月17日，下发《湖南省贺家山原种场会计集中核算暂行办法》、《湖南省贺家山原种场财务报账办法》、《湖南省贺家山原种场单位会计移交办法》，对集中核算、财务报账、会计移交作具体规定。

2005年12月28日，制定《湖南省贺家山原种场差旅费开支管理暂行办法》，规定了差旅费的开支范围、报销标准。

2010年3月15日，制定《湖南省贺家山原种场财务管理办法》，对原种场财务管理体制、预算管理、收入管理、支出管理、专用基金管理、资产管理、财务报告和财务分析、财务监督等方面作出了规定。2016年12月28日，修定《湖南省贺家山原种场财务管理办法》《湖南省贺家山原种场差旅管理实施细则》。

四　种业管理制度

1997年5月5日，制定颁发《湖南省贺家山原种场种子工作规则》，对种子生产、经营各环节的操作规程及责任追究作了明确的规定。

2005年5月28日，颁发实施《湖南省贺家山原种场种子公司体制改革实施方案》。12月30日，颁发实施《湖南省贺家山原种场种业科学研究所体制改革实施方案》。这两个改革方案的实施，推动了原种场种业的发展。

2010年，修订完善《湖南省贺家山原种场种子工作规则》，对杂交水稻种子提纯复壮、生产、检验、加工贮藏、经营等方面作出了详细规定。

五　工商企业管理制度

1996年4月15日，制定《湖南省贺家山原种场建筑市场管理办法》，对原种场建筑业的市场规范和管理作出明确的规定。10月5日，下发《关于印发湖南省贺家山原种场企业目标管理考核办法的通知》，规定了原种场工商企业经济指标和年终考核办法。

1997年11月5日，下发《湖南省贺家山原种场工商企业实行股份合作改革的实施细则》，对原种场工商企业“转机建制”的原则、办法、步骤和程序都作出具体的规定。

2003年，制定《湖南省贺家山原种场企业服务管理站管理办法》，将已停业歇业的场办工商企业全部纳入企业服务管理站管理，并对企业服务管理站的职责、财务管理、奖惩办法等方面作出了明确的规定。

六 党务管理制度

2005年9月26日，制定《湖南省贺家山原种场关于规范国家工作人员婚丧喜庆事宜的有关规定》，对婚丧喜庆事宜的种类、来客范围、操办标准提出了具体要求。2008年3月，发布《贯彻落实〈建立健全整治和预防腐败体系2008–2012年工作计划〉的方案》，提出了五年反腐倡廉工作规划。同时制定颁发《基层党组织党务工作目标管理责任制考核评估细则》，对年度党务工作考核评估内容、评分细则、评估办法和评定等级进行了具体的规定；此细则逐年修订，每年中对各基层党组织进行两次量化考核评估，其结果作为基层党组织评先评优的重要依据。

2010年6月10日，制定《关于禁止贺家山原种场工作人员上班时间办公场所打牌赌博的规定》。

2011年4月25日，下发《中共湖南省贺家山原种场领导干部信访问题公开点题说明制度实施办法》，对领导干部信访问题的公开点题说明的意义、目的、范围、步骤和被点题说明的干部态度、结果、报批手续及对公开点题说明对象的身份进行保密等方面给予了规定。7月12日，制定《中共贺家山原种场委员会党务公开工作方案》，对党务公开的基本原则、目标任务、内容、程序、载体和形式、工作步骤、工作要求等方面都作了规定。

七 奖惩制度

1991年5月28日，制定《湖南省贺家山原种场“四种奖”实施办法》。即工商企业效益奖、农业丰收奖、科研成果奖、学校教育奖。

2002年2月20日，制定《湖南省贺家山原种场奖惩暂行办法》，该办法设立“种业科学研究、提纯、科技推广示范、管理效益、引进创办、人才、计划生育、荣获上级表彰”八大奖项和制定“种业科研生产责任、盲目引进新品种大面积推广造成损失、场属各单位各部门责任、中学学年内未向省重点高中输送一名合格新生、计划生育责任”五种处罚规定。这一奖惩办法，分别在2004年1月、2006年2月、2008年1月、2014年1月进行修订。

八 其他公务管理制度

1996年11月30日，下发《关于三菱吉普车管理办法》，同时制定《湖南省贺家山原种场公用小车管理规定》，对公车使用范围、公车使用管理、公车使用维护作了明确的规定。2016年12月28日，制定了《湖南省贺家山原种场公用小车管理办法》，进一步规范了公车使用范围、公车使用管理、公车使用维护。

1998年11月2日，下发《关于会议实行报批制的通知》，从1998年开始，原种场实行会议申报和审批制度，以进一步规范工作，加强会务管理。

2001 年 4 月 20 日，制定《湖南省贺家山原种场办公电脑使用管理规定》，对办公电脑的上网、使用、维修、管理等作了明确的规定。

2001 年 10 月 8 日，制定《湖南省贺家山原种场接待管理规定》，对接待工作的原则、规格、标准进行了规定，规范公务接待行为。2016 年 12 月 28 日，制定《湖南省贺家山原种场接待管理办法》，对公务接待的适用范围、接待原则、落实公函制度、接待对象与要求、接待标准、接待安排与管理等方面作了规定。

2008 年 5 月，在常德市组织的全市干部人事档案达标活动中，原种场在原有档案管理和保密制度的基础上，重新修订和完善八项制度：《保管保密制度》《干部档案信息管理制度》《干部档案（材料）收集制度》《干部档案材料鉴别与归档制度》《干部档案转递制度》《送交档案材料归档工作制度》《检查核对制度》《干部档案（借）阅制度》。八项制度的完善和实施，使档案管理更加规范，保密工作更加严格。

第二节　社会事务管理制度

一　综合治理安全生产管理制度

2003 年 2 月 25 日，制定《湖南省贺家山原种场农电网改造安全管理实施办法》，从安全的角度对网改设施、工作人员的安全组织与协调等方面作了具体规定。

2004 年 6 月 2 日，制定《湖南省贺家山原种场安全生产目标管理考核办法》，从实施范围、工作与事故控制指标、目标考核标准、方法与时间等方面进行了规定。从《办法》执行之日起，场属各单位一把手与原种场签订年度安全生产目标管理责任状，并实行安全管理“一票否决”制度。同时，为切实加强烟花爆竹的经营管理，保障国家、集体和公民人身财产安全，维护社会稳定。8 月 30 日，制定《湖南省贺家山原种场烟花爆竹安全经营管理暂行规定》，从烟花爆竹的进货、储运、销售、燃放等方面作了具体规定。

二　计划生育管理制度

1993 年 3 月 20 日，原种场《婚前管理规定》、《孕前管理规定》和《流动人口计划生育管理规定》。《婚前管理规定》从男女双方的婚龄及生育年龄、婚前已孕的处理、结婚证的办理、晚婚晚育的奖励及违纪处罚等方面作出规定。《孕前管理规定》从育龄夫妇生育子女数及标准、生育原则、节育措施、奖励与处罚等方面进行了规定。《流动人口计划生育管理规定》从流动人口的范围、违纪生育的处罚等方面作了明确规定。

1994 年 6 月 25 日，实施《关于进一步加强计划生育工作的决定》，进一步规范干部职工的生育行为，符合政策生育率明显提高。

三　国土与项目管理制度

1993 年 1 月 1 日，制定《湖南省贺家山原种场土地管理和土地有偿使用的若干规定》。4 月 12 日，制定《湖南省贺家山原种场公有住房制度改革的几项规定》，加强房产开发和管理，加速实现住房商品化，不断改善住房条件，提高干部职工生活水平。

1994 年 3 月 25 日，制定《湖南省贺家山原种场 1991–2000 年土地利用总体规划》。

1995 年 3 月 6 日，制定《湖南省贺家山原种场林业管理办法》。是年 6 月 8 日，制定《湖南省贺家山原种场关于集镇建房及房屋交易管理的暂行规定》。

2004 年 1 月 8 日，制定《湖南省贺家山原种场供水管理办法》，从供水申请、管理、计量与收费、设施维护等方面作了明确规定。

2006 年 4 月 7 日，制定《湖南省贺家山原种场项目管理执行办法》，对项目管理、申报、审批、实施、资金管理、竣工验收、争取项目的奖励与对项目造成损失的处罚等方面作了具体规定。

2006 年 10 月 18 日，下发《湖南省贺家山原种场耕地保护责任目标考核办法》，从考核对象、原则、标准、办法、依据、结果等方面作了具体规定。

2010 年 9 月 25 日，制定《湖南省贺家山原种场国有建设用地管理办法》，从国有建设用地的有偿使用、用地使用权流转、宅基地管理、责任追究等方面给予了规定。11 月 20 日，制定《湖南省贺家山原种场农村土地综合整治实施方案》，从指导思想、组织领导、目标任务、政策和措施，工作要求等方面予以规定。

2011 年 6 月 8 日，制定《湖南省贺家山原种场土地矿产卫片执行检查工作方案》，从检查对象、内容和依据、工作安排、工作要求等方面予以规定。

四　社会保障管理制度

2005 年 9 月 12 日，制定《湖南省贺家山原种场特殊弱势人员优惠待遇暂行规定》，就特殊弱势人员的残疾程度、就医、建房和正常生活待遇进行了规定。2018 年 12 月 12 日，制定《湖南省贺家山原种场殡葬管理办法》，对殡葬活动涉及的行政区域、协调单位、丧事活动形式、死者的骨灰处理、墓穴的面积和使用时间、丧葬和抚恤费标准等方面作出规定。

2008 年，制定《湖南省贺家山原种场农业职工基本养老保险实施办法》，对参保基本原则、范围与实施时间、养老保险费缴纳标准、个人账户建立、养老金核定和计发、基金管理与监督、管理体制与工作职责予以了规定。

2009 年 7 月 22 日，制定《湖南省贺家山原种场城镇居民大病救助办法（试行）》，就大病救助原则、条件、对象、标准、申请程序、经费来源等方面的事宜作规定。

五　教育管理制度

1994 年 8 月 12 日，制定《湖南省贺家山原种场关于普及九年义务教育的实施细则》，就普及九年义务教育的要求、经费、责任、管理、奖惩等方面的情况作了明确规定。

1996 年 12 月 31 日，制定《湖南省贺家山原种场义务教育阶段就学管理规定》，从入学、学籍、随读生确认、转学、休学和复学、退学、学习考评与升留级、就学报告、档案材料管理等方面作了具体规定。

2011 年 7 月 22 日，制定《湖南省贺家山原种场学习读书制度》，从活动主题、搭建学习平台、完善硬件设施，形成读书习惯、定期交流奖励、转化学习成果、全面检查考核等方面作了规定。

六　卫生管理制度

1991 年 3 月，制定《湖南省贺家山原种场 1991 年度血防工作规划》。1993 年 11 月 17 日，制定《湖南省贺家山原种场基本消灭血吸虫病工作规划》，采取群策群力集中整治，综合治理的办法，确立了在 1999 年基本消灭血吸虫病的工作目标。

2001 年 4 月 28 日，制定《湖南省贺家山原种场医药统购管理规定》，对医药统购站、医疗单位的职责职权和卫生科的监督管理职责作出了明确规定。

2003 年 9 月 23 日，制定《湖南省贺家山原种场医疗卫生体制改革实施方案》，从理顺管理体制、激活用人机制、搞活分配制度、明确管理权责等方面作了规定。2005 年 10 月 27 日，制定了《湖南省贺家山原种场医药费报销管理规定》从就医对象、就诊和转诊、医药费报销及其他有关情况作了具体规定。

第三节　劳动人事管理

一　人事管理

（一）干部

1991—2017 年，原种场国家干部录用分为四种方式，即国家统一分配、择优录取、双向选择和公开招聘。

1. 国家统一分配　1977 年国家恢复高考制度后，1991—1999 年，国家统一分配来原种场工作的大中院校毕业生共有 52 人，其身份为国家干部。其中：1991 年 8 人，1992 年 5 人，1993 年 5 人，1994 年 5 人，1996 年 6 人，1997 年 7 人，1998 年 6 人，1999 年 9 人，2005 年补漏分配 1 人。

2. 择优录取　在国家统一分配干部时期，经省农业厅和常德市人社局（原常德市人事局，下同）批准，1996 年从全场电大、职大、夜大、函大、成教“五大生”中择优录取了 5 名国家干部；1997 年和 1998 年，分别从场属单位骨干中择优录取了 8 名和 4 名国家干部。

3. 双向选择　1995—2005 年，除 1996 年及以前毕业和 1996 年计内统招属原种场子弟的大中专院校学生毕业后由国家分配回原种场外，原种场录用干部实行“双向选择”。增人计划报省农业厅批准后，根据所需专业，由原种场主要领导或分管人事的领导带队，人事科负责人参加，到相关高校对学生进行面试，向学校及学生通报原种场的基本情况和录用意向，听取学校推荐意见，学生介绍自身情况，双方提出各自条件和要求，同意后，与学校及学生签订录用协议，办理录用手续，所录用人员按国家干部身份进行管理。

通过双向选择方式，全场共录用32名干部。其中：1995年2人，1996年7人，1997年7人，1998年1人，1999年2人，2000年3人，2001年4人，2002年1人，2004年4人，2005年1人。

4. 公开招聘

2006年1月，随着事业单位人事制度改革的深化，事业单位新进工作人员实行公开招聘（处级领导干部除外）。7月，国家人事部发文，在事业单位推行聘用和岗位管理制度，用人机制由身份管理向岗位管理转变。事业单位工作人员构成分为管理人员、专业技术人员和工勤技能人员三类，其中管理人员和专业技术人员为干部身份，工勤技能人员为工人身份。随之将三种类型人员分别纳入管理、专业技术和工勤技能岗位进行管理。原种场人员公开招聘，由原种场党委研究确定增人计划（招聘岗位），上报省农业厅党组审批，经省编制委员会办公室（简称省编办，下同）和省人力资源和社会保障厅（简称省人社厅，原省人事厅，下同）批准后，再通过省人社厅和省农业厅网站向社会公开发布招聘信息（即省农业厅招聘方案）。内容包括组织领导、招聘原则、招聘条件、招聘岗位及要求、招聘程序、公示和聘用等事项。按照公开、公平、公正的原则，经过公开报名、资格审查、笔试、面试（教师岗位须试讲）、体检、考察等程序，经原种场党委和省农业厅招聘工作领导小组集体研究，确定拟聘用人员，报省人社厅审查，合格拟聘人员名单在省人社厅网站公示7个工作日。无异议，由省人社厅批准，给予办理聘用手续。被聘用后，到管理、专技岗位上的人员，按干部身份进行管理。2007—2010年，招聘方案和程序按省农业厅的要求，由原种场制定并组织实施。2011—2013年，招聘方案以及笔试和面试由省农业厅制定并组织实施。2007—2013年共招聘40人（管理岗位8人、专技岗位32人）。其中：2007年招聘教师1人；2008年招聘教师2人；2009年招聘教师2人，植保技术员1人，兽医1人，法律工作者1人；2010年招聘教师3人，财务会计1人，行政管理1人，播音员1人；2011年招聘行政管理人员2人，农业技术人员3人，电子电器技术1人，建筑设计人员1人，小学教师1人，临床医生1人，加工技术1人；2012年招聘规划管理人员1人，临床医生1人，信息技术人员1人，财会人员1人，建筑设计人员1人，农业技术人员2人；2013年招聘初中教师1人，小学教师2人，信息技术员1人，司法调解员1人，综治管理员1人，分场办公室办事员1人，市场管理员1人，工程技术员1人。

因原种场一直以来没有机构人员编制，2014—2017年被省编办、省人社厅停止进行人员公开招聘，录用干部。

表 47　　1991—2017 年贺家山原种场在职国家干部变动情况

单位：人

年份	增加							减少					增减
	录用					调入	合计	调出	解除人事关系	除名	辞退	合计	
	统分	择优	双选	招聘	小计								
1991	8				8		8	6				6	20
1992	5				5	1	6	6				6	
1993	5				5		5	5				5	
1994	5				5	2	7	3				3	4
1995			2		2	1	3	2				2	1
1996	6	5	7		18		18	5				5	13
1997	7	8	7		22		22	2				2	20
1998	6	4	1		11		11	1		2		3	8
1999	9		2		11	1	12						12
2000			3		3	1	4	1				1	3
2001			4		4		4	6				6	−2
2002			1		1	1	2	6				6	−4
2003								5				5	−5
2004			4		4		4	9				9	−5
2005	1		1		2		2	3	1			4	−2
2006								1				1	−1
2007				1	1		1	1			1	2	−1
2008				2	2		2	2				2	
2009				5	5		5	1				1	4
2010				6	6		6		1			1	5
2011				10	10	1	11		1			1	10
2012				7	7	1	8	5	1			6	2
2013				9	9	1	10	3	1			4	6
2014									1			1	−1
2015									1			1	−1
2016									1			1	−1
2017						1	1	1	2			3	−2
合计	52	17	32	40	141	11	152	74	10	2	1	87	65

表 48 1991—2017 年在职国家干部表

单位：人

年度	合计	其中		结构				年度	合计	其中		结构			
		男	女	行政	技干	教师	医务			男	女	行政	技干	教师	医务
1991	241	186	55	87	39	101	14	2005	202	148	54	75	48	69	10
1992	226	174	52	79	37	91	49	2006	195	142	53	86	45	55	9
1993	212	164	48	78	30	90	14	2007	184	133	51	82	40	52	10
1994	210	163	47	70	36	91	13	2008	179	131	48	82	42	46	9
1995	202	151	51	67	37	85	13	2009	169	122	47	76	45	41	7
1996	214	164	50	82	39	81	12	2010	170	123	47	74	43	48	5
1997	235	181	54	92	49	82	12	2011	171	126	45	75	45	45	6
1998	240	178	62	93	53	82	12	2012	171	128	43	76	45	43	7
1999	254	190	64	91	66	84	13	2013	173	128	45	64	69	37	3
2000	245	180	65	98	59	75	13	2014	164	121	43	67	60	35	2
2001	247	180	67	110	46	78	13	2015	154	113	41	67	55	30	2
2002	239	171	68	97	47	84	11	2016	144	104	40	62	53	27	2
2003	228	164	64	97	54	66	11	2017	135	99	36	63	48	22	2
2004	210	153	57	86	47	68	9								

（二）工人

原种场工人分为全民固定工人、全民合同制工人、农业工人、大集体工人四类。全民固定工人和全民合同制工人俗称全民工。

1. 全民固定工人 1991 年 12 月，原种场在职全民固定工人 16 人，退休全民固定工人 7 人。1996 年 5 月，经常德市人民政府和湖南省农业厅批准，常德市水稻原种场划归贺家山原种场，是时移交退休全民固定工人 1 人。在职全民固定工人中，1993 年调出 2 人，1998 年 1 月转干 1 人，2005 年 12 月恢复 1 人全民固定工人身份，并落实其待遇。截至 2017 年 12 月 31 日，原种场在职全民固定工人 7 人，退休全民固定工人 9 人。1986 年 7 月后，原种场再未招收全民固定工人。

2. 全民合同制工人 1986年7月，国家开始改革劳动用工制度，工人招工变“固定工人”为“合同制工人”。1991 年招收 13 人，调出 3 人；1991 年 12 月 31 日止，原种场在职在岗全民合同制工人共有 38 人。1992 年招收 14 人，调入 1 人，调出 2 人；1993 年招收 14

人，调出 5 人；1994 年招收 12 人，调出 3 人；1995 年招收 4 人，调入 1 人，调出 1 人；1996 年招收 33 人，转干 1 人；1997 年招收 21 人，调出 1 人；1998 年招收 1 人，转干 1 人，退休 3 人；1999 年招收 4 人；2000 年招收 1 人，调出 1 人，非正常死亡 1 人；2001 年招收 16 人；2002 年退休 1 人；2003 年调出 2 人；2004 年安置专业士官 1 人，调出 2 人；2005 年调入 2 人，调出 1 人，退休 1 人；2006 年调出 1 人，退休 1 人；2007 年退休 3 人；2008 年调出 2 人，退休 1 人；2009 年招收 6 人，按全民合同制工人身份安置转业士官 1 人，解除人事关系 1 人，退休 3 人；2010 年确认 1 人为全民合同制工人身份，按全民合同制工人身份安置城镇退伍军人 1 人，公招转干 1 人，退休 1 人；2011 年按全民合同制工人身份安置转业士官 1 人，确定 1 人享受全民合同制工人待遇，公招转干 2 人，调出 1 人，退休 4 人，非正常死亡 1 人；2012 年退休 4 人，非正常死亡 1 人；2013 年按全民合同同制工人身份安置转业士官 1 人，退休 5 人；2014 年退休 2 人；2015 年退休 5 人；2016 年按全民合同制工人身份安置转业士官 1 人，退休 5 人；2017 年退休 6 人。截至 2017 年 12 月 31 日，原种场在职全民合同制工人 100 人，退休全民合同制工人 50 人。

表 49　　1991—2017 年贺家山原种场全民合同制工人统计表

单位：人

年份	在职	招收	调入	调出	退休	转干	解除关系	死亡	备注
1991	38								
1992	51	14	1	2					
1993	60	14		5					
1994	69	12		3					
1995	73	4	1	1					
1996	105	33		1		1			
1997	125	21		1					
1998	122	1		1	3	1			
1999	126	4							
2000	125	1		2				1	
2001	141	16							
2002	140				1				
2003	138			2					
2004	137		1	2					

续表 49

年份	在职	招收	调入	调出	退休	转干	解除关系	死亡	备注
2005	137		2	1	1				
2006	135			1	1				
2007	132				3				
2008	129			2	1				
2009	132	6	1	1	3		1		
2010	132	2		1	1	1			
2011	126	2		4	4	2			
2012	121				4			1	
2013	117	1					5		
2014	115						2		
2015	110						5		
2016	106		1				5		
2017	100						6		

3. 农业工人　农业工人（以下简称农工）主要来源是通过“自然增长”方式招收的职工子女，由省农业厅批准。原种场最后一次农工招工是 1991 年 5 月。随着改革的深入，根据上级有关政策，从 1992 年起，停止了“自然增长”和其他方式招收农工，农工人数逐年减少。截至 2017 年 12 月 31 日，全场在职农工 1106 人，退休农工 2895 人（含“代干”16 人）。

表 50　　1991—2017 年贺家山原种场在职农业工人（农工）统计表

年　度	人数（人）	年　度	人数（人）
1991	4142	2005	2552
1992	4051	2006	2457
1993	4024	2007	2349
1994	3985	2008	2275
1995	3892	2009	2175
1996	3735	2010	2085
1997	3570	2011	1958

续表 50

年　度	人数（人）	年　度	人数（人）
1998	3465	2012	1800
1999	3343	2013	1643
2000	3245	2014	1491
2001	3095	2015	1359
2002	2984	2016	1194
2003	2908	2017	1106
2004	2820		

4. 大集体工人　至 2017 年 12 月 31 日，原种场有 3 名随军转业家属被安置。她们随军时经驻军当地劳动人事部门招为大集体工人。分别于 1981 年 8 月、1995 年 2 月、1995 年 4 月在原种场退休。

（三）非干部、职工身份人员

1. 非干部身份人员

因工作需要，1991—2017 年，原种场从全民工、农工和非职工身份人员中择优聘任 23 人担任场属单位或部门正副职，从事行政管理工作。其中：1991 年，1 名农工被聘任为渔场副场长；1997 年，1 名全民合同制工人被聘任为职工医院副院长（2012 年 1 月续聘）；1999 年，1 名全民合同制工人被聘任为电管站副站长（2009 年 4 月续聘为副站长），1 名农工被聘任为畜牧站副站长（2012 年 1 月续聘为站长）；2001 年，1 名全民合同制工人被聘为排灌站副站长；2004 年 5 月，1 名全民合同制工人被聘任为植保植检站副站长；2006 年，1 名全民合同制工人被聘任为医院副院长（2012 年 1 月续聘），1 名全民合同制工人被聘任为驻长沙办事处主任（转干后于 2009 年兼任项目管理办公室副主任、明确副科级），1 名农工被聘任为后勤部副经理（2012 年 1 月兼聘为场办公室副主任）；2007 年 9 月，1 名全民固定工人被聘任为排灌站副站长；2009 年 4 月，1 名全民合同制工人被聘任为计财科副科长、物价管理办公室副主任（享受副科级待遇）和 1 名非干部职工身份人员被聘任为大洲分场副场长（享受副科级待遇，2011 年 9 月调任乐兴分场副场长）；2012 年 1 月，3 名全民合同制工人分别被聘任为场办公室副主任、计生办副主任、后勤部副经理；6 名农工分别被聘任为社保中心副主任、新合分场副场长、乐兴分场副场长、小凡洲芦苇场副场长、敬老院副院长、建设工程部经理和副经理；1 名非干部职工身份人员被聘任为排灌站副站长。

在 20 世纪 80 年代初中期，根据国家政策，通过文化知识考试，将以工代干（以工人身份代行干部职务，包括行管干部和技术干部）、以工代教（以工人身份代行教师职务）、以工代医（以工人身份代行医生职务）等人员（俗称“三代人员”，统称“代干”），分别转录为国家干部、国家（公办）教师、国家医生，史称“转干”。“三代人员”中极少数老基层骨干因年龄偏大、文化知识水平较低，没能转干，其身份仍为工人，但对其继续按“代干”对待，在职和退休期间均享受同类国家干部的政治和生活待遇。截至 2017 年 12 月 31 日，全场“代干”人员共有 16 人，已全部退休。

2. 非职工身份人员　根据工作需要，1991—2017 年，场属单位和部门从非职工身份人员中陆续聘用了少数专技人员和工勤人员。为加强劳动用工管理，对场属各单位、部门用工行为进行规范，2010 年 10 月正式明确聘用非职工身份人员 6 人。其中：小汽车驾驶员 2 人，排灌机手 2 人，幼儿教师 1 人，农业技工 1 人。2012 年 11 月正式明确聘用非职工身份人员 11 人。其中学校教员 6 人，护士 1 人，电管站工勤 2 人，卫生科工作人员 1 人，集镇办报帐员 1 人。2014 年聘用 2 人，2015 年聘用 4 人，2016 年聘用 3 人，2017 年聘用 2 人。截至 2017 年 12 月 31 日，全场聘用非职工身份人员 28 人。

（四）职工档案

职工档案包括人事档案和专业技术档案，按身份分类管理。

1. 干部档案

为适应现代化管理需要，根据省农业厅湘农业人〔2008〕84 号文件精神，2008 年 4 月，首次开展了在职干部人事档案目标管理自查申报工作。由分管人事的副场长负责抓自查申报工作人员调配、硬件建设、经费保障和督促检查。组织和人事部门负责有关档案材料的收集和审核。机要档案部门负责整个业务工作，包括档案材料的清查登记、整理装订和相关管理制度的制定。为加强力量，确保按时按质完成任务，从党员干部中选调了 1 名具有大专学历且懂电脑的青年同志任专职档案管理员，档案专职管理员由 1 人增加到 2 人。还专门抽调了 1 名党员干部全程协助自查工作。4—7 月间先后派出 2 名档案专职管理员，参加了湖南农业大学档案馆参观学习活动和湖南省干部档案管理培训学习、常德市干部档案管理培训学习。为升级达标，强化了硬件建设，投入资金 5 万元添置空调 1 台、电脑 1 台、打印机 1 台、切纸机 2 台、温湿计 1 只、书夹 30 副、窗帘 5 副、新式档案盒 200 多个，安装档案管理系统软件 1 个，更新档案柜 8 个、管理制度牌 10 块。并对档案库房进行了维修。

在此基础上，开展了对原种场 169 名在职干部的人事档案清查核实和整理装订工作。在清查中，审查补充干部履历表 40 份、干部自传 35 份、考核登记材料 120 份、入党申请书 46 份、入党志愿书 1 份、职务任免审批表 20 份、1990 年党员登记证明材料 20 份、其他材料 120 份，复印“三色笔”（铅笔、纯蓝水笔、红水笔）材料等 3500 份（张）。

经过干部人事档案目标管理自查后，相继建立健全了 10 项管理制度。同时，划分功能区；即干部档案库房 1 间、办公室 1 间、电脑室 1 间、阅览室 1 间，总面积 80 平方米。

达到了库房、查阅、办公分开要求，档案步入了规范管理，年底档案自查申报工作基本完成。2009 年 6 月，经省农业厅人事处检查验收，原种场干部人事档案管理工作达到了二级目标管理单位标准。至 2017 年底，干部档案基本达到了标准化管理。

2. 工人档案 全民工（全民固定工人和全民合同制工人）档案。全民工人事档案按干部人事档案标准进行规范管理，重点是材料收集、分类与装订。2008—2017 年 12 月，建立标准化在职全民工人事档案 135 册。参加常德市鼎城区城镇企业基本养老保险的全民工，退休时其人事档案移交鼎城区人力资源和社会保障局（原劳动和社会保障局）管理。至 2012 年底，已移交 8 人档案。此后于 2013 年移交 2 人档案，2016 年移交 2 人档案。上述所移交的 12 人档案，因参加省直机关事业单位养老保险，于 2016 年 11 月由场人事科从鼎城区人社局提回本场保管。

3. 农工档案 为实施农工基本养老保险，2006 年 11 月至 2007 年 1 月，历时 2 个多月，由原种场人事科组织，各农业分场（包括小凡洲芦苇场）抽调 1 名副场长，场直单位统一由场企管站主要负责人负责，重新整理农工人事档案 4877 册。对职工登记审批表、履历表、自传、转正定级表、工资入档表、退休审批表等个人档案资料进行查漏补缺，完善、补齐其个人信息资料近 6 万份。

二　劳动工资

（一）工资改革与调整

1. 1993 年工资改革与调整

工资制度改革后，1993 年 9 月，原种场实行的是比照国家机关制定的事业单位以职务工资为主的结构工资制。此后又经过了两次工资制度改革。第一次是从 1993 年 10 月 1 日起实施，执行到 2006 年 6 月底。根据《国务院关于机关和事业单位工作人员工资制度改革问题的通知》（国发〔1993〕79 号）、《国务院办公厅关于印发机关、事业单位工资制度改革三个实施办法的通知》（国办发〔1993〕85 号）、《关于印发机关、事业单位工资制度改革两个处理意见的通知》（湘政办法〔1994〕5 号）文件精神，按照省人社厅和省农业厅的统一部署，原种场纳入事业单位工资制度改革范围，实行职务（技术）等级工资制度，与机关的工资制度脱钩。在职人员工资由职务（技术）等级工资、岗位津贴和其他津补贴构成。国家干部中的专业技术人员实行专业技术职务等级工资制。在工资构成上，主要分为专业技术职务工资和津贴两部分。其中专业技术职务工资，是工资构成中的固定部分（教师和护士的专业技术职务工资标准提高 10%），津贴是工资构成中活的部分；国家干部中的管理人员实行职员职务等级工资制。在工资构成上，主要分为职员职务工资和岗位目标管理津贴两部分。其中职员职务工资是工资构成中的固定部分，岗位目标管理津贴是工资构成中活的部分；工人实行技术等级工资制，在工资构成上，主要分为技术等级工资和岗位津贴两部分。其中技术等级工资是工资构成中的固定部分，岗位津贴是工资构成中活的部分。固定部分和活的部分为基础工资。原种场属差额拨款农业事业单位，固定部分和活的部分在工资构成中分别占 60% 和 40%。

新参加工作的获得博士和硕士学位的研究生实行初期工资，本科及以下学历层次的专业技术人员和职员一律实行见习期工资，工人实行学徒期工资。原种场新参加工作的人员，均未实行见习期、学徒期和初期工资，直接按学历套入定级工资。

除中小学教师和护士外，国家干部从转正定级起，职务等级工资上浮一档，8 年后予以第一次固定，以后每 5 年固定一档。

1993 年 10 月 1 日工改，原种场 4193 名在职干部、工人月增工资 536349 元，人均月增资 128 元。

此后，在职人员（新参加工作人员从转正定级起），按有关规定正常增加工资和调整工资标准。凡连续两年考核为合格以上等次的，正常晋升一个工资档次；连续三年考核优秀并作出突出贡献的专业技术人员越级晋升一个工资档次；连续两年考核优秀的提前晋升一个工资档次；根据经济社会发展情况不定期提高工资标准；晋升职务（技术等级）亦相应增加工资。1993 年 10 月 1 日至 2005 年 10 月 1 日，全场在职工作人员每两年晋升一个工资档次，人平每次月增资约 35 元；1996 年，2 名在职专业技术人员越级晋升一个工资档次，1 名在职专业技术人员提前晋升一个工资档次，人平增资约 45 元；1997 年 7 月 1 日、1999 年 7 月 1 日、2001 年 1 月 1 日、2001 年 10 月 1 日、2003 年 7 月 1 日，在职工作人员按不同职务等级 5 次提高工资标准。

湘人发〔1998〕144 号文件规定，从 1998 年 10 月起取消专业技术人员提前晋升职务工资档次的办法，只开展越级晋升工作。原种场在 1997 年以后就停止实行越级晋升和提前晋升工资档次。

1993 年工资改革调整基础工资后，根据湘人发〔1997〕43 号文件，报省农业厅批准，从 1997 年 5 月 1 日起，原种场 976 名在职国家干部、代干、全民工和企事业单位农工增发职务岗位津贴（又称生活补贴），月增资 142730 元，人平 146 元。其中：正处 1 人，月增 165 元；副处 6 人，月增 960 元；正科 15 人，月增 2325 元；副科 22 人，月增 3300 元；科员 32 人，月增 4640 元；办事员 13 人，月增 1885 元；副教授 1 人，月增 165 元；中级职称 60 人，月增 9300 元；助理级 44 人，月增 6600 元；员级 11 人，月增 1595 元；工人 771 人，月增 111795 元。实际发放兑现对象仅含在职在岗的国家干部、代干和全民工。

2006 年 6 月末，原种场在职人员 2859 人，按当时标准计算，年基本工资总额 2929.4 万元，月人平 853.85 元；除节假日补贴、教护龄津贴、计生专干津贴、纪检监察办案补贴、防暑防寒费、固定和移动电话补助外，在职人员全年津补贴总额 863.88 万元，月人平 251.80 元。在职人员人平月档案工资 1105.65 元。

2．2006 年工资改革与调整

2006 年 7 月 1 日，再次进行工资制度改革。改 1993 年 10 月起执行的“职务（技术）等级”工资制为“岗位绩效”工资制。岗位绩效工资由岗位工资、薪级工资、绩效工资和津补贴四部分构成，其中岗位工资和薪级工资为基本工资。

根据湘人发〔2006〕135 号、国人部发〔2006〕56 号、59 号和湘人发〔2006〕136 号、国人部发〔2006〕60 号文件精神，经省农业厅和省人社厅批准，原种场共有 2859 名在职人员参加了本次工资套改，其中国家干部 199 人，工人 2660 人。在职工作人员中，原职务工资固定了 1 档高定 1 级薪级工资的有 48 人，原固定了 2 档及以上高定 2 级薪级工资的有 52 人。同时，共有 33 人因 1993 年以来年度考核不计等次和不合格被扣减套改年限；1993 年以来，因受降职处分低定 1 级薪级工资的有 4 人，因受撤职处分低定 2 级薪级工资的有 6 人，因受开除留用察看处分低定 3 级薪级工资的有 3 人，因其他原因低定 1–2 级薪级工资的有 4 人。此次工改，全场在职人员月增工资额 64.52 万元，人平月增资 225.67 元，人平月档案工资标准达到 1331.32 元，增长 20.41%。

原种场此次工改后，新参加工作的获得博士和硕士学位的研究生实行初期（半年至一年）工资，本科及以下学历层次的专业技术人员和职员一律实行见习期（一年）工资，工人实行学徒期（一年）工资。原种场新参加工作的人员，均未实行见习期、学徒期和初期工资，直接按学历套入定级工资。在职国家教师和护士的基本工资标准继续提高 10%，其基数较之前有很大提高。其余在职国家干部继续实行浮动工资，但从第二次固定起，工改前每 5 年固定一档（级）改为每 8 年固定一级。在职和退休国家干部、代干和全民工，由于“规范津补贴”（即“绩效工资”）未能达到所在地区常德市的标准，1993 年工改后实行的一般性津补贴，包括生活补贴 145~165 元 / 月、下乡补贴 6 元 / 月、保留补贴 38.80 元 / 月、误餐费 62 元 / 月、交通费 5~16 元 / 月等，作为绩效工资，保留原名称，继续予以发放。

为缩小与本地区同类人员的待遇差别，除继续保留以上津补贴外，同时对在职人员，根据不同岗位和职务，原种场增设了津贴和补贴。从 2009 年 1 月 1 日起，在职在岗国家干部、代干、全民工实行“职务（岗位）津贴”，标准为每人每月 160~500 元。同时，所有在职在岗人员，包括国家干部、代干、全民工、农工（管理、专技、工勤服务岗位）和经原种场批准聘用的其他人员，还另外实行了“津补贴”，发放标准为每人每月 392~625 元。同时又对在管理、专技、工勤服务岗位上的农工和经原种场批准聘用的其他人员，按实际工作年限每年 10 元的标准提高工资基数。

3．2014 年 10 月基本工资调标

根据湘政办发〔2015〕79 号文件精神，从 2014 年 10 月 1 日起，调整事业单位工作人员基本工资标准，同时将部分绩效工资纳入基本工资。经省农业委和省人社厅批准，原种场共有 1838 名在职人员参加本次基本工资调标。其中国家干部 167 人，工人 1671 人。此次调标，全场 291 名档案工资人员月增工资额 46.63 万元，人平月增资 1602 元，人平月档案工资标准达到 4350.43 元。

从 2016 年 1 月 1 日起，原种场按照湘人社发〔2014〕62 号文件兑现绩效工资，同时取消节假日补贴、防寒防暑补助、年终一次性奖金、移动通讯费、住宅电话补贴、原津贴高出 30% 部分、场内岗位津贴、场内津贴、93 工改保留津补贴、下乡补贴、误餐费、生活补贴。

4. 2016 年 7 月基本工资调标 根据湘政办发〔2016〕88 号文件精神，从 2016 年 7 月 1 日起，调整事业单位工作人员基本工资标准，同时将部分绩效工资纳入基本工资。经省农业委批准，原种场共有 1560 名在职人员参加了本次基本工资调标。其中国家干部 150 人，工人 1410 人。此次调标，原种场 262 名档案工资人员月增工资额 82950 元，人平月增资 316.6 元，人平月档案工资标准达到 4642.55 元。

（二）工资收入分配形式

1991 年以来的工资制度改革，原种场工作人员工资都按国家和省里的政策进行套改，包括离退休人员增加离退休费，根据职务等次每人都有一个工资（离退休费）标准，即所谓档案工资（离退休费）。随着改革的深入，原种场工作人员工资实行了多种分配形式。

1. 国家干部、全民工、代干和农工的工资发放

行政事业管理服务单位工作人员工资分配。原种场行政、事业、管理服务单位和农业分场，在职在岗国家干部、代干、全民工和农工（农业分场为行管、专技、工勤服务岗位上的农工，不含种植、养殖业农工），按本人档案工资标准发放。但其中农工从 1998 年 1 月起取消发档案工资，此后工改、调整工资标准和正常晋级只进行“空调”，保留劳动工资关系。其工资按贺场发 1 号文件规定的标准发放，月岗位工资标准为 350~500 元，根据本人工人技术等级，分无级、初级工、中级工、高级工、技师 5 级，每级级差 50 元予以对应发放。后来 10 次对标准进行了调整。1999 年 1 月调整为 450~600 元，1999 年 7 月 500~680 元，2001 年 1 月 550~700 元，2002 年 1 月 600~750 元，2004 年 1 月 700~850 元，2005 年 1 月增加技师级（档）900 元，2007 年 1 月 800~1000 元，2009 年 1 月至 2012 年底调为 900~1100 元。截至 2014 年 9 月 30 日，农工（分无级、初级工、中级工、高级工、技师、高级技师 6 级）调整为 950~1200 元，2014 年 10 月 1 日调整为 1500~1750 元，每级增加 50 元，2016 年 7 月 1 日调整为 1660~1910 元，每级增加 160 元，级差均为 50 元。

2002 年，原种场党委先后对下属四个事业单位和农业技术总负责人，按档案工资标准发放工资的分配形式进行了改革。工作人员不论身份，打破档案工资，实行绩效工资。是年 7 月子弟学校改革，由原种场按人头档案标准拨付工资，子弟学校内部打破档案工资标准，实行“岗位工资＋课时津贴＋奖金”的分配形式。2003 年 7 月职工医院改革，原种场按核定的编制人数拨付 70%的工资，医院内打破档案工资标准，实行“岗位工资＋技术职称工资＋浮动工资＋完成任务外的奖金”分配形式。2005 年 5 月原种场种子公司改革，打破档案工资，实行“岗位工资＋效益工资＋奖金”的分配形式。2006 年 1 月，种科所改革，由原种场拨付档案工资外，另给予适当补贴；打破档案工资标准，实行“基本工资＋岗位工资＋绩效工资”的分配形式。同时农业技术总负责人，打破档案工资，实行绩效工资。按贺场发〔2017〕15 号文件规定，原种场首席育种专家实行聘用制，每个聘期为 5 年，其岗位津贴为 8 万元 / 年，按考核结果予以兑现。

工商企业工作人员工资分配。1991 年以来，场属工商企业经营自负盈亏，所有在职在岗工作人员实行不同的效益工资制度。但随着企业改制和停工停产，在职在岗留守人员实行档案工资发放形式。

2. 聘任人员工资待遇 经原种场聘任的非干部工人身份的人员，在行政、事业管理服务单位的，根据贺场发〔2008〕1 号文件，岗位工资按照本人技术等级或职称或学历所对应的标准（即前述农工每月 950~1200 元标准，级差均为 50 元）就高发放。2014 年 10 月 1 日调整为 1500~1750 元，每级增加 550 元 / 月；2016 年 7 月 1 日调整为 1580~1830 元，每级增加 80 元 / 月。从 2017 年 1 月 1 日起，新场聘人员的工资标准按合同执行，其标准按学历层次确定：中专（高中）及以下 2400 元 / 月，大专 2500 元 / 月，本科 2600 元 / 月。新聘人员实行 1 年试用期，其间工资标准每个等级下浮 200 元 / 月，从试用期满年度考核合格续聘起按 100% 发放。在已改革事业单位由场拨款的，实行绩效工资；在工商企业的实行效益工资；各单位自行聘用的人员的工资标准，由本单位确定。

3. 生产队队长补贴

1991 年贺场发 1 号文件规定，生产队队长、会计在分配责任田的基础上，实行职务补贴，每人每月 35 元。2012 年贺场发 1 号文件规定队长补贴提高到每人每月 350 元，增加了 9 倍。1985 年取消了生产队会计岗位设置，其职务补贴自然取消。从 2015 年 1 月 1 日起，生产队队长补贴提高到每人每月 400 元，每年发放 14 个月。

2017 年末，全场在职人员档案工资标准达到每月 4685 元。其中在岗人员 237 人，全年实发工资 1343.63 万元，人平每月 4724 元（注：湘人社发〔2017〕39 号绩效工资暂未兑现，人平增加 425 元 / 月）。

三　社会保障

（一）职工退（离）休

1. 干部退（离）休 原种场副处级及以上人员退（离）休由农业厅和人事厅审批，科级及以下人员最初由省农业厅和省人社厅委托常德市人事局审批，从 1998 年起，科级及以下人员退（离）休改由省农业厅和省人社厅审批。

2. 工人退休 原种场工人退休，由省农业厅和省人社厅委托常德市人社局审批。20世纪90年代初，原种场经济承受能力无法兑现农工退休费档案标准，常德市人社局停止了原种场农工退休审批手续，省农业厅也未予办理（按代干和全民工管理者除外）。2007年10月1日，农工实施农垦企业职工基本养老保险后，恢复了退休制度（女性由年满50周岁退休改为年满55周岁退休），由常德市人社局审批。从1998年起，全民工退休和干部一样，也改由省农业厅和省人社厅审批。参加了常德市鼎城区城镇企业职工基本养老保险的全民工，其退休由鼎城区人社局审批。

3. 退（离）休待遇

1993年工改时，原种场1146名离退休干部工人月增退（离）休费156493元，人平月增137元。其中7名离休干部月增离休费1260元，人平月增180元。自2006年6月开始，在职人员工资提标时，退（离）休人员相应增加离退休费；并且每两年正常增加一次退（离）休费，离休干部按在职标准每次增加一个工资档次的额度，退休人员不分职务等级，每次月增退休费20元。

2006年6月底，原种场退（离）休人员2213人，年基本退（离）休费2138.4万元，月人平805.24元。年津补贴590.11万元，月人平222.21元。退（离）休人员月人平档案退（离）休费1027.45元。2006年7月1日工改，2213名离退休人员（其中离休干部3人，退休干部92人，退休工人2118人）月增退（离）休费40.83万元，人平月增184.50元，人平月档案退（离）休费标准达到了1211.95元，增长17.96%。

实际基本退（离）休费发放。离休干部离休费按在职时的工资标准全额发给。其余国家干部、代干和未参加基本养老保险的全民工的退休费，根据工作年限长短，按其在职时最后一个月基本工资标准，按照一定比例打折计发。

1993年工改，国办发〔1993〕85号规定打折比例为80%~90%，1995年4月湘人险〔1995〕第92号规定打折比例为70%~95%；2006年工改，国人部发〔2006〕60号规定为80%~90%，湘人发〔2006〕136号及人事厅2010年1月规定为70%~90%计发。教师、护士基本工资提高10%部分计入退休费基数。原种场执行的是湖南省的有关规定。

实际津补贴发放。除保留1993年工改以来实行的国家和省里的津补贴外，1997年5月1日起，99名退（离）休国家干部、代干和全民工月增加生活补贴14880元，人均150元。其中：副处4人，月增640元；正科7人，月增1085元；副科22人，月增3305元；科员15人，月增2255元；副教授2人，月增330元；中级12人，月增1860元；助理级5人，月增750元；员级3人，月增450元；全民工29人，月增4205元。

根据湘政办发〔1997〕33号文件精神，经省农业委和省人社厅批准，从1997年7月起，77名退（离）休国家干部、代干和全民工人均月增加生活补助费8.80元。为缩小与常德市退休人员的退休费的差距，从2009年1月1日起，退休国家干部、代干和全民工，根据职务（技术）等级，场内增发“职务（岗位）津贴”作为退休生活补贴，每人每月125~170元；同时，发给“津补贴”，发放标准为每人每月306~455元。教师教龄津贴、护士护龄津贴全额发给。

农工退休费。1993年来，历年工改增加退休费和正常增加退休费均为“空调”，保留劳资关系。其实际发放待遇是：农业分场退休农工，贺场发〔1991〕1号文规定，从1991年1月起，按每年工龄每月1元发给养老生活费。贺场发〔1994〕1号文规定，从1994年1月起，在1993年12月31日前已退休的，每人每月生活补贴费标准提高到25元（此后退休的不发给退休生活补贴费，而分给“人口田土”），1996年提高到35元，1999年7月1日起年增加80元，每人年达到500元，月均42元；工副业单位退休农工，每年工龄每月1元生活补贴费，盈利年份，每年工龄月增发1元；事业单位退休农工，每年工龄月2元生活补贴费。贺场发〔1994〕1号文规定后两种单位，即行政事业和企业单位继续执行场内退休制度，标准与1991年相同。贺场发〔1996〕26号文规定，从1996年1月起，行政事业和企业退休农工的生活补贴费，由每年工龄月2元提高到2.50元，1999年7月1日起提高到3元，每人月生活补贴费平均水平在90元左右。

1996年5月，常德市水稻原种场划归原种场管辖后，移交农工的退休生活费按双方协议，即按该场原制定的标准发给。1986年12月31日以前办理退休手续的农工领取退休养老金标准，最高不得超过每人月80元；1987年1月1日以后办理退休手续的农工，标准为“养老金基数加工龄补贴”，其基数为每人月30元，工龄补贴为每年工龄月1元。工龄不足10年的不享受退休养老金待遇。1999年7月1日，其移交的农工与原种场农工一样，每人年增加生活补贴费80元。其待遇平均水平高出同类人员近1倍。

2017年末，原种场退（离）休干部职工3078人。其中：离休国家干部1人，退休国家干部132人，退休代干16人，退休全民工50人，退休农工2879人。实际发放离休费和养老金的国家干部、代干、全民工共199人，全年发放离休费和养老金864万元，月人均达到3619元。

（二）干部和全民工养老保险　根据《湖南省人民政府关于机关事业单位工作人员养老保险制度改革的实施意见》（湘政发〔2015〕38号）精神，全省机关事业单位工作人员，自2014年10月1日起实施新的养老保险制度。2016年11月，省编办实名制管理处、省人社厅事业单位人事管理处、省农业委人事处经过审查档案，按照尊重历史、实事求是的原则，对原种场参加省直机关事业单位养老保险的436名干部和全民工（在职287人、退休149人）进行了身份认定。2017年6月13日，纳入了省直机关事业单位养老保险范围。7月份开始由省社保中心给退休人员发放养老金（原种场代发），从此退休干部和全民工改发退休费为发养老金。在职人员养老保险缴费和退休人员养老金发放，从2014年10月1日起结算。

（三）农工养老保险

根据湘劳社政字〔2007〕15 号文件《关于未参保国有农业企事业场所和农户型国有林场参加基本养老保险有关问题通知》精神，农业职工从 2007 年 10 月纳入农垦企业基本养老保险。

2007 年 12 月，经湖南省农业厅批准，设立“湖南省贺家山原种场社会保障中心”。职责是：宣传农工养老保险政策，规定和履行相关手续。当年给 4877 名农业职工办理了养老保险手续（在职人员 2967 人，退休 1910 人，月人均发放养老金 358.76 元）。在每季度足额发放养老金的同时，开展了在职人员养老保险金的收缴工作，并按照单位部分 12%、个人部分 8% 的比例逐人收缴到位。2014 年 7 月起退休农工养老金实行了按月社会化发放。

2008 年起，按照国家政策，退休农工养老金待遇进行了连调，月人均增加养老金分别为 2008 年 124.07 元，2009 年 124.14 元，2010 年 137.19 元，2011 年 182.00 元，2012 年 208.00 元，2013 年 177.26 元，2014 年 181.97 元，2015 年 200.00 元，2016 年 174.60 元，2017 年 175.30 元。以下是调整后的养老金标准。（附表）

表 51　　　2008—2017 年贺家山原种场农工养老金发放统计表

年度	参保职工（人）	其中		人均养老金（元 / 月）
		在职人员（人）	退休人员（人）	
2008	4877	2967	1910	468.86
2009	4810	2827	1983	593.20
2010	4727	2704	2023	708.99
2011	4658	2612	2046	891.00
2012	4603	2490	2113	1098.00
2013	4533	2371	2162	1247.72
2014	4477	2303	2174	1429.69
2015	4411	2192	2219	1665.65
2016	4330	2103	2227	1788.03
2017	4258	1960	2298	1949.52

依据湘人社发〔2013〕40 号文件《关于调整完善企业职工因病或非因工死亡有关待遇的通知》和湘人社发《关于修改〈关于调整完善企业职工因病或非因工死亡〔2014〕11

号文件有关待遇的通知〉》的精神，2011 年 7 月 1 日起，在职农工以及退休人员死亡后其遗属可享受丧葬补助金和抚恤金。

（四）医疗保险

原种场医疗保险工作从 2006 年正式启动，先后实行三种保险制度：新型农村合作医疗制度、城镇居民基本医疗保险制度、城镇职工医疗保险制度。

1. 新型农村合作医疗 根据《常德市鼎城区新型农村合作医疗实施办法（试行）》（常鼎会发〔2005〕01 号）文件精神，2006 年 1 月 1 日正式启动新型农村合作医疗保险。它的启动和实行解决了职工群众看病难、看病贵的问题。随着城镇居民基本医疗保险制度的实行，2008 年 12 月 31 日停止了新型农村合作医疗保险工作。

表 52　　2006—2008 年贺家山原种场新型农村合作医疗保险补偿统计表

年度	参保人数	本场住院人次	住院补偿费用（元）	门诊补偿（元）	其他（元）	总额（元）
2006	8637	319	153711	86210	20426	260347
2007	9085	613	258265	73192	19800	351257
2008	9196	738	302561	45845	35526	383932

2. 城镇居民基本医疗保险 2008 年 1 月 1 日，按照《常德市鼎城区城镇居民基本医疗保险暂行办法》（常鼎政发〔2008〕24 号）文件精神要求，原种场启动了城镇居民基本医疗保险试点工作，首批参保对象为退（离）休干部；2009 年，正式启动了城镇居民基本医疗保险工作。2008 年、2009 年缴费标准为成人 160 元、未成年人 40 元、60 岁以上（含 60 岁）老年人 100 元；2010 年以后，缴费调整为成人 120 元、未成年人 40 元、60 岁（含 60 岁）老年人 60 元；2016 年缴费标准调整为每人 120 元，2017 年缴费标准调整为每人 150 元。2017 年因鼎城区城镇居民医疗保险与新农合合并，统称城乡居民医疗保险，原种场农村医疗保险也相应地改为城乡居民医疗保险。实行首诊负责制，职工医院医保办包干承担辖区内所有参保患者费用报销。

表 53　　2008—2016 年贺家山原种场城镇居民基本医疗保险补偿统计表

年度	参保人数（人）	医院基金（元）	住院人数（人）	医疗费用总额（元）	报销总额（元）
2008	523	83250	104	450282	127120
2009	4796	851170	878	1990546	768238
2010	6945	1501320	1713	3705067	1569653
2011	7516	2003000	1729	3851596	1950389

续表 53

年度	参保人数（人）	医院基金（元）	住院人数（人）	医疗费用总额（元）	报销总额（元）
2012	7835	2556950	1900	4200000	2500000
2013	8165	2970800	1457	4998174	3103888
2014	8541	3122520	1614	6924520	3786263
2015	8719	2962480	1225	8223634	3644632
2016	8579	3311900	1082	7482747	3931426
2017	8887	6576380	1179	11363317	5760356

3. 城镇职工基本医疗保险　城镇职工基本医疗保险于 2008 年正式实行，参保对象为原种场在职在岗的职工。2008 年至 2017 年参保人数分别为 281 人、282 人、293 人、298 人、297 人、319 人、318 人、322 人、326 人、326 人。基金收缴为单位缴纳 6%，个人缴纳工资的 2%。报销标准按照鼎城区职工基本医疗报销方式计算，职工医院为职工基本医疗保险定点医院。

（五）休假制度

在职在岗工作人员实行国家法定休假制度。节假日包括元旦节、春节、清明节、劳动节、端午节、中秋节、国庆节，按国家规定放假。每周星期六和星期天两天公休。婚丧假，直系亲属 1~3 天。本人法定年龄结婚，假期 3 天，晚婚假 15 天。女职工正常产假为 158 天（剖宫产另增加产假 15 天），同时奖励男方护理假 20 天。探亲假根据分居地点远近给予适当假期。

2008 年 1 月 1 日，根据国务院《职工带薪年休假条例》和省人事厅《关于转发人事部〈机关事业单位工作人员带薪休假实施办法〉的通知》（湘人发〔2008〕30 号）精神，制定了《湖南省贺家山原种场关于工作人员带薪年休假有关问题的通知》，实行年休假制度。累计工作已满 1 年不满 10 年的，年休假 5 天；已满 10 年不满 20 年的，年休假 10 天；已满 20 年的，年休假 15 天；年休假时间最多不超过 15 天。年休假的假期不包括国家法定休假日、休息日。国家规定的探亲假、婚丧假、产假的假期不计入年休假的假期。高级（副高及以上）专业技术人员按政策单独享受休假休养的假期不计入年休假。

（六）民政优抚

民政优抚工作，起步于建场初期。20 世纪 60 年代，由原种场人保部门兼管；20 世纪 70 年代至 20 世纪 80 年代，由原种场保卫科兼管。主要职责是安置、慰问退伍和复员军人、烈军属。1991 年后，因原种场民政管理工作未纳入政府民政序列，优抚经费只有烈属维稳由政府民政部门专项拨款，其他慰问、抚恤仍是原种场自行解决。2008 年 10 月，成立“湖南省贺家山原种场民政管理办公室”，具体办理原种场各项民政事务。

1. 民政优抚 2013年原种场“三属”人员3人，其中：烈属2人，病故军人家属1人，每月发放抚恤4000元。革命伤残军人8人，老复员军人12人，对越战退军人20人，农村籍60周岁复员士兵54人，现役义务兵12人，全年共发放各类优抚资金108万元。2014年，完成优抚对象信息采集工作，将优抚对象录入全国优抚电子信息系统，全年发放优抚及医疗金87.5万元。2015年，发放优抚资金67.2万元，发放现役军人家庭优待金12万元；加强退役士兵教育培训，发放就业教育和自主就业补助5万元；落实优抚对象医疗保障待遇，全年医疗救助43人次，发放医疗救助资金15.65万元，补贴门诊5000元。2016年，完成优抚对象分年龄段入户扫描核查工作。各类优抚对象120人，发放优抚资金70万元；保障重点优抚对象医疗待遇，发放医疗救助资金15万多元。在春节、“八一”建军节、烈士纪念日开展上门走访、慰问活动。2017年有优抚对象111人。对优抚对象按照年龄段分类进行核查，对符合退役安置士兵进行摸底核查，建立了工作台账，为涉军维稳工作奠定基础。召开“建军90周年座谈会”，邀请老复员军人、参战军人、残伤军人、现役军人及家属代表近50人参会；开展“八一”慰问活动，对现役军人家属、在乡老复员军人、参战军人、退役军人等共计200余人进行慰问，发放慰问金3万余元。

2. 大病救助 原种场民政办于2008年启动大病救助工作。当年大病救助103人，救助资金10万元；2009年大病救助147人，救助资金15万元；2010年大病救助改为医疗救助，救助159人，救助资金20万元；2011年医疗救助170人，救助资金20万元；2012年医疗救助128人，救助资金19.2万元。2017年，医疗救助100余人次，临时救助50多人次。共发放救助资金34万余元。

3. 农村危房改造 2011年改造农户住房100户，户平资金6000元，改造资金60万元；2012年改造农户住房353户，户平资金7500元，改造资金264.75万元；2013年，完成农村危房改造350户。

4. 低保与“五保” 原种场民政办于2013年建立了低保、“五保”人员的纸质档案，并录入全国城乡低保、农村“五保”电子信息系统。城镇低保户597户，保障人员797人；农村低保60户190人。当年每月发放农村低保资金2.1万元。全年临时救助262人，特定救助23人，城乡低保、农村五保医疗救助156人，共发放社会救助资金44.3万元。2014年城镇低保590户、保障人员823人，人均每月保障补助水平285元；农村低保人均170元，农村“五保”供养标准每人每年4200元。2015年，提高城乡低保、农村五保供养的补助水平，发放低保金266.78万元、供养资金59.47万元。2016年，按照“应保尽保、应救尽救、该退应退”的原则，开展低保清查工作，低保实行动态管理。提高城乡低保、农村“五保”供养保障标准及低保人均补助水平，城市低保保障455元/月、人均补助提高了286元；农村低保保障235元/月，人均补助提高了126元；“五保”分散供养不低于3200元、集中供养不低于5700元。全年为633户865人，发放低保对象城乡低保金247万元、“五保”供养资金12万元。2017年按照上级民政部门的要求，开展城乡低保、社会保障兜底脱贫对象和特困供养人员认定清理工作。共清退低保户210户、220人，清退占比率40%，达到社会救助工作规范化管理的目的。年内，对城乡低保人员均两次提标，城乡低保提标至340元/月以上、兜底保障扶贫低保户人均不低于400元，农村特困人员基本生活标准提高到5000元/年，城市特困人员基本生活标准提高到7800元/年。全年共发放城乡低保、特困人员保障金230万余元。

5. 老龄工作　2013年，建立了原种场老龄工作委员会组织机构，开展老龄工作，对全场的老龄人进行了调查摸底，建立了台账。向省民政厅和市民政局申报两个老年活动中心建设项目，获得基础设施经费3万元，新办老龄优待证97人次。2014年，筹办了大洲老年活动中心，启动了老年意外伤害保险工作。2015年，申报了敬老院后续建设和大洲、乐兴两个老年人日间照料中心项目；争取到敬老院建设资金12万元、老年协会建设资金2万元。老年意外伤害保险参保率在市辖6小区名列前茅，免费办理39位老人的老年证。2016年，为敬老院办理老年服务机构险，为老人居住的每个房间及公共场所安装了烟雾报警器。以奖代补对大洲分场和乐兴分场的老年日间照料中心和老年协会两个项目建设补贴3万元。办理老年证22人。老年意外伤害险参保人数达到2468人，受理理赔案件28起，现赔24起，赔付金额5万元。2017年，解决敬老院维修、老年服务机构险办理；建成大洲分场、乐兴分场老年协会；申报立项一所老年日间照料活动中心、争取项目资金10万元；做好老年意外伤害保险续保及服务工作，当年共计上报案件26例、理赔22例、理赔金额共计2.3万余元；办理8位适龄老年人老年证。

6. 社会临时救助与救灾　2015年开始，全面开展社会临时救助与救灾工作，11月建成了“一门受理，协同办理”服务中心。是年发放临时救助资金34.1万元，发放临时医疗资金25.08万元、救助困难群众220人次，对因暴雨受灾职工群众发放救急救灾资金10万元。2016年，启动城市流浪乞讨人员救助工作，争取资金6万元；全年支出临时和医疗救助25万多元，救助210人次；开展“防灾减灾日”活动宣传，加强灾害物资储备工作，提高防灾减灾能力，争取国家自然灾害生活救助补助资金14万元。2017年，医疗救助100余人次、临时救助50多人次，共发放救助资金34万余元。开展对流浪乞讨人员的救助，争取12万元的资金对流浪乞讨人员进行救助。

7. 体育健身器材项目争取　2015年，从省体育局争取乡镇社区群众多功能体育运动场建设项目资金10万元、价值6万余元的路径健身器材1套、1副篮球架和2台乒乓球桌。2016年，从省体育局争取价值近30万元的群众健身路径器材4套，完成安装。2017年5月，争取一套价值30万余元的“笼式足球”设施，在原种场子弟学校安装并实施场地硬化投入使用。

8. 其他专项 2016年，按照《特困人员认定办法》的标准，初步认定农村特困人员61名，争取特困人员救助金12万元。开展农村留守儿童摸排建档工作，对186名留守儿童信息建档立卡，并实施民政部、公安部、教育部、卫计委等多部委联合组织的从2016年11月至2017年12月为期一年关爱和保护农村留守儿童“合理保护、相伴成长”的专项行动。2017年，完成留守儿童的动态更新排查工作，确认留守儿童158名。

（七）扶贫

按照“精准扶贫”要求，于2014年确定全场扶贫对象308人，建立纸质档案并录入电子信息系统，要求三年内完成脱贫。2017年，制定《湖南省贺家山原种场2017年推进精准扶贫攻坚实施方案》《干部结对帮扶工作方案》，对56户贫困户、123名贫困人口针对性地进行扶贫。是年11月，扶贫专项资金及配套资金101.4万元按产业、医疗、教育、危改、兜底扶贫措施补助打卡发放到位，完成扶贫建档立卡资料。

2015年，按照常德市委要求，对扶贫点桃源县沙坪镇竹山村进行了帮扶和慰问。当年，争取贫困助学雨露计划资金2万元，资助入学新生5名。2017年8月，对高考录取的低保、残疾和困难家庭的大学生，开展了“精准扶贫、点燃希望”助学活动，资助入学新生8名，资助金额3.2万元。

（八）敬老院

原种场敬老院位于乐兴分场，2008年11月由原乐兴分场场部改建而成，总投资423万元，其中：原种场投资153万元，市民政部门投资270万元。

场敬老院为四合院，占地面积22.5亩，建筑总面积1935.5平方米。其中：东西栋各9间，共816.5平方米；南栋11间，共660平方米；北栋11间，共459平方米。有供养老人房间32间，床位64张，配置了10张护理床。供养老人房间内空调、有线电视、洗衣机、烟雾传感器、热水器、衣柜、坐式马桶、浴室、卫生间等生活设施设备一应俱全。室外有8套健身器材，健身场所2000平方米。配套建设有食堂、活动室、洗浴室、卫生间等。修建有集健身、休闲、观赏于一体的鱼池2432平方米，蔬菜种植区约1.5亩，生猪养殖区140平方米。

敬老院院长、副院长由原种场任命，实行院长负责制，其他管理人员由原种场委派，护理员由敬老院自主招聘，工资待遇由底薪加绩效组成。

第四节　财务管理

根据《中华人民共和国会计法》《中华人民共和国预算法》《行政事业单位财务规则》以及相关法规，原种场实行分级负责、归口管理的财务管理体制。1991年后，为了提高资金使用效益，保障各项工作任务完成，结合实际情况，分年度制定各具时代特色的财务管理实施细则。财务工作有章可循，会计账目报表齐全，充分发挥会计审核、监督两个职能作用，使财务管理日趋规范。

一　财务机构与队伍

20 世纪 90 年代，按照计划财务科编制，设科长 1 人，副科长 1~2 人，会计人员 2~4 人，由场长直接主管。场属各单位设主管会计 1 人，助理会计 1 人，成本会计 1 人，出纳 1 人。单位主要负责人是财务管理的第一责任人，这一时期全场共有会计人员 56 人。进入 2000 年后，随着经济发展方式的转型，场办工商企业部分处于停产歇业状态，会计人员减少到 49 人。2003 年，成立"湖南省贺家山原种场结算中心"，中心设主任 1 人、副主任 1 人、会计 2 人、出纳 1 人。场属报账制单位设报账员 1 人。2017 年全场有财会人员 42 人，其中会计师 5 人、助理会计师 10 人。

二　核算体制

1991 年后，农业分场以户立账，直接结算到户，实行的是统一管理，两级核算体制。场属企业核算到车间、班组或机车（个人）。2003 年后，实行的是统一管理、两级核算与报账制。子弟中学、集镇办、综治办、排灌站、种科所、社保中心、敬老院实行实际报账制，其他单位仍实行两级单独核算体制。

三　资产管理

资产管理包括流动资产、固定资产、无形资产和其他资产管理。20 世纪 90 年代初期，实行的是限额管理，现金管理由农业银行监督；规定单位不许设小钱柜、不设账外账的管理办法；中后期同农业银行贷款往来中断，银行监督随之消除。进入 2000 年后，实行的是统一登记、统一建账，明确管理和使用责任，定期或不定期进行清查、盘点，并规定账账相符，账实相符，防止国有资产流失。

（一）流动资产管理

1. 现金管理　保障现金安全，严格有关现金管理的规定，不得白条抵库，坐支现金。

2. 银行账户　根据需要，经批准由单位统一开银行账户，不得多头开户和私设账户。

3. 有价证券　有价证券必须视作货币资金妥善保管，不得作为实际支出报销。

4. 应收账款　应收账款（暂付款）指应收票据、各种预付款项、待摊费用等。各种应收款、预付账款应当及时清算、催收，并定期与对方对账核实。确认无法收回的应收账款按有关规定及时予以核销，计入当期损益，不得长期挂账。同时还规定库存材料应按实际耗用列支，不得以购代报。

（二）固定资产管理

1. 投资规模　纳入固定资产的价值起点限额仍实行国家规定的标准，以价值 500 元以上、使用年限 1 年以上为起点。1993 年固定资产原值 1007 万元，净值 597 万元，以后由于种业、科研的发展，设施投入逐年增加以及排灌设施的配套完善。到 2017 年底止，固定资产原值增加到 5104.5 万元，净值 3084.9 万元，国有固定资产的投资来源是省拨款

3664.5 万元、引进外资和场自筹资金 1440 万元。

2. 管理措施 原种场财务部门一直建立有固定资产明细账，并以设施、房产立卡，每年清理一次。1991—1997 年大型机械设备按 10%、房产按 5%提取折旧费。1998—2012 年不再提取折旧。2013—2017 年按平均年限法计提折旧。固定资产的处置按照相关规定和程序审核报批，由场计财科统一归口管理。

表 54　　1991—2017 年贺家山原种场固定资产情况

单位：万元

年度	原值	净值	年度	原值	净值
1991	—	—	2005	2920	2920
1992	—	—	2006	3330	3330
1993	1007	597	2007	3330	3330
1994	1034	588	2008	3600	3600
1995	953	541	2009	3600	3600
1996	1028	581	2010	3600	3600
1997	1108	643	2011	3750.12	3750.12
1998	1509	1044	2012	3784.4	3784.4
1999	1850	1850	2013	4836.4	3784.4
2000	1827	1827	2014	5104.5	3784.4
2001	1827	1827	2015	5104.5	3784.4
2002	2115.6	2115.6	2016	5104.4	3784.4
2003	3907.7	2907.7	2017	5104.5	3784.4
2004	2908	2908	—	—	—

（三）无形资产管理 无形资产是指长期使用而没有实物形态的资产。包括专利权、非专利技术、商标权、著作权、商誉等，是单位事业发展的基础和重要资源，经评估计价后入账，进行妥善管理。2007 年 4 月，杂交水稻新品种“株两优 15”转让湖南省丰源种业有限公司并获转让费 60 万元；2009 年 4 月，“湘早籼 46 号”转让湖南省湘穗种业有限公司，获转让费 10 万元；2017 年 6 月“贺优 50”“D 两优 311”转让湖南省湘穗种业有限公司，获转让费 100 万元。

（四）支出管理 按照降低运行成本提高经济效益的原则，建立健全财务支出管理体制，防止多头审批和无计划开支。1991 年后，重大支出项目集体讨论决定，并确立“一支笔”

审批原则。专项经费支出，实行“专款专用、单独核算、追踪问责”的管理办法。同时还规定场属预算单位从有关部门取得的指定用途项目、单独核算的专项资金，应报送资金支出决算和使用效果的书面报告，并接受有关部门的检查、验收。各单位内部核算，严格执行国家规定的开支标准和开支范围。

（五）预算差额拨款　预算差额拨款是依据贺家山原种场事业单位企业管理的性质纳入省农业厅经费预算的。省农业厅根据贺家山原种场的工作实际，实行定额补贴，节余留用，超支不补的原则。27 年累计拨款 37，704.38 万元，具体分年度拨款见统计表。

表 55　　1991—2017 年贺家山原种场预算差额拨款情况统计

单位：万元

年度	拨款	年度	拨款
1991	85	2005	827
1992	90	2006	1910
1993	91	2007	1903
1994	309.8	2008	1742
1995	304.4	2009	2134
1996	318.2	2010	2177
1997	424	2011	2904.98
1998	424	2012	3345
1999	437	2013	2950.4
2000	406	2014	4138.3
2001	679	2015	3435.9
2002	675	2016	3916.6
2003	766	2017	3986.7
2004	780		

（六）银行贷款　1991 年后，随着市场经济体制的建立，原种场下属各独立核算单位直接向银行贷款。截至 2010 年末，场属各单位累计欠银行贷款 2104 万元。其中工业贷款 1764.4 万元，未还清的主要原因是国家抓大放小，市场疲软，致使企业关闭歇业；农业贷款 339.6 万元，其主要原因是种子质量赔偿问题转为应收款，无法收回。2011—2017 年未发生银行贷款。

（七）专项拨款　专项拨款主要由省农业厅、省交通厅、市国土局、水利局、交通局、教育局、卫生局、民政局等部门拨款。27 年累计拨款 17977.56 万元，用于民政优抚、民生事业、公路建设、农田水利设施建设等。

（八）科研费拨款　科研费拨款是省农业厅及其他部门拨给原种场的预算经费。经费由场计财科掌握，分期拨给场属科研单位使用。27 年累计投入科研经费 1491.55 万元。

（九）专用基金　专用基金是场属各单位按照国家标准提取，费用提取后，主要用于场属各单位的发展、职工福利和设备更新。至 2017 年专用基金余额为零。

四　成本管理

原种场工业企业的成品成本主要包括原材料、燃料、动力、工资、固定资产折旧费、管理费用等。降低工业产品成本，就是要求企业在保证产品质量的前提下，生产同样的产品时，节约各项费用，耗费更少的人力、物力、财力。20 世纪 90 年代初期，场属优质棉加工厂根据单位具体情况实行责、权、利相结合和车间经费核算的财务管理办法，使活劳动与物化劳动相协调，将生产机制和经营体制融为一体。认真选用关键岗位技术人员，合理量化奖惩制度，挖潜增效，取得较好的效益，1993—1996 年共实现纯利润 164 万元。但是后期因市场等多方原因场属工商企业全部关停并转。

五　产品管理

（一）种子产品　1986 年成立“湖南省贺家山原种场种子公司”。1991 年后，杂交水稻种子由种子公司开展生产和经营。在质量管理上，严格按国家标准进行种子检验，主要是纯度、净度、水分、发芽率。建立种子档案，结账时留存质量保证金 10%~15%。实行售后负责制，一是依据海南进行纯度种植鉴定数据；二是用户提供的纯度、净度、水分、发芽率的情况，进行追踪调查处理。在价格管理上，一是按照市场规律运作；二是对种植户采用订单形式、使其有利可图。在收购（上交）管理上，以订单种植户交场种子公司，经过精选加工后，分户装袋，并贴有内外标签，存入场种子公司仓库，户交户结。到 2017 年均采用这一管理措施。

（二）棉花产品　1991—2000 年，为了保证优质棉加工厂加工产源，原种场下达籽棉指令性上交指标，在落实指标时采用行政和法律手段杜绝籽棉产品外流。同时，对欠交户实行扣罚，每少交 1 千克籽棉扣罚 0.05 元。对所属单位管理人员实行守护值班制，并作为年终考核具体内容。这一方法保证了优质棉加工厂的产源和上交利费，但引发了一些社会矛盾。2001 年后贺家山棉农的籽棉交售全面放开。

（三）油菜籽产品　1991—1995 年，采取下达指标的形式，种植户每亩上交油菜籽 50 千克。粮油中心按市场价格收购，或为种植户换取菜籽油，剩余部分自由上市。1998 年后，油菜籽交售全面放开。

（四）其他产品　1991 年后，稻谷、鲜鱼、柑橘、湘莲、瓜果、蔬菜、芦苇等，进入市场销售。

（五）工业产品　1991 年后，红砖、食品、印刷和渔业机械厂的产品由企业自行管理和销售。

六　经济效益

（一）地区生产总值与全员劳动生产率　1991—2017 年，经过 27 年的努力，原种场地区生产总值和劳动生产率迅速提高。地区生产总值由 5681.5 万元增长到 33419.95 万元，增长了 5.88 倍；劳动生产率由 1.15 万元增长到 6.05 万元，增长了 5.26 倍。

表 56　　1991—2017 年生产总值及全员劳动生产率统计表

单位：万元

年度	地区生产总值	劳动力（人）	劳平产值	年度	地区生产总值	劳动力（人）	劳平产值
1991	5681.50	4921	1.15	2005	9502.96	3991	2.38
1992	5896.47	4828	1.22	2006	9983.92	3943	2.53
1993	6135.52	4846	1.27	2007	11931.94	3865	3.09
1994	5983.87	4874	1.23	2008	12710.67	3833	3.32
1995	7601.81	4917	1.55	2009	14282.85	3731	3.83
1996	8955.03	4781	1.87	2010	16262.35	3642	4.46
1997	7963.80	4670	1.71	2011	18755.24	3490	5.37
1998	7048.59	4591	1.54	2012	22236.55	3344	6.65
1999	6843.30	4573	1.5	2013	26047.55	5590	4.66
2000	7548.15	4465	1.69	2014	27349.93	5570	4.91
2001	7339.23	4383	1.67	2015	30119.10	5556	5.42
2002	7268.85	4313	1.69	2016	31841.10	5538	5.75
2003	8647.80	4274	2.02	2017	33419.95	5526	6.05
2004	9312.53	4217	2.21				

（二）经济效益

1. 上缴税收情况　1991—2017 年累计上交国家各类税金 708.5 万元。

2. 利润情况　1991—2017 年 27 年中，有 23 年实现利润，盈利总金额为 393.4 万元；其中 4 年出现亏损，亏损总额为 392.7 万元。27 年累计实现利税为 709.2 万元（见附表）。

表 57　　1991—2017 年贺家山原种场实现利润与上缴税金情况表

单位：万元

年度	利润	税金	年度	利润	税金
1991	34.0	51.5	2005	0.3	免税
1992	33.0	55.6	2006	2.2	免税
1993	21.7	49.2	2007	9.0	免税
1994	23.8	112.5	2008	15.6	免税
1995	–69	34.8	2009	19.2	免税
1996	136.1	94.9	2010	7.8	免税
1997	–290.6	67.4	2011	5.4	免税
1998	–13.7	10.6	2012	5.0	免税
1999	12.0	21.0	2013	4.0	免税
2000	34.8	37.9	2014	3.5	免税
2001	0.7	13.9	2015	1.1	免税
2002	–19.4	76	2016	1.3	免税
2003	2.7	83.2	2017	1.2	免税
2004	19.0	免税			

（三）社会效益　杂交水稻种子。1991—2017 年共生产不育系原良种种子 2821.02 万千克，恢复系种子 26.22 万千克，水稻杂交 F1 种子 3152.9 万千克。为提高水稻产量、确保粮食生产安全做出了巨大贡献。

七　财务与审计监督

1991 年以来，实行三种监督，即会计监督、内部审计监督、部门监督。会计监督是建立用制度管钱，按规矩办事监督机制。相继制定和下发了《经费预算审核制度》《资金调度工作制度》《转被配置审查审核制度》《经费支出审核制度》《国有资产处置审核制度》《政府采购工作制度》。同时，独立核算单位按会计制度要求做账，每月向场计财科及时报送财务报表。2003 年，成立会计核算中心后，报账制单位的报账员每月三次向会计核算中心及时报账，以便适时掌握场属单位的财务活动和有关项目资金使用情况。形成长效机制，实行有效监督。内部审计监督是：主要有单位效益审计、经济责任审计、项目审计。违纪人员由场监察室处理。

2013—2014 年，进一步完善“依法审计加强审计监督”内部审计制度。加强对独立核算单位财务的审计监督工作，每年对 5—8 个场内独立核算单位的财务进行重点审计，严把审计质量关，加大对问题的处理、处罚力度。2014 年修定的原种场奖惩办法，对业务招待费标准作了明确规定，凡超过原种场规定业务招待费开支标准的，对单位处超支部分 100%的罚款，并对单位主要负责人处超支部分 30%的罚款。

2015—2017 年对审计工作提出了新的要求，即建立领导干部财务管理负责制，单位主要负责人对本单位财务工作负“第一责任人”的责任。单位主要负责人离任必须进行离任审计。

27 年来，违反财经纪律，贪污累计金额 4.712 万元，渎职损失金额达 279.38 万元；招待费超标单位罚款 40473 元，对负责人罚款 2300 元；对违章列支的 4842 元和违规发放的补贴 17450 元收回上缴场财政。受各类处分的人员 28 人，其中国家干部 19 人、其他人员 9 人。

第五节　经营管理办法

《湖南省贺家山原种场经营管理办法》（以下简称《管理办法》）由 1991 年首届职工代表大会讨论通过实施以来，一直是原种场经营管理的纲领性文件。2016 年七届四次职工代表大会更名为《湖南省贺家山原种场经济社会发展管理办法》。每年的《管理办法》均由职代会资料筹备小组出初稿，再经过农业、工商企业、管理服务单位主要负责人反复讨论后，报党委审定形成会议资料，最后提交给职代会讨论，根据职工代表的意见修改后形成正式文件，指导全场各项工作。《管理办法》经过 20 余次职工代表大会的增删与修改，已经较为完善，形成了原种场的经营管理特色。一是时代特色。《管理办法》紧扣时代主题，与党和国家的政策保持高度一致，并根据实际情况制定适宜的具体措施，推动全场工农业生产和各项事业的发展。二是种业是立场之本的经营特色。1991 年《管理办法》提出以“繁育原（良）种种子为主，积极发展多种经营”。2000 年《管理办法》再次表述：要把种业兴场、种业强场作为主要工作任务。2004 年《管理办法》更进一步提出“科技领先，种业富民”的发展战略。

2012—2017 年均提出按照《湖南省贺家山现代农业示范区总体规划》进行建设，2017 年进一步提出以产业为核心、科技为支撑、生态为基础，进一步创新机制，加快建设现代农业技术创新基地、高效农业示范基地、现代种业繁育和种质资源保护基地、现代农业科技培训基地、新农村建设示范基地。

一　管理体制与经济社会发展主要目标

1991 年，《管理办法》确立了全面贯彻“决不放松原（良）种生产，积极发展多种经营”的办场方针，确立了实行党委集体领导下的场长负责制和职工代表大会制，确立了坚持统一领导与分级管理的原则。实行“四级”（原种场、分场、生产队、承包户）管理，“三级”（原种场、分场、承包户）核算。工商企业实行“三级”（原种场、工商企业、班组）管理，二级（原种场、工商企业）核算。原种场机关各委部科室办，实行岗位责任目标管理，并要求在职责权限内积极开展工作。在经济责任制上，农业分场坚持土地租赁承包责任制，场办工商企业坚持完善经济承包责任制。

2006年国家全面取消农业税，农业职工自当年起不再向原种场上缴利费，但仍然实行联产承包责任制。

2008年，根据国家政策，原种场采取“一事一议”的方式，从职工承租土地面积中每亩收取20元小型公益费用。此费用生产队每亩提留10元，用于小型渠道疏通；每亩10元上交分场，用于大型渠道疏通。以后每年根据实际情况收取，2009年以后“一事一议”已成为常态化、规范化。

1999年以前的《管理办法》只制定工农业产值目标，从1999年开始，《管理办法》每年都提出本场的经济、社会发展目标。1999年计划实现地区生产总值（GDP）7750万元，年人均纯收入2250元，同时，计划生育率首次纳入了《管理办法》的经济社会发展主要目标。到2017年计划实现地区生产总值（GDP）34230万元，人均纯收入14168元；2017年完成地区生产总值（GDP）33,420万元，人均纯收入14,294元，分别是1999年的4.31、6.35倍。2016年国家二孩政策放开，计划生育率不再纳入《管理办法》的经济社会发展主要目标。

（一）农业生产与管理

1. 土地承包制度 1992年，根据中共中央十三届八中全会精神，《管理办法》以深化改革为主调，提出进一步完善家庭联产承包责任制，建立统分结合的双层经营体制。此后每年的《管理办法》都提出稳定田土联产承包责任制，并落实土地承包再延长30年不变的政策。

2. 调整农业产业结构 1991年，《管理办法》提出积极发展庭院经济和生猪养殖，向“种、养、加”的广度和深度发展。充分利用水域和庭院资源大力发展网箱养鱼和庭院经济，实现农业的新飞跃。1996年，《管理办法》提出发展以特种水产为主的水产养殖业，并作为特色产业来发展。此后，每年的《管理办法》都提出农业结构调整，实现农业资源最佳配置，全面提高了农业生产的综合效益。

3. 种子生产 1991年，《管理办法》提出种子生产总的思路是：从“新”字（品种的更新换代）上找出路，以数量求发展，以社会效益和经济效益为目的。在此基础上，1992年，《管理办法》提出以市场为导向，提高种子效益；继续坚持“以种子繁育为主，积极开展多种经营”的基本方针，发展高产、优质、高效农业。2002年，《管理办法》表述加大育种力度，加强与省内外科研院所的联合，实施品牌战略；同时着力抓好营销，扩大种子生产规模，扩大杂交稻两系制种面积。进一步提高种子质量意识，强化种子质量责任。

为了搞好种子生产，提高种子产量与质量，2013年，《管理办法》提出根据市场需要，落实好种子生产计划。继续开展种子高产技术示范，强化质量综合保障措施，坚决执行母本盘育抛栽，严格控制直播，大力推行“春繁—晚粳”的种植模式。提高种子生产装备水平，逐步建立标准化、规模化、集约化、机械化种子生产基地。进一步完善种子生产补贴制度和价格调节机制，提高职工生产种子的积极性。2015年，《管理办法》提出按照市场化、产业化种业模式，转换经营思路，发挥科研基地优势，实行“走出去、请进来”方式，加强与湘穗种业合作，鼓励有实力的种业公司来场发展，创新合作模式，实现原种场、职工与公司多赢。

4. 棉花生产 1996年，《管理办法》提出大力发展杂交棉种植，推广湘杂棉1号、湘杂棉2号，同时推广棉花半膜覆盖栽培技术。

5. 芦苇生产 2002年，《管理办法》提出实施滚动开发，改扩种芦苇面积，稳步实施芦林间种开发。2017年，《管理办法》提出小凡洲芦苇场要提高服务质量和水平，确保承包方有良好的生产经营环境，协助承包方搞好经营生产培管。

6. 柑橘改良 1999年，《管理办法》提出用3年时间全面完成场内柑橘改良和高位嫁接任务。

7. 林业生产 1996年，《管理办法》提出对现有林木进行有计划的更新改造，以防护林带为主，逐步变生态效益为经济效益，把林业作为一项产业来发展，严格砍伐审批手续，强化兴林责任制。2013年，《管理办法》开始提出坚持生态优先，逐步实施绿化造林工程，2015年，提出年内完成3万株植树目标，2016年，提出完成3000亩血防林建设，2017年，提出完成600亩“长江防护林”建设，至此场林业生产步入一个较快的发展时期。

8. 其他管理

农民负担。1995年后，随着社会性、政策性各类费用开支增大，职工田土承包上交费用逐年调高。到2002年上交利费达到每亩310元，2003年后开始逐步减少利费，《管理办法》规定水田、旱地全场统一为每亩收取198元，并免征精养鱼池和柑橘的农林特产税；2008年实行零负担。随后，逐年实行了粮食直补和农资综合补贴。

定编定员。1994年，《管理办法》规定农业分场实行统一定编，新合、大洲、乐兴分场各定编8人，苏家吉分场定编7人，小凡洲芦苇场定编4人。

加大科研投入。2006年后，《管理办法》稳步实施种业科学研究所体制改革工作，稳步推进各项科研工作，使之不断创新。2012年以后，每年均提出加大种业投入，加快创新步伐。

农业服务体系。建立农业职工科技培训体系，植物保护服务，即农作物病虫害综合防治。贯彻“预防为主”的方针，加强动物防疫体系建设和重大疫情防控工作。着力培植科技种养营销大户。2013年后，《管理办法》每年都提出整合场农业技术力量，建立和完善农业技术服务体系。强化原种场指导职能和分场实施功能，提高农技人员的专职化，切实做好水稻、棉花、油菜、柑橘、蔬菜等农作物主推品种、主推技术的推广工作，履行好动植物疫病防控、农产品质量监管等基本职责。

水利建设。从2001年开始，加大了对农田水利基本建设的投入，确保全场农业增产增收。2017年提出了积极争取县级水利发展规划和“十三五”水利发展规划项目，做好相关的前期工作和实施协调工作；抓好冬修水利工作，强化责任，分级管理，建立健全建后管护机制，并落实到位；进一步完善防汛抗旱设施设备，不断提高防汛抗旱能力，确保职工群众生命财产安全。

（二）工商企业经营和管理　1991年《管理办法》提出，场办企业继续坚持和完善经济承包责任制。承包采取“二包一挂”，即：包上缴利费、包固定资产完好率，实行工资总额与经济效益挂钩。完善企业全员风险抵押承包办法，逐步提高企业自我发展能力。1992年《管理办法》明确提出，企业经营必须以经济效益为中心，进一步提出“四包一挂”，即：包销售收入、包实现利润、包上缴利费、包资产增值，“四包”指标（以利润为主）与管理班子（正副职）的工资总额挂钩，并提出企业应为原种场承担一定的创收责任。1993年《管理办法》提出，搞好经营机制转换、技术设备改造、走新路子和大力发展私营工商企业四个措施来巩固发展工商业。1995年《管理办法》提出，场办企业必须适应社会主义市场经济，逐步建立现代企业管理制度，加快技术改造，促进经济持续、稳定、协调发展。1996年《管理办法》提出，场办企业要根据国家改制、改组、改造的原则，以“深化改革，抓大放小、强化管理、提高效益”作为发展思路。重点发展种子公司、优质棉加工厂、优质粮油开发中心、建筑公司等四家企业。加大智力投资，全面提高场办工商企业效益和员工素质。1997年《管理办法》提出，场办工商企业以效益为中心，深化内部改革，实行三类管理形式：一类继续实行还本承包，二类推行内部股份合作制，三类实行目标管理。内部股份合作制的管理人员和上岗职工按要求出资入股，场办工商企业全面实行全员劳动合同制。1998年《管理办法》提出，继续以深化改革、强化管理、转换经营机制为重点，对全场工商企业有计划、有步骤地进行公司制、股份制、租赁经营形式的改造。继续支持发展非国有经济。1999年《管理办法》提出，场办企业继续坚持以市场为导向，以强化管理为基础，以合作优势互补为条件，以产品质量为生命，走靠优、靠强、靠大的路子，选择股份制、股份合作制、联合经营等多种方式引进资金、人才、技术。采取纵、横联合的形式，可以选定托管、出售、拍卖、破产的办法，着力调整结构，实施资产重组，使企业走出场门，面向社会，真正成为自负盈亏、自主经营、自我发展、自我约束并独立承担民事责任的法人实体。2000年《管理办法》提出，在上一年基础上，对改制企业建立评议制度。2001年《管理办法》提出，为以市场为导向，大力发展多种所有制经济，通过股份、租赁、变卖、破产、转让等方式，使全场的企业逐步实行民营化，同时启动“两个买断”。2002年《管理办法》，在上年基础上表述为逐步实施“国退民进”，创新管理机制，形成企业自主用人，推行“两个置换”工作，发展个体工商户。2003年在上年基础上深化改革，整顿经济秩序，改善投资和经济环境，建立行业协会。2005年《管理办法》提出，继续深化改革，留守保牌企业，加强内部管理。渔机厂实行减负目标管理；供销社和物资公司，实行留守下岗分流。2006年对银丰公司进行拍卖，由湘农棉业（民营企业）取代。2015年开始提出加大招商引资力度。积极争取政策扶持，充分发挥资源优势，高度重视，科学谋划，增强招商的针对性和实效性，重点引进种业科技、冷链物流、生态种养等企业。

（三）项目管理

2002年开始，《管理办法》第一次把项目建设与管理列为单独一节做专门表述。

2002年计划投入650万元实施下列工程建设：种业科技园建设、大洲提纯基地建设、种子烘干车间及设备购置、全场电网改造项目建设。重点工程文化宫建设项目2002年竣工，并投入使用。《管理办法》首次明确了支持场属各单位争取新建项目，对有功人员给予奖励；并明确以原种场和系统行业的名义争取的项目和资金，必须纳入项目办归口统一管理；20万元以上项目实行招投标；建设项目实行专人专账管理；项目竣工后进行项目审计，并作为项目工作的指导性办法。2004年《管理办法》要求场内建设项目所有相关资料，在竣工验收后，由专人按项目要求，整理归档保存。2007年《管理办法》正式明确规定，场属各单位、各部门、各行业的项目按《湖南省贺家山原种场项目管理试行办法》的规定由场项目管理办公室统一归口管理。2009年《管理办法》提出，建立项目工作述职制度，将项目建设争取情况纳入年度考核内容。2010年《管理办法》提出，加强项目工程建设管理，按照项目工程建设的管理模式和操作程序，加强项目工程建设的事前引导和控制；注重项目建设过程中的监督检查；完善项目建设竣工交付使用后的质量监督和管理，使质量监督进入良性循环。2011—2012年《管理办法》中的计划项目明显增加，项目资金分别达到3000万元、3500万元。

2012—2017年，《管理办法》重点提出完成现代农业示范区提质工程建设、湿地保护项目、马龙桥机埠改造、血防水利项目、血防农业综合治理项目、安全饮水工程后续建设、标准化生态猪养殖场建设、精品集镇后续建设、有机蔬菜基地建设、农村危房改造项目、贺家山大道提质改造、小河流治理、农作物品种区域试验站、清洁工程、“三电合一”农业信息服务、原原种扩繁基地、公租房、“一化四体系”项目、现代农业发展引导项目、水利设施提质改造项目等工程，通过项目建设场容场貌发生翻天覆地的变化，职工居住条件随着危房改造、公租房等项目完成也大大得到改善。

（四）财务管理与审计监督

1991年《管理办法》提出，实行财务计划管理，全场固定资产的所有权、处理权归原种场。严格购销合同管理和专用基金管理。工资实行总额控制，并加强内部审计工作，采取定期和不定期的形式送达审计或就地审计。

1992 年，《管理办法》在上年基础上，结合实际作出了以下规定：基本任务：认真贯彻执行党和国家的财政法规；严格实行经济核算，充分挖掘潜力，不断降低成本，提高经济效益；各单位应单独设置财会机构，配备有会计证的财会人员上岗，负责办理财务会计工作，实行财务计划管理；行政事业拨款单位的经费，按年初指标计划实行包干，分月拨给，超支不补、节余存留的办法进行管理。固定资产：全场实行“谁使用，谁受益，谁养护维修，归谁管理”的原则，其所有权、处置权属贺家山原种场。流动资金管理：来源主要是国拨流动资金，单位自行补充的流动资金，其他单位和银行借入的流动资金等，其管理应严格执行“十不准”。成本费用管理：包括业务招待开支、烤火费、购置费、工资和各种补贴、津贴等，其管理应按有关规定执行。收入和利润管理：各单位要如实计算收入，对罚没收入、赃款赃物变价款一律上缴场财政。专用基金管理：包括利润分配、医疗费等，医疗费在 1995 年实行门诊费包干到人的办法。各单位基本建设必须坚持以内涵为主，重点在现有生存能力的充实配套。

1996 年《管理办法》提出，为严肃财务纪律，强化财务管理，在坚持计划管理、适度从紧、勤俭节约、民主理财的原则上，建立健全规范化的财务管理制度，完善内部审计制度，严格控制消费基金增长，并制定了工资发放标准。

1997 年《管理办法》进一步提出了完善财务监督机制，并规定场审计科每年审计 5~8 个单位；加强统计工作；防洪保安资金按规定标准执行，实行专款专用 。

1998 年《管理办法》提出，独立核算单位应大力开展“双增双节”活动，厉行节约，严格控制消费基金的增长。

1999 年《管理办法》提出农业分场的财务一律实行收付实现制。停止征收公路建设集资费，开始征收国家级原种场项目建设配套资金，征收期限为 3 年，征收对象、标准与原公路建设资金征集相同。种子生产调节基金由原来每亩 10 元降为 5 元。还对医疗住院费用报销标准进行了调整。

2002 年《管理办法》提出，各单位实行定编定员，裁减富余人员，编制人员逐步推行工资统发制；所有独立核算或定额包干单位实行财务细化预算管理；必须按照《两则》及原种场财务管理规定，严格管理，规范运作，坚持计划管理，“一支笔”审批的原则；为防止“坐收坐支”现象发生，对人员较少，不宜建立财务实行独立核算的单位，实行财务报账制。

2003 年成立湖南省贺家山原种场财务核算中心。《管理办法》完善湖南省贺家山原种场财务核算中心财务制度；规定单独核算单位进行重大固定资产投资，必须进行项目可行性研究，报经原种场审核批准后，方可实施；各单位必须按照固定资产管理有关规定，确保国有资产保值、增值；全额拨款的行政、事业、管理服务单位和纳入场财务核算中心的单位工作人员的工资由原种场统一打卡发放。

（五）劳动人事管理

1991 年《管理办法》在劳动人事管理上做出了以下规定：坚持党管干部的原则，国家干部归场组织人事部门管理，工人归劳动部门管理；副科级以上干部和股级单位（独立单位）的党政主要负责人由原种场任命，股级单位副职由主管部门任免，报原种场备案；国家干部一律采用委任制，工人任职采用聘用制。干部调动：调入原种场内的国家干部和全民制职工、调出场外的国家干部，必须由原种场党委集体研究，报厅人事处批准；调出原种场外的职工由人事科研究同意，报主管人事工作的场领导批准；场内一般干部调动，由场组织部门提出建议，交主管领导批准；正股级以上干部调动由原种场党委集体研究。职工调动：农业单位和场办企业内部的调动由人事科和主管部门研究后报主管人事的场领导批准；农业单位职工调到场办企业或农业、场办企业职工调到行政事业单位，必须由原种场党委集体研究把关；财会人员的异动必须征得场计财科的同意。待业青年的安置按国家招工招干有关规定执行，本场安排就业的，由人事科归口办理，各单位不得私雇乱招。原种场行文（不含原种场部、委、办）聘任的科级正副职和独立股级单位正职人员，任职期间享受国家干部同等待遇（粮油倒挂补贴、书籍费等）；停薪留职和自谋生路的职工除承担本单位规定的上交费用外，还必须办理养老保险手续，凡一年以上拒交费用者，停供粮油，上报原种场除名；不办理养老保险手续者，不享受退休待遇。

2001 年《管理办法》提出，改革人事制度，创新用人机制，包括以下几个方面：一是原种场属各单位实行定编定员，裁减富余人员，对身体较弱年龄偏大的在岗干部（含“代干人员”），实行离岗休息制度；二是场属单位主要负责人实行公开述职竞争上岗，副职在单位内部述职竞争上岗；员工实行聘用上岗。

2015—2017 年《管理办法》提出，积极应对事业单位分类改革，争取人员编制数量，剥离社会管理职能，纳入机关事业单位养老保险和缴纳职业年金。

二　社会事业工作与管理

1991 年《管理办法》提出，要积极发展教育事业，不断提高劳动者的文化科学素质。全面实行九年义务教育，坚持“分级办学、分级管理”的体制和“人民教育人民办”的方针，实行原种场办中学、分场办小学，发动群众集资办学。中小学业务归口场文教卫生办公室（1993 年后为教育科）管理。为提高教学质量，鼓励自学成才，原种场设立“教育奖”；实行农科教结合，加强职工技术培训。成立农科教中学，开展对各类人员的技术培训工作，把农业、科技、教育的优势集中起来，形成合力。进一步办好卫生事业，加强血防、卫生防疫，妇幼保健等工作。卫生所归分场办，职工医院归原种场办，归口卫生科管理。

2002 年《管理办法》指出，为加强对全场中小学的管理，全面提高教学质量和人口素质，场教育科根据国家有关政策和全场教育的现状尽快探索出新的管理模式，整体推进教育内部管理体制改革。强化对医疗卫生的管理，创立卫生文明单位。严厉打击非法行医，坚决取缔个体诊所，结合本场实际，着力推进全场卫生体制改革；加强计划生育，稳定低生育水平。当年将场人口出生率控制在0.8%以内，计划生育率稳定在98%左右，人口自然增长率控制在0.3%以下。

2003年《管理办法》指出，为进一步加强对学校的管理，巩固教改成果，要求将适龄儿童入学率、非文盲率控制在100%和国家规定的范围内，学生年巩固率小学达100%、初中在98%以上。

2004—2005年《管理办法》指出，进一步巩固医疗卫生体制改革成果，积极开展卫生监督、防疫工作，强化卫生管理，提高服务意识，优化服务环境，确保全场无重大突发性公共卫生事件及重大医疗事故的发生，并采取了如下措施：一是要整顿规范食品市场，二是要制定切实可行的血防工作计划，加快引进、推广血防新技术和新成果，做好血吸虫病的调查、监测、报告、防治和血防教育等工作，确保全场不发生一例急性血吸虫病，最大限度降低血吸虫病的危害程度。疾控中心规范各类生物制品的管理，掌握各类传染病的动态信息，做好预防和控制，确保传染病不在场域内爆发流行。加强计划生育管理，强化领导责任，坚持党政一把手亲自抓，负总责，严格兑现“一票否决”制度。加强国土管理，规范建房行为，搞好基本农田保护，加大土地开发整理力度，强化集镇管理。场集镇办要建立长效机制，规范管理，彻底解决集镇区域“脏、乱、差”等问题。加强安全生产管理，继续实行“一把手”对安全生产负总责、分管领导具体抓的原则，杜绝重大安全生产事故的发生。社会治安综合治理严格按照“稳定为首、基础为重、以人为本、防范为主”的要求，充分发挥“一中心五网络”的作用，不断加强社会治安综合治理工作力度，严厉打击“黄、毒、赌”等丑恶现象，维护全场社会稳定。

2007年《管理办法》提出，加强民政工作和交通管理，落实《湖南省贺家山原种场特殊弱势群体优惠待遇暂行规定》，完善场区内道路交通警示牌标志，减少交通事故发生，保障全场人民的生命安全。创建和谐社会，全场范围内开展比学习、比工作、比贡献活动，争创和谐家庭、和谐单位、和谐班子，努力推进全场和谐社会建设。

2008年《管理办法》提出，逐步建立健全社会保障体系：从2007年10月1日起实施农业职工基本养老保险，按《湖南省贺家山原种场农业职工基本养老保险实施办法》执行，原种场农工退休的有关规定即行废止。从2008年1月1日起实施城镇职工基本医疗保险和城镇居民基本医疗保险，按《湖南省贺家山原种场关于干部职工及其他居民参加基本医疗保险有关问题的通知》执行。加快公共文化服务体系建设，满足全场人民文化生活需要。健全组织机构，加强民政工作，兴办集体福利事业，建设一座星级敬老院，落实抚恤优待政策，及时搞好灾情统计、核定、报告，争取救灾救济。落实基本农田保护制度，加强耕地和基本农田保护工作，坚决守住全场13428亩基本农田这条红线。

2009 年《管理办法》提出，逐步完善社会保障体系，提高农业职工基本养老保险工作水平，全面落实全场城镇居民养老保险和城镇职工基本医疗保险政策，对非职工人员建立场员登记制度。

2010 年《管理办法》提出，积极创造条件，争取尽快启动住房公积金制度，促进全场房市健康发展，不断提高干部职工生活质量。

2012 年以后《管理办法》着重对校园安全提出了要求：做好安全知识宣传教育，排除安全隐患，创建安全和谐校园。并提出了坚持“预防为主、防治结合”的卫生工作方针。《管理办法》确定了每年 12 月第一个星期五为“全场全民健身活动日”，提出了规范管理职工敬老院、创建五星级敬老院目标，争取支持，开展社会救助工作，落实城镇低保、农村低保、农村五保、城镇居民医疗救助和优抚安置政策，加强殡葬管理，推进殡葬改革，促进社会主义精神文明建设。

2013 年《管理办法》提出，加强人才引进与教育培训，全面造就新型实用性人才队伍。计划引进 5~7 名大中专院校毕业生，不断充实人才队伍。以提高科技素质、职业技能、经营能力为核心，大规模开展实用人才教育培训，培养一批适应贺家山经济发展的教师、医疗卫生人员、科技服务人员、文化工作人员、生产能手、经营能手、能工巧匠。此后至 2017 年历次《管理办法》均有提到引进人才，培训人才的表述。

2014 年提出大力推进“美丽乡村”建设。

2015 年《管理办法》就树立文明新风，倡导勤俭节约，婚丧事不大操大办；全场禁止燃放冲天炮等高危烟花爆竹，机关、学校、医院等公共区域和贺家山大道沿线全面禁炮，除夕、春节、元宵节等传统节日鞭炮燃放；严厉打击地下六合彩、搬坨子、吸贩毒等“黄、赌、毒”社会丑恶现象；保护生物资源，防止生态环境破坏，禁止任何组织或个人在场域内使用电鱼、炸鱼、毒鱼等破坏渔业资源的方法进行捕捞和滥捕滥杀青蛙、蛇类、鸟类等野生动物，禁止无证经营野生动物制品首次作了具体规定。

2016 年《管理办法》开始提出，加强关工委工作，以全面提高青少年的思想道德素质、科学文化素质和健康素质为基本目标，加强未成年人思想道德建设，培养有理想、有道德、有文化、有纪律的德、智、体、美全面发展的中国特色社会主义事业建设者和接班人。

2017 年《管理办法》首次将卫生计生工作合并，提出强化卫生和计划生育管理服务工作。坚持“预防为主、防治结合”的卫生工作方针，积极开展疾病预防与控制、卫生监督、医疗、医政管理工作，确保全场无传染病暴发流行、重大突发性公共卫生事件和重大医疗事故的发生。制定血防工作规划，加强职工群众血防知识教育，开展好查、杀、灭螺工作，切实做好查病、治病工作。加强卫生人才队伍建设，改善医疗设施，不断提高医疗水平和服务质量，构建和谐医患关系。做好基本公共卫生服务管理工作，合理布局医疗机构，加强监督管理。做好调整完善生育政策工作。开展好计生协会的群众性工作，重点抓好生育关怀、奖励和扶助等工作，加大计划生育政策宣传，健全经费保障机制。

三　相关事项管理

（一）农业职工退休

1991 年《管理办法》规定：农业单位和工副业单位职工，从 1991 年起按照一年工龄每月 1 元的标准发放退休金（盈利年份工副业单位职工每月增发 1 元退休金）；事业单位退休农工，按每年工龄每月 2 元的标准发放退休金；生产队长、会计、车间主任及以上管理人员，连续任职五年以上，表现突出者，按任职年限，每年增加 1 元；对 1983 年以前场确认的“以工代干（技）”人员、副科级以上职位、独立股级单位正职，连续工作十年以上，获中级职称的专业技术人员按照国家全民职工退休待遇办理。退休费及养老费由各单位自理，场不再给补贴。二是积极开展职工退休费用社会统筹工作，逐步实行个人养老保险办法。三是医疗费管理实行门诊费包干到人的办法，农业分场继续坚持合作医疗制度。

1992 年 1 月至 2007 年 10 月，按前一年政策实行。2007 年 10 月 31 日后，原种场农业职工纳入社会养老保险，发放退休养老金，原有农业职工退休金发放规定自行终止。

（二）养老保险

从 1998 年 1 月起，原种场各单位建立和推行职工退休养老保险制度：成立“湖南省贺家山原种场保险站”。对 1997 年 12 月 31 日前退休人员，维持原退休制度、执行原发放标准不变。国家工作人员及原代干人员从 1998 年 1 月起一律实行退休养老保险，企事业单位农工的养老保险走社会养老保险的路子，单位国家工作人员及原代干的养老保险实行个人出资保险和单位补充保险相结合的办法。1999 年，《管理办法》继续提出全场要建立和推行干部、职工退休养老保险制度。2000 年以后，《管理办法》不再提及养老保险问题，按国家当时实行政策办理，直到 2007 年 10 月 31 日起实行农业职工基本养老保险。

2012 年《管理办法》提出，提高农业职工基本养老保险工作水平。争取上级各有关部门支持，加大养老金征缴力度，确保社保基金到位。建立健全退休人员生存档案，做好退休人员年检工作，严格执行退休政策，按政策做好退休农工的调待工作。加强社保基金的管理，征缴基金及时上解，坚持社会化发放，确保退休人员按时足额领取养老金。以后每年《管理办法》均将养老保险工作列为重点工作。2017 年提出了做好社会养老保险政策的宣传，鼓励其他人员积极参与社会养老保险或其他商业保险。

四　奖惩办法

（一）初订奖惩办法

1996 年，《管理办法》中把奖惩办法单列一章。其主要内容是：

1. 奖励　工商企业可从完成国家所有上缴费税和原种场年初下达纯利润计划的超利润中提取 20%~40% 作为全员的奖金；农业和行政事业服务单位年终确有创收获利金额的，

可提取总额的30%作为分场行管人员、行政事业单位全员的年终创收奖；单位发生亏损，创收金额先抵亏后，余下按比例提取。设立补亏奖，补亏5万元以上、10万元以上者，原种场奖励法人代表、单位主要负责人2000元、3000元，其他补亏奖励以此类推。设立先进管理者奖、优秀科技工作者奖、营销标兵奖，每项评选5人，每人奖励1000元；设立新产品、新技术开发奖，新产品、新技术通过鉴定达标合格，产生利润，由单位从该产品、该技术当年产生的纯利润中提取5%~10%的奖金奖给有功人员；设立引进新项目奖；设立学历提升奖，因工作需要，干部职工经批准通过自费学习，获得大专毕业以上文凭的，由所在单位进行奖励，每人500元；工商企业单位法人代表，农业、行政事业单位主要负责人年终奖励标准另行制定。

2. 惩罚　未完成原种场下达的水稻、棉花种子，籽棉，油菜籽上交任务的，每少交0.5千克，则按产品的收购价罚0.5千克的款，罚款由分场统一兑现到户，50%上交原种场；单位违反财务纪律和财务管理规定，弄虚作假，虚报冒领，滥发奖金、物资或不按审批管理程序购置社控商品、非生产性商品，对本单位和直接负责人处以违纪违规金额2倍以上的罚款，并对直接责任人以相应党纪政纪处分，情节严重者移送司法机关追究其法律责任；单位发生安全责任事故，损失在2万元以上的或造成人员死亡的，除当年不予评先外，还要扣发直接责任人年终奖金，直至行政处分；未完成原种场下达的各项上交任务的单位，对单位法人代表和主要负责人的惩罚办法另行制定。

（二）《管理办法》中对奖惩的修改

1. 1997年　《管理办法》在前一年基础上做出微调。奖励：增加实行内部股份合作制的企业，取消年终奖金；其他单位仍实行年终奖金；设立自学成才奖，大专奖500元，本科奖800元。惩罚：凡当年出现亏损和超支的单位，年终一律不准兑现红利，不准发放奖金；单位法人代表和负责人的基本奖金取消，但完成原种场各项上交利费的单位，可享受上交利费1%的奖金。凡超过原种场规定的业务费标准，将处以超支部分50%罚款；违反《种子工作守则》，造成种子质量事故和工作责任事故，导致较大经济损失的，除扣发直接责任人全年奖金外，并视情节轻重，给予行政处分；其他按上年度《管理办法》执行。

2. 1998年修改　改上交奖为效益奖。盈利企业，原种场按单位实行纯利润的5%奖励法人代表，单位未实行利润的，不予奖励。完成合同规定上交的，原种场奖励单位法人代表1000元。实行改制的企业取消年终奖，由红利替代；全员奖金由单位提取净利润的20%~40%的资金发放。设立招商引资奖。凡为单位引进项目和资金者，项目建成后，原种场按实际到位资金的5%奖励到人。设立补亏奖。设立成果奖和论文奖，成果奖按场发〔1991〕16号文执行，省级以上刊物发表文章奖励100元/篇。惩罚：与上年度相同。

3. 1999年修改　设立杂交水稻繁殖、制种和商品棉生产高产奖。杂交水稻种子经鉴定合格，种子面积在2.5亩以上，达到高产标准的，按300元奖励到户。各农业分场实际种植总面积平均亩产籽棉 275 千克以上，原种场奖励 1 万元，由分场奖励到农户；湘利经作区共奖励 1000 元。惩罚：单位发生重大安全责任事故，损失 2 万以上调整为 1 万元以上；凡超过原种场规定的业务费标准，将处以超支部分 20% 的罚款，并对单位负责人处以 300~500 元的罚款。

4. 2001 年修改 设立农业结构调整奖。凡农业职工搭建一个不少于 0.3 亩的塑料大棚，给予奖励 700 元。设立先进单位奖，被评为原种场年度工作先进单位，原种场给予 500~2000 元奖金。

（三）制修订《奖惩办法》 2002 年，第四届三次职工代表大会通过《湖南省贺家山原种场奖惩办法（试行）》，奖惩办法不再写入《管理办法》中。《奖惩办法（试行）》分别在 2004 年、2008 年、2014 年职代会上进行了修订。

第六节 社会管理综合治理

原种场的社会治安综合治理工作，始于 20 世纪 60 年代，原工作机构带有鲜明的时代特色。20 世纪 60 年代设立人保股；20 世纪 70 年代更名为保卫科；20 世纪 80 年代增设原种场派出所，两块牌子，一套人马合署办公。1991 年 4 月 10 日，根据中共中央国务院《关于加强社会治安综合治理的决定》，成立“原种场社会治安综合治理委员会”，全面负责社会治安综合治理工作，行使原种场党委的政法管理职能。

20 世纪 90 年代初，社会治安综治工作在行使管理职能中包揽一切，收取指标农产品、收取土地租赁费拔“钉子”、计划生育工作抓超生等等，取得了一定工作成效，同时也造成一定的社会负面影响。1997 年后，吸取以往工作教训，转变工作作风，加强自身建设。综治工作开始摆脱其他行政部门工作困扰，步入正常的工作轨道，实行了社会管理职能的根本转变。

一 基本职能

在原种场党委领导下，各部门协调一致，齐抓共管，依靠职工群众，运用经济、法律、文化、教育等手段，整治社会治安，打击和预防犯罪，保障社会稳定，为经济和社会发展保驾护航。

注重“两个坚持”。坚持打击和预防并举，治标和治本兼顾，重在治本的方针；坚持属地管理，“谁主管、谁负责”，管好自己人、看好自己门、办好自己事的原则。

把握工作方法。打击、防范、教育、管理、建设、改造。

落实工作目标。社会政治稳定，治安秩序良好，群众安居乐业。

二 基本任务

（一）坚持“一票否决”责任制 在每年初的场务工作会议上，原种场下属各单位主要负责人均向原种场场长签订社会治安综合治理工作责任状，各单位同下属生产队、车间、班组签订责任状。如有工作失误和漏洞，年底评先评优实施“一票否决”，这一管理方法始终贯之。

（二）组建治安保卫和人民调解组织　按照其职责做好所辖区域的治安防范工作和民间纠纷的排查调处工作，并形成了广泛的工作网络。

（三）开展各种形式的群防群治活动　以农业生产队为单位建立治安联防队（业余）48个，主要负责节假日巡查，并配合公安、司法、行政机关各类案例的查访工作，并依法制定了各类常规民约、居民公约。

（四）开展法制思想道德和社会治安综合治理宣传教育　在职干部每年都要进行法律知识和思想道德规范的笔试，发放司法部门颁发的合格证书，并作为招录人员的重要依据，不合格者重新考试，这一方法一直延续。坚持举行干部职工普法培训班，不断更新其法律观念，提高执法水平。

（五）组织开展以安全文明教育为主要内容的创建活动　20世纪90年代初，开展“守法光荣户”的创建活动，全场3018户守法户门前悬挂“守法光荣户”红牌，收到了好的效果。全场33户未挂牌户震动很大，教育极深，纷纷向相关单位和部门申诉像由，要求“挂牌”，这一创建活动由于诸多原因未持续开展。

（六）严格对重点人员实行监管与帮教　教育、管理刑满释放、解除劳动教养人员和其他轻微违法犯罪人员。原种场现已建档管理“重点人口”人员42人，分布于场属各单位，按照管理模式分单位逐人进行管理，原则是1名重点人口由2人管理。管理方法是：定期进行谈话，动态教管；有重大社会活动时进行专题谈话，随时掌握其思想动态；针对性进行教育指导，使之悔改，重新做人。对刚刑满释放人员给予生活安置，划分租赁田土，或提供其他就业渠道，使其安居乐业。

三　机构设置

原种场社会治安综合治理委员会下设办公室，综治办主任1名、副主任1名、专干2人~3人。分场设社会治安综合治理工作领导小组，组长由总支书记担任，副组长由分管副场长担任，设有综治专干1人。场属其他单位配有兼职专干，单位主要负责人负主责。

第七节　安全生产监督管理

原种场安全生产监督管理工作始于20世纪70年代，80年代为原种场安全管理委员会，1993年2月成立“湖南省贺家山原种场安全生产委员会”。安全生产委员会办公室与经贸科两块牌子，一套人马，合署办公。2001年8月后，安全生产管理工作开始纳入年终考核，实施“一票否决”。2004年后，依据《中华人民共和国安全生产法》和《湖南省安全生产条例》制定相应的制度和管理办法，原种场的安全生产步入了规范化、制度化管理的轨道。

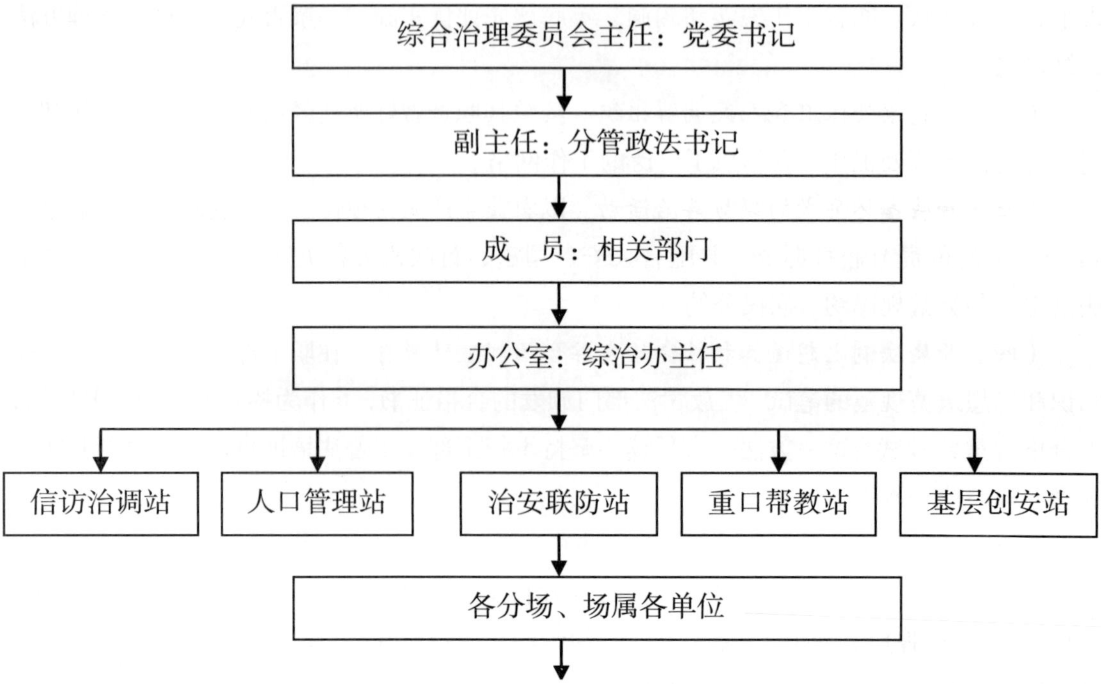

原种场“一中心五网络”示意图

一　责　任

贯彻“安全第一，预防为主，综合治理”的方针；坚持管生产必须管安全、生产服从安全的原则；落实重心下移、关口前移的基础工作；实施“一票否决”责任制。

从2001年开始，每年初在场务工作会议上，场属各单位主要负责人向场长递交安全生产工作的责任书。责任书中明确场属单位一把手是第一责任人，分管领导负直接责任，专职人员具体抓，还规定了考核程序和办法。具体办法是：实行严格的量化考核制，不能量化的采用打分的形式。对辖区内发生特重大事故和安全生产责任落实不到位、工作敷衍应付、失职、渎职而酿成安全事故，以及不听从场安委工作调度而造成重大损失的，一律实行 “一票否决”。单位年度内不得评优，安全生产第一责任人和分管责任人不得评先和提拔，并追究相关人员责任。

二　长效机制

安全生产是一项系统工程，抓好安全生产管理，关键是制度的制定与落实。

（一）建立安全生产责任制　安全生产实行原种场党委、安委、场属单位及从业人员层层负责制。明确场长为第一责任人，分管领导和安委工作人员为直接责任人，形成“横向到边、纵向到底”安全责任网络。场属单位（部门）的“一把手”对本单位（部门）的安全生产工作负全面责任，保证安全生产所需资金投入，组织制定安全生产规章制度，督促检查安全生产工作，及时消除事故隐患。制定并实施安全事故应急救援预案，及时如实报告安全生产事故。加强宣传、教育、培训，增强职工群众安全生产意识，提高干部职工安全生产技能和自防自救能力。坚持节假日值班制度，确保节假日的安全生产万无一失。

（二）建立安全生产隐患整改制度　严格把握市场准入关，对危险性较大的建筑工程项目实行安全评估和验收，防止和杜绝安全隐患。经常性地开展安全生产大检查，及时了解和发现场属单位的安全生产隐患，并实行安全生产隐患登记、建档和销号。每一个安全隐患都明确整改时间，落实整改责任人，对整改后的状况及时进行跟踪调查。

（三）建立危险化学品及烟花爆竹经营管理制度　认真贯彻执行关于加强危险化学品及烟花爆竹经营管理的有关法律、法规。配合参与上级职能部门对危险化学品及烟花爆竹经营许可证的申报，办理年检年审工作。加强安全监督，规范危险化学品及烟花爆竹经营市场秩序。定期或不定期对危险化学品及烟花爆竹经营销售业主进行安全知识培训、监督检查。加强各单位安全监管责任、建立好台账、严格目标管理。

（四）建立消防安全制度　贯彻执行消防安全方面的法律、法规，及时落实上级政府和消防部门有关文件精神，正确处理生产与安全、效益与安全的关系，坚持安全第一的原则。加强对消防安全工作的领导，建立健全消防安全领导机构，将消防安全纳入安全生产管理机制，开展农村消防工作，实行消防安全社会化管理。每年组织1—2次消防知识宣传培训，增强全民消防意识，定期开展一次消防安全生产专题整治活动，并经常性开展消防安全生产大检查。加强各级消防责任，建立农村义务消防组织机构，开展防火巡查，防患排查，督促及时消除火灾事故隐患。加强特护期消防安全监察责任，严防死守、杜绝火灾事故发生。

（五）建立食品安全监管制度　对辖区内的食品生产、流通、消费的安全实行严格监督管理。制定食品安全事故处理应急预案，及时处理好食品安全事故。建立食品安全监管信息员网络，摸清食品加工生产经营厂家（小作坊）底子，建立台账，及时上报各种报表。经常性开展食品安全监管的专项整治，协助鼎城区质监局及有关职能部门搞好食品的安全监管。及时举报假冒伪劣食品生产加工销售的小作坊窝点，严厉打击食品安全的违法犯罪行为。

（六）建立安全生产例会制度　原种场安全生产委员会的安全例会每季度一次，一般在每季度的最后一个月下旬召开，由安全生产委员会主任或副主任组织召开。总结本季度工作，布置下季度任务。遇有特殊情况及时开会研究处理。安监站的安全例会每月不少于一次，定期召开一次高危行业业主参加的安全工作例会，总结布置工作，此会由原种场安委办主任或安监站站长负责召集。高危行业安全领导小组安全例会每月召开一次，由单位安全领导小组组长召集主持，生产车间、维修部门可根据情况召开班前或班后会，每周不少于一次。各级安全例会必须准备会议记录本，认真记录会议时间、参加人员及会议内容。

2005年8月，制定《湖南省贺家山原种场安全生产事故应急预案》，明确了具体的措施和责任，进一步完善和规范安全生产的管理体系，提升安全生产工作水平。

三 专项整治

（一）工作重点 到2017年，原种场安全生产责任单位有25家、危险化学品经营户14家，其中生产资料经营户13家，成品油销售1家（加油站），烟花爆竹委批站2家，经营销售网点19家。

（二）整治范围

重点行业。道路交通、烟花爆竹、危险化学品、重点企业、食品、电力、农业机械、建筑工程和水利设施等。

重点部位。烟花爆竹仓库、湘农棉业公司、加油站、大洲尾渡口、法官桥头十字路口、法官镇十字街、乐兴大桥、电管站、排灌站、学校和职工家庭危房等。这些重点行业和重点部位，实施定期或不定期的巡查，在巡查中发现隐患，及时整改到位。

（三）铁面查处 相关部门把握“准入口”，发现假冒伪劣商品坚决取缔。1999年5月，“片佬”超市违规购进2.1万元冲天炮和不合格鞭炮，巡查发现后，由安委发出整改通知书，场派出所配合，组织相关人员用水全部销毁。

（四）教育培训 结合每年“安全生产月”活动，利用多种形式普及安全知识，提高安全工作“重中之重”的认识。

（五）坚决整改 原种场安全生产委员会每年对消防器材和其他设施进行检查，对检查中发现的问题下达整改意见并限期整改到位。

四 机构与职能

（一）机构 原种场安全生产委员会设主任1名，由分管的场级领导担任；副主任2名，由科室主要负责人担任；成员数人，由相关部门主要负责人组成。委员会下设办公室并负责安全生产委员会的日常工作。2007年，成立“湖南省贺家山原种场安全生产监督管理中心”（安监中心），为场安全生产委员会下设办事机构。

（二）职能 宣传贯彻安全生产有关法律、法规、政策和方针；监督检查辖区内有管辖权的生产经营单位执行安全生产法律、法规和国家标准、相关行业标准情况；在安全生产监督检查中，发现安全生产的违法行为或事故隐患，有权当场给予纠正或要求生产经营单位予以整改，重大问题及时报告场安全生产委员会和上级安全生产监督管理部门；了解掌握所辖生产经营单位的生产情况、安全生产条件、安全机构、人员配置和管理状况；定期或不定期检查有管辖权的生产经营单位的安全生产情况；受常德市鼎城区人民政府安全生产监督管理部门的委托，依法实施部分行政处罚。

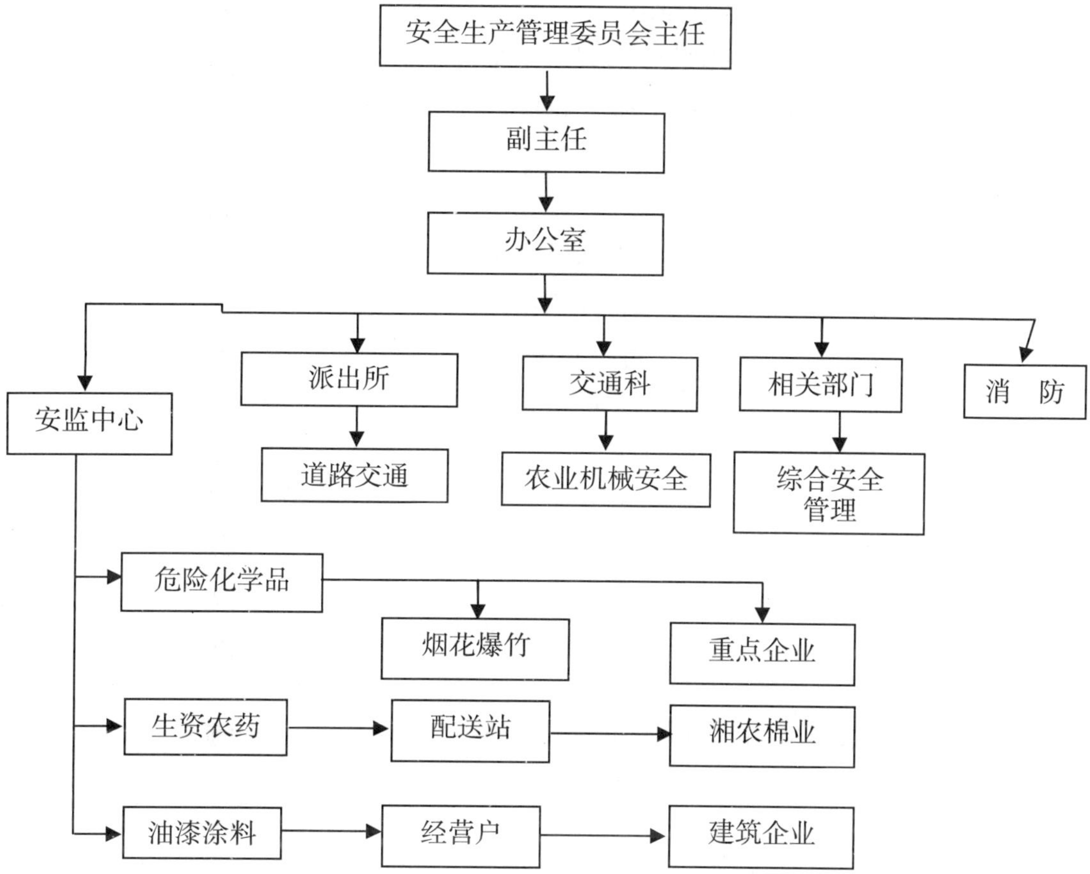

湖南省贺家山原种场安全生产管理监测示意图

（三）工作情况

2014 年 3 月 17 日，原种场安委、安监中心协同派出所进行烟花爆竹“打非”行动。现场查处汉寿联盛烟花公司送往场域内烟花零售网点的“非品”一批，价值 5000 余元。10 月 6 日晚，乐兴分场 310 机埠库房因电路老化引发火灾，场安委积极组织人员赶赴现场救火，并及时拨打 119 报警求救，火情当晚扑灭，火灾造成直接经济损失 7 万余元。

11 月 18 日凌晨 3 点 40 分，湘农棉业公司（轧花厂）仓库突发大火。场安委接到信息后积极组织相关人员进行抢救，并及时拨打 119 报警求助，大火于 19 日完全扑灭，造成直接经济损失 240 万余元。

2015 年 2 月，原种场职工代表大会通过《关于集镇区域、贺家山大道沿线禁止燃放烟花爆竹》的规定。原种场安委协同集镇办出动宣传车进行禁爆宣传，主要宣传禁爆和净化空气环境的作用。

2016 年底，原种场组建义务消防队，配备消防车一台、消防服及消防设备一批，共有兼职队员 8 人，由场集镇办管理使用，严立龙兼任义务消防队队长。

2017 年 10 月，原种场安委积极协同鼎城区烟花“打非”大队进行烟花爆竹“打非”行动，现场收缴乐兴分场传利超市烟花爆竹一批，价值 8000 余元。

第八节　国土管理

20 世纪 90 年代初，通过贯彻《中华人民共和国土地管理法》和《湖南省土地管理实施办法》，原种场国土管理工作逐步进入了规范化、法制化管理的轨道。

一　区划位置

原种场地处沅水下游常德市鼎城区境内，离常德市城东 25 千米。沅水环绕而过，冲柳高水人工河破境流经苏家吉水闸，注入沅水。东邻汉寿县罐头咀乡合新村和苏家吉村，南频沅水与汉寿县新兴乡相望，西连鼎城区牛鼻滩镇上林村和渔码头村，北通鼎城区韩公渡丁家口和流花口村。场域由大洲垸、乐兴垸、小凡洲和安彭洲 4 部分组成，场域为 30.41 平方千米。

二　地籍和场界管理

（一）权属维护

20 世纪 70 年代，就小凡洲所有权问题，原种场与常德县牛鼻滩公社发生矛盾，经常德地区革命委员会组织的联合调查组协调一致认定“小凡洲为全民所有，应是贺家山原种场不可分割的一部分”。20 世纪 80 年代，汉寿县在小凡洲建立林业基地，并栽植“意大利杨”,经常德行署民政局实地调查核实后,再次明确“小凡洲属贺家山原种场的地域范围”。20 世纪 90 年代，7.25 千米乐兴哑河经原种场国土管理办公室与鼎城区国土管理局达成边界协议，明确场、区界以哑河沿鼎城区河堤边界，原有 50 亩争议的河滩所有权归原种场，鼎城区流花口村在维持外河滩现状不变的条件下享有经营权。

1996 年 5 月，经常办函〔1996〕38 号文件予以批复，常德市水稻原种场由常德市农垦管辖划归湖南省贺家山原种场管辖。总面积 610 亩，其中耕地面积 528.75 亩。

（二）地籍调查

20 世纪 80 年代，开展第一次土壤普查，获得了土地有机质含量、酸碱度化验测试数据。1991 年 4 月，又进行一次地力调查，取土样 3625 个进行了化验、测试，并将土壤速效养分、养分含量分析结果分户建立地力档案。同年 10 月，原种场国土办编写《湖南省贺家山原种场土地利用现状调查报告》和《土地利用现状调查数据集》。

2007 年 8 月，原种场成立第二次土地调查领导小组，按照常德市第二次土地调查工作领导小组的要求，开展土地调查工作。2008 年 7 月，完成了农村部分土地调查和省预检，并将调查、预检结果上报国土资源部验收合格，建立了原种场基本农田库。

（三）地籍档案

1991 年 5 月，原种场国土办编写的《湖南省贺家山原种场土地利用现状调查数据集》记载，全场总面积为 45387.8 亩，其中耕地 16230.5 亩、园地 1004.8 亩、林地 65 亩、城镇及工矿用地 2220.6 亩、交通用地 809.8 亩、水域 21411.8 亩、未利用地 3645.3 亩。同时汇编了“土地资源调查手薄”“基层土地调查表”“村〈居〉民建房申请表”。

1997 年的土地详查数据中显示，耕地较 1991 年减少 1164.5 亩，园地减少 28.3 亩，林地减少 0.5 亩，城镇及工矿用地增加 115.1 亩，交通用地增加 28 亩，未利用地减少 2784.3 亩，水域增加 3634.7 亩；数据表明，耕地呈减少趋势。原种场国土办将调查结果编制了《土地利用现状调查数据集》；同时，手工绘制 1 ： 10000 国际分幅现状图 6 张。

2004 年 8 月，原种场土地利用现状建库工作并入鼎城区一同进行。由湖南省第二测绘院通过电子扫描建库，绘制了土地利用现状图和基本农田现状图各 6 张，并设立了电子台账。2007 年 8 月，原种场第二次土地调查结果是：全场总面积为 45609.75 亩，耕地 16708.20 亩、园地 229.35 亩、林地 12.75 亩、草地 50.85 亩、城镇及工矿用地 2597.85 亩、交通用地 1166.85 亩，水域及水利设施用地 24636.75 亩，其他土地 207.15 亩。划定基本农田保护面积 1400 亩，并绘制 1 ： 10000 基本农田保护标示图，标示图斑 377 个，颁发基本农田保护责任卡 1772 份。场国土办编写了“湖南省贺家山原种场基本农田保护划定面积汇总表”涉及 3 个分场、44 个生产队、共 13415 亩面积。制作了《湖南省贺家山原种场基本农田登记表汇编》，涉及 3 个分场、44 个生产队、承包田土 5239 个丘块和 14793.85 亩面积。其中农田丘块 4804 块，基本农田面积 13415 亩，承包户 1931 户。从而，建立和健全了完整规范的地籍档案。

2015 年，组织开展职工住房清查，经调查，全场共计 2752 户，其中新合分场 1057 户、乐兴分场 557 户、大洲分场 675 户、企管站 99 户、集镇 277 户、小凡洲芦苇场 31 户、建材公司 56 户。

2017 年，对全场存量宅基地进行清理，共计 67 宗，其中新合 18 宗、大洲 28 宗、乐兴 16 宗、企管 3 宗、集镇 2 宗。

三　耕地保护

1991 年，制定《湖南省贺家山原种场土地利用总体规划》，对强化土地用途管理、控制非农业用地建设、确保耕地总量动态平衡、促进土地资源优化配置、保持土地资源永续利用、保障农业生产发展和杂交水稻原良种的繁育起到了积极作用。

2004 年 5 月，原种场成立“基本农田保护工作领导小组”，由党委书记、场长任组长，并配有工作班子。领导小组根据场情制定了耕地保护《岗位责任制》和《量化管理目标》，原种场与分场，分场与生产队分别签订了耕地保护责任状 47 份。根据总体规划对生产自然条件好、集中连片、土壤有机质含量高、理化性能好的 13511.24 亩（占耕地面积89.7%）耕地进行重点保护，划定为基本农田。对一般农田，按照《湖南省贺家山原种场土地管理与土地有偿使用的若干规定》，经批准占用一般农田地建设的与复垦开发挂钩，并予相应的补偿。此外，对生活用地、生产用地和职工建房用地加强管理。坚持生活用地只能在生活区域内按人平0.03亩的标准划分和生产用地在租赁经营30年不变的前提下，实行“大稳小调”调整的耕地，优先划分给退伍军人和自然增长劳动力的原则。职工建房用地，实行两级管理办法，即原种场国土办收到职工建房申请后派员与分场国土员一同到现场定点画线，再核查办证。

为了有效推进耕地和基本农田保护工作，开展《中华人民共和国土地管理法》和《基本农田保护条例》及国务院基本农田保护“五不准”宣传。

2012年，编制《湖南省贺家山原种场土地整治规划（2011—2020年）》，规划分析了湖南省贺家山原种场土地整治的总体形势，评估土地开发整理潜力，安排土地整治区域，明确土地整治重点，统筹安排土地整治项目；落实补充耕地任务，提高耕地质量。

四　开发与利用

2003—2017年，根据常德市国土资源局有关文件精神，对土地进行整理开发。15年累计开发整理土地新增耕地4471.6亩，引进资金3145.59万元。

表58　　2003—2017年贺家山原种场开发整理土地项目统计表

年度	项目名称	投资金额（万元）	新增耕地（亩）	批文号
2003	乐兴4队荒弃水面整理	31.24	138.3	市局2003年4月14日通知
2004	乐兴8队废弃整理	16.9697	74.85	常国土资发〔2004〕72号
2005	新合湘利队洼地复垦	68.39	122.55	常国土整函〔2005〕5号
2005	乐兴4队土地开发	18.81	85.5	常国土整函〔2005〕39号
2005	皂市水库占补平衡补助项目	5.4324	115.05	常国土整函〔2005〕52号
2007	新合12队土地整理	105.34	9	常国土资耕字〔2007〕76号
2007	苏家吉土地整理	391.32	109.2	湘土整发〔2007〕207号
2007	乐兴5队土地开发	86.4	420.15	民源合同
2008	乐兴10队、12队土地开发	150.07	271.5	常国土资耕字〔2008〕71号
2008	乐兴6队土地开发	87.76	337.5	民源合同
2008	乐兴11队一期土地开发	80.6	310	民源合同
2009	新合8、9队土地开发	166.83	323.1	常国土耕字〔2009〕28号

续表 58

年度	项目名称	投资金额（万元）	新增耕地（亩）	批文号
2009	新合分场土地开发项目	240.00	490.95	常国土耕字〔2009〕3 号
2009	乐兴 11 队二期土地开发	180.00	396.9	常国土耕字〔2009〕3 号
2009	乐兴 11 队三期土地开发	117.63	238.5	常国土耕字〔2009〕31 号
2010	乐兴 2 队土地开发	182.00	340.35	常国土耕字〔2010〕11 号
2010	新合 17 队土地开发	255.00	495.9	常国土耕字〔2010〕11 号
2010	大洲 5 队土地综合开发	80.00	15.75	常国土耕字〔2010〕22 号
2011	乐兴 5 队土地开发	105.90	176.55	常国土耕字〔2011〕5 号
2012	大洲乐兴土地整治项目	527.9		湘财建指〔2012〕470 号
2013	大洲 7、8 队土地整治项目	99.00		常国土耕字〔2013〕18 号
2014	新合分场土地整治项目	99.00		常国土耕字〔2014〕9 号
2016	新合分场高标准农田项目	50.00		常国土耕字〔2016〕9 号
	合　计	3145.5921	4471.6	

五、机构与队伍

原种场国土管理办公室是经湖南省农业厅湘农业〔1987〕人字 155 号批文成立的。机构成立之初，与原种场办公室合署办公。1989 年国土办与办公室分开，为独立的国土管理部门，并配专职主任 1 人，专干管理员 3 人，负责全场国土管理工作。2017 年末，有国土管理人员 4 人，其中主任 1 人、副主任 2 人；分场专（兼）职管理员 3 人。

附　录

重要荣誉选录

1. 1991年2月3日，湖南省农业科学技术进步奖评审委员会授予湖南省贺家山原种场“全省杂交水稻超高产制种技术研究先进单位”荣誉称号。

2. 1991年2月3日，原种场大洲分场副场长杨孚初获评湖南省科学技术委员会“‘七五’水稻科技攻关先进个人”。

3. 1992年2月，原种场荣获湖南省农业厅“1991年度全省水稻区试工作先进单位”。

4. 1991年5月5日，“杂交水稻威优46、汕优46组合超高产制种技术”项目获湖南省农科院科技进步奖一等奖。

5. 1991年9月，原种场被农业部种子项目审定办公室评为“中国种子工作先进单位”。

6. 1991年11月1日，聂安北荣获公安部授予的“先进工作者”荣誉称号。

7. 1991年12月1日，杨孚初、胡前毅参与的“杂交水稻制种喷施九二O技术”获湖南省农业科技进步奖二等奖。

8. 1991年12月21日，原种场荣获“杂交水稻威优46、汕优63组合超高产制种技术省级二等奖”。

9. 1991年，汤应君参与的“杂交稻粒黑粉病发生规律及防治研究”获湖南省科技进步奖四等奖。

10. 1992年2月4日，原种场荣获湖南省农业厅“1991年度全省水稻区试工作先进单位”。

11. 1992年2月16日，原种场大洲分场副场长杨孚初获评湖南省农业厅、湖南省人事厅“湖南省优秀农业科技工作者”。

12. 1992年8月，杨孚初、胡前毅参与的“杂交水稻繁殖制种低量高效喷施九二O技术的研究”获湖南省科技进步奖三等奖。

13. 1992年10月20日，“杂交水稻超高产制种技术研究”项目获湖南省农业科学技术进步奖一等奖，袁振兴、肖立一、杨孚初为主要完成人；“高强度铸铝合金法兰”获二等奖，周秋明、邓卫平、王长富为主要完成人。

14. 1992年12月10日，“籼型杂交水稻制种高产技术的推广”获省科技进步奖一等奖，胡前毅为第五完成人。

15．1993年3月4日，原种场被省农业厅授予“1992年度全省水稻区试工作先进单位”荣誉称号。

16．1993年11月1日，肖业祥荣获卫生部、农业部、水利部授予的“全国血吸虫病防治先进个人”荣誉称号。

17．1993年11月，“杂交水稻威优64组合高产制种技术”项目获湖南省农业科技进步奖三等奖。

18．1993年12月8日，“杂交水稻超高产制种技术研究”项目获湖南省科技进步奖一等奖，肖立一、杨孚初、袁振兴为主要完成人。

19．1993年12月31日，原种场被常德市委、市政府授予“全市计划生育工作先进单位”。

20．1994年1月10日，原种场苏家吉分场荣获常德市“计划生育先进单位”；乐兴分场被评为“常德市鼎城区社会治安综合治理先进单位”。

21．1994年1月12日，原种场新合分场和乐兴分场荣获“1993年度全省棉花高产竞赛先进单位”。

22．1994年3月，原种场荣获“1993年度全省水稻区试工作先进单位”荣誉称号。

23．1994年3月，原种场荣获常德市委、市人民政府“五年灭荒达标单位”。

24．1994年12月30日，原种场荣获省农业厅授予“1994年度全厅系统经济工作先进单位”。

25．1994年12月，原种场荣获常德市委、市政府授予的“全市计划生育工作先进单位”荣誉称号。

26．1995年8月24日，原种场建设办干部姚必恭被首都城市公厕设计大赛评选委员会授予“首都城市公厕设计大赛”佳作奖。

27．1995年9月28日，原种场乐兴分场十一队队长龚长久荣获“常德市劳动模范”荣誉称号。

28．1995年11月15日，原种场武装部干部李立友在落实民兵预备役基层建设三年规划中作出了突出贡献，荣获常德市人民政府、常德军分区荣誉证书。

29．1995年12月31日，原种场荣获常德市委、市政府授予的“全市计划生育工作先进单位”。

30．1996年6月15日，原种场机关干部左国清完成的《湖南省贺家山原种场“八五”森林资源二类调查项目》被省森林资源监测中心评定为优秀工程等级。

31．1996年12月30日，原种场荣获常德市委、市政府授予的“全市计划生育工作先进单位”。

32．1997年3月1日，原种场荣获省人民政府办公厅授予的“1996年度全省棉花高产竞赛先进单位”。

33. 1997年10月2日，原种场职工子弟中学分别荣获湖南省爱国卫生运动委员会授予的“文明卫生单位”和常德市爱国卫生运动委员会授予“文明卫生单位”。

34. 1997年12月31日，原种场荣获常德市委、市政府授予“全市计划生育工作先进单位”。

35. 1998年，汤应君参与的“水稻光敏核不育系生态实用性研究”获湖南省科技进步奖三等奖。

36. 1998年12月21日，经海南纯度种植鉴定，原种场生产的V20A、珍汕97A、优IA三个不育系良种合格率均为100%，在海南三亚“省繁”会议上被评为省提、省繁先进单位。

37. 1998年12月31日，原种场荣获常德市委、市政府授予“全市计划生育工作先进单位”。

38. 1999年12月31日，原种场荣获常德市委、市政府授予“全市计划生育工作先进单位”。

39. 2000年2月18日，原种场被常德市人民政府授予“全市土地利用总体规划编制工作先进单位”。

40. 2000年2月28日，原种场老干部工作办公室荣获湖南省农业厅授予的“厅系统老干部工作先进单位”。

41. 2000年11月28日，原种场被常德市依法治市领导小组授予“1996—2000年普法依法治理合格单位”。

42. 2000年12月，原种场荣获湖南省农业厅授予“全厅系统经济工作先进单位”，常德市委、市政府授予的“全市计划生育工作先进单位”荣誉称号。

43. 2001年3月8日，全国农作物品种审定委员会授予原种场“九五”期间国家级农作物品种区域试验先进单位；姚贵保被评为“九五”期间“国家农作物品种区域试验先进个人”。

44. 2001年12月28日，原种场荣获常德市委、市政府授予“全市计划生育工作先进单位”。

45. 2002年2月26日，原种场荣获湖南省农业厅授予“厅系统老干部工作先进单位”。

46. 2002年4月1日，原种场荣获常德市人民政府授予“2001年度耕地保护目标管理先进单位”。

47. 2002年12月30日，原种场荣获常德市委、市政府授予全市计划生育工作先进单位。

48. 2003年4月，原种场荣获常德市人民政府授予“2002年度耕地保护目标管理先进单位”。

49. 2003年12月31日，原种场荣获常德市委、市政府授予“全市计划生育工作先进单位”。

50. 2004年2月1日，原种场纪委、监察室被中共常德市纪委、常德市监察局授予“二〇〇三年度市直纪检监察组织目标管理先进单位”。

51. 2004年4月，原种场荣获常德市人民政府授予“2003年度耕地保护目标管理先进单位”。

52. 2004年12月10日，李厚云荣获中华人民共和国劳动和社会保障部授予“全国技术能手”荣誉称号。

53. 2004年12月30日，原种场荣获常德市委、市政府授予“全市计划生育工作红旗单位”。

54. 2005年4月1日，原种场荣获湖南省农业厅授予“2004年度安全生产目标管理先进单位”。

55. 2005年12月31日，原种场荣获常德市委、市政府授予的“全市计划生育工作先进单位”。

56. 2006年3月1日，原种场被省农业厅授予“2005年度安全生产目标管理先进单位”。

57. 2006年3月，原种场被常德市人民政府授予“2005年度安全生产目标管理先进单位”。

58. 2006年4月，原种场荣获常德市人民政府授予“2005年度耕地保护目标管理先进单位”。

59. 2006年6月22日，原种场荣获全国农作物品种审定委员会授予“十五”计划期间国家级农作物品种区试先进单位，场种科所技术干部黎小平被授予国家农作物品种区试工作先进个人。

60. 2006年12月30日，原种场荣获常德市委、市政府授予“全市计划生育工作红旗单位”。

61. 2007年2月，原种场荣获湖南省农业厅授予“厅系统老干部工作先进单位”。

62. 2007年3月1日，原种场荣获省农业厅授予“2006年度安全生产目标管理先进单位”。

63. 2007年12月28日，原种场荣获常德市委、市政府授予“全市计划生育工作先进单位”“全市计划生育协会先进单位”“全市安全生产工作先进单位”。

64. 2008年3月，原种场荣获省农业厅授予的“2008年度组织人事工作目标管理先进单位”。

65. 2008年4月，原种场获评国务院第二次全国农业普查领导小组、中华人民共和国国家统计局“第二次全国农业普查先进集体”。

66. 2008年12月31日，原种场荣获常德市委、市政府授予“全市计划生育工作先进单位”、“全市计划生育协会先进单位”。

67．2009年2月，原种场荣获省农业厅授予的“2008年度组织人事工作目标管理先进单位”。

68．2009年4月，原种场荣获常德市人民政府授予“2008年度耕地保护目标管理先进单位”。

69．2009年9月，原种场敬老院被常德市人民政府评为“农村敬老院建设与管理工作十佳单位”。

70．2009年11月2日，谭旭生、唐海燕分别荣获湖南省农学会授予的“湖南省农学会第四届科普先进个人奖”“湖南省农学会第四届农业青年科技奖”。

71．2009年12月31日，原种场荣获常德市委、市政府授予的“全市计划生育工作先进单位”“全市计划生育协会先进单位”称号。

72．2010年2月1日，原种场荣获省农业厅授予的“2009年度安全生产工作先进单位”。

73．2010年3月9日，原种场荣获湖南省第二次经济普查领导小组授予“湖南省第二次经济普查工作先进单位”。

74．2010年3月23日，原种场荣获省农业厅授予的“2009年度组织人事工作目标管理先进单位”。

75．2010年12月6日，原种场综治办主任、贺家山派出所所长蒋彬彬荣获“湖南省先进工作者”荣誉称号。

76．2010年12月21日，原种场老干部工作办公室被省农业厅授予“厅系统老干部工作先进单位”，场老干办工作人员易丽萍被评为老干部工作先进个人。

77．2010年12月31日，原种场荣获常德市委、市政府授予的“全市计划生育工作红旗单位”“全市计划生育协会先进单位”“全市安全生产工作先进单位”。

78．2011年3月2日，原种场荣获湖南省农业厅授予的“2010年度组织人事工作目标管理先进单位”。

79．2011年6月2日，原种场荣获常德市人民政府授予的“2008—2010年度无偿献血工作先进单位”。

80．2011年9月18日，原种场荣获湖南省农业厅授予的“厅系统‘依法履职、岗位建功’知识竞赛二等奖”。

81．2012年1月26日，原种场荣获湖南省第六次全国人口普查领导小组、湖南省人力资源和社会保障厅授予的“湖南省第六次全国人口普查工作先进集体”。

82．2012年2月12日，原种场荣获湖南省农业厅授予的“2011年度纪检监察工作先进单位”。

83．2012年2月16日，原种场荣获常德市委、市政府授予的“2011年度全市计划生育村（居）民自治工作模范单位”。

84．2012年2月18日，原种场荣获省农业厅授予的“2011年度组织人事工作目标管理先进单位”。

85．2012年4月，原种场荣获常德市人民政府授予的“2011年度耕地保护目标管理先进单位”。

86．2012年6月1日，原种场荣获省农业厅授予的“湖南省农作物品种区域试验工作先进单位”。

87．10—11月，原种场组成100人合唱团参加省农业厅组织的全厅系统“践行十八大，唱响农业之歌”歌咏比赛，荣获二等奖。

88．2012年11月，原种场敬老院被常德市民政局评为“常德市五星级农村敬老院”。

89．2013年3月19日，贺家山派出所获“公安机关党的十八大消防安全保卫战成绩突出集体”荣誉称号。

90．2013年5月13日，原种场种科所参与选育的贺优328水稻品种，通过湖南省农作物品种审定委员会审定，审定编号：湘审稻2013020。参与的选育人员：姜守全、李智谋、谭旭生、曾跃华。

91．2013年9月26日，“两系杂交早稻株两优15的繁育与高产栽培技术推广”项目获得湖南省农业丰收奖二等奖，场科研人员姜守全、李智谋、谭旭生、宋武、唐海燕、李建彬等16人为获奖人员。

92．2013年12月15日，农业技术人员胡仁科、刘磊珍、左雄建荣获省农业厅表彰的“2013年度水稻集中育秧先进个人”。

93．2013年12月，原种场荣获中共常德市委、市人民政府授予的2013年度全市人口和计划生育工作先进单位。

94．2014年2月14日，“两系杂交早稻株两优15的推广应用”项目获常德市科技进步奖二等奖，获奖人员为姜守全、李智谋、谭旭生、李建彬、曾跃华、刘洪、黎小平。

95．2014年2月，总农艺师、副研究员李建彬获常德市委、市人民政府“第六届常德市优秀专家”荣誉称号。

96．2014年8月3日，原种场新合分场五队职工曾文辉之子曾帅与其常德市芷兰实验学校四名同学代表湖南省队晋级中央电视台举办的第二届“中国汉字听写大会”比赛决赛，曾帅同学在“最佳个人晋级赛”中荣获全国第七名的优异成绩。

97．2014年9月15日，“湘早籼46号高产高效生产技术示范与推广应用”项目获得2014年度湖南省农业丰收奖三等奖，主要获奖人员为谭旭生、李建彬、黎小平、姜守全、李智谋等。

98．2014年11月，“湘早籼46号的选育”获湖南省科学技术研究成果登记证书，主要研究人员为唐海燕、姜守全、谭旭生、黎小平、宋武等。

99．2014年12月26日，总农艺师、副研究员李建彬获常德市农学会第二届“常德市农业科技精英”荣誉称号。

100．2015年1月21日，“两系杂交早稻株两优15的选育与产业化”项目获湖南省科学技术进步奖三等奖，获奖人员为姜守全、唐海燕、谭旭生、李智谋、李建彬、黎小平、曾跃华。

101．2015年2月13日，“常规水稻新品种湘早籼46号的选育与推广应用”项目获得2014年度常德市科技进步奖二等奖，获奖人员为谭旭生、李建彬、黎小平、姜守全、唐海燕、管恩相、曾跃华。

102．2015年9月16日，原种场组织选拔20名女职工组队参加2015年常德市第五届广场舞大赛，荣获三等奖。

103．2015年9月29日，“贺50A系列籼型三系杂交水稻组合示范与推广”项目获2015年度湖南省农业丰收奖二等奖，主要获奖人员为谭旭生、姜守全、李智谋、黎小平、李建彬、唐海燕等。

104．2015年10月10日，原种场排灌站彭城以3小时23分16秒的成绩夺得2015湖南·常德柳叶湖万人马拉松赛男子组第三名。

105．2015年10月，“D两优71的选育”获湖南省科学技术研究成果登记证书，主要研究人员为李智谋、姚仁祥、谭旭生、姜守全、李建彬。

106．2015年10月，“贺优50的选育”获湖南省科学技术研究成果登记证书，主要研究人员为李智谋、姜守全、姚仁祥、谭旭生、李建彬。

107．2016年3月8日，“籼型三系不育系贺50A及其系列杂交水稻组合选育与推广应用”项目获常德市科技进步奖二等奖，获奖人员为谭旭生、姜守全、李智谋、黎小平、李建彬、唐海燕、胡仁科。

108．2016年6月16日，党委书记、场长宋武被省绿化委员会、省人社厅、省林业厅评为“全省绿化先进个人”。

109．2016年7月，原种场种科所党支部书记、所长谭旭生获评湖南省农业委系统2015年度“十佳农业人”，并记二等功。

110．2016年10月15日，副场长邵泽毅被省防汛抗旱指挥部、省人社厅、省水利厅评为“全省抗洪抢险先进个人”。

111．2016年11月，“家60A的选育”获湖南省科学技术研究成果登记证书，主要研究人员为李智谋、谭旭生、姜守全、姚仁祥、李建彬。

112．2016年11月，“家优Ⅲ的选育”获湖南省科学技术研究成果登记证书，主要研究人员为李智谋、姚仁祥、谭旭生、李建彬、方杰全。

113．2016 年 12 月，“两系杂交早稻株两优 15 的推广应用”项目获 2014—2016 年度全国农牧渔业丰收奖二等奖，主要获奖人员为姜守全、李智谋、谭旭生、李建彬、黎小平、唐海燕等。

114．2017 年 2 月，湖南省贺家山原种场作为第五完成单位参与的《广谱恢复系怀恢 210 及其系列组合选育与应用》项目获湖南省科学技术进步奖三等奖。

115．2017 年 3 月 22 日，党委书记、场长宋武因 2016 年度工作业绩突出，被省农业委记三等功。

116．2017 年 5 月 4 日，原种场参赛节目《青春在这片土地上升华》荣获省农业委举办的“三农梦 青春行”朗诵比赛最佳团队奖。

117．2017 年 12 月，原种场荣获 2017 年度湖南省种子协会“优秀试验单位”。

118．2017 年 12 月，“D 两优 311 的选育”获湖南省科学技术研究成果登记证书，主要研究人员为李智谋、方杰、宋武、谭旭生、姚仁祥等。

湖南省农业厅文件

湖南省农业厅文件

湘农业〔1996〕计字 164 号

关于批准立项建设贺家山国家级原种场的通 知

接农业部批准立项建设贺家山国家级原种场的批复，同意下拨贺家山国家级原种场项目建设总投资 1200 万元（其中国家投资 500 万元，地方配套 500 万元，项目单位自筹 200 万元）。

……

一九九六年八月二十日

（省农业厅公章）

中华人民共和国农业部文件

农计函〔2000〕186号

关于湖南省贺家山国家级农作物原种场项目可行性研究报告的批复

湖南省农业厅《关于报送〈贺家山国家级原种场续建项目可行性研究报告〉的请示》（湘农业〔2000〕计字82号）收悉，经研究，批复如下：

为提高杂交稻原原种提纯的规范化、原种繁育的专业化和杂交制种的规模化，进一步提高种子质量，加强对种子生产经营的宏观调控，促进本省及周边省区农业生产发展，同意湖南省贺家山国家级农作物原种场项目进行扩建。项目固定资产总投资792万元（其中中央财政预算内基本建设资金396万元，地方配套396万元）。

……

二〇〇〇年十月八日

（中华人民共和国农业部）公章

湖南省农业厅文件

湘农业计〔2003〕324号

湖南省农业厅关于下达2003年农业部投资湖南农业基本建设项目（第二批）投资计划的通知

益阳市农业局、邵阳市农业局、永顺县农业局、省畜牧水产局、农垦局、农机局、贺家山原种场、湖南农业大学：

根据农业部计发〔2003〕23号、24号、32文件精神，现将2003年农业部投资湖南农业基本建设项目（第二批）投资计划下达给你们（详见附表）。

……

二〇〇三年十二月三十一日

（省农业厅公章）

湘农业计〔2003〕324 号附件 1

2003 年农业基本建设投资计划表

项目名称	建设性质	地点	承建单位	主管单位	主要建设内容	建设年限	资金来源	总投资（万元）
贺家山水稻种业科技园	新建	常德市鼎城区	贺家山原种场	湖南省农业厅	建设杂交稻 80 种引进筛选鉴定圃 5 亩，育种专用田 20 亩，亲本繁殖专用田 1000 亩，纯度鉴定检测基地 10 亩，低温低湿保存库 200 平方米，新品种展示中心 700 平方米，并购置质量检控仪器设备及农机。	2003 年—2004 年	中央投资 地方投资	300 200 100

湖南省农业厅文件

湘农业发〔2011〕229号

湖南省农业厅
关于加快推进贺家山现代农业示范区建设的意见

厅机关各处室，厅直各单位：

湖南省贺家山原种场是“三系”杂交水稻发源地之一，是全国首家国家级原种场。建场近60年来，引进、筛选、鉴定了一大批农作物新品种，为保障国家粮食生产安全和农业发展做出了重要贡献。为了加快推进贺家山原种场农业现代化，促进场域经济和社会发展，实现职工群众快速致富，现就加快推进贺家山现代农业示范区建设提出如下意见。

一、总体要求

1. 指导思想。坚持以科学发展观为指导，以经济社会协调发展为目标，依托现有资源、人才、技术等基础条件，重点发展现代种业、高效设施农业及现代健康养殖等三大产业，着力打造湖南现代农业发展的标杆和典范。力争通过五年努力，把贺家山初步建设成“现代农业的展示区、社会主义新农村建设的样板区、职工群众的幸福家园”。

2. 建设目标。到2015年，基本建成代表湖南现代农业形象，全省领先、国内一流、国际知名的现代农业示范区。示范区实现年生产总值4亿元以上，职工生产和生活条件明显改善，职工纯工资收入年人均达到1.5万元；土地产出率大幅提高，种植业土地和水产健康养殖区亩收入年均在7000元以上；科技水平显著提升，科技对农业经济增长贡献率在85%以上，打造具有较强竞争力的“贺家山”品牌；从业人员素质显著提高，劳动生产率达到中部先进水平，并率先基本实现农业现代化。

3. 实施步骤。2011年完成现代农业示范区总体规划编制，启动部分建设项目。三年内，基本完成基础设施建设，五年内，规划项目基本建设到位，产业发展初具规模。

二、工作重点

1. 提升产业化水平。大力推进标准农业、设施农业、生态农业、品牌农业、休闲农业建设，实施示范带动、项目拉动、品牌促动，发展全产业链的新兴产业，振兴示范区经济，切实增强综合实力，重点建设“四个园”，即现代种业科技园、现代高效设施农业示范园、现代健康养殖园、生态农业休闲园。

2. 提升示范区功能。按照“高起点规划、高标准建设、高科技支撑、高效益回报”的原则，加强现代农业创新基地、现代农业技术培训基地、现代种业基地、高效设施农业基地、生态农业休闲基地等基地建设，努力把贺家山现代农业示范区打造成区域现代农业的重要增长极。

3. 着力建设基础设施。加强农田水利、土地整理、农业服务设施等基础设施建设，不断提升农业综合生产能力。加强公共服务设施建设，改造场区主次干道、机耕道，重点改造场区东入场处至集镇主要交通线，提质改造排供水、供电网络、通信和燃气等设施建设。加强集镇美化、文教体卫设施配套和废水废物综合处理系统等项目建设，增强对经济要素的吸纳能力。建好国际交流培训中心大楼。

4. 建设现代种业示范工程。按照现代种业体系“产学研”“产加销”“育繁推”一体化的目标要求，以现代水稻、棉花、蔬菜种业发展为重点，加强农作物种质资源库、品种改良中心、亲本扩繁中心、亲本种子生产和良种繁育基地、种子质量检验检测中心、种子加工包装中心、农作物区试展示核心试验站、国家救灾种子备荒低温储备库等基础设施建设。构建现代种业综合配套技术体系，示范展示现代种业发展的最新技术成果。

5. 建设高效设施农业示范工程。按照高效设施农业“种植工厂化、装备设施化、生产标准化、管理信息化、质量安全化、经营产业化、功能高效化”的发展要求，以发展现代高效设施优质蔬菜和时鲜水果产业为重点，重点加强玻璃温室群、PC板温室群、薄膜温室群、塑料大棚群和肥水耦合微滴灌系统、智能化生产管理监控信息系统和产品冷链储运库与配送体系建设。构建现代高效设施农业技术体系，示范展示高效设施农业发展的最新技术成果。

6. 建设现代健康养殖业示范工程。按照现代健康养殖“低能耗低排放、高品质高效益、再循环可持续”的要求，重点加强生猪垫料发酵健康养殖场和水产种苗繁育场、高标准水产健康养殖基地和健康养殖全程监控与质量溯源信息系统、畜禽水产质量检验检测室等基础设施的建设。构建现代健康养殖业技术体系，展示现代健康养殖业发展的最新技术成果。

7. 建设宜居家园。全面开展危房改造，规划建设宜居小区，协调村庄建设风格。全面推进清洁工程，实现环境净化。积极提供公共服务，实现广播电视、互联网络、安全饮水、养老保险和新型医疗的全覆盖，基本形成以贺家山集镇为中心、银信花苑小区为主体的居住新格局。

三、保障措施

1. 加强组织领导。成立贺家山现代农业示范区建设领导小组，厅党组副书记、副厅长曹英华任组长，厅党组成员、副厅长袁延文和厅巡视员青先国任副组长，厅办公室、厅发展计划与财务处、厅科技教育处、厅市场信息处、厅国际合作处、厅粮油作物处、厅经济作物处、厅蔬菜处、厅农产品质量安全监管处、省农业技术推广总站、省植保植检站、省土壤肥料工作站、省种子管理局、省农业资源与环境保护管理站、省绿色食品办公室、省农业信息中心、省乡镇伞业一局、省畜牧水产局、省农业机械管理局、省农垦局、省贺家山原种场主要负责人为成员，负责示范区建设的领导、指导和协调。领导小组下设办公室，地点设在省贺家山原种场，雷平兼任办公室主任。领导小组及时协调解决示范园建设过程中的重大问题，审定示范园区年度建设规划与项目。

2. *加强机制创断*。实行“省厅引导、科技引领、项目带动、企业经营”的运行机制，积极支持省贺家山原种场在整合项目资金、探索土地流转、创新农民专业合作社模式等方面先行先试。省贺家山原种场要不断完善农业社会服务体系、大力培育专业服务组织，积极推广专业化服务。建立并完善农工与专业合作社、企业利益有机联结、风险共担的经营机制。

3. *加强科技支撑*。大力推动产学研相结合，厅相关单位（局、处、室、站）要主动与省贺家山原种场对接，力争建设一批先进、适用农业科技成果的示范展示区，加速农业科技成果转化应用，推动农业技术进步、产业结构优化和组织管理创新，大幅度提高土地产出率、资源利用率和劳动生产率，提升农业发展的质量和效益。加快建设新型信息传播网络，通过开展形式多样的培训活动，提高职工文化素质、科技水平和市场开拓能力，促进农业稳定发展和职工持续增收，为提升区域农业整体素质和发展后劲提供人力资源保障。

4. *加大资金投入*。从今年起，省厅加大对示范区基础设施和公益性项目建设的支持力度。厅属相关单位（局、处、室、站）在项目安排上给予重点倾斜，每年争取国家、省、市项目资金 3000 万元以上。省贺家山原种场要加大招商引资力度，5 年内完成各类招商引资 2.5 亿元。通过争取国家和省、市投入，整合项目资金、调动社会力量投入 5 亿元以上。

5. *加强考核评估*。层层落实责任领导和责任单位，明确完成时限和质量要求，实行专项督查制度。建立健全绩效评估制度，把建设贺家山现代农业示范区纳入年度目标考核范围。

二〇一一年十一月九日

主题词：现代农业　示范区　贺家山　通知

抄　送：农业部办公厅、计划司、财务司、种子管理局；省发改委、财政厅、农办；常德市人民政府。

湖南省农业厅办公室　　2011 年 11 月 9 日印发

湖南省贺家山原种场在职专业技术人员

序号	姓 名	性别	出生年月	职称等级	任职资格	任职资格起始日期
1	李建彬	男	1975年07月	正高	农业技术推广研究员	2016年12月
2	姜守全	男	1970年11月	正高	研究员	2017年12月
3	谭旭生	男	1968年10月	副高	高级农艺师	2005年11月
4	郭文高	男	1973年02月	副高	高级农艺师	2007年11月
5	张建华	男	1969年03月	副高	高级农艺师	2012年12月
6	李智谋	男	1976年11月	副高	高级农艺师	2014年10月
7	曾跃华	男	1972年03月	副高	高级农艺师	2016年12月
8	宋 武	男	1966年12月	副高	高级农艺师	2017年12月
9	刘 洪	男	1972年02月	副高	高级农艺师	2017年12月
10	伍德付	男	1965年08月	中级	主治医师	2006年05月
11	梁淮英	女	1977年09月	中级	主治医师	2006年05月
12	程献忠	男	1969年06月	中级	主治医师	2008年05月
13	刘 峰	男	1971年01月	中级	主治医师	2013年11月
14	姚必凤	女	1971年08月	中级	主治医师	2009年05月
15	李秀全	男	1969年12月	中级	主治医师	1998年01月
16	李 琼	女	1980年01月	中级	主管医师	2013年11月
17	丁成秀	女	1973年12月	中级	主管护师	2009年05月
18	彭正和	男	1960年11月	中级	政工师	2000年11月
19	贺 萍	女	1978年12月	中级	政工师	2014年12月
20	刘小满	男	1962年05月	中级	政工师	1999年12月
21	聂安北	男	1958年11月	中级	政工师	1995年12月
22	熊远鑫	男	1959年12月	中级	政工师	1996年12月
23	邓支福	男	1962年03月	中级	政工师	1996年12月
24	肖业祥	男	1961年06月	中级	政工师	2000年11月
25	姚 英	女	1969年06月	中级	政工师	2008年11
26	刘珊珊	女	1984年08月	中级	政工师	2016年12

续表

序号	姓　名	性别	出生年月	职称等级	任职资格	任职资格起始日期
27	姚成勇	女	1978 年 02 月	中级	政工师	2016 年 12 月
28	刘　辉	女	1988 年 12 月	中级	政工师	2017 年 12 月
29	周国喜	男	1973 年 02 月	中级	一级教师	2002 年 09 月
30	覃道贵	男	1970 年 07 月	中级	一级教师	2002 年 09 月
31	刘小英	女	1970 年 12 月	中级	一级教师	2002 年 09 月
32	张桂元	男	1972 年 11 月	中级	一级教师	2002 年 09 月
33	张小平	女	1969 年 12 月	中级	一级教师	2002 年 09 月
34	谢艳华	女	1973 年 01 月	中级	一级教师	2002 年 09 月
35	刘　英	女	1971 年 09 月	中级	一级教师	2002 年 01 月
36	王玉明	男	1975 年 03 月	中级	一级教师	2006 年 09 月
37	孟婉君	女	1983 年 02 月	中级	一级教师	2012 年 12 月
38	刘　威	女	1981 年 06 月	中级	一级教师	2010 年 12 月
39	姚飞云	女	1979 年 10 月	中级	一级教师	2012 年 12 月
40	肖　君	女	1982 年 12 月	中级	一级教师	2012 年 12 月
41	陈　思	女	1985 年 01 月	中级	一级教师	2012 年 12 月
42	段宗义	男	1962 年 07 月	中级	一级教师	2013 年 12 月
43	赵　美	女	1983 年 03 月	中级	一级教师	2014 年 12 月
44	王长文	男	1958 年 02 月	中级	一级教师	1994 年 01 月
45	陈　新	男	1961 年 09 月	中级	一级教师	1995 年 01 月
46	毛振贵	男	1958 年 05 月	中级	一级教师	1996 年 09 月
47	贺传彪	男	1960 年 03 月	中级	一级教师	1996 年 09 月
48	周翠英	女	1963 年 02 月	中级	一级教师	1996 年 09 月
49	周学国	男	1964 年 04 月	中级	一级教师	1996 年 09 月
50	李永兰	女	1970 年 07 月	中级	一级教师	1999 年 09 月
51	聂其国	男	1961 年 05 月	中级	一级教师	1999 年 09 月
52	胡跃春	男	1961 年 12 月	中级	一级教师	1999 年 09 月
53	黄国军	男	1975 年 02 月	中级	一级教师	2007 年 01 月

续表

序号	姓　名	性别	出生年月	职称等级	任职资格	任职资格起始日期
54	龚佳芹	女	1979 年 11 月	中级	一级教师	2008 年 11 月
55	向冬玲	女	1978 年 11 月	中级	一级教师	2009 年 11 月
56	刘　勇	男	1983 年 07 月	中级	兽医师	2012 年 07 月
57	黎小平	男	1963 年 01 月	中级	农艺师	2005 年 11 月
58	姚仁祥	男	1971 年 08 月	中级	农艺师	2010 年 01 月
59	曾凤凰	女	1977 年 06 月	中级	农艺师	2010 年 01 月
60	方　杰	男	1982 年 08 月	中级	农艺师	2012 年 12 月
61	郭　君	男	1979 年 02 月	中级	农艺师	2013 年 12 月
62	管恩相	男	1976 年 09 月	中级	农艺师	2013 年 12 月
63	管　锋	男	1975 年 11 月	中级	农艺师	2013 年 12 月
64	聂　勇	男	1979 年 02 月	中级	农艺师	2015 年 12 月
65	刘立新	男	1988 年 07 月	中级	农艺师	2016 年 12 月
66	汤应君	男	1963 年 12 月	中级	农艺师	1992 年 06 月
67	胡仁科	男	1977 年 03 月	中级	农艺师	2007 年 11 月
68	刘政权	男	1974 年 09 月	中级	农艺师	2008 年 11 月
69	刘陵武	男	1976 年 01 月	中级	农艺师	2008 年 11 月
70	蔡少先	男	1980 年 08 月	中级	农艺师	2009 年 01 月
71	陈清明	男	1966 年 10 月	中级	经济师	1995 年 06 月
72	李　霞	女	1971 年 06 月	中级	经济师	2004 年 11 月
73	万　玲	女	1980 年 02 月	中级	会计师	2002 年 05 月
74	万　芳	女	1976 年 05 月	中级	会计师	2006 年 05 月
75	顾吉军	男	1983 年 07 月	中级	会计师	2009 年 05 月
76	姚　杰	女	1975 年 02 月	中级	会计师	2013 年 01 月
77	聂　倩	女	1982 年 01 月	中级	会计师	2017 年 09 月
78	赵　蔺	女	1971 年 09 月	中级	会计师	2007 年 05 月
79	卓德浩	男	1964 年 08 月	中级	工程师	1992 年 07 月
80	杨维前	男	1962 年 11 月	中级	工程师	1997 年 01 月

续表

序号	姓　名	性别	出生年月	职称等级	任职资格	任职资格起始日期
81	刘友德	男	1965年03月	中级	工程师	1998年08月
82	曾凡友	男	1962年07月	中级	工程师	1998年08月
83	屠　猛	男	1975年01月	中级	工程师	2004年01月
84	刘　欣	男	1987年08月	中级	工程师	2017年12月
85	涂桂和	女	1974年10月	中级	工程师	2017年12月
86	宋继华	女	1977年11月	中级	妇产科护理	2017年05月
87	贺小元	女	1978年12月	中级	妇产科护理	2017年05月
88	陈怡兰	女	1970年12月	中级	妇产科护理	2017年05月
89	蒯丽红	女	1981年08月	助级	助理政工师	2017年12月
90	李金权	男	1981年12月	助级	助理农艺师	2005年11月
91	伍振平	男	1979年03月	助级	助理农艺师	2012年12月
92	涂志业	男	1962年02月	助级	助理农艺师	1994年11月
93	刘磊珍	男	1968年01月	助级	助理农艺师	2006年01月
94	杨　明	男	1967年02月	助级	助理会计师	1991年09月
95	刘业忠	男	1963年11月	助级	助理会计师	2001年07月
96	屠家政	男	1965年08月	助级	助理会计师	2001年07月
97	邓　铁	男	1986年11月	助级	助理会计师	2011年05月
98	刘龙胜	男	1963年08月	助级	助理会计师	1993年11月
99	彭进武	男	1970年07月	助级	会计助理	1994年01月
100	邵泽毅	男	1972年04月	助级	会计助理	1994年01月
101	安先全	男	1964年11月	助级	会计助理	1994年01月
102	刘保平	男	1964年11月	助级	助理工程师（内）	1989年07月
103	陈怡富	男	1964年11月	助级	助理工程师（内）	1989年07月
104	程友国	男	1965年10月	助级	助理工程师（内）	1989年07月
105	陈时秋	男	1964年09月	助级	助理工程师（内）	1989年07月
106	李开文	男	1959年10月	助级	助理工程师（内）	1989年07月
107	刘友元	男	1957年08月	助级	助理工程师（内）	1998年07月

续表

序号	姓 名	性别	出生年月	职称等级	任职资格	任职资格起始日期
108	贺传孝	男	1966年11月	助级	助理工程师	2006年11月
109	姚秋和	男	1964年07月	助级	助理工程师	2006年11月
110	罗桂花	女	1978年12月	助级	助理工程师	2012年11月
111	姚昌振	男	1986年11月	助级	助理工程师	2012年12月
112	刘丕才	男	1964年01月	助级	助理工程师	1994年12月
113	陈 力	男	1972年01月	助级	助理工程师	1996年01月
114	刘业光	男	1962年04月	助级	助理工程师	1996年01月
115	曾凡贵	男	1957年09月	助级	助理工程师	1996年01月
116	曾凡力	男	1968年09月	助级	助理工程师	1996年01月
117	刘其军	男	1965年06月	助级	助理工程师	1996年01月
118	孟 奇	男	1960年06月	助级	助理工程师	1989年07月
119	周新春	男	1963年11月	助级	助理工程师	1994年12月
120	贺家庆	男	1957年08月	助级	助理工程师	1994年12月
121	陈学斌	男	1988年02月	助级	助理工程师	2013年12月
122	谈秀云	女	1972年09月	助级	医师	1998年01月
123	汤小菊	女	1970年08月	助级	医师	1998年01月
124	任立春	女	1971年02月	助级	医师	1998年01月
125	李顺枝	女	1971年07月	助级	医师	1998年01月
126	程恭明	男	1962年10月	助级	棉检助工（内）	1995年06月
127	邓建桃	男	1962年02月	助级	检验师	1994年01月
128	王卫斌	女	1971年08月	助级	护师	2001年07月
129	曾 志	女	1970年10月	助级	二级教师	2006年11月
130	刘业先	男	1970年11月	助级	二级教师	2008年12月
131	管锡明	女	1983年11月	助级	二级教师	2008年12月
132	安 霞	女	1977年08月	助级	二级教师	2013年12月
133	胡祥君	男	1964年11月	助级	二级教师	1994年11月
134	李跃进	男	1958年05月	助级	二级教师	1988年04月

续表

序号	姓　名	性别	出生年月	职称等级	任职资格	任职资格起始日期
135	丁望古	男	1964年01月	助级	二级教师	1992年08月
136	梅双红	男	1962年04月	助级	二级教师	1993年06月
137	杨利群	女	1972年09月	助级	二级教师	2010年07月
138	张晓婧	女	1982年05月	助级	助教	2008年11月
139	徐　萍	女	1974年04月	员级	医士	1995年09月
140	杨　樱	女	1976年05月	员级	医士	1998年01月
141	杨　飞	男	1972年05月	员级	医士	1998年01月
142	彭春花	女	1970年03月	员级	医士	1998年01月
143	谈花兰	女	1971年11月	员级	医士	1998年01月
144	宋云霞	女	1971年05月	员级	医士	1998年01月
145	刘　英	女	1978年01月	员级	三级教师	1906年11月
146	李业玉	男	1959年09月	员级	三级教师	1988年04月
147	肖良春	男	1969年05月	员级	三级教师	1988年04月
148	程建华	男	1964年10月	员级	三级教师	1988年04月
149	安先和	男	1960年08月	员级	农业技术员	1988年09月
150	陈安玉	男	1960年06月	员级	农业技术员	1988年09月
151	刘其远	男	1958年06月	员级	农业技术员	1988年09月
152	刘禄权	男	1970年01月	员级	棉检技术员	1997年12月
153	屠家国	男	1962年10月	员级	经济员	1988年12月
154	彭正孝	男	1963年11月	员级	会计员	1988年06月
155	吴明辉	男	1963年04月	员级	会计员	1988年06月
156	贾哲群	男	1960年02月	员级	会计员	1988年09月
157	刘友贵	男	1962年05月	员级	会计员	1988年09月
158	刘青春	女	1970年04月	员级	护士	2005年06月
159	龚学华	女	1970年05月	员级	护士	1994年01月
160	姚　萍	女	1972年08月	员级	护士	1998年01月
161	张家旗	男	1959年12月	员级		1996年01月

续表

序号	姓　名	性别	出生年月	职称等级	任职资格	任职资格起始日期
162	许智德	男	1960 年 01 月	员级		1996 年 01 月
163	姚　斌	男	1973 年 12 月	员级		1996 年 01 月
164	贺金彪	男	1965 年 01 月	员级		1996 年 01 月
165	张玉怀	男	1962 年 07 月	员级		1996 年 01 月
166	史有望	男	1966 年 01 月	员级		1996 年 01 月
167	涂用杰	男	1975 年 12 月	员级		1997 年 01 月
168	张友安	男	1967 年 02 月	员级		1994 年 12 月
169	易福明	男	1970 年 12 月	员级		1994 年 12 月
170	方　伟	男	1970 年 03 月	员级		1994 年 12 月
171	莫柏林	男	1967 年 02 月	员级		1994 年 12 月
172	杨维英	女	1967 年 07 月	员级	畜医技术员	1995 年 08 月
173	龙　腾	男	1964 年 05 月	员级	畜医技术员	1992 年 06 月
174	谈　实	男	1986 年 03 月	员级	计算机程序设计员	2006 年 05 月

编 后 记

《湖南省贺家山原种场志（1991—2017）》于2011年底开始筹备编纂，为1993年版《湖南省贺家山原种场志》的续修本。本志的年代断限期为湖南省贺家山原种场经济社会突飞猛进、社会结构变动最大、场容场貌发生巨变的时期，时任场党委十分重视，成立场主要领导为组长的修撰工作领导小组，专门物色编写人员，专题研究修志方案，拟定了编纂纲要。

2012年年初，组成了70多人的编写团队并将编写任务分解到人，限期交稿。至2012年年底，近100万字的本志1991—2012年断代初稿及修改稿草成，因种种原因，修志工作中断。

2018年3月，场党委研究决定调整修撰领导小组机构、修志方案及主要编写人员，年代断限延续至2017年12月底，继续完成修志工作。此后编写人员通力合作，再次广泛收集资料，查漏补缺，修正贻误；相互切磋琢磨，夜以继日。场党委多次召开专门会议对文稿进行审核，几经修改、审订，终于2019年12月完成修订稿，凡48万余字。

本志1991—2012年断代稿中，大事记、附录、重要荣誉选录由彭正华纂稿，第一章由李勇纂稿，第二、三章由谭旭生纂稿，第四、七章由曾凡来纂稿，第五、六章由邓腊喜纂稿。邓腊喜、邓卫平负责了全志资料收集、汇总、录入工作，刘勇完成了全志第一、七章统稿、核稿工作，并对全志进行了初审；刘贵初撰写了凡例、概述，对全志第四、五、六章进行了统稿、核稿，并对全志进行了二审；谭旭生完成了全志第二、三章的统稿、核稿工作，并对全志进行了三审。先后参与本书资料提供和编写人员达90多人，老领导胡前毅、郭诚、杨孚初、雷平、陈新登进行了认真审稿，常德市政府方志办原副主任叶荣开副教授进行了悉心指导，本志即将付梓之际，在此一并表示感谢与敬意！

鉴于编者能力和水平有限，疏漏和错误在所难免，请知者见谅。

编 者

2020年6月

附：编写组主要成员合影

左起依次为：刘　勇　刘贵初　谭旭生　李　勇